국어교육연구소 연구총서 29

하이퍼텍스트의 언어문화 이해교육

김대행, 윤여탁, 권순희, 정현선, 채새미, 이상철, 신명선, 김현정

서울대학교출판부

Reading the Language and Cultures of Hypermedia Texts

Dae-Haeng Kim
Yeo-Tak Yoon
Sun-Hee Kwon
Hyeon-Seon Jeong
Sae-Mi Chae
Sang-Cheol Lee
Myeong-Seon Shin
Hyeon-Jeong Kim

Seoul National University Press

간행사

국어교육연구소는 국어의 교육을 위한 이론의 체계화를 추구하고, 그 결과를 학계는 물론 사회 일반과 각급 학교에 널리 보급하는 데 주력하여 왔습니다.

그동안 국어교육은 있어 왔으나 이에 관한 이론 수준의 연구는 부족했다는 우리 학계의 반성을 바탕으로 국어교육연구소가 주력한 사업은 이 방면의 지식체계를 구조화할 수 있는 이론의 개발이었습니다. 이를 위해서는 이 방면의 연구자들에게 충분한 계기와 지원이 필요함을 느꼈고 그 일환으로서 『연구총서』를 간행하기로 하였습니다.

이제 이 『연구총서』를 간행하면서 우리 연구소는 이 사업을 더욱 열성적으로 추진하여 학자들의 연구가 더욱 성과 있게 이루어질 수 있는 동력이 되도록 할 것을 다시 한 번 다짐합니다. 또한 연구자에 못지않게 토론이 학문 발전의 중요한 과정이라고 믿는 우리는 이 연구서들이 발간됨으로써 국어교육에 관련된 이론적 논의가 활성화될 것도 믿어 의심치 않습니다. 연구가 이론을 체계화하고, 이론이 토론을 낳고, 토론이 다시 새로운 이론으로 발전해 나감으로써 이 방면의 학문도 폭과 깊이를 더해 갈 것을 전망하면서 독자들 또한 저자 못지않은 애정과 관심을 가지고 학문 발전을 위한 동지로서 공동의 장에 서게 될 것을 기대합니다.

우리 연구소의 노력이 『연구총서』로 결실을 맺기까지는 집필에 참여해 주신 연구자들의 학문적 의욕과 열정이 필요하였고, 그분들의 헌신적 노력에 힘입어 이 『연구총서』의 간행이 가능했다는 점을 우리는 기억하고자 합니다. 또한 이렇듯 소중하고 뜻 깊은 사업을 펼 수 있도록 발간을 적극적으로 도와주신 서울대학교출판부의 배려에도 감사를 드립니다.

이처럼 드높은 목표와 애정 어린 의욕으로 간행되는 이 연구물들을 이제 『연구총서』의 이름으로 세상에 내어 놓는 바입니다. 이 책을 읽는 연구자들에게도 의욕과 성과가 함께 하기를 바랍니다.

국어교육연구소 소장

머리말

인터넷과 디지털 미디어로 대표되는 정보통신기술의 발달은 현대사회의 의사소통에도 질적인 변화를 가져왔다. 이러한 변화의 핵심에는 다양한 형식과 내용의 정보들을 한데 연결하는 하이퍼텍스트와 인터넷이 자리하고 있다. 하이퍼텍스트는 인쇄매체의 텍스트와 비교할 때 훨씬 높은 비율의 비언어적 정보를 포함하는 새로운 형식의 텍스트 구조이며, 필자와 독자 간 고도의 상호작용을 가능하게 하는 인터넷을 통해 실현된다. 이로 인해 하이퍼텍스트는 기존의 읽기 교육에서 중심을 이루었던 인쇄 텍스트와는 질적으로 다른 소통 방식과 문화를 만들고 있다. 따라서 하이퍼텍스트를 중심으로 한 정보의 생산과 전달 방식 및 새로운 문화 양식에 능동적으로 적응하고 이를 창의적으로 활용할 수 있는 능력을 기르기 위해서는, 학교 교육에서도 하이퍼텍스트 이해교육을 체계적으로 실시해야 한다.

이에 서울대학교 국어교육연구소에서는 한국학술진흥재단의 중점 연구소 사업 지원으로 '하이퍼미디어 시대의 언어문화 이해교육'이라는 주제의 연구를 수행하였다. 이 연구는 국어교육학, 국어국문학, 미디어교육, 언론학 등의 학제 간 연구로서, 주로 인터넷을 통해 하이퍼텍스트로 실현되는 다양한 언어문화 현상의 특징을 탐색하고, 새롭게 요구되는 텍스트 이해교육의 목표, 내용 및 방법을 구안하며, 현장 연구를 통해 이를 검증하는 방식으로 이루어졌다. 이 책은 2002년 9월부터 2004년 8월에 이르는 2년여에 걸쳐 이루어진 연구 내용을 바탕으로, 다양한 워크숍과 학술대회 발표 등을 통해 이루어진 논의들을 반영하여 정리한 최종 연구 결과물이다.

우리의 연구는 기존의 읽기 교육이 하이퍼텍스트와 하이퍼텍스트가 실현되는 미디어 환경인 하이퍼미디어에 대한 이론적 이해를 바탕으로 어떻게 새롭게 개념 정립이 되어야 하는가에 대한 논의로 시작되었다. 이와 같은 이론적 논의를 바탕으로, 중 · 고등학교 청소년들의 하이퍼텍스트 이용 실태에 대한 조사를 통해 친교 영역, 정보교환 영역, 문학 영역, 오락 영역, 설득 영역 등 전통적으로 국어교육이 다루어온 언어 사용 영역에 일어난 변화를 점검하였다.

이 책의 1장에서 다루고 있는 내용은 이러한 이론적 이해와 실태 조사이다. 이를 통해 우리는 하이퍼텍스트 이해교육의 설계를 위한 시사점을 얻을 수 있었으며, 이에 근거해 친교 영역(채팅), 정보교환 영역(인터넷 신문), 문학 영역(하이퍼 문학 및 게임 서사), 오락 영역(인터넷 유머), 설득 영역(인터넷 광고) 등 다양한 하이퍼텍스트의 언어문화를 분석했다. 이 내용은 제2장에서 자세히 논의되었다.

하이퍼텍스트의 언어문화 분석을 바탕으로 우리는 하이퍼텍스트 이해교육의 목표, 내용, 방법을 설계하였고, 이 내용은 이 책의 제3장에서 논의되었다. 하이퍼텍스트 이해교육은 문자 언어뿐 아니라 그림, 사진, 동영상 등 다양한 기호의 의미 작용에 대한 이해, 하이퍼텍스트의 기술적 속성에 대한 이해, 하이퍼미디어의 사회문화적 맥락에 대한 이해, 하이퍼미디어의 이용자이자 수용자인 독자의 위치에 대한 새로운 이해를 목표로 이루어져야 한다고 보았다. 이러한 목표하에 인터넷 채팅, 인터넷 신문, 하이퍼 문학, 게임 서사, 인터넷 유머, 인터넷 광고에 대한 이해교육의 내용을 구안하였다. 또한 하이퍼텍스트 이해교육의 방법으로서는 미디어 교육의 교수-학습 전략으로 널리 쓰이고 있는 텍스트 분석, 맥락 분석, 사례 연구, 시뮬레이션, 제작 등을 적용하였다.

제4장은 앞서의 논의를 통해 구안된 하이퍼텍스트 이해교육의 설계를 중·고등학교 현장에 적용한 결과이다. 현장 연구 적용 대상으로는 하이퍼텍스트 이해교육의 특성이 가장 두드러지게 드러나는 영역을 선택하였으며, 이에 하이퍼 문학과 게임 서사를 포함하는 개념인 디지털 서사에 대한 이해교육, 그리고 연구가 이루어질 당시 사회의 주목을 크게 받았던 인터넷 유머 이해교육을 중심으로 연구하였다. 이러한 내용을 바탕으로, 마지막 장에서는 하이퍼텍스트 이해교육의 국어교육적 수용의 학습 내용, 교육 방법, 교육평가의 측면에서 살펴보고, 특히 이를 문화교육적 측면에서 종합적으로 논의하였다.

국어교육은 의사소통 능력의 신장을 교육 내용으로 한다는 점에서, 의사소통 방식의 변화를 주도하고 있는 새로운 미디어와 문화 양식의 등장을 적극 고려하고 수용하며 연구와 실천의 방향을 설정해야 한다. 필자와 독자 간의 명확한 구분이 사라지고, 다양한 기호 작용이 한데 어우러져 텍스트를 생산하는 등 새로운 의사소통 방식을 만들어내고 있는 하이퍼텍스트의 언어문화는 국어교육의 중심에 놓인 텍스트와 읽기 능력의 개념 변화를 요구하고 있다. 이 책은 언어와 문학을 중심으로 한 소통 능력의 교육을 담당해 온 국어교육이 이러한 변화에 주목하고 새로운 실천 방안을 모색하는 가운데 수행된 기초 연구의 성과인 셈이다.

이 연구가 수행될 수 있도록 지원을 아끼지 않은 한국학술진흥재단에 감사의 뜻을 전한다. 아울러 이 연구를 수행하는 과정에 참여했던 여러 교수님들, 부족한 연구 여건을 견디며 높은 성과를 얻기 위해 혼신의 노력을 다한 연구원들께 진심 어린 감사의 말씀을 드린다. 현장 연구에 참여하여 조언해 주시고 학교 현장과 연구를 연계할 수 있도록 도와주신 선생님들께도 깊은 감사를 드린다. 또, 연구 수행의 제반 절차를 살펴준 서울대학교 국어

교육연구소 관계자들과 방대한 원고를 정성을 다해 책으로 엮어주신 서울대학교출판부 관계자들께도 감사드린다.

이 책이 국어교육의 새로운 시야와 영역을 여는 데 기여하기를 기대한다. 더불어 이 책에서 논의된 연구 성과에 대한 애정 어린 비판과 활발한 논의가 이어지기를 바라며, 국어교육의 길을 함께 걷는 많은 이들의 관심을 기다린다.

2006년 4월

김 대 행

차례

V. 결론 및 전망

Ⅰ. 연구 내용

1. 이론적 배경
2. 하이퍼텍스트 이용 실태 조사

HyperText

이론적 배경 1

1) 하이퍼미디어와 하이퍼텍스트

(1) 하이퍼미디어와 하이퍼텍스트의 개념

현대사회 의사소통의 중심에는 다양한 미디어가 하나의 미디어로 통합되는 융합 미디어인 하이퍼미디어가 자리하고 있다. 융합 미디어를 가능하게 하는 과학기술은 바로 컴퓨터와 디지털이다. 기술의 발전으로 생성된 융합 미디어 속에서 우리가 접하는 텍스트는 다양한 형식과 내용의 정보들을 전방위로 연결하는 하이퍼텍스트이다. 따라서 하이퍼텍스트에 대한 이해 없이는 오늘날 우리 삶에 깊숙이 들어와 있는 변화된 미디어의 양식을 이해하기 어렵다.

하이퍼미디어와 하이퍼텍스트의 개념은 학자들마다 조금씩 다르다.[1] 하이퍼미디어를 여러 가지 유형의 멀티미디어 정보, 즉 글, 그래픽, 소리,

1) 하이퍼(hyper)는 '연장된' 이라는 의미를 갖는 접두사이다. 하이퍼스페이스는 3차원 너머로 연장되는 공간이며, 하이퍼시스템은 비선형적으로 연결된 시스템이다. 하나의 연결점은 전혀 다른 평면이나 차원 위에 있는 또 다른 연결점에 직접 연결된다. 하이퍼미디어는 텍스트, 그래픽, 오디오 혹은 비디오 안에 있는 정보를 서로 연결시켜 준다(이재현, 2000).

말, 애니메이션, 비디오 영상 등을 포함하는 개념으로 보는 견해도 있고(Seyer, 1991; Colkin, 1988; 김희수, 1995), 컴퓨터 기반 장치(CD-ROM 및 CDI 장치, 무선 개인 단말 장치 등)나 텔레비전에 셋톱박스형의 단말을 접속하여 인터넷을 즐기는 웹 TV, 차세대 AVPC 등을 하이퍼미디어로 보는 견해(구니야스 도쿠마루, 2000)도 있다.

전자의 관점에서는 하이퍼텍스트와 하이퍼미디어 간에 원리 상의 차이가 없다고 보며, 텍스트 이외의 정보 형태들이 하이퍼텍스트 형태로 제공되는 시스템을 '하이퍼미디어'라고 한다. 즉 하이퍼텍스트의 내용이 디지털 사운드, 애니메이션, 비디오, 컴퓨터 네트워크, 데이터베이스 등인 경우 이를 하이퍼미디어라고 부르는 것인데(Joyce, 1995), 이것은 멀티미디어 측면을 강조하는 것일 뿐 실제로는 하이퍼텍스트와 서로 바뀌 쓰이는 경우가 많다. 후자의 관점은 하이퍼텍스트란 정보를 구성하는 시스템이라고 보고, 컴퓨터 기반 장치, 웹 TV, 차세대 AVPC 등은 하이퍼텍스트를 사용하고 있는 하이퍼미디어 중의 하나에 불과하다고 본다.

이와 같이 하이퍼미디어와 하이퍼텍스트의 정의가 다양하지만, 일반적으로 하이퍼미디어는 하이퍼텍스트의 정의를 확장시킨 개념[2]으로 파악되며, 멀티미디어와 하이퍼텍스트의 비계열적 연결을 통합하는 컴퓨터 기반 환경으로 이해된다. 이에 비해 하이퍼텍스트는 미디어의 구현물로, 텍스트를 구현하는 방법적 도구로 이해된다. 이는 글과 그림으로 이루어진 초창기 하이퍼텍스트에 IT의 발달로 소리, 애니메이션, 그래픽, 비디오, 정지화상, 동화상 등 멀티미디어가 혼합된 개념이라 할 수 있다.

본 연구의 주된 초점은 기술적 도구로서의 하이퍼미디어를 연구하는 것이 아니라 구현물로서의 하이퍼미디어에 있다. 그러므로 본 연구에서는 하

2) 초창기의 하이퍼텍스트는 글과 그림으로 구성되어 있었다. 그러나 IT의 발달로 하이퍼텍스트가 글과 그림뿐만 아니라 그래픽, 소리, 말, 애니메이션, 비디오 영상 등과 통합하게 되었다.

이퍼미디어라는 용어 대신에 구현물이라는 어감이 내포된 하이퍼텍스트를 주로 사용하고자 한다. 그러나 문맥에 따라 하이퍼텍스트의 미디어적 특성이 더욱 강조되어 하이퍼텍스트라는 용어의 사용이 어감상 부자연스러운 경우에는 하이퍼미디어로 표현할 것이다.

이와 관련하여 하이퍼미디어로서의 인터넷과 하이퍼텍스트의 관계를 고려할 필요가 있다. 우리가 사용하고 있는 인터넷은 하이퍼텍스트를 쉽게 접할 수 있게 하는 컴퓨터 통신망이기 때문에 하이퍼텍스트가 실현되는 미디어적 환경으로 보아야 한다. 그러나 인터넷[3]의 발달은 하이퍼텍스트의 발전을 도왔기 때문에 인터넷으로 쉽게 접하는 하이퍼텍스트에 대한 연구는 인터넷과 분리할 수 없는 문제이다. 왜냐하면 인터넷 덕분에 다양한 형태의 정보를 탐색할 수 있게 되었고, 찾아낸 정보를 전자메일이나 채팅, 또는 월드와이드웹(www)에 있는 하이퍼미디어 페이지를 통해 다른 사람들과 공유할 수 있게 되었기 때문이다. 따라서 하이퍼텍스트의 언어문화에 대한 연구는 인터넷의 언어문화에 대한 연구와 밀접히 연관된다.

(2) 하이퍼텍스트의 기원

하이퍼텍스트의 아이디어는 1945년 7월 『아틀랜틱 먼슬리 *Atlantic Monthly*』에 기고된 부시(V. Bush)의 기사에서 그 기원을 찾을 수 있다. 인간 정신이 연상에 의해 움직인다고 생각한 그는 「우리가 생각하는 대로(As We May Think)」라는 기사에서 지식을 네트워크로 연결할 수 있는 메멕스(memex)라는 아이디어를 처음으로 제시했다. 메멕스는 "일종의 기계화된 개인 파일 및 도서관", 즉 "개인의 책, 기록물을 저장해 두고 빠른 속도로 그리고 자유자재로 찾아볼 수 있도록 기계화되어 있는 장치"이다.

3) John Markoff는 1995년 11월 『뉴욕타임스 *New York Times*』에서 '인터넷은 차세대의 매체로서 자리잡아 가고 있다' 고 설명한다(윤준수, 2000: 47-48).

그로부터 20여 년 후, 마우스를 발명한 것으로 유명한 더글라스 엥겔바트(D. Engelbart)는 1962년부터 인간 능력과 생산성 향상을 위한 컴퓨터 도구의 개발을 목표로 하는 인간 지능 확장 프로젝트를 수행하였다. 이 프로젝트의 일환으로 개발한 NLS(On-Line System)는 원래 하이퍼텍스트 시스템으로 개발되지는 않았지만, 많은 점에서 하이퍼텍스트의 특성을 지니고 있었다. 엥겔바트는 부시와는 달리 인간 정신이 연계에 의해 작동한다고 보았다. 연계는 무차별적 연상이 아닌 '통제된 연상'을 의미한다. 이와 비슷한 시기인 1965년 하이퍼텍스트라는 명칭이 넬슨(T. Nelson)에 의해 처음 사용되었다. 그는 "지면으로는 쉽게 옮겨질 수 없는 복잡한 방식으로 상호 연결된 문서 혹은 이미지의 집합"을 하이퍼텍스트라 명명했다(정지영, 1998: 24).

(3) 하이퍼텍스트의 특징

하이퍼텍스트의 개념을 살펴보기에 앞서 텍스트에서 하이퍼텍스트[4]로의 변천을 살펴볼 필요가 있다. 하이퍼텍스트는 흔히 일반적인 텍스트에 각주를 다는 방식으로 이해되곤 한다. 웹 상에서 텍스트의 블록들, 즉 렉시아[5]들은 삽화, 지도, 도표, 시각적 디렉터리, 개요 등과 같은 다양한 그래픽 보충물들과 연결된다. 하이퍼텍스트는 상호 연계된 텍스트 조각들로 구성되어 있는 것인데, 이러한 텍스트 조각의 단위가 노드이다. 즉 노드는 한 번 클릭해서 볼 수 있는 텍스트의 덩어리로서, 어느 정도 독립적인 성격을 지닌 하이퍼텍스트의 기본 단위이다. 링크는 각 노드 내에 존재하는 다양한 연결고리이다. 링크는 독자에게 어떤 정보로 이동하게 되는가를 보여주

4) 하이퍼텍스트에 대한 발상은 부시(Bush)에서부터 시작되었고, 엥겔바트와 넬슨으로 이어지면서 구체화되었다(임천택, 2002).

5) 렉시아는 바르트(Barthes)가 그의 저서 『S/Z』에서 사용한 용어로, 하나의 텍스트 덩어리를 말한다(이재현, 2000: 94).

는 역할을 한다. 브라우저는 하이퍼텍스트의 구조를 도식적으로 보여주는 일종의 데이터베이스 구조 지도이다. 일반적으로 하이퍼텍스트는 '노드들이 링크로 연결되어 네트워크 구조를 가지는 언어적·비언어적 텍스트의 총체'라고 정의되고 있다.

하이퍼텍스트의 구조가 지니는 속성은 크게 '비선형성', '다연결성', '무경계성', 이렇게 세 가지로 요약된다. 하이퍼텍스트 구조의 이런 속성은 링크로 말미암은 것이다. 하이퍼텍스트 문서는 문서 자체에 다른 문서에 대한 연결 기능을 갖고 있다. 이와 같은 문서와 문서의 연결을 하이퍼링크(hyperlink)라고 한다. 따라서 이 연결 기능을 이용하면 문서에서 문서로 직접 이동할 수 있기 때문에 정보검색 시간을 절약하고 손쉽게 사용할 수 있는 사용자 인터페이스 환경을 제공받을 수 있다. 최근의 하이퍼텍스트는 하이퍼링크 기능을 이용하여 단순히 다른 문서가 아닌 멀티미디어 정보까지 함께 호출할 수 있는 기능으로까지 확장되었다.

하이퍼텍스트의 등장은 인간 사고에 대한 관심에서 비롯되었다. 텍스트보다는 하이퍼텍스트가 인간 사고의 연상이나 확장을 쉽게 표현할 수 있도록 도와준다. 하이퍼텍스트는 텍스트, 즉 인쇄매체를 통해 구현되며 '닫혀있고 완전하며 절대적 대상으로 간주되는 작품'인 책의 형태에서 벗어날 수단을 제공해 준다. 하이퍼텍스트는 구성된 책이 아니라 구성해 가는 텍스트로 이해될 수 있는 것이다.

하이퍼텍스트는 인쇄매체보다 더 높은 비율의 비언어적 정보를 포함한다. 비언어적 자료들을 비교적 쉽게 덧붙일 수 있다는 점이 하이퍼텍스트에 비언어적 정보를 포함하도록 촉진한다. 하이퍼텍스트는 새로운 형식의 상형문자적 글쓰기(Landow, 1997/2001: 89-90)로 구성되므로 이에 대한 이해에는 언어학적 코드뿐만 아니라 문서적·서지학적 수준에서 작동하는 또 다른 약호 네트워크에 대한 이해가 동반되어야 한다. 하이퍼텍스트 시스템은 둘 혹은 그 이상의 언어 텍스트 구절들을 이미지들과 연결시킬 수 있기 때문에 멀티미디어적으로 작용하게 된다.

한편 하이퍼텍스트는 응집성 있는 텍스트들뿐만 아니라 모순적인 텍스트들이 연결되는 것도 허용하기 때문에 인쇄된 텍스트의 가장 기본적인 특징인 분리나 단일성을 파괴한다(Landow, 1997/2001: 124). 파울러(Fowler)에 따르면, 하이퍼텍스트는 ① 적극적 독자를 전제로 하고 ② 유동적·중층적인 것이어서 고정되거나 단일하지 않으며 ③ 시작이나 종결, 중심과 주변, 안과 바깥이 없다. 또한 ④ 다중심적이고 끊임없이 재중심화할 수 있으며 ⑤ 망을 이루는 텍스트이고 ⑥ 협동적이며 ⑦ 반위계적이고 민주적이다. 곧 여러 가지 텍스트를 하나로 묶어놓은 덩어리, 그것이 하이퍼텍스트인 것이다(라도삼, 1997: 138). 지금까지 논의한 바를 종합하여, 텍스트의 체계와 하이퍼텍스트의 체계를 비교한 특징을 살펴보면 다음과 같다.

〈표 I-1〉 텍스트와 하이퍼텍스트의 특징 비교

텍스트 체계	하이퍼텍스트 체계
송신자 중심성	이용자 중심성
선형적 흐름	비선형적 흐름
맥락적	맥락의 상실
텍스트 폐쇄성	텍스트의 개방성
시공간의 한계	시공간의 파괴와 하이퍼점프

하이퍼텍스트의 구조는 이용된 노드 간의 연결(링크) 방식에 따라 연합적 구조와 논리적 구조, 위계적 구조 등으로 구분된다(김희수, 1995). 연합적 하이퍼텍스트는 가장 비구조화된 하이퍼텍스트이고, 위계적 하이퍼텍스트는 가장 구조화된 하이퍼텍스트이다. 연합적 하이퍼텍스트에서는 연결된 두 노드가 전체의 네트워크에서 논리적 관계를 갖지 않고 단지 국부적인 의미만을 나타내는 참고적 연결(referential link) 방법으로 이용된다. 따라

서 연합적 하이퍼텍스트에서는 학습자가 어떤 노드에서 다른 노드로 가는 것이 전혀 제약을 받지 않는다. 연합적 하이퍼텍스트는 무선적 접근을 허용하는 데이터베이스와 성격상 동일하다고 볼 수 있다.

논리적 하이퍼텍스트와 위계적 하이퍼텍스트는 구조화된 모양이나 정도에 차이가 있는데, 양자가 모두 조직적 연결을 이용하여 하이퍼텍스트를 구조화한다는 점에서는 동일하다. 조직적 연결은 두 노드 간의 논리적 관계를 기초로 노드들을 연결하여 논리적 구조를 형성하거나 더 위계적인 나무 형태의 하이퍼텍스트를 형성하게 된다. 사실상 연합적 하이퍼텍스트와 위계적 하이퍼텍스트를 구조화의 정도라는 기준에 비추어 연속선 상의 양극단에 놓는다면, 논리적 구조는 그 연속선 위의 중간 지점에 머무르게 된다. 연합적 하이퍼텍스트는 망 구조[6)]에 가깝고 위계적 하이퍼텍스트는 격자 구조, 순차 구조에 가깝다고 이해할 수 있는 것이다.

요즘 인터넷에 나타난 하이퍼텍스트의 구성은 연합적 하이퍼텍스트와 위계적 하이퍼텍스트 중 어느 하나를 고집하기보다는 혼합형의 형태로 구성되는 것이 대부분이다. 다음의 〈그림 Ⅰ-1〉과 〈그림 Ⅰ-2〉[7)]에 나타난 것처럼 정보를 검색하다가 홈으로 돌아오기 쉽도록 구성된 것을 보면 혼합형의 형태를 쉽게 이해할 수 있다.

---

6) 배식한(2000: 23)은 하이퍼텍스트의 정보 구조 측면에서 '표현력'이 높은 순서로 웹 구조, 격자 구조, 나무 구조, 순차 구조 순으로 배열하고, '위험도'가 높은 순서로 웹 구조, 나무 구조, 격자 구조, 순차 구조 순으로 배열하였다.

7) 〈그림 Ⅰ-2〉는 〈그림 Ⅰ-1〉의 주제별 토론을 클릭한 후 나타난다. '재벌 소유구조 개선'이라는 주제로 정보 수용자들이 올린 토론문 목록이다.

〈그림 Ⅰ-1〉 2002년 10월 29일자 인터넷 한겨레의 첫 화면

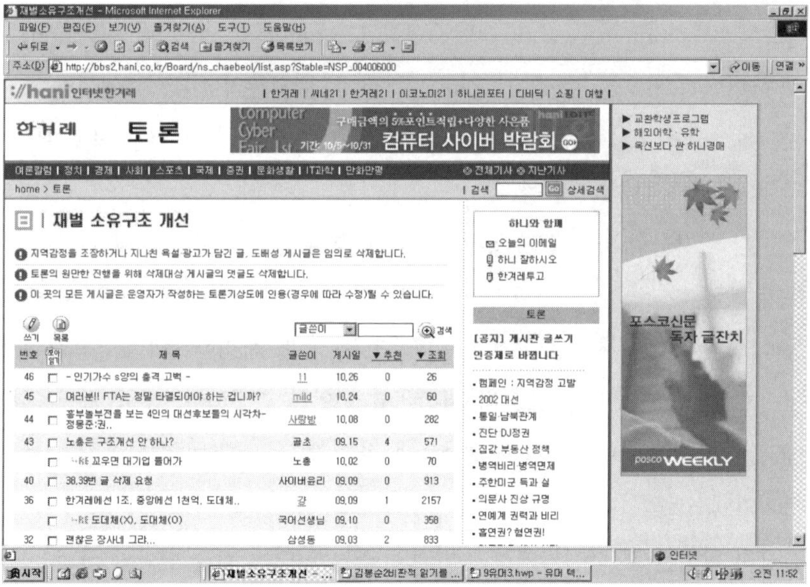

〈그림 Ⅰ-2〉 인터넷 한겨레에 나타난 토론 목록

2) 하이퍼텍스트의 이론적 이해

하이퍼텍스트에 대한 연구는 전산학을 토대로, 언어학과 심리학 연구는 물론 하이퍼텍스트의 사회적 영향과 철학적 문제에 이르기까지 학문의 경계를 넘어 활발히 진행되고 있다. 인문학 분야에서는 문학평론가 혹은 문화연구가들에 의해 많은 연구가 이루어지고 있다. 커뮤니케이션학 부문에서는 정보사회와 뉴미디어론의 일부분으로 다루어지면서 하이퍼텍스트의 사회적 기능에 대한 연구가 활발하며, 특히 미디어 결정론자들에 의한 새로운 미디어 기술의 영향에 대한 고찰이 활발히 이루어지고 있다.

여기서는 첫째, 기존 미디어의 기능과 역할에 대한 논의를 살펴보고 하이퍼텍스트에 관한 언어문화적 관점에 대한 논의와 연구를 개략적으로 살펴보고자 한다. 둘째, 하이퍼텍스트에 대한 인문학적 비평의 주된 논의들을 검토하며 문학평론가들이 지적하는 하이퍼텍스트의 개방성(openness), 상호텍스트성(intertextuality), 탈중심성(decentrality), 다성성(polyphony)과 하이퍼텍스트의 리좀적(rhizomic) 특성에 대해 논의할 것이다. 셋째, 하이퍼텍스트의 수사학 관점들을 고찰함으로써 하이퍼텍스트 담론 구조 분석의 관점들을 제시하고자 한다.

미디어 기술의 발전과 미디어의 변화에 따른 사회적 영향에 대한 연구는 문학, 언론학, 정치학, 사회학, 경제학, 인류학, 심리학 그리고 컴퓨터공학 등 다양한 분야에서 이루어지고 있다. 정치·경제·사회학에서의 논의는 포괄적으로 정보사회라는 포괄적 시각에서 논의가 활발하며, 문학과 언론학에서는 텍스트와 이용자의 상호작용에 관한 연구가 활발하다. 여기에서는 하이퍼텍스트의 기술론적 관점에서 정보사회에서 논의되고 있는 연구들을 간략히 살펴본 후 인문학에서 논의되고 있는 미디어 기술 변화와 사회 · 문화적 변동의 관련성에 대한 연구를 살펴보기로 하겠다.

정보사회론 연구는 정보 기술을 자본재로 보며 생산과 노동관계를 규명하려는 마르크스주의 관점과 정치·경제·사회·문화 등의 변화를 바탕으로, 뉴미디어 기술로 인해 도래한 정보사회의 특성을 규명하려는 사회학적 관점의 연구가 대부분을 차지한다. 예를 들어 다니엘 벨(Bell, 1980)은 정보양식(the mode of information), 즉 정보의 생산과 소비 양식의 변화로 인해 인류가 탈산업사회로 전환되었다고 주장한다. 그는 하이퍼링크의 기술로 인해 미디어 기술보다 지식 또는 정보의 이용 형태가 중심을 이루며 문명을 전환시키고 있다고 보았다.

앨빈 토플러(Toffler, 1980)는 정보 혁명으로 인해 사회권력의 이동을 예견하고 있으며, 드러커(Drucker, 1992)는 기술 발달로 인한 지식 혁명을 사회변동의 주원인으로 설명하고 있다. 마르크스주의자들과 기타 정보사회론자들은 인간의 사고와 행위는 생산력과 생산양식(the mode of production) 혹은 기술양식(the mode of technology)들로부터 기인한다고 보았지만, 글쓰기(the mode of writing)와 인쇄 기술(the mode of printing)과 같은 문화 생산양식이 인간 사고와 사회를 규정하고 영향을 끼친다는 점을 직접 탐구하지는 않았다. 그러나 최근 들어 미디어의 기술 양식에 따른 사회변동에 관한 연구가 활발히 진행되고 있다.

네그로폰테(Negroponte, 1995: 157-158)는 "하이퍼텍스트가 인쇄된 책의 페이지를 없애고 탈정보사회는 지리적 한계를 없앨 것"이라고 보았다. 물론 이들 기술 결정론자들의 예견처럼 기존 종이책은 쉽게 사라지지는 않겠지만, 하이퍼텍스트를 통한 정보 전달과 문학적 양식이 우리 생활의 일부분이 되어 가고 있는 것은 사실이다. 가상공간으로의 전환이 확산되고 있으며 하이퍼텍스트가 갖고 있는 고도의 상호 작용성은 시공간에 대한 개념을 새롭게 만들고 있다. 하이퍼텍스트는 네트워크를 기반으로 하여 기존의 물리적 공간을 가상의 공간으로 새롭게 이동시키고 있다. 하이퍼텍스트가 문자 언어 시대에 이어 새로운 전자 언어 시대를 열 것이라고 주장하는 목소리가 높다.

(1) 사회학적 관점: 미디어 결정론

미디어 기술에 관한 논의는 기술 발전이 사회·문화적 변화에서 어떤 역할을 하였는가에 대해 중점적으로 이루어지고 있다. 이러한 논의의 중심에 미디어 결정론이 있다. 미디어 결정론적 논의는 기술과 사회 또는 뉴미디어 이용자들의 관계를 이해하는 데 중요한 출발점이 되고 있다. 미디어 결정론자들은 미디어 기술 발전이 사회 변화와 문화 변동에 결정적 요인이라는 관점에서 출발한다. 미디어 결정론자인 이니스(Innis)와 맥루한(McLuhan)의 논의는 하이퍼텍스트 연구에 관한 기초를 제공하고 있으므로 이니스와 맥루한의 주요 논의들을 살펴보고자 한다.

이니스는 『제국과 커뮤니케이션 *Empire and communication*』(1950)과 『미디어 편향 *The bias of communciation*』(1951)이라는 저서를 통해 미디어 기술의 변화가 인류 문명 변화를 초래하는 원동력이었다고 파악하였다. 그는 인류 사회의 변화가 미디어 발전 과정에서 각 미디어의 특성에 의해 결정되었다고 설명하며, 미디어 기술의 변화로 인해 인간의 지식 습득과 소유 및 인식 능력이 변했다고 주장하였다. 미디어는 인간 행태나 사회 조직의 형태에 중요한 영향을 끼치며 미디어를 통제하는 집단이 정치·사회적 권력을 소유하였다고 보고 미디어와 권력 변동과의 관계를 규명하고자 했다. 미디어 기술이 사회 내의 문화나 제도뿐만 아니라 정치·사회의 조직 구조를 결정하고 계급관계를 설정하며 권력의 중심을 전위시키는 데 결정적 역할을 한다고 주장한다.

또한 이니스는 서구 문명사를 미디어와 관련하여 아홉 단계로 구분하였다. ① 메소포타미아 문명의 점토·설형 문자 ② 이집트와 그리스-로마 시대의 파피루스, 모필, 상형문자 ③ 로마제국 시대의 양피지와 펜 ④ 양피지와 종이의 병용 ⑤ 르네상스 이전의 종이와 인쇄술 ⑥ 금속활자 인쇄시대로부터 19세기 초 ⑦ 19세기 후반 대량 인쇄술 시대 ⑧ 영화 ⑨ 라디오로 구분하였다.

이니스는 미디어를 공간적 특성이 강한 미디어와 시간적 특성이 강한 미디어로 구분한 후 이에 따른 각각의 제도적 특성을 제시하며 사회·문화 변동을 제시하고 있다. 예를 들어 진흙, 돌, 양피지 같은 미디어의 특성을 내구성이 강하나 공간 이동이 어렵다고 하여 '시간 편향 미디어'라 칭하였으며, 반면 종이나 파피루스는 내구성이 약한 대신 비교적 빠른 속도로 공간 이동이 간편하다고 하여 '공간 편향 미디어'라 칭하였다. 이러한 구분을 바탕으로 이니스는 각 문화권의 특성을 규명하였는데, 시간 편향 미디어 사회는 관습, 권위, 공동체의 위계질서, 영속성 등이 강조되는 사회인 반면, 공간 편향 미디어 사회에선 정치권력의 제도의 확대, 제국의 확장을 가져왔다고 했다.

시간 편향 미디어는 상대적으로 근접한 공동체들, 형이상학적인 사유, 그리고 전통적인 권위를 옹호해 왔으며, 종이와 같은 인쇄물은 공간 편향 미디어로 확장과 통제에 유용하게 이용되었다. 시간 편향 미디어는 구어 문화 전통이 강하고 문자 언어의 접근은 일부 소수 특권층에 한정되어 있는 반면, 공간 편향 미디어는 문자 문화 전통이 강하다.

〈표 I-2〉 이니스의 시간·공간 편향 미디어 속성

시간 편향 미디어	공간 편향 미디어
양피지, 진흙, 돌	종이, 파피루스
내구성 강함·이동력 약함	내구성 약함·이동력 강함
영토 수축	영토 팽창
구어 문화 중심	문자 문화 중심
이데올로기 및 신념 지배	의사소통 확대로 여론 형성
윤리와 형이상학의 발전	과학기술의 발전 촉진

이니스는 특정 사회에서 권력의 독점유지와 세습적이고 위계질서를 강화하는 데 미디어가 의도적으로 이용되어 왔다고 주장한다. 이니스가 지적하고 있는 것 중 주목할 점은 전자매체인 라디오와 텔레비전의 역할이 단지 오락과 정보 제공에 있지 않고, 의사소통의 속도와 거리를 단축하며 중앙 집권화와 제국주의의 가능성을 크게 열어놓은 데 있다고 지적한 것이다.

이니스의 이런 관점은 맥루한의 관점에 영향을 끼쳤는데, 맥루한은 이니스의 관점을 토대로 미디어의 특성에 따른 사회의 특징을 설명한다. 맥루한에 따르면 인간은 새로운 기술을 단순히 사용하는 것에 그치는 것이 아니라 그것을 사용하며 재발명하는 힘을 가지고 있다. 그는 인쇄 기술의 발달로 인해 기존의 필사본 내용을 더 정확하고 신속하게 재생산하는 텍스트가 동질성과 반복성을 추구하는 새로운 사회 문화를 형성하였다고 보며, 이를 '구텐베르크 인간형'이라고 칭했다(McLuhan, 1962). 그는 미디어의 발달을 인간 오감을 연장하려는 욕망의 결과로 보면서 오감의 확장으로 보았다.

맥루한은 미디어의 발달을 네 가지 시대의 단계로 구분하고 각 시대의 특성을 설명하고 있다. 첫 번째 단계는 구두 의사소통에 의존했던 원시 부족 시대이다. 이 시대의 인간은 구술적이며 음향적 공간에 살았기 때문에 복수 감각형이었다. 두 번째 단계는 문자 발명 이후의 초기 문자시대로서, 이 시기에는 차츰 시각형의 인간이 형성되긴 했지만 문자를 이용하는 사람들은 소수로서 일반적으로 구술의 시대였다. 세 번째 단계는 구텐베르크가 인쇄 기술을 발명한 후인 활자시대이다. 네 번째 단계는 현대의 전자매체 시대로서, 사람들은 다시 복수 감각형이 되어 첫 번째 단계, 즉 원시 부족 시대로의 회귀가 일어나고 있다는 것이다.

이런 현상을 맥루한은 '재부족화(retribalization)'라고 부르며 구어사회의 전통이 되살아나고 있다고 설명하고 있다. 재부족화라는 개념의 중심에는 '지구촌(global village)' 이라는 용어가 등장한다. 1960년대에 맥루한은 시간과 공간의 장벽이 사라지고 실시간으로 동시성이 보장되는 전자적인 지구촌이 형성될 것이라고 내다보았다. 맥루한의 예측은 하이퍼텍스트의 발전으로 인해 단순한 미래의 예측이 아니라 엄연한 현실로 다가왔다. 하이퍼텍스트가 갖고 있는 링크는 '무경계성(borderlessness)' 에 근거하여 공간 개념을 축소하였고, 하이퍼텍스트를 통한 정보의 저장과 이용이 이루어지게 되었음은 물론 즉각적인 편집은 시간의 개념마저 새롭게 했다. 그가 예측했던 지구촌이 현실화되고 있는 것이다.

맥루한의 논의 중 하이퍼텍스트 연구에 유용한 개념은 미디어 이용자의 낮은 상호작용 수준과 참여 수준을 요구하는 '핫미디어(hot media)', 이와는 반대로 높은 상호작용과 참여 수준을 요구하는 '쿨미디어(cool media)' 의 개념이다(McLuhan, 1965). 텔레비전을 보는 시청자들은 미디어에 높게 관여하고 있고, 책을 보는 독자들은 낮게 관여하고 있다는 것이다. 이러한 양분법적인 구분은 논란의 여지가 남아 있다. 그러나 맥루한의 양분법적 분류는 하이퍼텍스트의 속성과 이용자 연구에 하나의 지표가 될 수 있다. 예를 들어 하이퍼텍스트 이용자는 단순히 독서를 즐기는 것이 아니라 자신이 원하는 정보를 위하여 링크에 적극적으로 참여한다고 볼 수 있는 것이다.

맥루한은 전자시대가 도래하면 활자시대에 와해되었던 구술 문화 시대의 다양성을 다시 찾을 것이라고 전망했다. 그러나 볼츠(Bolz, 1993/2000) 는 하이퍼미디어론이라는 새로운 형태의 지식을 내세우면서 맥루한이 말한 구

〈표 I-3〉 맥루한의 핫미디어와 쿨미디어의 속성

핫미디어	쿨미디어
라디오·인쇄매체	텔레비전
관여도 낮음	관여도 높음
해상도 낮음	해상도 높음
구체적·논리적 정보	구어적·직관적·감성적 정보

텐베르크-은하계에 이제 우리는 이별을 고하고 있다고 반박한다. 이니스와 맥루한의 관점이 기술이라는 변인에 지나치게 치중하고 있다는 비판도 있지만, 그들의 논의는 매체에 대한 이해의 폭을 넓히는 동시에 그것이 하이퍼텍스트 연구에 응용될 수 있는 가능성을 열어놓고 있다.

하이퍼텍스트 연구에서 현재까지는 기술 결정론적인 입장이 주류를 이루고 있으나 반대의 목소리도 높다. 미디어의 기술적 측면을 강조하는 관점에서만 보거나 혹은 그 반대 입장에서만 고려하는 것은 하이퍼텍스트에 따른 사회·문화 변동의 다양성을 충분히 설명하지 못할 수 있다. 따라서 하이퍼텍스트에 대한 폭넓은 시각과 관점이 필요하다.

기술이 문화의 어느 측면에 어떤 영향을 미치고 있느냐에 대한 논란의 여지는 여전히 존재하고 있다. 제임슨(Jameson, 1981)은 『정치적 무의식』에서 맥루한을 공격하면서 기술과 마르크스주의를 분리시켜야 한다고 주장한다. 제임슨과 같은 비판 이론가들은 미디어 기술 변화의 영향력을 최소화하려는 경향을 보이고 있다. 그러나 울머(Ulmer, 1989)는 미디어 기술이 철학적·정치적 개념을 분명히 하고 구체화하며 결국 의사소통 형태와 양상을 변화시킬 것이라고 주장한다. 랜도우(Landow, 1997; 여국환 외 역, 2001)는 전통적으로 글쓰기는 정치적·사회적으로 영향력이 있는 사람들의 것이었으며, 인쇄 기술은 고도의 자본화를 이루며 생산양식의 한 부분으로 자리잡아 헤게모니의 한 도구로 이용되었다고 설명하고 있다.

그러나 네트워크화된 하이퍼텍스트의 세계에서는 권력을 가진 독자와 저자들이 등장하게 된다. 하이퍼텍스트 연구가들은 하이퍼텍스트 기술이 권력을 분산할 것이며, 새로운 읽기와 글쓰기의 형태로 인해 권력의 분산과 변화가 초래될 것이라고 예견하고 있다. 하이퍼텍스트 연구가들은 하이퍼텍스트 읽기와 글쓰기 형태의 변화는 반위계적이며 민주적인 특성을 갖고 있다고 주장한다(Yankelovich, 1991; Yankelovich, Meyrowitz, & Drucker,

1988). 저자들과 독자들은 문서 준비 과정에서 다른 자료들을 검색하고 주석이나 참고 자료로 곧바로 갈 수 있고, 자신들의 논평들을 보낼 수 있으며, 따라서 저자와 독자의 구분이 흐려진다는 것이다.

그러나 맥루한(McLuhan, 1962)의 견해를 적용하면 하이퍼텍스트 기술은 이용자들에게 개인적 권력 자체를 부여하는 것이 아니라 이들에게 대화와 참여의 조건들과 필요성을 재구성한다고 보는 것이 옳을 것이다. 전자매체는 협동적이며 자발적 실천이 있을 때 권력이 될 수 있기 때문이다. 반면 일부 연구가들은 하이퍼텍스트를 소유하는 사람, 하이퍼텍스트를 이용하는 사람, 하이퍼텍스트에 접속하는 사람들에게 권력이 부여된다고 본다(Mayes, Kibby, & Anderson, 1990). 하이퍼텍스트에서 정치·문화적 함의를 주는 행위는 하이퍼텍스트의 이용가능성과 접속가능성의 권리이기 때문이다. 여기서 이용가능성과 접속가능성은 다시 접속하기(linking), 읽기(reading), 쓰기(writing), 그리고 네트워킹(netwroking)의 네 가지 면으로 압축할 수 있다(Meyrowitz, 1991). 하이퍼텍스트의 언어문화에 대한 이해는 이와 같은 개념의 이해를 필요로 한다.

하이퍼텍스트에서는 다른 텍스트의 접속을 만들어내는 권한을 누가 갖고 있으며 링크된 텍스트의 지적 소유권은 누가 갖느냐의 문제가 대두된다. 이런 형태의 접속 기술은 작가와 독자 사이의 역할과 권한의 경계를 불분명하게 한다. 하이퍼텍스트에서는 주 텍스트와 보조 텍스트가 연결되어 있으며, 이 보조 텍스트는 언제든지 다시 주 텍스트가 될 수 있으므로 소유의 문제가 발생한다. 소유의 문제는 권력의 문제와 직접 연결되어 있다. 어떤 블록들을 포함하고 연결할 것인가에 대한 문제와 어떤 연결을 배제할 것이냐에 대한 문제는 바로 이데올로기와 직결된다. 만약 이용가능성과 접근가능성이 낮아지면 기존의 인쇄 문화에 능숙한 도서관 이용자가 도서관을 이용하는 것보다 비효율적일 수도 있다. 또한 하이퍼텍스트 세계에서 네트워크에 접근하는 것은 출판을 의미한다. 하이퍼텍스트의 읽기에서는 어떤 부분은 읽기를 금지하고 어떤 부분은 무상으로 인용할 수 있도록 할 것인가에 대한 문제가 권력 변화의 요인이 될 수 있다.

따라서 하이퍼텍스트에 의해 발생하는 언어생활과 권력의 변화는 자명하다. 장폴리(Zampoli, 1991)는 구텐베르크 혁명과 스스로 "언어의 정보화(informaization)"라고 명명한 개념을 통해 기존 언어가 하이퍼텍스트 언어로 변환되지 않을 때에 대해 경고하고 있다. 그는 "인쇄매체와 관련되지 않았던 언어들은 방언이 되었거나 사라졌다. 언어가 정보화되지 않을 경우, 즉 특정 언어가 전자 텍스트(하이퍼텍스트)로 저장, 변환, 이용되지 않으면 사라지거나 방언이 될 수 있다"고 경고하고 있다. 장폴리가 지적한 대로 하이퍼텍스트의 사회·문화적 영향력이 커질수록 새로운 정보매체로 변환되지 않는 언어는 중요성을 상실하는 것은 물론 주변화되며 권력을 잃을 수도 있다. 하이퍼텍스트의 영향력이 문화적으로 우세해지면서 능동적이며 참여적인 독자들을 창출하며 새로운 언어문화를 만들어가고 있다. 독자들은 원하는 정보를 얻는 선을 넘어 주어진 텍스트에 적극적으로 참여하여 텍스트를 생산하고 변형하고 창조해 가고 있다. 지식 생산자들도 자신들의 텍스트를 하이퍼텍스트에 올려놓지 못하면 저자로서의 기능을 충분히 하지 못한 것으로 보일 것이다.

(2) 커뮤니케이션 관점: 구술성, 문자시대, 하이퍼텍스트의 전자언어

인류는 로고스적인 동물이다(homo logos).[8] 인간이 구술에 의존하던 시대에는 다른 물리적 도구를 이용하지 않고 오직 인간의 기억과 성대만을 이용하여 의사소통하였다. 구술 시대에는 물리적 흔적을 남기지 않고 순간

8) 그리스어 'logos'는 이성 혹은 말이라는 다의적인 의미를 갖고 있다. 이는 이성 중에서도 언어가 갖는 이성을 말한다.

적 혹은 상황적으로 존재하는 소리로 의미를 전달함에 따라 물리적·공간적 제약을 많이 받았다. 화자와 텍스트, 청자는 동일한 시간과 장소에 존재해야만 했다. 그러나 한편으로는 청자와 화자 간에 서로 비언어적인 감정을 교감할 수 있음으로 인해 화자와 청자는 텍스트를 통해 서로 긴밀한 연계를 맺을 수 있었다. 그러나 구술 문화의 텍스트는 지속적이지 못했고 멀리 전달될 수 없었다.

구술 문화에 이어 기원전 3000~4000년 전 인간은 문자를 사용하기 시작했다. 종이의 등장과 함께 인쇄 기술의 발달은 텍스트의 청각적 속성을 시각적 속성으로 전환시켰다. 텍스트는 물리적 형태를 갖추게 되었고, 텍스트를 접점으로 매개되던 화자와 청자는 더 이상 시간적으로 현존할 필요가 없게 되었다. 문자와 종이의 확산은 다른 시간대, 다른 공간에 존재하는 사람들을 텍스트로 연결하고 문자를 순차적으로 나열하는 방식을 스스로 확립하게 되었다. 옹(Ong, 1982)은 문자시대의 텍스트는 선형적(linear)으로 변했으며 담론의 구성도 선형적 논리에 따르게 되었다고 주장한다.

인쇄 기술의 발달은 동일한 텍스트를 여러 장으로 복사할 수 있게 하였으며, 이로 인해 다수의 사람들이 다수의 복사본을 통해 정보를 공유할 수 있게 되었다(Eisenstein, 1980). 인쇄 기술로 인해 인간은 사용할수록 파손되는 필사본의 형태로 정보를 보관하던 작업에서 벗어나 인쇄 복사본을 통해 다량의 정보를 접할 수 있게 되었다. 새로운 사유나 사고들이 종이 위에 표현되고 널리 보급되면서 원형성과 저작권이라는 개념을 낳게 되었다. 구텐베르크의 금속활자 발명 후 여러 세기에 걸쳐 사본 필경자, 출판업자, 저자들은 정보 처리 및 검색이라는 다양한 수단과 도구를 발전시켰다. 책을 만드는 기술자들은 쪽 매김과 색인 등을 고안해 내었다. 그러나 이러한 도구들은 학문적으로 유용했지만 정보검색 문제를 충분히 해결하지는 못했다.

전자매체의 발전은 잉크와 종이 대신 비트와 컴퓨터를 이용하는 전자 텍스트라는 새로운 텍스트를 출현시켰다. 보드리야르가 지적하듯이 "촉각적인 것(tactile)으로부터 디지털로의 전환"을 이루게 된 것이다(Baudrillard, 1983: 115). 디지털의 전환은 정보의 축적, 저장, 검색을 용이하게 하였고, 지식을 시각적으로 재현했던 한계를 벗어나 청각적인 정보도 동시에 담게 되었다. 종이 책으로 저장, 보급되던 문자 언어는 디지털 컴퓨터에 의해 창조되는 전자 언어로 인하여 그 권위가 약해지고 있다. 하지만 전자 언어는 문자 언어의 구술성과 문자성의 바탕 위에서 이루어진다는 사실을 간과할 수는 없다.

강내희(2000)는 포스터(Poster, 1990)의 설명을 인용하며 전자 언어를 '시청각 언어' 혹은 '영상 언어'로 특징짓고, 문자 언어가 막을 내린 것은 아니지만 새로운 행태로 지형을 형성하고 있다고 주장한다. 그는 전자적·시청각 언어는 문자 언어와 유사하지만, 영상 언어는 문자 언어와 달리 시각과 청각을 아우르는 시청각 언어로 기능한다고 본다. 그리고 영상 언어의 시각 언어 부분도 더 이상 문자로만 구성된 것이 아니라 이미지가 첨가되고 이미지는 청각 및 동화상의 지원을 받아 새로운 언어로 군림한다고 지적한다. 또한 말은 실제 행위가 일어난 시간과 공간에 의해, 글은 책과 종이의 시간적 선택과 공간에 의해 각기 틀이 지워지며, 이들 모두 재현의 논리에 이바지한다고 본다. 반면에 전자 언어는 이전의 모든 언어 형태들을 재고하게 하며 사회와 언어에 대한 개방적 이해를 강조한다고 본다. 따라서 전자 언어는 재현의 논리를 따르지 않는다는 것이다. 그것은 실재이면서 재현인 것이다. 어디에나 있는 동시에 아무 데도 없으며, 언제나 있는 동시에 결코 존재하지 않는 것이다. 그것은 물질적인 것이면서 비물질적인 양상을 띠고 있는 것이다.

전자 텍스트는 최근 하이퍼텍스트로 발전하여 문자시대에 어려웠던 텍스트 구성자와 이용자 간의 상호작용을 용이하게 하였다. 하이퍼텍스트의 처리는 컴퓨터로 제작된 코드를 조작하는 것이기 때문에 이용자가 스크린에서 보는 텍스트는 가상텍스트이기도 하다. 하이퍼텍스트의 원본은 컴퓨터 안에 있지만 구성자가 제작한 원래의 형태가 아니고 비트의 형태로 존재한다. 하이퍼텍스트는 개인적으로 사용하지만 실제로 그 텍스트는 수백 명, 수천 명이 공유하기도 한다. 그리고 컴퓨터 메모리로부터 재생하는 장치나 스크린의 형태에 따라 이용자 개개인이 모두 다를 수 있다. 그래서 하이퍼텍스트 자체는 영속적인 것이 아니며 흐름(flow)의 특성을 갖고 있다. 볼터는 "하이퍼텍스트는 의미의 요소, 구조의 요소, 시각적 배치의 요소들이 기본적으로 불안정한 텍스트이다. 인쇄술이나 중세의 사본과는 달리 쓰기의 어떤 측면이 미리 결정될 것을 요구하지 않는다. 이런 불안정성은 실리콘과 금속의 미세한 접합부에 일시적으로 전자의 파편들을 모음으로써 정보를 기록하는 이 기술의 속성에 내재된 것이다. 컴퓨터의 세계에서 글쓰기란 일종의 통제된 흐름이며… 변화는 자연스러운 일이다"(Bolter, 1990: 31).

이러한 관점에서 하이퍼텍스트는 문자시대의 원형성과 저작권의 개념을 유지하기 어렵게 만들었다. 하이퍼텍스트는 인간의 연상적 사고를 집약하여 조합(combination)과 분류(classification)를 구현하는 텍스트 양식을 취하며, 문자시대의 특성인 선형적 텍스트를 벗어나 비선형성의 특징을 띠고 있다. 하이퍼텍스트는 기존의 문자 언어와 달리 비선형성(nonlinearity), 다연결성(seamlessness), 무경계성(borderlessness)으로 그 특징을 요약할 수 있다. 이와 같은 하이퍼텍스트의 특성은 우리 시대에 필요한 커뮤니케이션 능력과 언어 능력을 근본적으로 재고할 것을 요청하고 잇다.

(3) 문학적 관점: 텍스트로서의 하이퍼텍스트

후기구조주의와 포스트모더니즘 관점의 문학이론에서는 하이퍼텍스트의 특성과 후기구조주의와 포스트모더니즘의 유사점을 첫째, 표상 혹은 재현 체계의 유동성과 부정확성, 둘째, 전위적 실험성과 일탈성, 참여 행위의 중요성, 셋째, 파편화 현상 및 임의성과 유희성, 넷째, 위계적 질서의 재편성과 주변부의 권력화, 다섯째, 비종결성과 불확정성, 여섯째, 장르의 융합과 확산 등으로 지적하고 있다(김재국, 2001).

이러한 논의를 바탕으로 여기서는 하이퍼텍스트의 특성을 개방성(openness), 상호텍스트성(intertextuality), 탈중심성(decentrality), 다성성(polyphony)과 리좀(rhizome)의 관점에서 살펴봄으로써 하이퍼텍스트의 특성에 대한 이해를 넓히고자 한다.

① 개방성과 상호텍스트성(openness & intertextuality)

후기구조주의의 등장 이전, 문학에서는 텍스트라는 용어 대신 문학 작품이라는 용어가 사용되었다. 텍스트 이론과 개념들이 낯설지 않게 사용된 것은 후기구조주의와 포스트모더니즘의 사유가 등장한 이후라 할 수 있다. 후기구조주의와 포스트모더니즘 사상가들 가운데에는 텍스트를 표상 체계(재현 체계)로 이해하는 이들도 있고 표상 체계를 넘어선 것으로 이해하는 이들도 있는데, 이는 이들의 '텍스트론'의 결정적인 차이를 드러내주는 기준이 된다. 어떤 이들은 표상 체계 내에서 텍스트의 의미 작용을 탐색하고, 어떤 이들은 표상 체계를 넘어선 텍스트의 개념에서 의미 작용을 고찰한다. 그러나 분명한 것은 후기구조주의의 핵심이 의미의 불안정성을 옹호하며 기표들을 고정적으로 완결된 표상 체계로 보는 관점을 거부한다는 데 있다.

예를 들어 바르트는 텍스트의 비선형성을 강조하였으며(Barthes, 1974), 데리다(Derrida, 1976)는 텍스트의 개방성, 상호텍스트성 등을 강조하며 한 텍스트와 다른 텍스트 간의 구분의 부적합성을 지적하였다. 데리다는 '링크(link)', '웹(web)', '네트워크(network)', '연관되어 있는(interwoven)' 등의 용어를 사용하며 새로운 텍스트성을 모색하고 가능성을 탐색했다. 들뢰즈와 가타리(Deleuze & Guattari, 1987)는 인간은 하이퍼텍스트를 통해 전세계를 리좀식으로 방랑하며 어떤 이와도 링크될 수 있는 '유목민적 존재(rhizomic nomads)'라고 주장한다. 후기구조주의적 관점에서 볼터(Bolter, 1990)는 하이퍼텍스트의 열린 텍스트 개념들을 구체화하였다. 푸코(Foucault, 1976)도 그의 저서 『지식의 고고학』에서 "한 책의 경계들은 그 책이 다른 책들, 텍스트들, 문장들에 대한 지시 체계들에 얽매어 있기 때문에 결코 명확하지 않다"고 밝히고 있다. "한 책은 다른 책들, 텍스트들, 그리고 다른 문장들에 대한 참고의 체계 속에 갇혀 있기 때문이다. 하나의 책은 하나의 네트워크 속의… 한 지시망의 결절점(node)이다"라고 주장했다.

데리다는 텍스트를 '이산된 독서 단위(discrete reading unit)'로 구성되어 있는 것으로 보았다. 그는 『조종 *Glas*』에서 텍스트의 조각(bit), 단편(piece), 소량(morsel), 파편 혹은 분권(fragment)을 강조하며 해체의 방법론을 제기하고 있다. 다른 한편으로 그는 이산된 텍스트들의 연결성을 강조하는 개념으로 '아쌍블라주(assemblage)'를 제시하고 있다. 아쌍블라주는 데리다의 추종자 울머(Ulmer, 1989)에 의해 재해석되며 하이퍼텍스트 연구에 응용의 길을 열어왔다. 울머는 데리다의 아쌍블라주를 한 텍스트가 다른 텍스트와 결합한 것뿐만 아니라, 다른 텍스트와 마치 실 혹은 신경감각선과 같이 망처럼 갈라져 존재하지만 항상 짜기(web) 혹은 섞어짜기(weaving)를 할 준비가 되어 있는 것으로 보았다. 이는 텍스트의 개방성(openness)과 다연결성(seamlessness)을 강조하는 것이다. 즉 텍스트의 개방은 무한정 개방되어 있다는 관점이 아니라 텍스트가 개방되어 있으나 항상 다른 텍스트와 연결된 단위로 존재한다는 점을 강조한 것이다.

② 탈중심화와 다성성(decentering and polyphony)

하이퍼텍스트의 독자들은 네트워크를 통해 그들의 관심에 따라 움직이며 기존의 작가 중심의 구성 원칙을 변형하고, 그들 자신의 구성 원칙을 재창조한다. 하이퍼텍스트에서는 독자나 이용자가 중심을 재설정하거나 중심을 이탈하기도 한다. 중심의 관점은 독자에게 달려 있다. 종이 위에 쓰인 인쇄물의 페이지를 읽는 것에 익숙해져 있는 우리는 그 페이지 혹은 구문으로부터 텍스트를 생각하는 경향이 있고, 텍스트의 부분은 하나의 중심성이 된다. 그러나 하이퍼텍스트에서는 중심성에 대한 이러한 가정들을 근본적으로 거부한다. 하이퍼텍스트에서는 무한하게 탈중심화할 수 있으며 동시에 재중심화할 수 있다. 이는 하이퍼텍스트에서 개별적인 어휘소는 다른 텍스트망으로 통하게 되며, 개별적인 텍스트들이 서로 연결된 몸체를 이루고 있기 때문이다. 그렇다고 하이퍼텍스트에 중심이 없다거나, 중심이 없이 지낼 수 있다고 보는 것은 아니다. 하이퍼텍스트에서 중심은 존재 그 자체가 아니라 기능으로 존재하고 있다.

하이퍼텍스트에서 주석, 비평, 혹은 부가된 텍스트는 다른 텍스트와 연결되어 있다. 연결된 텍스트는 중심에서 벗어나 있으나, 중심에 도전하며 때로는 상응한다. 하이퍼텍스트에서는 여백이 중심을 제공하며, 여백에서 중심이 제공되고 있다는 것을 강조한다. 하이퍼텍스트에서 중심성은 독자의 마음속에 거주한다. 중심성에 대한 하이퍼텍스트의 해체적 관점은 텍스트, 정보, 그리고 통제에 관한 전통적 이데올로기 모델을 대체하는 새로운 모델의 등장으로 해석하기도 하며, 권력을 저자에서 독자에게로 분산하도록 하는 전환을 지향한다.

하이퍼텍스트에서는 독단적이고 지배적인 단일의 주장은 존재하기 힘들다. 이는 바흐친이 대화적(dialogic), 다성적(polyphonic, multivocal)인 면을 강조한 점에서 하이퍼텍스트의 특성을 예견한 것과 상통한다. 바흐친에 따르면 소설 그 자체에서 비참여적인 제3의 인물들은 그 어떤 식으로든 재현되지 않는다. 작품의 광범위한 관점에서도 그들을 위한 공간은 없다. 바흐친의 제3의 목소리는 하이퍼텍스트의 중요한 특성을 지적해 준다. 하이퍼텍스트에선 언제나 일시적인 관점, 현재 읽고 있는 렉시아(lexia), 그리고 그 렉시아를 선택하는 경험으로부터 관점이나 목소리가 형성되며 기표는 유동적이다.

③ 하이퍼텍스트의 리좀적 특성

하이퍼텍스트의 텍스트적 특성을 가장 잘 표현할 수 있는 용어는 '리좀'이다.[9] 랜도우(2001)는 들뢰즈와 가타리가 리좀에 부여한 특성들이 하이퍼텍스트의 특성과 완전히 부합하지는 않더라도 많은 유사점을 갖고 있다고 밝혔다. 들뢰즈와 가타리는 『천 개의 고원 *A thousand plateaus*』에서 "각각의 고원은 어디에서 시작하건 읽을 수 있으며 다른 고원으로 연결될 수 있다"고 말했다. 하이퍼텍스트는 리좀과 마찬가지로 복수의 입구와 출구를 지니며 위계 질서보다 무질서에 가까운 형태로 존재하고, 어떤 지점에서든 다른 지점으로 연결될 수 있고 때로는 완전히 다른 정보로 결합시켜 주기도 한다.

다시 말해 리좀과 하이퍼텍스트는 접속(connection)과 이질성(heterogeneity)의 특성을 갖고 있다. 하이퍼텍스트는 지리적·인종적·물리적 경계를 넘어 접속 가능하다. 하이퍼텍스트는 리좀적 확장 능력을 가능하게 하였다. 그러나 접속을 통해 동질화를 꾀하는 것은 아니다. 각각의 텍스트들은 각자 자신의 관심에 따라 다른 링크를 따라가는 이질적 존재들이다. 또한 복수성(multiplicity)의 원리를 내포하고 있다. 리좀의 복수성은 신경섬유의 복수성이며, 하이퍼텍스트의 복수성은 네트워크의 복수성이다.

9) 리좀(잔디 줄기)은 하나의 뿌리로 귀착하는 일반 나무와는 달리 여러 줄기들이 중심 없이 엉켜 있으면서도 분기하고 접속되는 형상을 말한다. 제멋대로 뻗치고 이동해 가는 망상 조직이다.

네트워크들이 확대되면서 수많은 접속점을 이루면서 분산과 개방형 체계를 갖고 있다. 네트의 복수성에는 주인이나 관리자가 없어도 자율적으로 단수 접속들이 모여서 집합적 형태를 취할 수 있다.

리좀의 특성과 하이퍼텍스트의 또 다른 유사점은 '비기표적 단절(asignified rupture)' 의 원리에 있다. 하이퍼텍스트는 어떤 지점에서 깨지고 부서질 수 있지만 다른 선들을 따라 재생할 수 있으며, 단절의 발생과 더불어 또 다른 재생 과정에서 원 작자의 기표 체계의 조종을 따르지 않는다는 점에서 비기표적이다. 하이퍼텍스트적으로 표현하자면 '라우팅(routing)' 이다. 단절되면 최단거리를 찾아 재생의 방법을 발견한다. 단절과 균열의 간극을 이어주는 링크들만큼이나 단절과 균열은 비선형적인 하이퍼텍스트에서 중요한 특성이다.

마지막으로 '지도 제작술(cartography)' 과 '전사술(轉寫術, decalcomany)' 의 원리이다. 리좀 속에서 말벌과 난초들이 만드는 지도를 형성할 뿐이며, 지도는 고정적인 것이 아니고 수행적이며 상호작용적인 것이다. 지도는 다수의 입구를 갖는다. 지도는 열려 있고, 모든 차원들과 접속될 수 있으며, 분해할 수 있고, 거꾸로 뒤집을 수도 있으며, 끊임없는 변용의 수용에 민감하다. 하이퍼텍스트는 컴퓨터들 사이에 수많은 링크와 라우터들로 연결되어 있고, 이용자는 페이지를 이동하고 넘나들면서 새로운 지도를 제작한다는 것이다. 물론 장소를 초월한 접속 능력의 유연성으로 풀이할 수도 있다. 하이퍼텍스트 속에서 독자들의 경로나 선택의 수행과 상호작용이 지도를 형성하기도 하며 변형하기도 한다. 들뢰즈와 가타리가 현대 독자들이 단기간 기억 혹은 반기억을 갖고 있다고 지적한 특성은 하이퍼텍스트에서 독자들이 텍스트에 일시적으로 머무르는 잠정적 특성에 비유되고 있다.

랜도우는 하이퍼텍스트의 글쓰기를 사회적 리좀의 형태로 보고 있다. 들뢰즈와 가타리의 "시작도 끝도 없이 언제나 오직 그것이 자라나는 중간(환경)"에 의한 리좀의 특성은 랜도우에 의해 하이퍼텍스트의 특성을 표현하는 데 가장 적합하다고 강조한다. 이때 리좀이란 개념은 하나의 대안 패러다임이지 하이퍼텍스트를 완전히 설명하고 있는 것은 아니라는 점은 강조할 필요가 있다.

(4) 언어학적 관점: 하이퍼텍스트와 수사학

한편 전자적 공간에서 효과적인 의사소통 방식을 만들어낸 하이퍼텍스트에 대해 전통적 수사 기법을 응용하여 텍스트를 분석할 수 있다. 아리스토텔레스 이래 고전수사학에서 말하기와 글쓰기의 방법은 창안(inventio; invention), 배열(dispositio; organization), 스타일(elocutio; style), 기억(memoria; memory), 전달(pronuntiatio; delivery)의 다섯 가지 범주로 나누어진다. 이 다섯 가지 범주에 대한 논의는 이후 서양철학의 주요 논제로 지속되었던 것은 물론 국어교육의 글쓰기에 이르기까지 다양한 분야에 영향을 끼쳐왔다.

창안(invention)은 주제에 관한 논거를 발견하거나 논제를 창안하는 것으로 그리스인들은 'topos'라는 개념으로 보았으며, 이는 'topoi'로 발전하게 된다.[10] 배열(organization)은 담론의 조직적 구성을 일컬으며 일반적으로 도입, 명제의 진술, 분할, 증명의 반박, 결론의 큰 순서로 이루어지며 각 부분은 다시 소분야로 이루어진다. 스타일(style)은 아리스토텔레스의 시학에서 깊이 있게 논의되었으며, 로마에 와서 스타일의 기법이 체계화되

10) 그리스어인 topos는 place라는 뜻으로 아이디어들의 모임 '장소'로 표현되었다. 그리스인들은 동일한 주제와 관련된 아이디어들이 우리 뇌 속의 한 장소에 위치하면서 하나의 카테고리로 뭉쳐져서 한 기억 장소에 저장되어 있다고 보았다. 어떤 특정 주제를 설명하기 위해서는 이 기억의 장소를 찾아내어야 한다고 믿었다. 이 개념은 topica라는 철학 개념으로 자리잡게 된다. topoi는 일반 토포이와 특수 토포이로 나누어지며, 일반 토포이는 육하원칙, 혹은 존재성, 정도성, 공간성, 시간성, 행위성, 행태성, 본질성, 변위력, 위력, 필요성, 문제점, 심각성, 해결성, 실현가능성 등이 있다. 또한 인과관계, 상관관계, 종속관계, 비교관계 등을 나타내는 관련성 토포이도 일반 토포이에 속한다. 특수 토포이엔 각 주제에 따른 특수한 상황에 맞는 아이디어들로 자리잡고 있다고 보았다.

었다. 스타일은 크게 문체(figure)와 전의(trope)로 나누어진다.[11] 기억(memory)은 담론 내용의 암기를 의미하며, 창안과 깊은 관련을 맺고 있다.[12] 전자시대에는 기억의 저장, 검색, 이용을 자유롭게 하며 기억을 연장하는 기술이 주요 기술이라고 보아도 무방하다. '쿠키' 기능은 대표적으로 기억의 연장이라 할 수 있다. 예를 들어 '다음(daum)' 사이트에 접속할 때 일단 회원으로 가입된 사용자에게 개인적인 환영 문구가 뜨며 사용자 개인의 과거 행위를 저장하고 있다. 전달(delivery)은 실행으로 목소리, 팔 동작, 몸 동작 소리의 파장 등에 관한 범주이다.

정지영(1998)은 위에서 제시한 기존 수사학의 개념과 범주를 적용하여 하이퍼텍스트의 구조를 파악하였으며, 아래의 표와 같은 하이퍼텍스트 수사학 범주를 제시하고 있다.

〈표 Ⅰ-4〉에 의하면 하이퍼텍스트 구성자는 어떤 주제를 다룰 것인지 결정한다. 하이퍼텍스트 구성자는 다른 작가가 만들어놓은 것을 그대로 구성할 수 있으며 스스로 변형할 수도 있다. 하이퍼텍스트 이용자는 여러 노드 중 어떤 노드를 읽을 것인가를 탐색하고 결정하며, 노드의 내용을 수정·변형할 수도 있고, 없는 내용을 채워 넣을 수도 있다.

배열은 구성과 구조의 문제로 하이퍼텍스트에서 가장 중요한 요소이다.

11) Figure와 trope는 같은 것이냐 아니면 서로 상이한 것이냐 혹은 figure가 trope를 포함하고 있느냐에 대한 논의가 끊임없이 이루어지고 있다. 언어 스타일과 인간 사고에 어떤 영향을 끼치는가에 대한 논의 또한 지속적인 인문학의 논제이다.

12) 그리스인들은 기억(memoria)을 신의 개념으로 승화시켰다. 구술성이 지배하던 시기인 신화의 시대에서 기억은 중요한 자산이었다. 이를 그리스인들은 신격화하여 신화의 므네모쉬네(Mnemosyne)로 표현하고 있다. 므네모쉬네는 제우스의 누이라고 하며, 이후 제우스와 므네모쉬네와의 사이에 아홉명의 뮤즈(muse) 혹은 무사이(musai) 딸을 낳는다. 이 딸들은 노래를 주재하고 기억을 촉진시켰다. 각기 문학 · 예술 · 과학 등의 부문을 분담하여 주재했다. 칼리오페는 서사시를 주재했고, 클레이오는 역사를, 에우테르페는 서정시를, 멜포메네는 비극을, 테릅시코레는 합창단의 춤과 노래를, 에라토는 연애시를, 폴뤼힘니아는 찬가(讚歌)를, 우라니아는 천문학을, 탈레이아는 희극을 각기 주재했다. 이후 므네모닉(mnemonic)이라는 접두사는 컴퓨터의 기억장치를 일컫는 것으로, 지금도 컴퓨터공학의 주요한 일부분으로 자리잡고 있다.

〈표 I-4〉 하이퍼텍스트 수사학의 다섯 가지 범주

레토릭 범주	텍스트 구성자	텍스트 이용자
창안(invention)	정보 선택 정보 생산	노드 선택(탐색) 노드 조작
배열(organization)	노드 구분 노드 간 링크 설정 (방향 안내)	제시된 링크 선택 방향 선택 궤도 유지
스타일(style)	문체 선택 레이아웃·디자인 활자 선택	선호하는 문체 선호하는 활자
기억(memory)	컴퓨터 메모리	컴퓨터 메모리 위치 확인 북마크
전달(delivery)	로딩 시간 결정 레이아웃 디자인	텍스트 감상 노드를 읽는 방식의 선택

※ 정지영(1998) 수정 제안

하이퍼텍스트 구성자는 텍스트의 방향을 결정해 주어야 하며, 그 방향에 어떠한 정보가 있는가를 잘 안내해야 한다. 스타일은 하이퍼텍스트 구성자에게 비중이 주어진다. 문체와 활자의 선택에 따라 저자의 독창성과 특이성을 발휘할 수 있다. 하이퍼텍스트가 텍스트를 읽는 방식을 변화시키는 용례는, 예를 들어 '이와 같이', '그럼에도', '반면'과 같은 단어나 구들이 비유와 대조를 암시한다든가 '왜냐하면'이나 '이후에' 같은 접속사나 시간을 나타내는 용어들이 하이퍼텍스트 구성 장치 혹은 링크로 대체될 수도 있다는 점을 통해 볼 수 있다.

하이퍼텍스트의 장르에는 기존 장르와 다른 문체와 어휘가 등장할 수 있다. 구어체와 문어체의 차이에서 많이 유추해 볼 수 있다. 독자가 출발지로 쉽게 다시 돌아올 수 있도록 해야 하며, 현재의 위치를 알려주는 정보도 함께 제공되어야 한다. 한편 하이퍼텍스트 상의 정보 전달은 레이아웃과 디자인에서 효율성을 얻을 수 있는데, 이는 인터넷 뉴스 사이트를 통해서도 쉽게 볼 수 있다. 이는 디자인을 어떻게 하며 사진이나 이미지는 어디에 배치할 것이고, 주요 용어들의 활자 크기는 어떻게 결정하느냐의 문제이다.

하이퍼텍스트의 구성과 이용자들에 대한 설득의 수사학에 대한 관점도 연구되고 있다. 랜도우(Landow, 1997/2001)는 하이퍼텍스트 구성에서 네 가지 관점의 수사적 상황이 고려되어야 한다고 보고 있다. 첫째, 방향(orientation) 정보와 관련된 표시가 있어야 한다. 독자가 자신의 위치를 쉽게 알 수 있어야 한다는 것이다. 독자가 현재의 위치에서 다른 관련 자료들을 생각할 수 있도록 해야 한다. 둘째, 고려사항은 항해 혹은 탐색(navigation)으로 독자가 스스로 텍스트 내에서 자신의 길을 만드는 것이다. 셋째, 이용자의 퇴장(exit) 혹은 출발(departure) 정보와, 넷째는 도착(arrival) 혹은 입장(entrance) 정보가 있어야 한다.

그는 하이퍼텍스트 구성의 규칙을 다음과 같이 제시하고 있다.

규칙 1: 하이퍼텍스트 링크의 존재 자체는 두 텍스트 간에 목적이 분명하고 중요한 관계가 성립되어야 한다.

규칙 2: 링크는 독자 관련 사고를 자극하고 고취하도록 주어져야 한다.

규칙 3: 독자들은 하이퍼텍스트의 링크로 연결된 텍스트 간에 관계가 있을 것으로 기대하기 때문에 이러한 기대를 충족시키지 못하는 문서는 그 자체의 내용과 관계없이 일관적이지 않고 중요하지 않은 것으로 여겨지게 된다.

규칙 4: 하이퍼텍스트의 저자는 독자들이 생각하고 탐색해 볼 수 있는 장치를 마련해야 한다.

규칙 5: 항해(navigation) 자체를 즐길 만한 것으로 만드는 통일된 스타일과 장치가 필요하다.

규칙 6: 독자가 현재 읽는 문서의 전체 맥락을 알 수 있는 지도, 복귀 장치, 현재 내용 목차, 포인터 등을 구비해야 한다.

규칙 7: 링크 표시를 관련되는 내용과 이미지로부터 독립시키지 말아야 한다.

이상과 같이 하이퍼텍스트에서 이루어지고 있는 수사학 논의는, 구조의 문제는 물론 연결과 구성의 수사학에 관해 많이 이루어지고 있다. 한편 서사 구조에 관한 연구도 활발하다. 머터프(Moulthrop, 1991)는 하이퍼텍스트의 서사 구조는 의도(intention), 집중(concentration), 구조(structure), 반응(reaction), 보조(reference)의 특성을 가진다고 지적하고 있다. 위의 연구는 물론 앞으로 장르별 문체 혹은 서술 구조의 특성과 기능에 대한 연구도 이루어져야 할 것이다. 하이퍼텍스트에서 글쓰기는 링크에 의해 주로 규정되기 때문에 새로운 기술로 인해 수사학의 문체에 어떤 변화가 일어나고 있는가에 대한 연구는 아직 미비하다.

지금까지 하이퍼텍스트에 대한 미디어 발전론적 관점과 텍스트 비평 관점, 수사학 이론의 관점을 고찰해 보았다. 미디어 발전론적 관점은 앞으로 수행할 하이퍼텍스트 연구의 정치·사회·문화적 관계를 규명하는 데 이론을 제공할 것이며, 텍스트 비평 관점은 이해 연구나 표현 연구의 개념을 제공할 것이다. 나아가 수사학 이론의 관점은 텍스트 분석으로 확산되어 하이퍼텍스트 분석의 틀을 제공할 수 있을 것이다.

3) 하이퍼텍스트와 문화적 영향

하루가 다르게 발전하는 과학기술에 힘입어 정보통신기기는 눈부신 발전을 거듭해 왔고, 이는 정치·문화·사회 전반에 걸쳐 지대한 영향을 끼치고 있다. 이러한 흐름 속에서 세계는 컴퓨터가 주도하고 있다고 해도 과언이 아닐 정도로 이제 컴퓨터는 생활의 한 부분으로 간주되고 있는 실정이다. 현대사회는 정보 혁명의 시대라고 할 만큼 정보의 양이 급증하고 있으며, 수많은 정보가 인터넷을 통해 하이퍼텍스트 형식으로 유통되고 있다. 하이퍼텍스트가 문화 전반에 어떠한 영향력을 끼치고 있는가에 대한 본격적 논의에 앞서 연령별 인터넷 이용 분야에 대한 분석이 선행될 필요가 있다.

통계청(2001)의 발표[13]에 따르면 인터넷 이용의 대부분은 게임·오락, 전자우편, 정보탐색, 여가활동 등으로 나타난다. 성별로 볼 때 남자는 게임·오락 〉 정보탐색 〉 전자우편을 주로 사용하며, 여자는 전자우편 〉 정보검색 〉 게임·오락의 순으로 선호하고 있다. 특히 6~9세의 경우는 인터넷 사용의 대부분이 게임·오락에 치우쳐 있는데, 이는 대부분의 연령층에서도 같은 양상을 보이고 있다. 이처럼 초등학교 저학년의 경우 많은 시간 동안 컴퓨터로 게임과 오락을 즐기고 있다는 점에서 오락과 게임을 보다 생산적으로 교육에 활용할 수 있는 방안과 프로그램 개발이 절실히 요구됨을 알

13) 인터넷 이용 부문 통계청 발표 내용은 다음과 같다.
* 채팅 이하 항목은 삭제했음(중복응답)

(표 1) 인터넷 이용 부문(막대그래프)

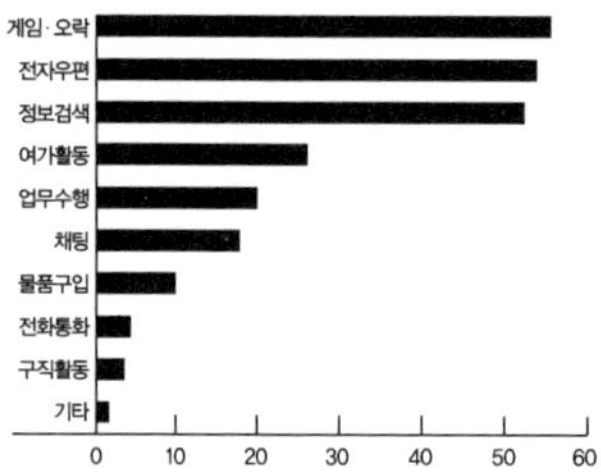

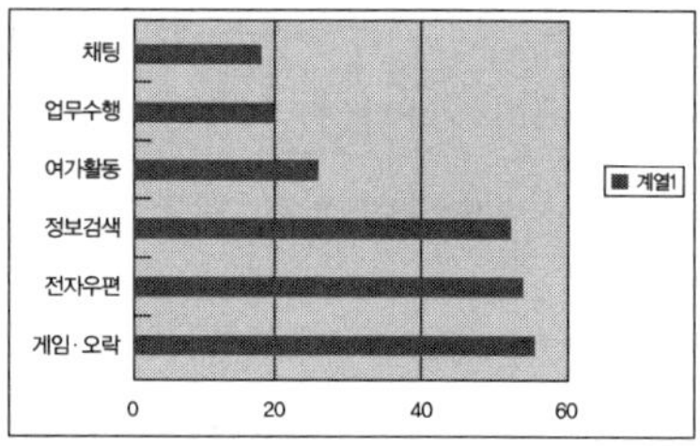

(표 2) 인터넷 이용 부문(백분율)

2001년	게임·오락	전자우편	정보검색	여가활동	업무수행	채팅
전 국	55.7	53.9	52.2	25.9	19.8	17.5
남 자	62.0	49.0	53.4	21.1	24.0	15.5
여 자	47.5	60.2	50.7	32.2	14.3	20.1
6 ~ 9	96.2	26.3	36.2	13.6	-	9.9
10 ~ 14	85.8	57.8	37.9	25.5	-	29.8
15 ~ 19	67.2	68.6	44.8	38.8	1.4	33.8
20 ~ 29	46.7	65.2	53.7	29.9	23.4	17.3
30 ~ 39	38.0	43.8	63.5	20.6	37.9	6.5
40 ~ 49	34.7	35.8	64.8	16.4	39.5	3.9
50 ~ 59	33.8	35.6	63.9	11.0	45.1	2.3
60세 이상	35.3	39.1	68.5	12.9	20.1	2.6

수 있다. 이 시기가 향후 사회관이나 개인의 가치관 형성에 지대한 영향을 끼칠 수 있고, 더욱이 컴퓨터 사용과 관련된 언어적·생활양식적·윤리적 측면에서 지적되고 있는 문제점을 고려할 때 더욱 그러하다.

인터넷 이용에서 정보탐색은 인터넷의 가장 큰 특징으로 연령대에 상관없이 고르게 분포함을 볼 수 있다. 전자우편의 경우 컴퓨터에 친밀도가 높은 10대에서 30대에 걸쳐 상위 사용빈도를 차지하고 있다. 30대를 전후해서 그 이상의 연령대에서는 게임·오락에 대한 흥미보다는 직장의 업무수행과 정보탐색을 위해 인터넷을 이용하고 있다. 이에 비해 30대 이하의 연령층에서는 게임·오락이 대부분을 차지하고 있음을 알 수 있다.

향후 정보화 사회의 주역이 될 젊은 연령대의 대부분이 인터넷 게임·오락과 전자우편, 정보검색을 즐긴다는 점은 인터넷 관련 사업 전반의 발전을 예측하게 함은 물론 국민의 문화·경제 생활양식이 정보사회로 변화하고 있는 양상을 드러내준다[14]. 그러나 한편으로는 개인의 가치관 형성이나 사회관이 변모하며 기존에는 보이지 않던 문제점이 생겨나고 있다. 이러한 분석들을 토대로 하이퍼텍스트가 우리 생활 전반에 끼친 영향을 살펴보고자 한다.

(1) 언어적 측면

급속히 보급된 컴퓨터와 인터넷 발달은 생활의 여러 측면을 혁명적으로 바꾸어놓았다. 그중 자생적으로 생겨난 것이 컴퓨터 통신언어이다. 소위 'N세대' 언어라는 통신언어는 1990년대 후반 첨단기술과 정보통신망에 익숙한 10대와 젊은이들이 즐겨 사용하는 또 다른 언어로 일컬어진다. N세

14) 한국 사회는 2002년 11월 전자정부의 기반이 마련되어 국가 전체의 생산성과 투명성을 세계 일류 수준으로 높일 수 있게 되었으며, 다양한 안방 민원 서비스도 가능하게 되었다. 또한 기업은 경영비용을 줄여 생산성을 높이고, 기업 간·고객과 기업 간 경제활동 양식에도 획기적인 변화를 기대할 수 있게 되었다.

대는 개인의 선호도가 분명하며 휴대폰과 전자매체에 능숙하고 자신의 의사표현에 적극적이다. 사이버 공간에 익숙한 이들은 채팅과 '번개'를 통해 온라인과 오프라인을 넘나들며 나름의 유대관계를 형성해 나가고 있다. 무엇보다도 컴퓨터 활용에 막힘이 없는 청소년들은 향후 우리 사회가 지닌 정보력의 원천으로 간주되기도 한다.

통신언어는 인터넷 통신이 확산되면서 새롭게 탄생된 또 다른 언어로 온라인 의사소통의 특징을 담고 있다. 자판을 치며 이야기해야 하는 통신의 특수성에 따라 생겨난 통신언어는 무엇이든 줄여서 짧게 말하는 어투이다. 짧은 어투는 언어 사용에 대한 경제적 이유로 나타났다.

방가, 할룽, 할렁, 하2, 하이루, 방가방가, 안냐세요 : 안녕하세요
겜과 멜 : 게임과 메일
설 살아요, 즐팅하자 : 서울 살아요, 즐거운 채팅하자
여 듬 날 ㅆ 1 ㄷ 1 따 춥 : 요즘 날씨 진짜 추워
담 웨 ㄲ 나 서 널 아 욧? ㅋ 1 ㅋ 1 : 다음에 만나서 놀아요 크크
줴 ㄱ r 굴이 넘흐 어렵ㄷr그염? : 제가 쓴 글이 너무 어렵다구요?

소박한 차원의 축약어에서 시작된 통신언어는 네티즌의 다양한 개성 표현 방식으로 발달되어, 자·모음 띄어쓰기나 고어·특수문자의 조합 등 네티즌 각자의 방식으로 이루어진 갖가지 통신언어가 통용되고 있다. 가상공간에서 기존 언어의 파괴는 현실화되고 있으며, 통신언어는 효율성과 동질감 획득이라는 이유로 새로운 언어로 등장하고 있다. 줄임말 사용에 의한 국어문법 파괴, 사회 현실과 사이버 상에서의 사용 혼란은 온라인, 오프라인 공간에서의 세대 간의 격차는 물론 의사소통의 장애를 불러일으킬 때도 있다. 인터넷 통신의 주된 사용층인 청소년의 창의력이 만들어낸 통신언어는 이제 하나의 문화 산물로 제3의 언어로 자리매김하고 있는 실정이

다. 또한 문법적 표현방식의 파괴는 수많은 이모티콘의 개발과 활용을 만들어냈다.

인터넷 발달과 더불어 인터넷 통신이 확산되면서 채팅은 사이버 시대의 주요한 커뮤니케이션 수단으로 자리잡았고, 이를 효과적으로 즐기기 위해서 이모티콘을 사용한다. 사이버 공간에서 의사소통 언어의 하나인 이모티콘(emoticon)은 감정(emotion)과 아이콘(icon)의 합성어로, 컴퓨터 자판의 문자와 기호, 숫자 등을 적절히 조합하여 비대면 의사소통 방식에서 불가능한 미묘한 감정표현을 상대방에게 전달하는 사이버 공간에서의 독특한 언어라 할 수 있다. 인터넷 이용 인구의 확산과 더불어 온라인과 오프라인상의 친밀감 형성에 중요한 도구로 활용되는 전자우편, 직접 의사소통이 오가는 대화방, 자신의 의견을 표명하는 토론방에서 빈번히 사용되는 이모티콘은 이제 그 사용 정도로 인해 통신의 또 다른 언어로 자리매김하고 있다. 다음은 그 예의 하나이다.

(T.T) 울고 싶을 때
◊_◊ 속이 상할 때 내 맘 몰라 줄때
(^▽^)/ 이렇게 웃어봐! 힘이 날 거야

이모티콘은 1980년대 미국 카네기 멜론 대학생인 스코트 펠만이 처음으로 사용했으며, 컴퓨터 통신과 인터넷 사용 초창기에 웃는 모습이 주로 사용되었기에 '스마일리(Smiley symbol)'로 불리기도 한다. 이모티콘은 컴퓨터 키보드 자판으로 만들어지며 기분이 좋을 경우에는 :-) 혹은 ^^, *^^*, ^·~, 기분이 나쁘거나 슬플 경우에는 :-(, ㅠ.ㅠ 처럼 표현된다. 이모티콘은 감정뿐만 아니라 사람의 얼굴 표정이나 생김새, 직업, 동물 등도 재치있게 표현할 수 있다. 머리에 리본을 단 작은 소녀의 미소인 8:-), 헤드폰과 안경을 끼고 미소짓는 콧수염의 사나이를 [8-{ } 등으로 표현하는 것이 그것이다.

ㄷ ㅏㅅ ㅣ ㄸh 무에
♡ * ㄴ* ㄴ*
ㅇ ㄴ ㄷ ㅎh 보
ㅗ *ㄹ ㅗ* ♡ㄱ 해요♡!

문자나 기호에 의해서만 의사소통이 가능한 인터넷 통신에서는 직접 만나서 이야기를 주고받을 때 즉각적으로 알아챌 수 있는 상대방의 감정이나 표정을 체험하는 것이 불가능했다면, 이모티콘은 이러한 단점을 보완하며 감정의 교류를 가능하게 했다. 물론 인터넷 채팅과 전자우편에서 아바타나 그래픽을 통해 다양한 감정표현이 시도되고 있지만, 이모티콘은 이들에 비해 각종 감정을 즉각적이면서 간단히 전달할 수 있기에 더욱 널리 사용되고 있는 실정이다. 이모티콘은 감정 표현이라는 본래 목적에서 끊임없는 시도를 하여 사물 표현까지도 가능하게 했다. 이는 비대면의 한계점을 극복하기 위한 노력이면서 자음과 모음으로 초성, 중성, 종성을 구성하는 한글이 가져다준 공간 구성이 가능한 사고의 결과이기도 하다.[15)]

사이버 공간에서 나타난 신조어와 이모티콘처럼 새로운 표현들은 사이버 공간 내의 문제에 국한되는 것이 아니라 이미 현실생활 곳곳에서 나타나고 있다. 또한 이는 청소년들만의 동질성 확보라는 공동체적 의식에서 나아가

---

15) 미국 등에서 만들어진 전통적인 이모티콘의 경우 제대로 읽기 위해서는 90도 돌려 보아야 하지만, 한국적 이모티콘의 경우에는 90도를 돌릴 필요가 없으며 보다 세부적인 표현이 가능하다. 웃는 얼굴의 경우 :) 뿐만 아니라 ^^, ^-^, ^---^, ^O^처럼 다양하게 표현할 수 있다. 이처럼 다른 언어권 사용자에 비해 특히 한글을 사용하는 우리나라의 경우 문자와 숫자, 자·모음을 이용한 수많은 이모티콘을 개발해 사용하고 있는데, 이는 자음과 모음을 초성과 중성, 종성에 배치시켜 하나의 글자를 공간적으로 구성해 내는 한글의 자모운용 능력과 연관되어 있다고 본다. 한글의 구성 법칙이 사고의 확장을 이끌어 냈다고 보아도 무리가 없다고 여겨진다.

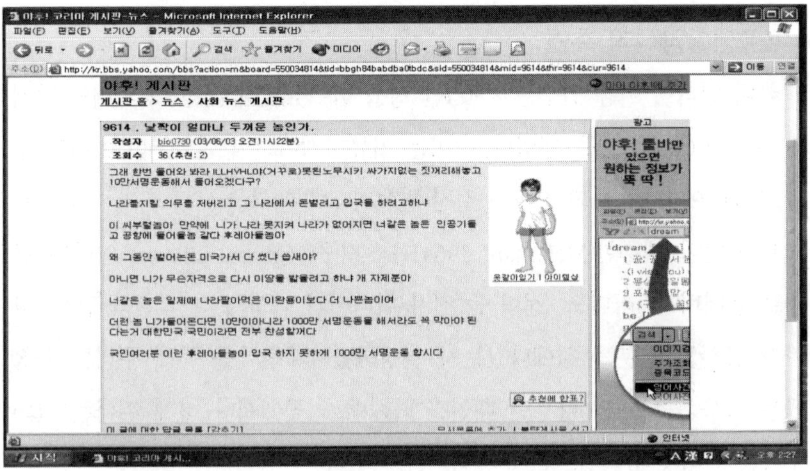

〈그림 I-3〉 2002년 10월 29일자 인터넷 한겨레의 첫 화면

세대 간의 격차와 소통의 장애 현상을 발생시킬 가능성이 매우 높다.

언어의 오용 못지않게 심각한 문제는 사이버 언어 폭력으로, 이는 인터넷이 가지고 있는 익명성에서 유발된 부정적 측면이라고 할 수 있다. 홈페이지 게시판이나 토론방 등에서 보이는 욕설이나 비방, 근거 없는 비난 등은 개인이나 단체에게 정신적·육체적 피해를 주기도 하고, 소문을 진실처럼 만들기도 한다. 〈그림 I-3〉은 사이버 언어 폭력에 관한 예 중의 하나이다.

근거 없는 비방에 무비판적으로 동조하는 감정적인 네티즌이 가세하면서 비어, 욕설이 담겨진 비난은 보이지 않는 폭력으로 돌변하여 집단 대 한 개인, 혹은 집단 대 집단의 오해와 정신적 폭력을 불러오기도 한다. 게시판이나 토론방 등에 올려지는 언어 폭력은 네티즌 스스로의 삭제요청이나 불법 게시물 신고, 의견제시의 실명제 요구 등을 통해 자정현상을 보이고 있지만 아직 미흡한 실정이다. 언어 폭력성 문구들, 즉 문제에 대한 논리적 비판이나 의견제시보다는 근거 없는 비난과 욕설 등은 익명으로 의견을 제시하는 인터넷 게시판의 단점으로, 누구나 자유롭게 자신의 의사를 표명할 수 있다는 익명성을 오용한 결과라 볼 수 있다.

(2) 생활양식적 측면

국내 인터넷 이용 인구는 2,500만 명을 넘어섰으며, 초고속 인터넷 가입자 수는 1.000만 명을 넘었다.[16)] 이는 커뮤니케이션의 변화뿐만 아니라 생활·문화·예술 등 사회 전반에 걸친 변혁의 요인이다.

1960년대 맥루한(McLuhan, 1964)은 '지구촌(global village)'이라는 단어로 텔레비전, 라디오, 전화 등 전자 미디어가 어떻게 나라 간의 경계, 나아가 공간의 구분을 없애나갔는지 설명하였다. 전파를 통해 우리는 가장 작은 마을 규모에서 나누던 대인관계를 어느 곳에서나 하게 된다는 그의 주장은 인터넷의 확산으로 분명히 입증되었다.

공간 지향적 편향성을 가진 인터넷, 즉 사이버 공간[17)]은 디지털미디어 공간을 지칭하는 용어로, 과학기술에 의해 실제 그곳에 있는 것처럼 느끼게 하는 가상공간이다. 인터넷을 이용하는 사람들은 사이버 공간에서 교육을 받거나 혹은 교육하고, 쇼핑을 즐기고 재택근무를 한다. 또한 인터넷의 확산으로 생겨난 사이버 커뮤니티는 지역·계층·취미·직업·출신 학교 등이 같거나 혹은 상이한 무리들을 결합하여 사회적 유대관계를 돈독히하며 동질성을 확보하고 있다.[18)] 과학의 발전으로 인해 소홀해지기 쉬운 인간성 회복에 일조하고 있는 것이다.

국내 네티즌 3명 중 2명이 하루 평균 30분에서 2시간 동안 사이버 커뮤니티에서 활동하며, 국내 최대 커뮤니티 포털 사이트인 '다음(Daum)'의

16) 인터넷 이용자(인구 비율) 2,565만 명(58%) 세계 5위, 초고속 인터넷 가입자 수 1,000만 명 세계 1위, 인터넷 사용시간 16시간 17분 세계 1위 (한국전산원, 2002. 11).

17) '사이버(cyber-)'는 1950년대 노버트 위너(Nobert Wiener)가 '동물과 기계의 제어와 통신에 관한 연구 분야'를 이야기하기 위해 '사이버네틱스(cybernetics)'에서 파생시켜 만든 접두사로, 깁슨(William Gibson)은 그의 공상소설 『뉴로맨서 *Neuromancer*』(1984)에서 사이버에 '공간'을 결합해 '사이버 공간'이라는 단어를 만들었다. 사이버 공간이란 일반적으로 디지털미디어 공간을 의미한다.

18) 프리챌(Freechal)에는 2002년 이미 112만 개의 커뮤니티가 활동 중이며, 아이러브스쿨(iloveschool)은 전국 모든 학교의 동창회를 인터넷 상에 구축하여 동창회붐을 불러일으키기도 했다.

가입자 수는 현재 1,000만 명을 넘었고, 일일 방문자 수도 720만 명을 기록한다. 또한 시민단체나 자선단체 혹은 종교단체 등의 기존 사회 조직들도 커뮤니티를 구성하여 유대를 강화하고 다양한 활동을 전개해 나가고 있다. 이에 따라 온라인 광고 시장도 급속도로 성장하여 1995년 한 해 48억 원에 불과하던 온라인 광고 시장이 2002년 1,800억 원을 넘었다(한국전산원, 2002). 이러한 변화는 사이버 정당(Cyber party)의 등장과도 연결되어 인터넷을 통해 다양한 정치세력들이 정당을 결성하고 활동하게 된다.[19] 정치에 무관심한 젊은 세대를 확보함과 동시에 투명하면서도 다양한 시각을 반영하는 선거문화의 혁신을 불러왔다.

이처럼 인터넷 활용으로 인한 사회·경제·정치적 분야에서의 변화는 우리 사회에 사이버 문화(cyber culture)라는 새로운 미디어 문화를 정착시켰다. 초고속 인터넷이 보급된 2001년 이후 '디지털 신문' 방문자는 2배 정도 증가했고, 네티즌들은 각기 자신이 좋아하는 작품이나 영상·음악 등을 전시하거나 다운받으며 자연스럽게 문화를 교류하고 있다.[20] 이러한 변화로 인해 네티즌들은 문화 소비자에만 머무는 것이 아니라 개인 작품을 출간하기도 하고, 단편영화를 제작하거나 인터넷 채팅 사이트에서는 음악을 선곡하고 이를 소개하는 DJ로도 활동하는 등 문화 생산자의 역할까지 담당하게 되었다. 2002년 월드컵 거리 응원의 주도적 구심체였던 '붉은 악마'의 경우 인터넷을 통해 자발적으로 구성되었으며, 700만 명의 거리응원단을 만들어내면서 온 국민을 단합시키고 국민의 저력을 드러내는 보이지 않

19) 1999년 12월에는 '인터넷 한국당' 출현, 2000년 1월에는 인터넷 정당인 '맑은 나라'가 결성되었다. 특정 정치인을 지지하는 노사모 등의 온라인 선거운동이 등장했으며, 시민단체의 낙천자 명단 발표를 통해 인터넷을 활용한 정치참여를 시도하기에 이르렀다. 서울시장 후보 경선에서는 터치스크린 방식으로 전자투표를 실시하여 투표 종료 15분 만에 개표가 완료되기도 했다.

20) 1999년 말 88만 7,000여 개의 개인 홈페이지가 2000년 말 220만 개로 증가되었다(한국전산원, 2002).

는 힘으로 작용하였다.

(3) 윤리적 측면

전 국민을 대상으로 실시된 연구를 기반으로 작성된 한 정부 보고서에 따르면 인터넷 이용의 대다수가 게임·오락 〉 전자우편 〉 정보검색 순서로 이용하고 있는 것으로 조사되었다.[21] 주목할 것은 이용 부문의 대다수를 차지한 영역을 주도한 대상이 청소년층이라는 것이다. 이는 게임과 오락, 전자우편을 통해 인터넷에 대한 지식을 습득하거나 활용해 온 청소년들이 이를 통해 인터넷 활용에 대한 기본 지식과 태도를 익히면서 향후 우리 사회의 인터넷 이용 양상에 지대한 영향을 끼치게 될 것임을 의미한다. 더욱 중요한 것은 성장기의 예민한 청소년들의 가치관 형성에 인터넷이 끼칠 윤리적 사고에 대한 영향력이라 할 수 있다. 게임과 오락에서 나타나는 선정성과 폭력성, 성(性)에 대한 무분별한 태도 등은 올바른 가치관을 형성해야 할 청소년들에게 자칫 악영향을 끼칠 수 있다는 우려가 생겨나는 것도 이 때문이다.

인터넷 중독은 1980년대 이후 컴퓨터 보급이 확산되면서 나타난 컴퓨터 중독이라는 용어와 관련된다. 1990년대를 넘어서자 인터넷이 널리 퍼졌고, 1990년대 중반 이후 인터넷 사용이 급격히 증가하면서 인터넷 중독도 중독의 한 종류로 나타나게 된 것이다. 인터넷 중독(Internet Addiction)이란 정보 이용자가 지나치게 컴퓨터에 접속하여 일상생활에 심각한 사회적·정신적·육체적·금전적 '지장'을 받고 있는 상태라고 정의할 수 있다. 인터넷 중독 현상은 인터넷을 얼마나 강박적으로 집착하여 사용하고 있는가에 따라 내성과 금단현상, 일상생활에 대한 장애현상으로 나누어 살펴볼 수 있

21) 인터넷 이용 부문에서, 게임·오락은 55.7%, 전자우편 53.7%, 정보검색 52.2%, 여가활동 25.9%로 조사(중복응답)되었다(통계청, 2001 정보화실태조사 보고서).

다. 인터넷에서는 뭔가 새로운 일이 일어나고 있을 것 같은 생각에 사로잡혀 대부분의 시간을 인터넷을 사용하거나, 혹은 사용하고 있지 않은 동안에도 인터넷을 사용할 생각에 사로잡혀 있고, 처음 의도했던 시간보다 더 많은 시간을 인터넷 사용에 할애하는 것을 일종의 중독이라 본다.

> 저기요...
> 상담하고 싶은 것이 있는데요....
> 제가 인터넷 게임 때문에 미치겠는데요....
> 오늘 게임 때문에 학교에 안 갔어요... 전에도... 게임 때문에 학원을 많이 빠져서 .. 부모님께 많이 혼났는데요.
> 오늘도... 부모님께서 집에 안 계셔서 나도 모르게 학교를 안 가서... 지금 많이 후회하고 있어요...
> 게임을 그만두려고.. 해도... 안 하고 있으면.. 게임 생각이 나는 때가 공부하는 것보다 ... 더 많아요..
> 수업시간 때도 집중이 잘 안 되고..
> 전에 한번 아버지께서... 컴퓨터 선을 숨겨놓으신 적이 있어요...
> 그게 3일도 안 가서... pc방으로 가서 게임을 했어요..
> 마음을 먹어도.. 그게... 마음먹은 대로 안 되요..
> 어떻게 하면 게임을 자제할 수 있을까요..
> 상담 좀 들어주세요...[22)]

정도가 심해지면 시간과 장소를 구분하지 않고 인터넷 사용에 대한 불안감과 초조감에 시달리며 만족감을 얻기 위해 점점 많은 시간을 더 자극적인 것을 찾으려고 시도하게 된다. 따라서 인터넷에 한번 들어가면 그만두기가 어렵다거나 수면시간을 줄이면서 사용하기도 하고, 친구와 가족 간의 관계가 소홀해지고 공부를 등한시하며 인터넷 사용을 방해하는 부모님에게

22) 인터넷중독예방상담센터(http://www.internetaddiction.or.kr) 열린상담 (2002. 11.9)

반항하거나 가출하기도 한다. 심한 경우 학업 성적이 저조해지면서 일상생활에 별 흥미를 느끼지 못하고 학교까지 그만두게 된다. 이는 일상생활의 정상적 흐름을 방해하면서 만성적인 피로감과 시력 저하, 근골격계 장애, 영양실조, 운동 부족으로 인한 체중 증가와 혈압상승이라는 육체적 손상까지 불러오게 된다.

최근에는 10대에서 30대까지의 3명 중 한 명꼴로 인터넷 중독 현상이 나타나며, 특히 10대의 절반 가까운 수가 인터넷에 중독되었다는 보고[23]까지 나오고 있다. 심각하게 고려되어야 할 문제는 연령별 분석에서 10대의 경우 46.8%가 인터넷 중독 현상을 보이고 있으며, 중증 인터넷 중독자의 경우 10대가 20~30대에 비해 5%가량이나 훨씬 높았다는 사실이다. 직업별 분석에서도 역시 고교생과 대학생의 중독 정도가 월등하게 높은 수치를 보이고 있다. 이러한 인터넷 중독 현상은 개인 소외에서 유발된 것으로, 개인이 느끼는 소외 수준이 높을수록 인터넷 중독 역시 심한 것으로 나타났다.[24]

청소년의 심각한 인터넷 중독 현상은 초등학생의 43%가 음란·엽기 사이트에 접속한다는 조사 결과와 연결된다. 오연주(2002)는 초등생을 대상으로 한 조사에서 음란·엽기 등 불건전 사이트 접속 경험에 대한 항목에서 '가끔 들어가거나 자주 들어갔다 혹은 항상 들어간다'는 학생이 전체의 42.6%를 차지한다고 밝혔다. 초·중학생들의 인터넷에 대한 높은 접근도는 심각한 인터넷 중독 현상을 불러왔으며, 가치관에 대한 형성이 불완전한 초등학생들이 음란·엽기 사이트에 무방비로 노출되어 심각한 사회문제를

---

23) 2001년 9월 조사된 바에 따르면 남녀 557명 중 27.6%가 초기 인터넷 중독자이며, 중증 중독자도 3.1%를 차지하고 있다(김선우(2002), 「인터넷 중독 실태와 영향요인에 관한 연구」, 서울대 석사).

24) 개개인이 느끼는 무력감과 규범 상실감, 고립감을 기준으로 소외감 지수를 분석한 결과 10대 → 20대 → 30대 순으로 소외감 지수가 높게 나타나 소외감이 높을수록 인터넷 중독 정도가 심한 것으로 분석되었다(김선우(2002), 「인터넷 중독 실태와 영향 요인에 관한 연구」, 서울대 석사논문).

불러일으킬 소지가 있음을 암시하고 있다. 청소년 성매매의 94%가 인터넷을 통해 연결[25]되는 것이 그것이다. 인터넷 포르노나 카지노 중독도 이와 무관하지 않다. 청소년 성매매 동기의 주된 이유로 유흥비 마련을 꼽고 있으며 이는 청소년들의 성적 호기심과 사치·향락적 경향, 가치관 혼란이 인터넷의 확산과 더불어 나타난 현상인 것이다.

사회적 문제로까지 제기된 네트워크 게임에 대한 중독과 아이템 구매를 위한 폭력적 행위나 현금 구매 등은 인터넷의 각종 정보 집착, 채팅에 대한 중독과 더불어 청소년의 인터넷 중독 현상의 중요한 부분을 차지하고 있다. PK(Player Killing), 아이템 거래, 게임 중독 등이 게임 이용으로 인해 나타나는 부작용으로, 게임 사용자의 대부분이 청소년임을 감안할 때 청소년 게임 이용에 대한 적절한 연구가 선행되어야 한다. 게임 이용 시간이 증가할수록 내성과 금단, 강박적 의존, 자기통제 상실 등의 중독적 징후와 부모와의 갈등, 신체적 문제점들의 부정적인 영향도 있지만, 이와 함께 긍정적 측면도 고려되어야 한다. 게임 제작 경험 증대와 자신감과 집중력 향상, 어학 실력과 인터넷 실력 향상 등의 긍정적인 부분도 중요시해야 할 것이다. 즉 게임 이용 시간의 증가는 부정적 측면과 더불어 긍정적인 영향도 아울러 강화시키며, 건전한 게임 콘텐츠 개발, 우수 게임 인증, 청소년 게임 대회 개최, 관련 분야 진로상담과 인터넷 중독 예방 프로그램 개발 등의 적극적인 방안 마련이 필요하다.

나아가 사이버 공간에서 이루어지는 청소년 공동체 활동, 즉 커뮤니티 활동에서 나타날 수 있는 익명성의 여러 부작용에 대한 교육학적 접근도 시도되어야 할 것이다. 게임, 전자우편, 정보탐색 활동에 의해 청소년들이 스스로 만든 사이버 문화는 자신들만의 문법이 통용되는 온라인 상의 공동

25) 한국일보 2002년 1월 20일자.

체라 할 수 있다. 채팅이나 포럼, 각종 마니아 모임 등은 구성원의 참여로 운영되며, 책임 역시 구성원이 부담하여 신뢰도가 기반이 되어야 하는 공간인 것이다. 즉 온라인 존재를 만드는 중요한 요소가 신뢰성이고, 이는 정체성 형성과 발달에 중요한 요소이다. 사람들은 메시지를 읽으면서 그 메시지를 올린 사람이 믿을 만한 정보원이라고 느낄 수 있어야 한다.

그러나 동전의 양면처럼 신뢰성을 가장 요구하는 공간의 또 다른 특성인 익명성은 공동체 생성을 가장 위협하는 특징이다. 남성과 여성, 직업, 인종까지 무한대로 '선택'할 수 있는 이중적 공간에서 대부분의 청소년은 현실의 자신을 모두 드러내지 않는 이중성을 보인다. 이러한 익명성은 대화방과 게시판 토론 등에서 상대방을 실제로 인식할 수 없는 거리감을 조성하거나 왜곡된 표현을 통해 거짓된 '나'를 드러내게 만들고 있다. 악성 루머나 사실 왜곡, 타인 의견에 대한 욕설과 비방, 채팅방에서의 음란한 대화 등이 익명성이 가진 부정적 측면의 결과이다. 따라서 익명성을 내포하고 있는 사이버 공간에서 어떻게 자신의 신뢰성을 구축해야 할 것인가에 대한 교육은 향후 우리 사회의 믿음을 결정하는 중요한 지표가 될 것이다.

청소년들이 뚜렷한 자신만의 가치관을 형성하기 전에 무방비 상태로 인터넷에 노출되어 자제력을 잃고 불법적 행위에 쉽게 노출되고 있다. 따라서 청소년을 대상으로 한 정보윤리 교육은 정보를 어떻게 다루어야 하는가에 대한 단순한 윤리교육이 아니라 성장기의 가치관 형성과 건전한 사회를 구축하고자 하는 미래지향적 교육이라 할 수 있다.

4) 하이퍼텍스트와 읽기 교육

비연속적이고 비선형적인 방식으로 정보 흐름을 바꾸어놓은 하이퍼텍스트는 또 하나의 새로운 읽기 대상물이 되고 있다. 하이퍼텍스트 읽기 교육은 정보화 시대에 국어교육이 담당해야 할 또 하나의 영역으로 부각되고 있다. 학생들이 능동적으로 하이퍼텍스트를 읽을 수 있도록 지도함으로써 매체에 무비판적으로 동조되는 현상을 막고 주체적이고 합리적으로 정보를 가려 이해하고 표현할 수 있도록 하는 데 연구의 배경이 있다.

하이퍼텍스트가 등장하면서 예상되는 읽기 교육의 변화는 다음과 같다.

첫째, 독자와 필자 개념의 구분이 달라지면서 읽기 교육을 단순히 이해 교육으로 한정하였던 개념이 달라지게 되었다.

둘째, 멀티미디어와 융합한 하이퍼텍스트의 변화는 읽기 개념의 변화를 가져온다. 맥루한(McLuhan)은 미디어의 변화가 인간 사고의 확장을 가져올 수 있다고 설명한다. 즉 활자시대의 인간은 시각적 인지를 동원하여 짜여진 순서에 따라 메시지를 파악하게 되지만, 전자매체의 출현은 인간이 단지 시각만이 아니라 모든 감각을 총동원하여 정보를 받아들이고 이용하게 된다는 것이다. 이러한 관점에서 맥루한은 현대의 인간이 시각단일형에서 복수감각형으로 변화되고 있다고 설명한다. 이러한 맥루한의 주장이 가장 잘 실현되고 있는 디지털미디어, 특히 하이퍼텍스트의 등장은 읽기의 개념을 바꾸어놓았다.

셋째, 하이퍼텍스트가 구현되는 온라인과 오프라인 세계 간의 구분과 일치 속에서 읽기가 발전할 수 있다. 인터넷에서 접근하게 되는 사이버 공간은 흔히 '정보의 바다'라고 표현된다. 또한 '서핑'이라는 용어나 '네비게이터', '익스플로러'라는 용어도 정보 여행과 관련이 있는 용어들이다. 한동안 사이버 공간은 지식과 정보를 저장, 유통시키기 위한 도구로 인식되었다. 국내 언론사 주도로 폭넓게 전개됐던 정보화 캠페인의 대표적인 프로그램이 이른바 '정보 사냥 대회(사이버문화연구소, 2001: 14)'였다는 점을 상기해 보면 이를 알 수 있다. 중요한 것은 '정보'이지 '사이버 공간'이 아니었다. 그래서 정보의 바다에 떠 있는 정보의 사냥에만 급급했을 뿐 바다라는 공간의 존재를 깨닫지 못했다. 마치 인류가 삶에 필요한 자원을 캐내느라 그 자원의 모태인 자연환경을 돌보지 않았던 어리석음이 재현되는 듯했다.

그런데 사람들은 건조한 지식과 정보의 데이터를 찾기보다는 타인과의 소통과 교류 그리고 사회적 교감을 얻기 위해 사이버 공간에 접속하기도 한다. 감정과 정서가 흐르는 사이버 공간에 현실세계와 구분되는 새로운 문화가 만들어지기 시작한 것이다. 이 관점에서는 오프라인과 온라인 세계와의 구분 및 연계의 필요성을 함께 찾는 읽기로 발전해야 한다는 시사점을 얻을 수 있다.[26)]

넷째, 하이퍼텍스트의 읽기 교육은 비판적 사고 능력의 신장 차원을 넘어 독자 상호 간의 협력을 통해 기존의 정보를 재창조하는 사고 능력의 신장으로 나아갈 수 있다.

하이퍼미디어 시대에 정보를 생산하고 소비하는 사람에 대한 관심은 교육의 창을 열어놓는다. 하이퍼미디어 시대의 교육의 역할은 지식과 문화와 사람과의 관계 속에서 새로운 조명을 필요로 한다. 따라서 하이퍼텍스트를 통한 새로운 읽기 교육이 나아갈 방향을 구체적으로 모색할 필요가 있다.

(1) 하이퍼텍스트와 읽기 방식의 변화

하이퍼미디어를 중심으로 빠르게 변화하고 있는 현대사회와 문화에 능동적으로 적응하고, 이를 창의적으로 활용할 수 있는 능력을 기르기 위해서는 학교 교육에서 하이퍼텍스트 이해교육을 체계적으로 실시해야 한다.

하이퍼텍스트의 수용자에게는 하이퍼텍스트가 내포하고 있는 여러 가지 정보 형태들 중에서 자신의 이해(읽기) 목적에 부합되는 텍스트를 선별하

26) 인쇄매체 읽기와는 달리 인터넷에서의 하이퍼텍스트 읽기를 통한 이해교육은 가상공간에서 자유 토론과 주제별 토론 등을 통해 학습자가 서로 참여하는 이해교육을 할 수 있다.

고, 선별된 텍스트를 응집성 있게 연결할 수 있는 능력이 필요하다. 이는 하이퍼텍스트의 읽기가 기존의 읽기보다 한층 복잡하고 다층적인 사고 과정을 요하는 능동적인 읽기임을 뜻한다. 읽기에서 주체성을 상실한 독자에게 하이퍼텍스트 읽기는 왜곡된 의미 파악으로 흐를 가능성이 높다. 하이퍼텍스트에 대한 비판적이고 창의적인 읽기 능력이 필요한 것은 이 때문이다.

정보통신의 발달은 새로운 매체의 출현을 가져왔고, 그것은 인터넷을 통해 구체화되었다. 인터넷에서의 읽기 방식은 기존의 읽기 방식과는 다른 채널과 방식으로 이해되고 있다. 닐슨(1997)은 인터넷 문서에 대한 특징을 다음과 같이 언급하고 있다.

> 인터넷에서는 사람들이 단어 하나 하나를 읽지 않고 페이지를 훑어보거나 관심 있는 단어나 문장을 뽑아서 읽는 경향이 있다. 존 목스와 필자의 최근 연구 결과에 따르면 인터넷 이용자의 79%가 대충 훑어보는 식으로 글을 읽고 16%만이 단어 하나 하나를 읽는다고 답하였다.

이러한 결과는 수용자가 기존의 인쇄매체를 통한 읽기와는 다른 방식으로 전언을 수용하고 있음을 보여주는 것이다. 사용자는 빈번한 손놀림(클릭이나 스크롤 바의 활용)을 통해서 하이퍼텍스트 문서를 취사선택하면서 읽어나가기 때문에 적독(摘讀)[27] 형태를 띨 수밖에 없고, 속도 역시 빠르다(이채연, 2002: 207).

전통적인 독서 방법으로 제시된 SQ3R[28]법이 아직도 유용한 방법으로 각

27) 이채연(2002)에서는 'scan the page'를 적독(摘讀)으로 번역하고 있다.

28) 1단계: 훑어보기(survey) 단계
- 글의 제목, 소제목, 차례, 삽화 등을 보고 그 내용을 짐작하기
- 글의 처음과 끝을 읽고, 두 부분 사이의 내용 짐작하기

2단계: 질문하기(question) 단계
- 제목을 질문으로 바꾸어보기

급 학교에서 많이 활용되고 있다. 그러나 비록 읽기의 본질은 변함이 없다 할지라도, 이를 실현하는 방법에는 변화가 있어야 한다. 인쇄매체가 담고 있는 정보와 지식의 양 또한 엄청나게 많고, 다수의 인쇄매체는 매체를 달리해서 인터넷 웹 문서 혹은 전자도서(e-Book) 형태로 보급되고 있기 때문이다.

이와 같이 많은 정보가 전달되고, 전달하는 매체에 따라 언어의 형태가 다르므로 교수-학습 현장에서도 읽기의 방법을 상황에 따라 바꾸어 지도할 필요가 있다. 인쇄매체는 목차를 보고 필요한 내용을 발췌해서 읽게 하고, 인터넷 매체는 비선형적(非線型的)으로 하이퍼링크된 문서를 따라가며 필요한 정보를 검색엔진을 사용하여 스스로 검색·발췌해서 읽고, 경우에 따라서는 빨리 읽는 속독의 방법을 익히게 해야 한다. 만화, 그림, 도표, 사진, 동영상 등에 대해서 이제까지는 이것들을 내용 전달의 시각 보조 자료라고 보아왔다. 그러나 인터넷 매체 언어의 발달로 만화, 그림, 도표, 사진, 동영상 등이 보조 자료의 개념을 넘어 '시각 언어'로의 인식 전환이 이루어지고 있다. 국어교육의 교수-학습 상황에서도 이들이 차지하는 비중을 높게 보고 있다. 곧 시각 자료도 어떤 메시지를 담아 전달할 수 있는 유용한 언어 자료가 될 수 있는 것이다.

- 훑어본 내용을 근거로 하여 글의 중심 내용이 무엇인지 마음속으로 묻기

3단계: 자세히 읽기(read) 단계
- 글을 차분히 읽으며 그 내용을 하나 하나 확인하고 파악하기
- 중심 내용이나 자신이 제기한 질문과 관련된 내용 자세히 읽기
- 전문 용어나 어려운 단어 적기
- 각 문단의 핵심, 단어, 구절 적기

4단계: 되새기기(recite) 단계
- 글의 내용을 요약하고 정리하기
- 각 문단의 핵심 어구로 전체 내용 재구성하기
- 필자의 의도나 목적 파악하기
- 읽은 글의 내용을 떠올리며 마음속으로 정리하기

5단계: 다시 보기(review) 단계
- 글의 내용을 자신의 언어로 표현
- 자신의 질문에 대한 답과 글 전체의 내용을 요약하고 정리하기

〈표 I-5〉 읽기 방식의 변화

인쇄매체		인터넷 매체
◎ 인쇄매체에서는 쪽(page) 이동의 선형적 개념 ◎ 축자적인 읽기와 이해의 과정 ◎ SQ3R법 강조(그 외 이론 생략) ◎ 만화, 그림, 도표, 사진, 동영상 등은 시각 보조 자료	➔	◎ 디지털 문서에서는 쪽의 개념보다는 하이퍼텍스트 링크 방식으로 이동하는 비선형적 개념 ◎ 텍스트의 이해 과정 이전에 보고 판단하는 직관적인 문식(文識) 능력 ◎ 선독, 발췌독, 속독의 필요성 ◎ 만화, 그림, 도표, 사진, 동영상 등은 시각 언어

〈표 I-5〉에서 읽기 방식의 변화를 정리했다.

웹이 등장하면서 웹의 텍스트 양식인 하이퍼텍스트는 인터넷의 텍스트 양식이자 컴퓨터 커뮤니케이션의 대표적인 양식이 되었다. 하이퍼텍스트에 대한 관점은 연구자에 따라 크게 두 가지로 나눠볼 수 있다. 첫째는 하이퍼텍스트와 전자 테크놀로지의 연관성을 강조하여 전자 텍스트의 한 유형으로 보는 관점이고, 둘째는 지면을 통해서도 하이퍼텍스트의 특징적 형태를 구성할 수 있다고 보는 관점이다. 본 연구는 웹의 하이퍼텍스트에 대한 이해교육 방안을 모색하려는 데 목적이 있으므로 전자의 견해를 따르기로 한다.

(2) 읽기 교육 개념의 재설정

① 독자의 문제

하이퍼텍스트는 보다 능동적인 독자뿐만 아니라 저자의 자격으로서 읽기의 기회까지도 선택할 수 있는 독자와 관련을 맺고 있다. 하이퍼텍스트를 읽고 있는 사람은 어느 순간에도 저자의 역할을 맡을 수 있으며, 연결을 첨가하거나 읽고 있는 텍스트에 다른 텍스트를 덧붙일 수도 있다. 하이퍼텍스트가 창안된 이후, 모든 독서 행위는 잠재적인 쓰기 행위가 된다(박여성, 2001: 34). 그러므로 랜도우(Landow, 1992/2001: 88)는 하이퍼텍스트에서 독자라는 용어를 사용하는 것이 부적절하다고 보고 있다. 독자라는 용어 대신에 생산과 소비를 함께 한다는 의미에서 신조어인 '생비자(生費者)' 나 구성자 등의 용어를 사용하자는 견해도 있다.

② 읽기 교육의 대상과 교육내용

모든 텍스트를 관계의 망 속으로 삽입시키는 하이퍼텍스트 시스템은 비연속적인 독서와 사고를 허용하기 때문에 책의 이해와는 매우 다른 이해 결과를 낳는다. 책을 대상으로 한 읽기가 책이라는 고정된 구현물을 이해하는 것이라면 하이퍼텍스트를 대상으로 한 읽기는 현재 선택한 텍스트 구현물을 이해하는 것이라고 할 수 있다. 하이퍼텍스트의 이해는 독자마다 각기 다른 구현물을 선택하여 이해한다는 것을 의미하고 공동체적 나눔을 통한 이해가 필요함을 의미한다.

이것에 대한 논의에 앞서 먼저 이해교육에서 논의하고 있는 지도 목표와 지도 내용을 다음과 같이 재설정할 수 있다. 읽기 대상을 형식적 측면의 텍스트, 내용적 측면의 텍스트, 맥락, 필자, 독자 등으로 범주화하여 지도 목표와 지도 내용의 범주를 나누는 방안을 제안하고자 한다. 교육과정에서 제시하는 용어인 지식, 기능, 태도의 범주를 재정의(再定義)한 후에 '이해, 비판, 의사결정' 에 이르는 이해 과정을 '독자와 텍스트 이해의 단계, 독자의 현실인식을 동반한 비판의 단계, 독자의 자기화의 단계' 로 설정하고, 또 '독자 간의 상호작용을 통한 이해 단계' 를 설정하고자 한다. 이는 비판 중심의 읽기를 보강해야 한다는 주장에 대한 대안이다. '새로운 창조를 위한 읽기', '삶을 변화시키는 자기화를 위한 읽기' 등으로 발전시키기 위해서이다. 읽기라는 언어 활동은 근원적으로 의미를 획득하는 활동이라고 한다.

〈표 I-6〉 읽기 교육의 대상과 지도 내용

읽기 단계 / 읽기 대상	독자			독자 간의 상호작용
	지식 (텍스트 이해)	기능 (독자의 현실 인식을 동반한 비판)	태도 (독자의 자기화)	
형식적 측면의 텍스트				
내용적 측면의 텍스트				
맥락				
필자				
독자				

의미를 획득하는 활동은 새로운 창조를 위한 읽기 차원, 삶을 변화시키는 자기화를 위한 읽기 차원으로 구체화되어야 한다. 이를 정리하면 〈표 I-6〉과 같다.

하이퍼텍스트 읽기 교육은 이를 통해 개인의 사고 능력 신장뿐만 아니라 독자 간의 상호작용을 통한 사회성 향유까지 포함하는 교육으로 나아가는 것이 바람직하다. 읽기 교육은 개인의 교수-학습 행위를 뛰어넘는 사회적 교수-학습 행위의 일환이기 때문이다.

③ 인지 구조의 변화

사고의 구조 자체는 연쇄적이지 않다. 오히려 사고의 구조는 상호 연관된 관념들 사이의 체계이며, 어떤 관념도 다른 어떤 것에 선행하거나 후행하지 않는다. 그 관념들을 선형적 연쇄구조로 조직하는 것은 우리에게 가능한 선택들 중의 하나였을 뿐이다(박여성, 2001: 40).

하이퍼텍스트의 논리와 디지털 패러다임이 우리의 학습과 상호작용, 노동과 유희의 방식을 바꾸는 가운데 우리의 인지구조의 조합 방식을 재편할 것이라는 점은 충분히 예견할 수 있다(박여성, 2001: 41). 비선형적인 하이퍼텍스트가 우리의 인지구조를 어떻게 변화시킬 수 있는지는 예견하기 어렵다. 다만, 하이퍼텍스트는 인간의 머리 속에 있는 인지구조를 표현하기에 편리한 도구이며, 능동적인 지식 습득을 촉진할 수 있는 환경을 제공하는 도구라는 이해가 일반적이다.

하이퍼텍스트는 하이브리드적 사고로의 변화를 불러일으킨다고 가정할 수 있다. 하이브리드적 사고는 비판적 이해를 통한 창의적 사고의 도출을 의미하는 종합적인 사고이다. 따라서 언어 사용 능력의 향상을 통해 사고력 신장을 목적으로 하는 국어교육에서 반드시 다루어야 할 내용이다. 그러나 아직도 하이브리드적 사고가 무엇인지, 기존 사고력과 어떻게 다른지에 대한 구체적인 연구는 미흡하다. 따라서 하이브리드적 사고의 개념을 명확히 하고, 그 구체적인 양상에 대해 밝힐 필요가 있다.

④ 필자의 문제

저자와 독자의 관계에 대한 논의는 바르트(Barthes)의 저작에서도 나타난다. 랜도우(1997/2001:16)에 따르면 바르트는 '읽을 수 있는 텍스트(readerly text)'와 '쓸 수 있는 텍스트(writerly text)'가 전통적인 인쇄 텍스트와 하이퍼텍스트와 대응관계에 있다고 주장한다. 여기에서 읽을 수 있는 텍스트는 읽을 수는 있지만 쓸 수 없는, 일종의 '정전' 개념이 강한 텍스트로서 인쇄 텍스트에 해당한다. 하지만 쓸 수 있는 텍스트는 '쓸 수 있는 텍스트' 또는 '쓰기를 위한 텍스트'로서, 네트워크로 연결된 텍스트들을 비연쇄적인 방식으로 읽어나가는 하이퍼텍스트가 이에 해당한다. 쓸 수 있는 텍스트에서는 필자가 구성한 의미를 독자가 재구성함으로써 필자와 독자는 분리되고, 독자가 필자가 되는 상황에서 개념적 구분은 모호해진다. 즉 하이퍼텍스트에서는 더 이상 의미를 단독으로 구성하는 전통적인 의미로서의 필자는 존재하지 않는다(임천택, 2002).

하이퍼텍스트 이해교육을 구성하는 핵심적인 요소는 커뮤니케이션적 특성에 비추어보면 대체로 다음의 세 가지로 나누어볼 수 있다(백욱인, 2001b: 41-42).

첫째, 기술적 엑세스로 네트워크 및 컴퓨터에 대한 접근 능력이다. 이제까지 정보 리터러시(information literacy)라고 할 때는 주로 이 부분에 대한 접근 능력을 의미했다. 컴퓨터 활용법을 교육하고 컴퓨터 네트워크를 사용하는 기회와 방법을 제공하는 것이다. 우리나라의 어린이나 청소년 집단은 국가의 정보화 정책으로 인해 기술적 접근 능력이 급상승하고 있다.

둘째, 콘텐츠 활용 능력이다. 정보 내용을 이해하고 활용하는 능력으로 구성된다. 자신에게 필요한 정보가 무엇이고, 그것이 어디에 있으며 어떻게 찾을 것인가 등 검색 능력이 하이퍼텍스트의 핵심적인 위치를 차지하게 된다. 하이퍼텍스트에서 정작 중요한 것은 네트워크 접근이나 컴퓨터 소프트웨어, 인터넷을 통해 무엇을 해야 하고, 정보를 어떻게 수집하고, 그것을 어떻게 자신의 삶에 적용할 것인가의 능력이다. 하이퍼미디어 시대에 정보는 아무도 자기만의 소유를 주장할 수 없으며 사실상 소유 자체는 무의미해진다. 정보는 사용자의 능력에 따라 가치가 결정되기 때문에 정보의 창조적인 활용 능력을 키우는 것이 이해교육에서 중요하다.

셋째, 하이퍼텍스트의 중요한 구성요소는 공동체 형성과 지식 정보의 나눔 능력이다. 양방향성과 네트워크화라는 하이퍼텍스트의 특성이 가장 잘 드러날 수 있는 부분이다. 하이퍼텍스트 읽기는 결국 자신의 창의성을 바탕으로 남의 생각을 이해하고 자신의 생각을 창조적으로 전달하는 능력을 키우는 방향으로 이루어져야 한다. '남과 함께' 더불어 정보를 나누면서 '남과 다른' 자신만의 창의성을 마음대로 펼칠 수 있는 능력(백욱인, 2001a: 30)을 기르는 것이 교육내용이 되어야 하는 것이다.

지금까지 미디어 교육의 필요성을 뒷받침하는 근거는 유해한 대상으로서의 미디어를 비판적으로 바라보고 활용하자는 시각이 지배적이었다. 그러나 비판을 넘어 창조를 지향하면서 미디어를 활용하도록 해야 한다는 새로운 시각이 점차 더 설득력을 얻고 있다. 그래서 백욱인(2001a)에서는 정보와 데이터로 분해된 지식을 다시 꿰맞추는 능력을 가진 사람이 비트 시대의 지식인이라고 보고, 분해된 정보를 의미 있는 지식으로 결합시키는 능력이 비트 시대에서 요구된다고 보고 있다.

주입식 학습에서 발견과 경험의 학습으로의 전환, 연역적 사고에서 통합과 판단의 사고로의 전환, 지식이 선행되는 행위 양식에서 행위가 지식을 유도하는 양식으로의 전환 등을 하이퍼텍스트가 가져온 교육 패러다임의 변화라 할 수 있다.

2 하이퍼텍스트 이용 실태 조사

1) 조사의 목적과 방법

하이퍼미디어 시대의 읽기 교육의 내용과 방법을 구안할 때 선행되어야 할 것은 청소년들의 하이퍼텍스트 이용 실태를 조사하고 그 양상을 살피는 일이다. 이를 위해서 2003년 5월 27일부터 6월 13일까지 수도권 소재 12개 학교 중·고등학생과 5개 대학교 대학생을 대상으로 '인터넷 이용 실태 설문조사'를 실시하였다.

이 설문조사의 중핵적인 목적은 한국 청소년들이 하이퍼미디어를 어떻게 이해하고 있는지 그 양상을 조사하고, 이를 통해서 하이퍼텍스트 이해교육의 필요성을 확인하고 그 방향에 대한 지침을 얻는 것이다. 중학생, 고등학생, 대학생 총 766명을 대상으로 한 이 설문조사에는 하이퍼텍스트에 대한 체계적이고 제도적인 교육의 필요성을 학생들 스스로 인식하고 있는가에 대한 조사도 포함되어 있다.

이 설문조사는 하이퍼텍스트의 영역을 '친교 영역, 정보교환적 영역, 문학 영역, 오락 영역, 설득 영역' 등 국어교육에서 중시하는 언어 사용의 다섯 가지 영역 구분에 따라 나누어 장르별로 조사하였다. 이를테면, 친교 영역으로는 채팅에서 표현되는 통신언어에 대하여, 정보교환 영역에서는 인터넷 신문의 수용 양태에 대하여, 문학 영역에서는 사이버 문학의 이용 양상과 교사들의 교육 활용 방안에 대하여 조사했다. 또한 오락 영역에서는 게임의 이용 실태를, 설득 영역에서는 인터넷 광고에 대한 인식과 시사토론에 대한 참여 양상을 조사했다.

총 40개의 문항에 대해 객관식으로 답할 수 있는 질문지에 학생들이 응답하는 방식으로 설문조사를 실시했으며, 그 결과를 통계 처리하여 데이터를 얻을 수 있었다.

2) 조사 설계

이 설문조사는 2003년 5월 27일부터 6월 13일까지 각각 6곳의 중학교, 고등학교, 대학교 학생들을 대상으로 실시되었다. 중학생 131명, 고등학생 237명, 대학생 398명으로 총 766명을 대상으로 설문조사를 실시하였는데, 상세한 분포는 〈표 I-7〉과 같다.

〈표 I-7〉 설문조사 대상 분포

구분			학년				Total
			1학년	2학년	3학년	4학년	
학교	중학교	학생 수	97		34		131
		%	74.0%	26.0%	100.0%		
	고등학교	학생 수	143	92	2	237	
		%	60.3%	38.8%	0.8%	100.0%	
	대학교	학생 수	186	57	85	70	398
		%	46.7%	14.3%	21.4%	17.6%	100.0%
Total		학생 수	426	149	121	70	766
		%	55.6%	19.5%	15.8%	9.1%	100.0%

설문조사는 총 40개의 문항에 대해 객관식으로 응답하는 방식으로 이루어졌으며, 이 조사의 개괄적 개요는 다음과 같다.

· 조사 개요

- 조사 대상: 중학교, 고등학교, 대학교 각각 6곳
- 조사 기간: 2003년 5월 27일~6월 13일
- 조사 방법: 면접원이 설문 대상 학교를 방문하여 학생들에게 자기 면접을 통한 설문지 기재 유도
- 조사 내용: ① 학생들의 인터넷 이용도와 중요성에 대한 인식
  ② 홈페이지, 전자우편, 전자게시판, 인터넷 신문 등 이용 경험
  ③ 학생들의 통신언어에 대한 태도
  ④ 학생들의 인터넷 정보에 대한 태도
  ⑤ 컴퓨터 게임, 인터넷 유머, 인터넷 광고, 사이버 문학을 접한 경험과 그에 대한 평가 등

3) 조사 결과[29]

(1) 친교 영역

하이퍼텍스트의 친교 영역은 그 대표적인 예로 인터넷 채팅이나 메신저 등을 들 수 있다. 설문조사 결과에서도 나타나듯이 인터넷 채팅이나 메신저 등이 우리 청소년들의 삶에 큰 비중을 차지하고 있음을 알 수 있다. 이와 관련하여 설문조사 결과를 분석하면 다음과 같다.

29) 설문조사 결과를 정확한 수치로 알 수 있는 설문조사 분석 통계 자료(표나 그림)는 부록에 싣는다.

메신저나 채팅 프로그램을 얼마나 이용하느냐는 질문에 대해 '매우 많이 이용한다' 고 응답한 학생이 중학생 24.2%, 고등학생 48.1%, 대학생 34.6%에 달했다(부록2, 표1, 그림2 참조). 메신저나 채팅 프로그램을 이용하지 않는다고 응답한 비율이 10~20%에 불과한 것을 보면 우리 청소년들의 일상에 메신저나 채팅 등의 하이퍼텍스트가 얼마나 큰 부분을 차지하고 있는지를 알 수 있다. 이는 청소년들이 메신저나 채팅과 같은 친교 영역의 하이퍼텍스트를 스스로 잘 활용하고 있음을 보여준다. 하이퍼텍스트 이해교육의 설계 방향에도 이러한 현실이 적극적으로 반영될 수 있어야 한다.

인터넷 이용 실태에 대한 질문을 통해서 볼 때, 학생들은 커뮤니티보다 메신저나 채팅을 이용하는 경우가 많았다(부록2, 그림1, 2 참조). 이를 '상호작용의 정도성' 을 고려하여 해석해 본다면, 동시적인 상호작용이 이루어지는 매체를 학생들이 더 선호하고 있음을 알 수 있다. 일방적인 정보 전달과 수동적인 수용을 특징으로 하는 매체보다는 동시적인 상호작용을 통해 이해와 표현이 가능한 매체를 선호한다는 것이다. 이 사실은 하이퍼미디어 시대의 '상호작용성' 에 대한 고려가 필요하며, 이러한 고려가 하이퍼미디어의 이해교육에도 반영되어야 함을 알 수 있게 한다.

또 다른 흥미로운 결과가 있다. 채팅을 통한 대화 내용의 진실성 정도를 묻는 질문에 대해서 56.8%가 '대부분 진실하다' 또는 '모두 진실하다' 고 답했다. 이 결과는 메신저를 이용한 대화 내용의 진실성 정도에 대한 응답과 차이를 보이고 있어 흥미롭다. 메신저 대화의 내용이 '대부분' 또는 '모두' 진실하다는 답변 비율이 68.8%로, 채팅의 56.8%에 비해 10% 이상 높았다. 이는 채팅이 익명성을 보장받으면서 즉흥적으로 만난 상대와 할 수 있는 대화인 반면에 메신저는 잘 알고 있는 상대와의 대화이기 때문인 것으로 판단된다. 이로써 학생들이 활용하는 하이퍼텍스트의 각 영역에서 학생들은 자신의 정체성을 각 영역의 복합적인 특성에 맞게 다양하게 구현하고 있음을 짐작하게 한다. 즉 하이퍼텍스트의 각 영역마다 자기를 새롭게 창조하는 경향이 있음을 알 수 있다는 것인데, 이러한 점 역시 하이퍼텍스트 이해교육을 학생들의 정신적 성장과 연관하여 고려할 필요가 있음을 알게 해준다.

(2) 정보교환 영역

하이퍼텍스트의 정보교환 영역은 대표적인 예로 인터넷 신문을 들 수 있다. 인터넷 신문의 수용자인 청소년들이 그것을 어떻게 받아들이고 활용하는지에 대해 주로 조사하였다. 이에 대해 교육적인 접근을 어떻게 해야 하는지를 알기 위해 학생들에게 인터넷에서 얻을 수 있는 정보에 대한 신뢰도를 묻는 질문도 더불어 해보았다. 또한 인터넷 신문 기사에 대한 댓글에 관심이 있는지, 어떤 목적을 가지고 거기에 참여하는지 등에 대해 조사할 수 있었다.

하이퍼텍스트가 제공하는 정보에 대해서 학생들이 어떤 생각을 가지고 그것을 어떻게 활용하는지 알기 위해 인터넷 홈페이지에서 제공되는 정보에 대한 신뢰도를 묻는 질문을 해보았다. 홈페이지의 종류에 따라 각 항목별로 신뢰하는 정도를 5점 척도(전혀 믿지 않는다, 거의 믿지 않는다, 보통이다, 많이 믿는다, 매우 많이 믿는다)로 알아본 결과 '공공기관의 홈페이지 정보를 많이 믿는다' 고 답변한 학생은 중학생 26.7%, 고등학생 47.5%, 대학생 52.4%인 것으로 나타났다. '치밀하게 구성된 홈페이지를 많이 믿는다' 고 답변한 중학생은 33.8%, 고등학생은 52.3%, 대학생은 50.9%로 다른 답변에 비해 큰 비중을 차지하였다. 반면에 사설기관 홈페이지 정보나 개인 홈페이지 정보, 양이 많은 홈페이지 정보의 경우는 '보통이다' 고 응답한 학생이 50% 이상을 차지하였다. 이와 같이 홈페이지의 종류에 따라 정보에 대한 신뢰도가 다름을 알 수 있었고, 인터넷 정보와 책의 정보를 어느 정도 신뢰하는지 살펴본 결과 인터넷 정보보다는 상대적으로 책 정보를 더 신뢰하는 것으로 나타났다(부록2, 그림3, 4 참조).

홈페이지 종류에 따른 신뢰도, 인터넷 정보와 책 정보 등에 대한 신뢰도 조사 결과로 미루어, 의사소통 공간의 변화에 따라 정보에 대한 신뢰도가 다름을 알 수 있다. 설문조사의 이러한 결과는 인터넷 상의 의사소통 공간의 성격에 따라, 또 사이버 세계와 현실 세계라는 공간에 따라 정보에 대한 신뢰도가 이용자에게 다르게 인식되고 있음을 보여준다. 지금까지 국어교육에서 이해교육은 학생들의 정보 소통 공간의 변화나 상이한 정보 소통 공간에 따른 이해 양상의 다양한 측면을 고려하지 않았던 것이 사실이다. 하이퍼미디어 시대의 이해교육 설계에서는 이런 점이 고려되어야 한다.

다음으로는 인터넷 신문에서 표제나 개요를 먼저 보는지, 사진이나 그림을 먼저 보는지를 조사한 결과, 사진이나 그림보다는 표제나 개요를 먼저 본다고 답변한 학생 수가 많았다. 중학생은 사진이나 그림을 먼저 본다고 답변한 학생이 54.4%, 표제나 개요를 먼저 본다고 답변한 학생이 45.6%였지만, 고등학생과 대학생의 경우는 70% 이상이 표제나 개요를 먼저 본다고 답변하였다(부록2, 그림5 참조).

이러한 결과를 보면, 대체적으로 사진이나 그림보다는 제목 선정이나 개요 작성이 독자들의 관심을 끌 수 있는 중요한 요소임을 확인할 수 있다. 그러나 여기에서 간과하지 말아야 할 것은 그 비율이 연령대별로 큰 차이를 보인다는 점이다. 중학생의 54.4%가 표제나 개요보다 사진이나 그림을 먼저 본다고 응답한 것을 볼 때, 사진이나 그림의 활용과 이해에 관련한 교육을 연령대에 따라 비중을 달리할 필요가 있음을 알 수 있다. 또한 고등학생과 대학생의 경우에도 인터넷 신문에서 표제나 개요를 먼저 보는 비율이 70% 이상이지만 그 나머지의 관심에 대해서도 생각할 필요가 있다. 지금의 국어교육이 정보를 교환할 때 표현된 언어를 문자 언어나 음성 언어에만 한정할 뿐 그림이나 사진과 같은 시각적 언어와의 관계나 역할, 영향에 대해서 고려하지 않고 있음은 큰 문제이다. 이 부분에 대한 고려가 필요함을 알 수 있었다.

다음은 인터넷 신문 기사에 대한 수용자들의 적극적 반응을 볼 수 있는 댓글과 관련한 설문 결과이다. 인터넷 신문 기사에 대한 댓글과 관련하여 '인터넷 신문 기사 댓글을 읽은 적이 있는가'에 대해 질문한 결과, 응답자의 65%가 인터넷 신문 기사에 대한 댓글을 읽는 것으로 나타났다(부록2, 표2 참조). 중학생 50%, 고등학생 67.4%, 대학생 70%가 댓글을 읽는다고 응답했다. 결론적으로 대다수의 학생들이 신문 기사의 댓글을 읽는다는 것을 알 수 있다. 이는 인터넷 신문 기사의 경우, 원문과 댓글을 함께 고려하여 해석할 수 있어야 이 텍스트를 제대로 읽어낸 것이라고 할 수 있다는 점을 알게 한다. 인터넷 신문 기사의 원문과 댓글을 비교하면서 그 행간을 읽어낼 수 있어야 신문의 생산과 수용 사이의 관계, 수용의 양상을 알고 이를 비판적으로 받아들일 수 있다는 점을 확인할 수 있다. 현재의 국어교육에서 이러한 측면을 가르치지 않고 있다는 점을 생각하면 이런 부분에 대한 고려가 필요하다고 할 수 있다.

인터넷 신문에서 관심 있게 읽는 부분에 관한 질문에서는 다음과 같은 결과를 얻을 수 있었다. 인터넷 신문에서 가장 관심 있게 읽는 부분으로 연예/오락면이 57.5%로 가장 높게 나타났다. 그 다음으로 스포츠면이 14.5%, 사회면 12.5%, 문화면 8.9%, 정치면 2.3%, 경제면 2.1% 순으로 나타났다(부록2, 표3 참조). 결론적으로 응답자의 절반 이상이 인터넷 신문의 연예/오락면을 관심 있게 본다는 것을 알 수 있는데, 인터넷 신문이 제공하는 다양한 정보 분야에 비해 지나치게 한쪽에 치우쳤다는 점을 확인할 수 있다. 정보교환의 내용이나 교환되는 정보의 영역을 균형 있게 받아들일 수 있는 시각을 기를 수 있도록 교육적으로 유도하는 일이 필요하다는 점을 알 수 있다.

이외에도 여러 가지 답변들이 있었다. 대부분의 청소년들이 인터넷 신문 기사에 대한 댓글을 논리적으로 작성한다고 응답하면서도 비어나 속어를 많이 섞어 쓴다는 응답을 동시에 한 점이나, 글을 쓸 때 감정을 절제한다고 응답한 비율이 30%를 웃도는 점 등은 흥미롭다. 학생들 스스로 논리적이라고 생각하는 글쓰기가 어떤 특징을 가지고 있는지를 확인할 수 있을 것이다.

(3) 문학 영역

하이퍼텍스트의 문학 영역은 대표적인 예로 인터넷 소설을 들 수 있다. 이와 관련하여 학생들에게 인터넷 소설이나 시, 희곡 등 사이버 상에서 다양하게 향유되는 문학을 접한 경험이 있는지, 적극적으로 참여한 적이 있는지 등에 관해 설문조사를 하였다.

학생들이 사이버 문학을 처음 접하는 경로는 주로 '인터넷 이용 도중에 우연히'라는 응답이 50.6%로 가장 높았다. 자발적인 사이트 검색이나 또래 집단의 경험을 통해 사이버 문학을 접하게 되는 경우도 각각 20.6%로 높은 비율을 차지했다(부록2, 그림6 참조). 중학생의 경우는 고등학생이나 대학생과 달리 교사의 권유에 따라 사이버 문학을 접하게 되는 경험도가 높은 것으로 나타났다. 전체 통계 수치로 볼 때, 학생들이 사이버 문학을 접하는 경로는 학생들의 생활 주변에 쉽게 열려 있음을 알 수 있다. 이것은 학생들이 인터넷이라는 하이퍼텍스트의 공간과 그 하이퍼텍스트 안에서 구현된 인터넷 소설이나 시에 더 쉽고 가깝게 책으로 출판된 문학 작품보다 다가갈 가능성이 크다는 것을 말해준다. 최근 인터넷 소설이 출판되어 출판물로서도 큰 인기를 얻고 있는 점이나, 인터넷에서 청소년들에게 좋은 반응을 얻은 소설이 영화로 만들어져 흥행에 성공하는 경우를 보아도 알 수 있다.

책과 비교하여 사이버 문학의 가장 큰 특징이 무엇이라고 생각하느냐는 질문에 대해 71.4%에 달하는 학생들이 '사이버 문학은 전문 작가가 아니어도 작품을 발표할 수 있다'는 점을 꼽았다(부록2, 그림7 참조). 또한 사이버 문학의 가장 큰 장점이 무엇이냐는 질문에 대해 34.5%의 학생들이 '인터넷 사이트를 통해 쉽게 읽을 수 있다'고 답했고, 35.1%의 학생들이 '직접 창작에 참여할 기회가 있어서 좋다'고 답했다(부록2, 표4 참조). 대다수의 학생들이 책으로 출판되는 문학이 전문 작가의 소유물이라고 인식할 가능성이 큰 데 반해 사이버 문학은 전문가가 아니어도 참여할 수 있고, 자신들 역시 직접 창작에 참여할 수 있는 기회가 높다는 점을 높이 평가하였다. 이것은 학생들이 문학의 생산과 소비에 적극적으로 참여하고자 하는 욕구가 높다는 것을 알게 해준다. 그러나 이러한 점이 국어교육의 현장에서는 받아들여지지 못하고 있음을 알 수 있었다. 사이버 문학에 대한 교육을 접한 경험이 있느냐는 질문에 대해 56.3%에 달하는 학생들이 '없다'고 응답했다.

사이버 문학의 장점을 물은 질문에 대한 답에서 '재미있다'고 응답한 학생 수가 중학생, 고등학생, 대학생 순으로 줄어드는 것 역시 참고할 만한 점이다. 중학생이 '재미있다'라고 답한 비율이 가장 높았고, 고등학생과 대학생으로 갈수록 그 비율이 낮아지는 것을 볼 수 있었다. 이것은 사이버 문학에 대한 흥미도가 연령별로 달라진다는 점을 확인하게 해주는 수치이다. 이것은 하이퍼텍스트 이해교육의 실제에서 참고할 만한 부분이다. 이는 사이버 문학의 창작에 참여하는 비율의 변화로도 알 수 있는데, 사이버 소설을 접할 때 '원전을 읽고 창작에 참여한다'고 답한 비율이 중학생이 가장 높았고, 고등학생이 그 다음이었으며 대학생이 가장 낮은 것으로 나타났다. 이러한 참여의 비율은 사이버 문학에 대한 평가에도 그대로 이어지는데, '내용이 진지하고 가볍다'라고 답한 학생들이 38.9%, '문학적 기법 수준이 낮다'거나 '유치하다'라고 답한 학생들도 각각 16.2%, 14.7%였는데 이러한 답 역시 중학생과 고등학생, 대학생에 따라 답한 비율이 다름을 알 수 있다(부록2, 표5 참조). 이 비율을 보면 중학생들이 사이버 소설에 대하여 더 긍정적인 생각을 가지고 있음을 확인할 수 있다.

사이버 소설의 여러 장르 중에서 청소년들이 선호하는 장르는 '연애소설'이 45.4%로 가장 높았고, 다음은 '판타지 소설'이 29.5%로 높았다. 통계 수치를 보면 중학생은 연애소설보다 판타지 소설을 가장 많이 읽는 것으로 나타났다. 고등학생들은 연애소설을 가장 많이 읽지만, 다른 장르 중에서 '팬픽'을 많이 읽는다고 답한 점이 두드러졌다. 판타지 소설이나 팬픽과 같은 장르는 하이퍼텍스트를 청소년들이 많이 접하게 되면서 붐을 이룬 장르라 할 수 있다. 학생들이 이런 장르를 선호한다는 점이 설문조사 결과로도 나타났는데, 이 장르들의 특징, 하이퍼텍스트적 특성 등이 교육적 관점에서 다양하게 연구되지 못하고 있는 것이 현실이다. 학생들이 이른바 '문학'을 향유하는 현실이 이와 같이 달라졌다는 점을 인식한다면, 학교에서 행해지는 정통 '문학'에 대한 교육과 마찬가지로 사이버 문학에 대한 교육 역시 다방면에서 이루어져야 함을 확인할 수 있다.

(4) 오락 영역

하이퍼텍스트의 오락 영역은 대표적인 예로 인터넷 게임이나 인터넷 유머 등을 들 수 있다. 이와 관련하여 학생들이 인터넷 게임을 어느 정도 이용하고 있으며 그에 대한 생각은 어떠한지, 인터넷 게임이나 인터넷 유머를 즐기는 이유는 무엇인지에 대해 질문하였다.

인터넷 게임을 어느 정도 이용하는지와 관련한 질문에서는 '중학생 〉 고등학생 〉 대학생' 순으로 인터넷 게임의 활용 빈도가 높은 것으로 나타났다(부록2, 표6 참조). 이메일 사용이나 인터넷 뉴스, 정보 검색, 쇼핑 등의 다른 항목들과 비교해 볼 때, 중학생들이 인터넷을 이용하는 목적의 대부분이 컴퓨터 게임을 하기 위해서임을 알 수 있다. 반면에 고등학생은 인터넷 뉴스나 토론 등 시사적인 정보와 관련한 관심이 비교적 높은 것을 알 수 있다. 이런 점을 본다면 청소년들의 발달 단계에 따른 관심 영역의 변화와 그에 대한 대응 등을 교육적으로 고려할 필요가 있음을 알 수 있다.

개선해야 할 게임의 내용이 무엇이냐는 질문에 대해서 학생들의 44.5%가 '게임 내용(소재)의 단순함(전쟁 이야기 위주)'이라고 응답하였다. '뚜렷한 선인과 악인의 구조'라거나 '캐릭터의 영웅적 설정'이라고 답한 학생들도 각각 16.1%, 17.4%에 달함을 알 수 있다(부록2, 표7 참조). 이러한 응답을 보면, 학생들은 게임의 내용을 게임 그 자체로 접해 즐기기도 하지만 서사적인 측면에서 게임을 보고 있음을 알 수 있다. 하이퍼미디어의 발달로 디지털 안에서 구현되는 다양한 서사의 양상들이 어떠하며, 그것이 그러한 서사를 접하는 청소년들에게 어떤 의미를 주는지에 대한 교육적 고려가 필요하다는 점을 알 수 있다.

(5) 설득 영역

하이퍼텍스트의 설득 영역은 대표적인 예로 소비자들의 물품 구매를 겨냥한 인터넷 광고나 인터넷 시사토론방 등을 들 수 있다. 이와 관련하여 시사토론방에 참가하는 목적이나 글 쓸 때의 특성 등에 대해 학생들에게 질문해 보았다. 인터넷 광고와 관련하여 인터넷 광고에 대한 신뢰도나 인터넷 광고를 클릭하는 이유 등에 대해 질문했다.

시사토론방에 참여하는 정도를 알기 위해 시사토론방에 참여하여 의견을 올린 경험이 있는지에 대해 질문한 결과, 시사토론방에 접속한 경험이 없는 이용자는 50% 이상이었고, 응답자의 1/4가량은 시사토론방에 자주 참여하는 것으로 나타났다(부록2, 표8 참조). 시사토론방에 참여하는 정도는 연령이 높을수록 참여도가 높았다. 중학생의 경우도 시사토론방에 참여하는 비율이 40%를 넘는 것으로 나타나, 예상보다 많은 청소년들이 시사토론방에 참여한다는 것을 알 수 있었다.

이런 결과로 볼 때, 인터넷 시사토론방이라는 공간은 학생들의 언어 문화적인 경험에서 매우 중요한 공간이라는 것을 알 수 있다. 인터넷 시사토론방이라는 공간은 주어진 사안에 대해 자신의 의견을 개진하고 다른 사람의 의견을 엿볼 수 있는 '설득'의 언어적 장이라는 특징도 있지만, 그 공간이 인터넷이라는 매체적인 특성도 가지고 있다. 이를 함께 고려하여 교육하는 것이 필요하다는 점을 알 수 있었으며, 현실적으로 이에 대한 교육이 거의 이루어지지 않고 있다는 점을 생각하여 이후의 연구를 진행할 수 있었다.

학생들이 인터넷 시사토론방에 참가하는 목적을 아는 일 역시 교육을 설계하는 데 중요하다. 학생들에게 시사토론방에 참가하는 목적을 물은 결과, 중학생은 '우연히 접속한다'는 응답이 34.5%로 대학생의 18.2%와 확연한 차이를 보였다. 특히 중학생은 '주제를 더 알기 위해서'라는 응답이 6.9%인 반면 고등학생은 26.8%, 대학생은 31.8%로 나타났다. '나의 의견을 펼치기 위해서'라는 응답에서 고등학생과 대학생 사이의 차이는 없으나 중학생들은 34.5%로 높게 나타났다. 결론적으로 고등학생과 대학생은 '정보 탐색 혹은 의사교환의 장으로 시사토론방을 이용한다'는 응답이 높은 반면 중학생은 '자기 의견을 나타내기 위해 이용한다'는 응답이 높았음을 확인할 수 있다.

이러한 결과는 인터넷 시사토론방이 가지는 매체적인 특성이 반영된 결과라고 할 수 있다. 텔레비전 토론이나 직접 참여하는 면대면 토론과는 달리 '인터넷을 검색하다가 우연히' 시사토론방에 참여하거나 별 목적 없이 시사토론방에 참여하는 학생들이 있다는 점은 인터넷 시사토론방이라는 공간 안에서, 학생들은 감정적이고 즉각적인 반응을 할 가능성이 크다는 것을 알 수 있게 한다. 인터넷 시사 토론의 이런 점을 생각한다면, 어떤 매체에 의해 매개된 의사소통인가에 따라 토론의 목적, 양상, 참여 형태 등이 달라진다는 점을 다시 한번 확인할 수 있다. 이런 점들을 볼 때, 토론의 장을 매체적인 관점에서 접근하는 일이 교육현장에 받아들여질 필요성이 있음을 알 수 있다.

이어서, 인터넷 시사토론방에서 나와 반대되는 의견을 개진하는 사람에 대한 반응을 조사한 질문에서는 다음과 같은 결과를 얻었다(부록2, 표10 참조). 응답자의 9%가 '나와 다르므로 무관심하다'고 응답하였으며 '상대가 옳지 않다는 것을 논리적으로 일깨워준다'는 응답은 25.2%로 나타났다. '욕설이나 감정으로 강력하게 대응한다'는 응답은 4.5%였고, 61.3%가 '나와 의견은 다르지만 타당하면 수용한다'고 응답하였다. '논리적으로 상대를 설득하려고 노력한다'는 응답은 30%가량으로 중학생과 고등학생이 비슷한 비율로 응답하였다. 고등학생이나 대학생이 타인의 의견을 수용하는 정도는 크게 나타난 반면, 중학생은 '나와 다르므로 무관심하다'는 응답이 16.7%로 높게 나타났고, '욕설이나 감정으로 강력하게 대응한다'는 응답도 10.0%로 높게 나타났다.

이러한 결과는 학생들이 인터넷 시사토론방에 참여하는 현실을 교육과 연관시켰을 때 큰 시사점을 준다고 할 수 있다. 학생들이 인터넷 시사토론방에 참여하는 정도로 볼 때 이 공간이 학생들의 언어문화를 발전시키는데 중요한 역할을 할 수 있다는 점을 짐작할 수 있었지만, 현실적으로 그 공간이 학생들의 언어문화를 창조적으로 발전시키는 방향으로 활용되고 있지는 않다는 점을 알 수 있다. 여기에 교육적 처방이 필요함을 다시 한번 생각하게 된다.

다음은 하이퍼텍스트의 설득 영역에서 빼놓을 수 없는 인터넷 광고에 대한 설문조사의 결과이다. 가장 먼저, 학생들의 인터넷 광고에 대한 신뢰도를 측정해 보았다. 텔레비전 광고, 신문 광고, 인터넷 광고를 비교하여 신뢰도를 묻는 질문에서 응답자의 46.4%가 인터넷 광고에 대해 신뢰할 수 없다는 입장을 보였다. 응답자의 26.6%가 신문 광고를 신뢰하지 않는다는 입장이었고, 텔레비전 광고에 대한 신뢰도는 37.7%로 가장 높게 나타났고, 16.8%가 신뢰하지 않는다고 응답했다. 인터넷 광고에 대한 신뢰도를 묻는 질문에서 중학생은 25.1%가 인터넷 광고를 신뢰할 수 있다고 한 반면 고등학생은 11.7%, 대학생은 10.6%로, 인터넷 광고에 대한 신뢰도는 중학생이 가장 큰 것으로 나타났다(부록2, 표11 참조).

이런 결과로 볼 때, 다른 매체를 통해 접하는 광고에 비해 인터넷 광고에 대한 신뢰도가 전반적으로 낮음을 알 수 있다. 그러나 이런 현실에도 불구하고 학생들은 인터넷 광고를 접하고 있다. 인터넷 광고를 접하는 일이 곧바로 상품 구매로 이어지지 않을 가능성이 크지만, 학생들이 인터넷 광고를 끊임없이 접하게 되므로 이에 대한 교육적인 고려가 필요하다는 점을 아래의 내용에서 확인할 수 있다.

인터넷 광고를 클릭하는 동기에 대한 질문에 학생들은 다음과 같이 응답하였다. '음악이 재미있어서' 라는 응답이 6.0%, '화상이나 이미지가 재미있어서' 가 23.6%였으며, 19.8%가 '경품이나 게임이 있어서' 로 응답하였다. 또한 '물건에 대한 정보가 흥미로워서' 라고 답한 학생은 37.4%에 달했다(부록2, 표12 참조). 이 결과로 볼 때, 다른 광고들과 마찬가지로 상품에 대한 정보를 탐색하는 것이 인터넷 광고를 클릭하는 가장 큰 이유라는 점을 알 수 있다. 그런데 '화상이나 이미지' 에 따라, 혹은 '경품이나 게임에 참여하기 위하여' 광고를 클릭하는 비율이 높다는 점이 흥미롭다. 화상이나 이미지와 같은 시각적 언어나 게임의 서사 구조가 학생들을 구매와 상관없이 광고에 몰입하도록 유도한다는 점을 알 수 있다. 그런데 교육적으로 이에 대한 고려가 이루어지지 않고 있기에 이에 대한 교육의 필요성을 절감할 수 있었다. 시각적 언어에 대한 매체적인 고려, 게임의 서사 구조에 대한 고려 등이 교육에 필요함을 알 수 있다.

4) 하이퍼텍스트 이해교육 설계를 위한 시사점

국어교육에서 중시하는 언어 사용의 다섯 가지 영역 구분에 따라 하이퍼텍스트 상에서 존재하는 언어문화의 특성을 학생들을 대상으로 한 설문조사를 통해 살펴보았다. 애초에 설문조사의 목적이었던 것, 즉 학생들의 하이퍼텍스트 이용 실태를 바탕으로 앞으로의 연구를 어떻게 진행하여 하이퍼텍스트 이해교육을 설계하는 데 도움을 얻을 수 있을 것인가를 살필 수 있었다.

문학 영역에 대한 설문에서 디지털 서사의 구현 방식에 대한 학생들의 관심을 확인한 점이나, 설득 영역으로 다루어진 인터넷 광고를 학생들이 접할 때 그림이나 동영상 등에 대해 여러모로 관심을 보인다는 점이나, 인터넷 신문의 기사를 읽을 때 학생들이 그 밑에 달린 댓글을 읽고 보이는 반응 등을 고려해 볼 때 하이퍼텍스트 이해교육은 학생들이 접하는 새로운 매체 환경과 새로운 소통 방식을 고려해야 한다는 점을 확인할 수 있었다.

더 구체적으로 정리하면 다음과 같다. 하이퍼 문학에 대한 학생들의 자발적인 관심은 학생들 스스로 그 안에 구현되는 서사의 틀이나 양상에 관심을 가지도록 이끄는 것으로 나타났는데, 이에 대한 체계적인 분석과 교육적 적용이 필요함을 알 수 있었다. 학생들이 하이퍼텍스트를 통해 접하는 그림이나 동영상과 같은 시각적 언어가 문자 언어나 음성 언어와 어떤 식으로 결합하여 의미를 전달하는지를 분석할 필요가 있으며, 학생들은 이러한 다양한 양상의 언어를 접하면서 하이퍼텍스트라는 매체적인 환경 안에서 의미를 스스로 구성하는지에 대한 교육적인 연구와 적용이 필요하다는 점 역시 확인할 수 있었다. 또한 인터넷 신문 기사를 읽을 때 학생들이 댓글을 읽고 쓰는 과정을 통해 기사 내용이나 다른 사람들의 의견과 상호작용하는 과정은 새로운 매체 환경이 새로운 의견 교환의 장을 만들어 내고 있음을 알 수 있었으며, 이에 대한 교육적 고려가 필요함을 알 수 있었다.

이렇듯 학생들이 접하는 하이퍼미디어라는 새로운 매체 환경과 새로운 의사소통 방식, 이 안에서 자기 정체성을 다양하게 구현하는 방식 등을 생각하면 기존의 국어교육에서 중요하게 여겼던 '친교 영역, 정보교환 영역, 문학 영역, 오락 영역, 설득 영역'이라는 다섯 가지의 영역 구분이 가지는 한계와 보완점을 하이퍼텍스트 이해교육에 대한 연구를 통해 찾을 수 있다는 점을 확인할 수 있다. 새로운 매체에 따른 새로운 의사소통 방식이 의사소통 영역의 뚜렷한 구분 안에서 다루어지는 것은 한계가 있기 때문이다.

이와 같이 언어 사용의 다섯 가지 영역 구분에 따라 설문조사한 결과, 이 다섯 가지의 영역 구분이 실제적인 하이퍼텍스트 이해교육의 설계와 현장 적용 연구에 그대로 받아들여지는 것은 현실적인 한계가 있음을 알 수 있었다. 이에 따라 하이퍼텍스트 이해교육의 실제를 구안해 본 현장 연구는 하이퍼텍스트적 언어 문화의 특성을 가장 잘 살릴 수 있으면서도, 다음에 계속될 현장 연구와 장르적 측면에서 겹치지 않으면서 여러 영역의 균형을 살리기 위해 언어 사용의 다섯 가지 영역을 '문학 영역(디지털 서사)', '오락 영역(인터넷 유머)'의 두 가지로 좁혔다.

Ⅱ. 하이퍼텍스트의 언어문화 분석

1. 친교 영역(채팅)
2. 정보교환 영역(인터넷 신문)
3. 문학 영역 1(하이퍼 문학)
4. 문학 영역 2(게임 서사)
5. 오락 영역(인터넷 유머)
6. 설득 영역(인터넷 광고)

친교 영역(채팅)

1

1) 채팅의 의사소통 방식

그동안 인류는 편지, 전화, 라디오, 텔레비전 등과 같은 획기적인 매체를 창조하여 다양한 의사소통 방식을 생성하고 발전시켜 왔다. 비교적 최근에 등장한 컴퓨터는 위의 다양한 특성을 모두 수렴하는 매체로 등장하여, 짧은 시간 안에 인류의 중심적인 의사소통 매체로 자리잡았다.

그러나 컴퓨터라는 매체 자체가 갖고 있는 속성은 컴퓨터 매개 의사소통(CMC: computer mediated communication)[1]과 기존 매체들의 의사소통 방식과의 차별화를 낳았다. 똑같이 동시적 의사소통 매체임에도 불구하고 전화로 이루어지는 의사소통과 CMC는 전혀 다른 특성을 갖는다. 이 때문에 그동안 많은 학자들은 컴퓨터라는 매체 자체의 차이가 빚어내는 특성에 주목해 왔다. 통신언어에서는 비언어적 단서, 즉 얼굴 표정이나 고개의 끄덕임과 같은 것들의 결여를 극복하기 위해 이모티콘을 사용한다거나 표준

1) 컴퓨터 중개로 이루어지는 의사소통을 통칭하는 말로 이메일, 전자게시판, 채팅 등을 포함한다.

어 및 맞춤법의 오용이 심하다든가 통신언어[2] 예절이 형편없으므로 교육적 처치가 필요하다는 논의(이승후, 2002) 등이 그것이다.

그러나 우리는 CMC 또한 의사소통 방식의 하나임에 주목할 필요가 있다. 이는 매체의 특성을 기반으로 한 텍스트 그 자체에 대한 분석만으로는 CMC의 전모를 설명할 수 없음을 의미한다. 의사소통 참여자의 특성이나 의사소통의 목적과 주제 등에 대한 전면적인 검토 없이 텍스트 혹은 언어 그 자체의 특성에만 초점을 두는 것은 초기 언어학이 가졌던 중요한 한계인 의사소통 상황을 배제한 언어 구조의 연구와 유사한 한계에 또다시 부딪칠 것이다.

이와 더불어 염두에 두어야 할 점은 CMC의 유형이 매우 다양하다는 점이다. 이는 이메일, 전자게시판, 채팅 등을 통틀어 한꺼번에 일컫는 말인데, 사실 이들은 지극히 다른 특성을 내정하고 있다. 예컨대 이메일과 전자게시판은 비동시적 의사소통인 데 비해 채팅은 동시적 의사소통이며, 이메일은 근본적으로는 일대일 의사소통을 지향하는 데 비해 전자게시판은 일대 다 의사소통이다. 이들 각각의 이용 목적도 정보 전달, 친교, 설득 등으로 다양하다. 따라서 이들 모두를 한꺼번에 통틀어 CMC의 특성을 논하는 경우, 어떤 개별 장르의 특성도 설명하지 못한다는 비판을 면하기 어렵다.

CMC의 기술적 발전은 매우 눈부시다. 한국사회의 경우 1996년 국가 정보화 사업의 일환으로 컴퓨터의 보급과 상용화가 시작된 이래로 CMC는 비약적으로 발전해 왔다. 아바타의 등장이나 개인 음악 방송국의 신설[3],

2) 통신언어라는 개념은 상당히 가변적이다. 인터넷에서 사용되는 언어 전반을 가리키기도 하며, 채팅에서 사용하는 용어만을 가리키는 개념으로 사용되기도 하는데, 앞으로 개념에 대한 명확한 규정이 필요하다. 본고에서는 일단 후자의 의미로 사용하도록 한다.

3) 요즘에는 하나의 대화방이 하나의(개인) 음악 방송국으로 운영되기도 한다. 대화방 안에 있는 사람들을 대상으로 하는 라디오 프로그램이 하나 신설되어 있는 설정이다. 대화방 안에 있는 사람들끼리 음악을 신청하거나 방송을 들으면서 대화를 할 수 있다.

이모티콘 꾸러미 모음[4], 화상 채팅[5] 등이 그 예이다. 이 때문에 현재의 CMC는 PC 통신을 대상으로 한 기존 연구들이 전제로 삼았던 의사소통 상황과는 많이 달라졌다.[6] 따라서 이제는 CMC 상황에 맞는 새로운 연구가 요구되고 있다.

위와 같은 맥락을 종합적으로 고려하면서 여기에서는 CMC를 구성하는 개별 장르 중 특히 채팅의 의사소통 방식을 밝혀보고자 한다. 이는 기존의 연구뿐 아니라 문헌 조사 및 2003년 1월 15일부터 3월 15일까지 '세이클럽(sayclub)'과 '프리챌(freechal)' 등에서 수집한 채팅 자료를 바탕으로 하도록 한다. 그리고 3월 25일, 28일 양일간 서울의 H대학과 지방의 H대학 학생 총 150명에게 채팅에 관해 실시한 간단한 설문조사를 참조하였다. 설문지는 부록에 첨부하였는데 최근 사회적 문제가 되고 있는 음란 채팅은 논의에서 제외하였다.

2) CMC 관련 의사소통 이론에 대한 검토

컴퓨터 매개 의사소통에 대한 기존 연구 중 채팅과 관련하여 검토해야 할 연구들은 크게 과업지향적 의사소통에 대한 연구와 사회정서적 의사소통에 대한 연구로 나눌 수 있다. 과업지향적 의사소통에 대한 연구로는 사회적 실재감 이론(social presence theory), 사회적 맥락 단서 결핍 이론(lack of social context cues theory), 미디어 풍부성 이론(media richness theory) 등이 있다. 이 이론들의 초점은 채팅과 같은 CMC가 대

4) 최근 대화방에는 이모티콘을 일일이 그리지 않고도 사용할 수 있도록 일정한 이모티콘 꾸러미가 만들어져 있다. 단지 클릭 한 번만으로 멋진 이모티콘을 나타낼 수 있다.

5) 채팅을 하고 있는 사람들의 얼굴을 카메라로 보면서 하는 채팅.

6) 물론 CMC는 앞으로도 면대면 의사소통과 거의 유사한 방향으로 계속 발전할 것이다.

인관계 증진을 목적으로 하는 사회정서적 의사소통의 도구로 효과적으로 기능할 수 있느냐에 맞춰져 있다.

사회적 실재감은 의사소통 매체가 참여자들의 신체적 존재나 비언어적 상징물들을 얼마나 실재감 있게 반영해 주느냐를 말하는 것으로, 의사소통 상황에 참여하고 있다는 느낌을 가리키는 말이다(Short, Williams & Christie, 1976). 사회적 실재감이 충만된 상태는 면대면 의사소통이다. 일반적으로 매체 내에 이용할 수 있는 채널이 많을수록 사회적 실재감은 높은데, 채팅과 같은 컴퓨터 매개 의사소통의 경우 비언어적 단서들이 적기 때문에 사회적 실재감은 낮다. 이 때문에 이 이론에 의하면 컴퓨터 매개 의사소통은 과업지향적 의사소통에 적합하다.

사회적 맥락 단서 결핍 이론도 사회적 실재감 이론과 유사한데, 이 이론의 대표적인 주창자는 스프라울과 카이슬러(Sproull & Kiesler, 1986)이다. 이들에 의하면 컴퓨터 매개 의사소통의 중요한 특징은 사회적 맥락 단서의 결핍에 있다. 사회적 맥락의 정보는 정적인 단서(static cue)와 동적인 단서(dynamic cue)를 통해 지각된다. 전자는 외모, 사무실, 개인 비서 등에서 드러나는 참여자의 사회적 속성(나이, 사회적 지위 등)을 말하며, 후자는 의사소통 과정에서 비언어적 행위, 즉 고개를 끄덕이거나 이마를 찌푸리는 등의 행위를 말하는 것으로 이러한 행위들은 의사소통 정보에 대한 인지적 해석과 느낌을 반영한다. 이러한 사회적 맥락 단서가 강하면 의사소통은 상대적으로 타자 중심적이고 차별적이며 통제적인 경향이 있다. 반면 사회적 단서가 약하면, 즉 익명성을 띠게 되면 의사소통은 상대적으로 자기 중심적이고 비규제적이 된다. 그런데 컴퓨터 매개 의사소통은 사회적 맥락 단서가 결핍되어 있기 때문에 일명 '플레밍(flaming)', 즉 모욕이나 욕 등을 증대시키는 경향이 있으며 한편으로는 지위에 따른 말 순서의 배분을 없애 평등한 참여를 가능하게 한다.

대프트와 렝겔(Daft & Lengel, 1986)은 다양한 미디어를 '즉각적인 피드백의 능력, 이용 가능한 단서와 채널의 수, 개인화, 언어의 다양성'이라는 기준을 통해 분류하고자 하였다. 이러한 요인들을 기준으로 할 때 면대면 의사소통은 '가장 풍부한(richest)' 매체인 데 비해 컴퓨터 매개 의사소통은 매우 '빈약한(lean)' 매체이다. 컴퓨터 매개 의사소통은 피드백이 제한적이고 이용 가능한 단서의 수가 적으며, 언어는 덜 개인화되고 덜 다양하기 때문이다. 이것이 미디어 풍부성 이론이다.

이 세 가지 이론들은 모두 '비언어적 단서의 결핍 및 익명성' 등에 초점을 맞추고 있다. 전화의 경우는 상대방을 마주하지 않은 상태에서 진행됨에도 불구하고 음량이나 어조 등에서 상대방의 반응을 짐작할 수 있는 데 비해 컴퓨터는 그러한 장치마저 없다. 이 때문에 이 세 연구들은 CMC가 사회정서적 의사소통보다는 과업지향적 의사소통에 더 적합하다고 본다. 그런데 이 연구들은 컴퓨터라는 매체 그 자체의 속성만이 의사소통의 결과에 영향을 미치는 유일한 요인은 아니라는 것을 간과한다는 점에 한계가 있다.

이를 극복하기 위해 사회정서적 의사소통에 대한 연구들은 매체 자체의 특성 외에 인적 요인 등에 관심을 기울이기 시작했다. 대표적인 것으로 배진한(1995)의 연구를 들 수 있다. 그에 의하면 사회적 상호작용에 불편함을 느끼는 내성적이고 비사교적인 사람들에게 CMC는 오히려 더 유용한 대안적 채널로서 기능할 수 있다. 게다가 이미 널리 알려진 것처럼, 컴퓨터 이용자들은 적극적으로 비언어적 단서들을 대체하여 표현하는 능력을 개발하고 있다. 이모티콘이 그 대표적인 예이다. 이는 컴퓨터 매개 의사소통이 대인 의사소통 채널로서 사용되는 데 부적합한 원인으로 지적되었던 '비언어적 단서의 결핍 및 익명성' 등이 오히려 이용자들에게 자유로운 의사소통 기회를 제공해 줄 수도 있음을 보여준다.

컴퓨터 매개 의사소통이 사회정서적 목적으로 이용되고 있다는 논의는 최태룡(2000 : 237)의 연구에서도 드러난다. 그에 의하면 사람들은 온라인 상에서 하나의 공동체를 형성하고 있으며, 오래된 동호회일수록 그리고 공식적 목적과는 관계없이 동호회 성원들 간의 친목적 성격이 강할수록 구성원들 사이에 상호작용의 정도가 강하다.

이러한 연구들은 CMC가 대인 의사소통의 대안 매체로서 훌륭하게 기능할 수 있음을 보여준다. 더구나 최근 기술의 발전은 사회적 실재감 및 사회적 맥락 단서를 높여 미디어 풍부성을 증대시키는 방향으로 이루어지고 있다. 앞서 언급한 아바타의 등장이나 화상 채팅, 개인 음악 방송국의 신설 등은 그 예이다.

오늘날 CMC는 정보적 욕구만을 충족시켜 주는 업무지향적 매체가 아니다. 인간관계의 연결망으로서 공통의 행동양식이나 규범을 생산 및 공유, 발전시키는 대인적 매체이다. 이제 우리는 컴퓨터라는 매체 자체의 속성이나 과업지향적 관점에만 머무르지 말고 컴퓨터 매개 의사소통 방식 전반에 대한 폭넓은 관심과 대인적 매체로서의 컴퓨터에도 지속적으로 관심을 기울여야 할 시점에 있다. 이러한 관점에서도 채팅의 의사소통 방식에 대한 연구는 분명 필요하다.

3) 의사소통의 관점에서 바라본 채팅의 특성

이 장에서는 대인 의사소통 채널로서의 채팅이 갖는 의사소통 방식의 특징을 구체적으로 살펴보도록 한다. 의사소통의 목적과 참여자의 특성, 표현 매체와 양식의 문제, 의사소통의 주제와 전개 방식을 중심으로 고찰해 보도록 한다.

(1) 의사소통의 목적과 참여자의 특성

고프만(Goffman, 1959)에 따르면 현대사회의 일상은 전면 영역과 후면 영역의 분화와 긴장, 통합으로 인식된다. 전면 영역은 사회적 규범과 역할 같은 개인 바깥의 사회적 강제가 인간 행동에 상대적으로 강한 영향력을 미치는 행위 상황이며, 후면 영역은 사회적 강제력의 영향력이 다소 완화되어 상대적으로 자유스럽게 행동할 수 있는 행위 상황이다(Goffman, 1959). 다중적 사회 압력이 증가할수록 현대사회의 인간들은 개인으로서의 자유를 향유할 공간, 즉 인간 의식의 후면 영역을 개발하고자 노력한다.

이러한 후면 영역은 전면 영역에서의 긴장을 이완하고 쉴 수 있는 공간임과 동시에 사회적 과정에 대한 그들 자신의 해석과 공식 규범에 의한 해석 사이에 심리적 거리를 두기 위해 성찰적으로 이용하는 공간이다. 현대사회에서 인간들은 상황에 따라 전면 영역과 후면 영역을 수시로 넘나들면서 행동하고 있는데 가급적 인간들은 규범적 통제력이 덜 미치는 상황을 선호하며 또 그렇게 상황을 규정하려고 한다. 오택섭(2002: 82)에 의하면 오늘날 가상공간에서 사람들은 컴퓨터 매개 의사소통을 후면 영역으로 이용하는 경향이 강하다.

인터넷 이용자 수가 급속히 늘고 있다. 이현우(1997)에 의하면 인터넷 이용자들의 주당 평균 인터넷 이용 시간은 14.1시간인데, 이중 PC 통신(채팅)에만 7.8시간을 할애하고 있다고 한다.[7] 이는 일반인의 하루 평균 텔레비전 시청 시간인 3.1시간(소비자 프로파일 연구 협의회, 1996)을 넘어서는 수치이다. 또 인터넷을 이용하는 주 계층은 20~30대 성인 남녀가 전체의 80% 이상을 차지하고 있으며, 특히 여성보다 남성의 비율이 더 높다.

CMC를 후면 영역으로 인식하는 경향과 이를 주로 이용하는 계층이

7) 1997년은 우리 사회에서 일명 '채팅 바람'이 불었던 시기이기 때문에 예상보다 높은 수치가 나왔다. 2003년 현 시점에서 조사하면 수치는 다소 감소할 것으로 예상된다.

20~30대의 성인 남녀라는 사실은 채팅이 주로 정서적 욕구를 충족시키기 위해 이용될 것이라는 추론을 가능하게 한다. 인간의 욕구는 인지적 욕구와 정서적 욕구로 나눌 수 있다. 정서적 욕구는 다시 개인 내부의 욕구와 개인 외부 즉 사회적 욕구로 분류할 수 있다. 전자는 기분전환, 현실도피 등의 욕구를 말하며, 후자(사회적 욕구)는 타인과의 대화나 동호회 결성, 집단 조직, 사람 사귀는 일 등과 관련된 욕구를 말한다. 실제 설문조사 결과 낯선 사람과 인터넷 채팅을 하는 주 목적은 '심심한데 특별히 할 일이 없을 때 시간을 때우며 기분전환을 하려고(개인 내부의 욕구)' 가 77%, '편한 대화 상대(예컨대 이성친구)와 이야기하려고(사회적 욕구)' 가 23%를 차지해 채팅을 하는 주 목적은 정서적 욕구 충족에 있었다. '힘들거나 안 좋은 일이 있을 때 다른 사람과 이야기를 하면서 문제 해결의 실마리를 찾기 위해서' 와 같은 인지적 욕구에 대한 응답은 0%였다.[8)]

실제 통신 자료에서도 이와 같은 이용 목적은 쉽게 드러난다.

〈예 1〉

ㄱ) 예써어: 님은 오늘 왜 채팅방에 들어왔어요?

예써어: 그냥 심심해서?

잊어버려!: 솔직히 친구 사귀러 들어왔어요

예써어: 예.... 〈중략〉

잊어버려!: 마음이 통하는 사람을 어디서 만날 수 있지 안을까 하는 생각에...

ㄴ) 대한민국거지1호: 채팅하는 건

대한민국거지1호: 사랑이 필요한 사람두 있을꺼구

8) 오택섭 외(2002)나 이건(1996)에서는 채팅을 포함한 컴퓨터 매개 의사소통 전체를 대상으로 이러한 조사를 실시하였다. 오택섭 외(2002)에 의하면 CMC를 하는 목적은 자신의 감정을 솔직하게 드러내거나 자극과 흥분, 즐거움을 추구하려는 개인 내부의 욕구가 가장 컸다(20.9%). 제2요인은 사회적 욕구로 동호회 활동이나 사람 사귀기 등 사회성을 증대시키기 위한 것이다(17.4%). 이건(1996)에서는 통신을 이용하는 주 목적이 새로운 만남을 위해서(62%), 심심해서 소일거리로(26%), 정보를 얻기 위해서(5%)로 나타났다. 또한 인터넷 잡지 『이미지』의 설문조사 결과에서도 대화방을 찾는 제1요인은 '폭넓은 대인관계' 로 드러났다(박기순, 1997: 407에서 재인용).

대한민국거지1호: 불륜두 있을꺼구
대한민국거지1호: 심심해서 노리개 상대루 하는 사람두 있을꺼구

채팅 이용자들의 정체성 문제는 '익명성'과 맞물려 중요한 논의거리이다. 일명 페르소나(persona)[9]는 인공적인 사람으로 이용자들의 말과 행동을 통해 형성된다. 이와 관련하여 초기의 연구들은 CMC 참여자들이 자신의 정체를 조작하기 때문에 채팅을 통해 진실한 대화를 하기는 어렵다고 보았다.[10]

필자의 설문조사에서 '채팅을 하면서 상대가 자신의 신분을 밝히는 경우 어느 정도 신뢰하냐'는 질문에 대하여 전체의 75%가 '25% 정도밖에 상대의 말을 믿지 않는다'고 대답하여 많은 사람들이 상대를 믿지 않는 상태에서 대화를 하고 있는 것으로 나타났다.[11] 실제 채팅 자료를 보면 이러한 경향은 특히 단순히 시간을 때우고 기분전환을 위해 잠시 채팅방을 들른 경우에 더욱 강하게 나타났다.

그러나 채팅을 하는 목적이 자신의 정서적 욕구 중 친구를 사귀는 데 있는 경우에는 자신의 정체성을 감추려는 경향이 적다. 게다가 최근에는 자신의 정보를 밝히지 않으면 대화방에 들어가는 것 자체가 불가능하도록 참여자들이 미리 기술적 장치를 해놓는 경우도 늘고 있다. 채팅을 하기 위해서는 일정한 채팅 사이트에 가입해야 하며, 가입할 때 적는 자신의 신상 정보는 사실이다. 이 정보 중 나이와 성별 등은 필수적으로 밝히도록 주문하기 때문이다. 또한 최근에는 화상 채팅의 등장과 함께 아바타 대신에 자신

9) 컴퓨터 매개 의사소통 상에서 만들어지는 새로운 정체성을 일컫는 말.

10) 미국에서 알렉스라는 남성이 조앤이라는 여자 의사로 가장하여 2년 넘게 인터넷에서 활동한 사건이 있었다. 이후 미국에서는 정체성 문제가 중요한 이슈로 등장했다. 정체성과 기만에 대한 이러한 논의는 조동기 역(2001)을 참조할 수 있다.

11) 그 외 '50% 정도 믿는다'가 전체의 22.2%, '75% 정도 믿는다'가 전체의 2.8%, '100% 믿는다'는 0%를 차지했다.

의 실제 사진을 아바타로 제시하는 사례도 늘고 있다.

채팅 참여자들이 편의상 페르소나를 통해 상호작용하고 있다는 사실을 곧잘 잊어버린 채 아바타를 일종의 '액세서리'로 여기며 진실한 대화를 하려고 노력하는 경우도 많다.

〈예 2〉

天上有我: 치마가 야하다 _,._;;;

아쿠아~: ㅎㅎ / 天上有我: 배꼽 보인다 ~~ ㅋㅋ 얼레리 꼴레리~~ ㅋㅋ

NanNa(worldpeace): 실제 모습은 아바타랑 많이 다르죠. ㅎㅎ(임신 7개월째)

〈예 2〉를 보면 'NanNa'는 아바타를 일상생활에서 내가 입고 있는 옷이나 가방처럼 나의 개성 및 호오(好惡)를 드러내는 도구로 인식하고 있다. 특히 아바타의 경우는 대부분 '내'가 '아바타'와 똑같다고 느끼는 일은 드물었다. 위 사례에서 'NanNa'라는 아이디를 가진 사람이 자신을 소개하기 위해 아바타의 모습과 나이, 성별 등을 기술하자 아바타의 모습에 대한 사람들의 평판이 이어졌다. 이에 'NanNa'는 자신의 실제 모습과 아바타를 비교하며 자신의 실제 모습을 밝히고 있다.

많은 사람들이 관계를 지속하거나 발전시키기 위해서 온라인에서의 만남을 오프라인의 만남으로 이어가고 있다. 이 연구를 위해 실시된 설문조사 결과에 의하면 전체의 56.6%가 채팅을 통해서 알게 된 사람을 오프라인에서 만난 경험을 갖고 있었다(전체의 11.1%는 6회 이상 만남을 가지기도 하였다).[12)]

〈예 3〉

나나나: 오늘 벙개한대요 〈중략〉

아하~: 전번에도 성황리에 끝마쳤다던데~~

나나나: 그러게

12) 최태룡(2000)에서도 이러한 논의가 이뤄졌다.

아하~: 돌탄님 이번에도 필름 끊어지면 캬캬캬캬
아하~: 아마 하우스카페에서 제명될듯 ㅎㅎㅎ

〈예3〉을 보면 이들은 '하우스카페'라는 대화방에서 정기적인 모임을 갖고 있으며, 이 모임은 오프라인 모임으로 자연스럽게 이어지고 있다. 이러한 상황에서 자신의 정체성을 조작하기는 쉽지 않다.

아이디에 대한 인식도 아바타와 유사한 것으로 보인다. 최태룡(2000)의 연구에서 드러난 것처럼 아이디는 대부분 자신의 개인적 성향이나 신체적·정신적 특징과 관련이 있다. 아이디를 만들 때 가장 고려하는 것은 나의 이미지를 어떻게 드러내느냐이며, 그것은 또 하나의 자아라기보다는 나의 개성을 드러내는 일종의 '액세서리'이다. 즉 온라인 대화방의 정체성은 실제의 자아와 완전히 괴리되지 않고 고유한 인적 요소가 확장·변형되어 가상공간과 실제 공간 모두에서 양립한다.

권혁남 외(1998: 109)에 의하면 PC통신과 인터넷이 도입됨으로써 장기지향성이나 열린 마음, 흥미진진한 삶 등과 같은 진보적이고 미래지향적인 생각이 증가하는 경향을 보였다고 한다. 불확실성을 피하려는 성향과 책임감 등도 증가하였는데, 이는 컴퓨터라는 매체의 특성 때문에 정확한 것, 확실한 것을 더 가치 있게 여기기 때문이라고 한다. 채팅을 하는 주 대상자가 결혼 적령기에 있는 20~30대 성인 남녀이며, 채팅을 하는 주 목적이 정서적 욕구 충족에 있는 만큼 이들은 솔직하게 자신을 드러내고 상대방과 친밀한 관계를 유지하고자 한다.

더구나 젊은 층에 속하는 이들은 대부분 CMC에 대해 긍정적인 생각을 갖고 있는 경향이 강하다. 트레비노와 웹스터(Trevino & Webster, 1992)는 전자메일에 대한 사용자들의 평가와 인식에 대한 다양한 변인들의 영향을 연구한 결과 '충만(flow)'이라는 개념을 도출해 냈다. 충만이란 어떤 미디어와의 상호작용을 즐겁고 탐사적인 것으로 여기는 이용자의 인식을 말한다. 대부분의 젊은이들은 연장자들에 비해 상대적으로 CMC를 보다 더 편하고 즐거운 것으로 인식하는 경향이 강하다. 컴퓨터를 이용하여 정서적 의사소통을 하는 것이 쉽다고 느껴지면 이용자들은 그 행위를 할 가능성이 더 커지게 된다(소현진, 1996: 23에서 재인용). 특히 충만감은 컴퓨터 매개 의사소통의 상호작용이 다른 목적을 위한 수단이 아니라 상호작용 그 자체가 본래적 목적이 될 때 극대화된다(박희정 외, 2002: 80). 이런 점에서 상호작용 그 자체가 목적인 채팅은 이용자들에게 충만감을 주는 경향이 강하다.[13] 본 연구를 통해 실시된 설문조사에서도 앞으로 계속 채팅을 할 생각이 있느냐는 질문에 대하여 전체의 55.5%가 '그렇다'고 대답하였다(전체의 33.3%는 '잘 모르겠다'고 응답했고, 앞으로는 채팅을 하지 않을 것이라는 응답은 전체의 11.1%에 불과했다).

요컨대 여전히 많은 채팅 참여자들이 상대방을 100% 신뢰하지 못한 상태에서 대화를 하고 있음에도 불구하고 이들은 그러한 성향과 반대로 적극적으로 자신을 드러내고 상대를 인정하면서 서로 간의 신뢰를 쌓아 친교적 관계를 증진하고자 하는 욕구를 갖고 있다. 이러한 성향은 20~30대 젊은이들의 기본적인 성향과 맞물려 채팅의 활성화에 기여하는 요소로 작용하고 있다.

(2) 표현 매체와 양식

CMC 표현 형식의 특징으로 가장 자주 논의되는 것은 구어와 문어의 혼합 양상이다.[14] 통신언어가 분명히 문어임에도 불구하고 음성 언어적 특성

13) 박희정 외(2002)에 따르면 아바타 채팅을 하게 되면 충만 상태의 구성 요소인 재미를 이용자가 더 많이 느끼게 된다고 한다.

14) 관련 연구로 임칠성(2000), 임규홍(2000), 권순희(2001), 이정복(2001) 등을 들 수 있다.

〈표 Ⅱ-1〉 매체와 양식의 대표적인 예들

양식 \ 매체	문자 언어	음성 언어
문자 언어	학술 논문 등	연설 등
음성 언어	방송 대본 등	대화 등

을 다수 갖고 있다는 점은 매우 특징적이지만, 사실 문어와 구어의 혼합 양식은 일상생활에서도 다수 발견된다. 이와 같은 언어 사용의 양상을 정확하게 설명하기 위해서는 '매체(medium)'와 '양식(mode)'의 구분이 필요하다. '매체'란 송신자가 '자료의 집합체(the assembly of syllabuses and materials)'를 어떤 언어적 수단을 통해서 수신자에게 전달하였는가에 대한 대답에 사용될 수 있는 것으로, 물리적인 수단의 선택(음성 혹은 문자)을 가리킨다.[15] 이에 비해 '양식(mode)'은 '전달 매체'와 관계없이, 메시지를 음성 언어나 문자 언어의 특질로 생산해 내려는 송신자의 선택을 가리킨다. 예컨대 연설의 경우 매체는 음성 언어이나 그 양식은 문자 언어라고 할 수 있다(신명선, 1998).

따라서 채팅 언어는 구어와 문어의 혼합 양상을 보인다는 진술보다 채팅 언어는 그 매체는 문자 언어이나 그 양식은 음성 언어적 특성을 지닌다고 설명하는 것이 더 정확하다.

구어와 문어의 혼합 양상과 관련하여 그동안 집중적으로 논의된 또 하나의 요소는 이모티콘이다. 그동안의 선행연구들은 이모티콘이 발생하게 된 주요 요인으로 비언어적 단서의 결여를 들고 있다. 이는 매체 자체의 특성에서 그 원인을 찾은 결과이다.

15) '매체'라는 말은 매우 폭넓게 사용되고 있다. 엄밀하게 따지면 '컴퓨터 및 텔레비전'을 일컫는 '매체'라는 말과 여기서 이야기하는 '매체'의 의미가 다소 다르다. 용어 및 개념에 대한 깊이 있는 논의는 뒤로 미루고 본고는 일단 기존 관행을 따라 구분하지 않고 사용하도록 한다.

채팅 언어가 갖고 있는 위의 두 가지 요소와 관련하여 우리가 주목해야 할 점은 왜 채팅이 그러한 특성을 갖게 되었는지를 의사소통적 관점에서 설명하는 것이다. 매체 그 자체의 특성만으로 CMC 현상을 설명하는 데에는 한계가 따를 수밖에 없다. 따라서 의사소통적 관점이 필요하다.

채팅은 근본적으로 대인 의사소통 양식이다. 대인 의사소통에서 사람들은 '디지털 코드(digital code)'와 '아날로그 코드(analogic code)'를 모두 사용한다(Littlejohn, 1996: 324). 디지털 코드의 특징은 자의적이며 불연속적이라는 데 있다. 숲 속의 거대한 초식동물을 '곰'이라 부르지만 기호와 지시 대상 간에는 아무런 관련이 없으며, 이 말은 사용되거나 사용되지 않는 것(on-off)이지 그 중간은 없다. 인간 의사소통에서 가장 일반적인 디지털 코드는 언어이다. 이에 비해 아날로그 코드는 손으로 공중에 그림을 그리는 것처럼 대상과 닮아 있다. 이것은 비자의적이다. 또한 아날로그 코드는 연속성을 띤다. 아날로그 코드는 강도나 지속성 면에서 각각 다르기 때문에 'on' 또는 'off'라고 말할 수 없다. 아날로그 코드의 대표적인 예는 비언어적 기호들로서 놀란 표정이나 음조 등이 그 예이다. 면대면 의사소통에서 디지털 코드와 아날로그 코드는 함께 사용되며 서로 분리되지 않는다. 상대적으로 정교한 의미를 가진 디지털형 기호들은 내용 차원을 전달하고, 감정과 의미가 풍부한 아날로그형 신호들은 관계 메시지의 매체가 된다. 따라서 사람들은 내용 수준에서는 디지털적으로 의사소통하지만, 관

〈표 Ⅱ-2〉 디지털 코드와 아날로그 코드

디지털 코드(digital code)	아날로그 코드(analogic code)
자의적	비자의적
불연속적(on-off, 사용 또는 미사용)	연속적(강도와 지속성의 차이 수반)
언어가 대표적인 예	비언어적 요소(놀란 표정, 어조 등)가 대표적인 예
주로 내용 전달	주로 감정과 의미 전달
내용 수준 연구의 대상	관계 수준 연구의 대상

계에서는 아날로그적으로 소통한다고 할 수 있다. 이를 정리하면 다음과 같다.

의사소통 참여자들이 정서적 목적을 충족시키기 위해 채팅을 한다고 할 때, 이들에게 필요한 것은 디지털 코드보다는 아날로그 코드이다. 그런데 채팅은 문자 언어를 매체로 하고 있기 때문에 아날로그 코드를 나타낼 수 있는 단서가 없다. 더구나 글은 말에 비해 이성적이고, 말은 영상에 비해 이성적이며, 영상은 춤에 비해 이성적이라는 서양정신사의 '이성적 거리둠'을 고려할 때, 문자 언어만으로 정서적 목적을 달성하는 것이 쉽지 않다. 왜 이모티콘이 등장할 수밖에 없었는지는 이와 같은 의사소통의 목적에서도 비롯된다. 똑같이 인터넷 상에 사용되는 글이라 할지라도 설득이나 설명을 목적으로 하는 전자게시판의 글들의 상당수가 종이 위에 쓰여진 문자 텍스트와 크게 다르지 않은 것도 이 때문이다. 채팅에서 이모티콘이 활발하게 사용되고 음성 언어적 특성이 짙은 것은 이 장르가 근본적으로 정서적 목적을 달성하기 위해 이용되고 있기 때문이다.[16)]

그동안 통신언어의 특성으로 지적됐던 어말 어미의 변이 양상의 경우도(예: 없어여……), 매체의 특성에만 집중하면 그러한 현상 진단 이외에는 다른 설명을 할 수가 없다. 그러나 의사소통이라는 관점에서 이 현상을 바라보면 왜 조사는 변이 양상이 거의 없는데 어말 어미에서만 그런 현상이 두드러지는가를 설명할 수 있다. 잘 알려진 것처럼 우리말에서 어미는 상대방과의 관계를 드러내는 핵심적인 문법 요소이다. 상대방과의 관계 증진을 목적으로 하는 채팅에서 관계를 드러내는 핵심 문법 요소인 어미의 형태를 창의적으로 변화시키려 노력하는 것은 매우 자연스럽다. 더구나

16) 본 연구를 위해 실시한 설문지에서는 '채팅을 할 때 이모티콘을 쓰는 이유'를 간단히 물었는데, 학생들은 대부분 '글보다는 좀더 내 의사가 잘 전달될 것 같아서, 글로 표현할 수 없는 내 감정을 더 잘 나타내기 위해, 감정 전달이 문자보다 쉬워서, 뻣뻣한 분위기의 완화, 재미, 편하게 자신의 감정과 느낌을 표현할 수 있어서, 생동감 있는 대화를 위해' 등으로 대답했다.

채팅을 이용하는 주 계층이 20~30대 성인 남녀라는 점을 고려할 때 채팅은 새로운 것을 쉽게 받아들이는 이들의 성향과 기존 규범에 대한 유연한 이탈과 탈억제성의 성향과 맞아떨어져 상대적으로 쉽게 이모티콘을 만들어내고 문자 언어의 적극적인 구어화를 추진할 수 있음을 알 수 있다.

채팅 언어의 구어화 양상이나 이모티콘의 활발한 사용이 우리나라 채팅의 특성만이 아니라는 점도 흥미롭다. 이는 러시아, 일본, 독일, 중국, 미국 등에서도 동일하게 나타나고 있다.[17] 이는 우리가 이 현상을 인류의 의사소통 방식의 변화라는 역사적 흐름 속에서 이해해야 함을 시사한다. 요컨대 채팅 언어가 갖는 구어성과 이모티콘의 생산은 컴퓨터라는 매체의 속성과 의사소통 이용자의 목적, 참여자의 특성에서 비롯된 것이며 이는 컴퓨터의 등장과 함께 나타난 또 하나의 의사소통 양식으로 이해할 수 있다.

이와 같은 관점에서 채팅 언어를 보게 되면 채팅 언어는 단순히 경계하고 억제해야만 하는 대상이 아님을 알 수 있다. 통신언어가 집단 내부의 따돌림 현상과 개인 간 단절, 세대 간 갈등을 유도하고 있으며 문법적 파괴 현상이 심하다는 지적에는[18] 우리말에 대한 애정이 함의되어 있음은 분명하다. 그러나 채팅 언어가 왜 그러한 현상을 드러내게 되었는지에 대해서는 소통 상황에 대한 고려를 통해 이해할 필요가 있다.

그동안 채팅이 보여주고 있는 언어적 특성(구어성, 이모티콘 사용 등)을 2차적 구술성으로 논하곤 하였는데(권순희, 2001a), 그 매체가 문자라는 점에서 2차적인 문자성으로도 볼 수 있다. 즉 문자가 구어 영역으로까지 자신의 영역을 확장해 가고 있는 양상으로, 절대불변의 진리처럼 간주되던 기표와 기의의 1:1 관계가 해체되면서 기표에 우선성을 두는 현상이 나타

17) 러시아의 사례(유학수, 2001), 일본의 사례(안용주, 2001), 독일의 사례(소만섭, 2000), 중국의 사례(南宮 良錫, 2002) 등.

18) 최근 매스컴에서는 채팅 언어에 대한 비판의 목소리가 높다. 이에 대한 우려의 시각을 드러낸 연구도 상당하다. 대표적인 연구로 윤희수 외(2002: 348-349)를 들 수 있다.

나고 있는 것이다. 채팅 언어는 구어적 표현을 문자화함으로써 그 구상성을 증대시키는 과정 중에 있다. 구상성의 확대는 문자 언어의 이성성에 대한 근대의 철학을 해체시키면서, 메시지의 해석을 이성적이라기보다는 감각적이게 만든다. 더 이상 이성적 절차에 기인하는 문자라는 의사소통 수단에 머물지 않고, 수신자가 발신자의 메시지를 접수하는 순간 바로 해석이 가능한 감각적 측면으로 전향하고 있는 것이다.

조금 다른 시각에서 이를 관찰한다면 채팅은 문자에 익숙한 현대인들이 문자로 즐기는 일종의 놀이이다. 구술성의 시대에 수수께끼가 음성의 유사성에 근거해 언중들의 훌륭한 언어 놀이로서 기능할 수 있었던 것처럼, 오늘날 이미지를 중시하는 감각적인 현대인들은 이모티콘 등을 통해서 문자가 주는 구상성의 즐거움에 빠져 있는 셈이다.[19)]

(3) 의사소통의 주제와 전개 방식

사람들이 채팅을 할 때 주로 다루는 주제는 깊이가 없고 일상적(김정희, 1996)인 것으로 알려져 있다. 필자의 설문조사 결과, '채팅의 주 이야깃거리가 무엇이냐'는 질문에 대해 66.6%가 '서로의 개인적 취향(취미, 특성 등)이나 실생활에서 겪는 일'이라고 대답하였고, '연예인이나 스포츠 등 서로에게 직접적인 관계가 없는 것'이 22.2%, 기타가 11.1%를 차지하였다. '요즘 각자 갖고 있는 고민거리'나 '정치적인 문제 등 심각하고 진지한 문제'에 대해 이야기한다는 응답자는 없었다. 이는 채팅의 주제가 가벼운 일상 대화와 유사함을 보여준다. 이러한 논의는 채팅이 근본적으로 무엇인가

19) 전통적으로 언어는 기표와 기의들의 결합에 의해 총체적이고 안정된 구조를 가진 것으로 여겨졌지만, 후기구조주의에서 언어는 무한히 불안정하고 균형을 이루지 못하는 기표들의 운동, 흔적, 흩뿌림들만 갖고 있다. 즉 하나의 기표와 일치하는 기의를 가정하는 전통적인 언어관과 달리 기표에 선차성을 둠으로써 기의는 상대적으로 격하된다. 문자의 구상성을 즐기는 현대인들의 성향은 후기구조주의의 언어관과 상통하는 바가 있다.

를 설명하거나 설득하기 위한 목적에서 이루어지는 것이 아니라 기분전환이나 사람 사귀기와 같은 정서적 목적을 충족시키기 위해 이루어진다는 앞절의 논의와도 깊은 관련을 맺는다.

여기서 흥미로운 점은 면대면 대화보다 채팅을 할 때 사람들이 다소 더 부드러운 태도를 취하기 쉽다는 점이다. 던롭과 키플링(Dunlop & Kifling, 1991: 322-329)에 의하면 사람들은 가상공간에서 타인에게 더 우호적이고 협동을 잘하는 경향이 있다(박기순 1997: 387에서 재인용).[20] 컴퓨터 통신의 메시지를 분석해 보면 전체 메시지의 1/3 이상이 사회정서적인 내용인데, 이 중 상당수는 유대감, 안도감, 동의 등을 나타내는 말들이다(Rice & Love, 1987; 김현주, 1995: 120에서 재인용).

대화방에서 처음으로 낯선 사람을 만났을 경우, 대부분의 경우 처음에는 '하이루'와 같은 인사를 주고받는다. 그런 다음 대화를 진행해 나가는데, 본 연구에서 이를 살펴보기 위해 '① 이름, 성별, 나이, 거주지 등을 묻는다 ② 외모와 인상 착의를 묻는다 ③ 하는 일(직업 등)이 무엇인지 묻는다 ④ 취미나 특기 등을 묻는다 ⑤ 기타'의 기준을 바탕으로 설문조사를 실시하였다. 전체의 66.6%가 '이름, 성별, 나이, 거주지' 등을 가장 먼저 묻는 것으로 나타났으며, '외모와 인상 착의', '취미나 특기 등', '직업'을 가장 먼저 묻는다는 대답은 각각 11.1%를 차지하였다.

자기 소개와 관련하여 가장 중요하게 다루어지는 것은 성별과 나이이다. 성별은 입실과 동시에 자동 소개로 이루어지는 경향이 강하다. 이 과정에서 특히 남성은 여성을, 여성은 남성을 선호하는 경향이 짙다.[21] 〈예4〉는

20) 물론 면대면 대화보다 다소 공격적이 되는 경향도 있다. 이들이 그런 성향을 띠는 경우는 대부분 채팅을 기분을 풀기 위한 일회용으로 생각하고 인터넷에 접속했을 때이다.

21) 박기순(1997)에 의하면 가상공간에서 남녀는 실제 공간에서보다 오히려 더 깊이 있고 자유로운 관계로 발전할 수 있다. 게다가 한국인들은 가상공간의 남녀 교제와 실제 공간의 남녀 교제를 모두 심각하게 생각하는 경향이 있다(전체의 50% 이상).

그런 상황을 반증한다. 참고로 '앵~'은 여성이고, '비'와 '수구리'는 남성이다.

〈예 4〉
앵~: 두 분은 1:1로 남자분과 채팅해 본 적 있어요?
앵~: 전 사실 여자랑 해본 적은 별로 없어여...
비: 전 한 번 있어요 / 앵~: 아, 그래요?
수구리: 네 하나씩 있는 사람과 토킹어바웃 했습니다
앵~: 글쿠나....^^ / 비: 사실 좀 밋밋하죠
앵~: 보통은 다른 성과 하지 않나요?
비: 접때..이라크전쟁 때문에 부시 욕하다가
수구리: 여자들 포섭해 올 때
비: 언놈이랑 눈마자서
수구리: 많이 1 : 1 해서 작전 세우고 그랬지요
비: 주거라 욕했죠 / 앵~: ㅎㅎㅎ

대화방에서도 남녀의 성 정체성은 확고하게 드러난다. 김유정·조수선(2000: 48)의 분석 결과에 의하면, 여성들은 남성보다 이모티콘이나 물음표 등을 더 많이 사용한다. 그 수사학적인 목적은 일종의 '비껴 가기'이다. 예를 들어 웃는 표정의 사용은 논쟁이나 요지의 심각성을 감소시키는 결과를 가져온다. 또 물음표는 자신의 의견을 강하게 부각시키기보다는 상대방의 동의나 확인을 요하는 표현이다. 이는 면대면 상황에서 여성의 대화 유형과 유사하다.

초기에 채팅의 익명성이 평등 사회를 구현하는 데 일조할 수 있을 것이라는 낙관론이 등장하기도 했었지만, 현실 사회에서의 성 정체성은 그대로 사이버 공간으로 이동되어 상호작용에 유의미하게 존재하고 있으며 참여자의 자아정체성을 규정하고 있다. 아바타의 모습 등에서 이미 성 정체성이 드러나기도 하며, '친구 사귀기' 등의 목적으로 채팅을 하는 경우 성 정체성을 드러내는 대화 방식은 상호간의 적극적인 의사소통을 도와주는 기능을 담당하고 있다.

채팅할 때 연령이 중요한 요소로 간주되고 나이별 대화방이 따로 신설된다는 점은 타국과 다른 독특한 한국적 현상으로 간주되고 있다(이건, 1996; 박기순, 1997: 407에서 재인용).[22] 이는 면대면 대화에서도 드러나는 주요한 특징인데, 전통적 유교 사상과 한국어 대우법의 발달이 그 원인이다.[23]

상대방의 신원을 전혀 확인할 수 없는 상황에서 대화를 진행한다는 것은 사실상 어려운 일이다. 찰스 버거(Charles Berger)를 중심으로 주장된 '불확실성 감소 이론(Uncertainty reduction theory)'에 의하면 불확실성은 관계의 발전에 가장 중요한 변인이다. 불확실성이 감소할수록 관계는 더 발전할 가능성이 높다. 따라서 관계 증진을 목적으로 하는 채팅에서 성별이나 나이 등과 같은 가장 기본적인 정보를 공유하려는 성향은 자연스러운 것이다.[24]

간단한 자기 소개가 끝난 후에는 비교적 가벼운 주제에 대하여 이야기를 나눈다. 이때 대화의 내용을 이해하고 해석하는 데 결정적으로 기여하는 주요 요소는 '의미 함정'이다.[25] 언어와 실체 그리고 언어와 실체에 대한 우리의 인식 사이에는 불일치가 존재한다. 우리는 상대가 자신을 '변호사'로 혹은 '나이트클럽 종업원' 등으로 밝혔을 때, 그 사람을 어떤 부류의 사람으로 분류해야 하는지 안다. 우리는 상대방을 그 유형에 속하는 사람들

22) 예컨대 영미권에서는 낯선 사람을 소개받았을 때 나이를 묻지 않는다. 그러나 우리나라의 경우, 나이 소개는 첫 만남 대화의 중요한 절차로 자리잡고 있다.

23) 이러한 특징들은 위의 성 정체성의 특징과 함께 사이버 사회가 현실 사회와 갖는 공통성의 흔적이라고 볼 수 있다.

24) 이는 또 다른 관계 의사소통 이론인 자아 노출(Self-Disclosure) 이론에서도 똑같은 방식으로 지지된다.

25) 의미 함정에 대해서는 임칠성 역(1995)의 제7장을 참조할 수 있다.

의 특성이라고 자신이 추정하는 것과 유사한 바탕 위에서 판단한다. '변호사'에 비해 '나이트클럽 종업원'이 더 지적이지 않으며 가벼울 것이라고 생각하는 것 등이 그 예이다. 이와 같은 전형화는 분류와 범주화의 직접적인 결과인데, 그것은 우리가 사람들을 판단할 때 그들에 대해 알고 있는 특별하고 개별적인 것을 토대로 하는 것이 아니라 그들이 속한 범주에 대해 알고 있는 것을 바탕으로 판단한다는 것을 의미한다. 이는 결국 그 부류나 범주의 구성원들 사이의 차이를 '흐릿하게 하는 효과(blurring effects)'를 발생시킨다. 이와 같은 현상을 '의미 함정'이라고 부른다. 그런데 특히 채팅할 때에는 의미 함정 현상이 빈번하게 발생하는 것으로 보인다.

채팅은 단지 상대방이 드러낸 문자 언어 정보에 의해서만 상대방을 파악해야 하는 의사소통 방식이다. 상대와의 대화는 오직 언어 그 자체에 대한 이해와 해석에 의해서만 이루어진다. 따라서 상대방이 드러낸 언어를 바탕으로 상대를 분류하고 범주화하기 쉽다. 이 판단은 상대의 개별적인 특성에 근거한 것이라기보다는 상대의 언어를 바탕으로 한 범주화의 결과이다. 아래의 '그림자사랑'의 말은 이와 같은 사실을 방증한다.

〈예 5〉

그림자사랑: 글쎄, 상대방이 한 말을 보면 알죠.

그림자사랑: ……

그림자사랑: 그러니까… 어떤 사람인지 금방 알게 되여.....

그림자사랑: 작위적으로 만드는 것이 아니라 그 사람이 쓰는 글이 그렇게 생각하게 만드는 거죠.

다음과 같은 또 다른 예를 보면 'eunice'는 '오직나'에게 존댓말을 쓰다가 '오직나'가 자신을 '날라리'로 소개하자 곧바로 '한곡 틀어주실라우?'처럼 반말을 쓰고 있다. 또 'Iwannabe'는 '예써어'의 직업이 선생님이라는 정보를 파악한 뒤, '예써어'가 걱정스러운 일이 있다고 하자 곧 '선생님들이 학생 걱정하는 거 같네..'라고 응수하고 있다. 그 다음 예에서도 '다다다'는 '폭발1초전'의 실제 상황과는 달리 '틀림없이 술이랑 담배 많이 할 것 같아...^^'라고 추론하는 모습을 보이고 있다. 이러한 현상은 채팅이 언어 그 자체만을 바탕으로 상대를 이해해야 하는 의사소통 방식이기 때문에 비롯된 현상으로 보인다.

〈예 6〉

ㄱ) '오직나' : 굿모닝~~~

eunice: 아바타 뒤로 번쩍이는 칵테일바가 예사롭지 않은데요? ㅋㅋ[26)]

'오직나' : 〈〈〈 날라리~~

eunice: 노래가 안 나오는 것 같은데...한곡 틀어주실라우? :)

eunice: 날라리가 저리 얌전하게 서 있지는 않을 텐데..어설픈 날라리신가부넹

ㄴ) 예써어: 난 왜 이런게 걱정되남....

Iwannabe: 푸후 / 예써어: 에구 다 내 팔자소관....

Iwannabe: 선생님들이 학생 걱정하는 거 같네..

ㄷ) 폭발1초전: 잘해주는 사람이 좋은 사람이겠지요

quit: 그럼요

다다다: 폭발1초전님은 술 사주는 사람이 좋은 사람?

폭발1초전: 아니ㅇ요. 잘해주는 사람이겠죠

다다다: 폭발1초전님은 틀림없이 술이랑 담배 많이 할 것 같아...^^

다다다: ^^ / 폭발1초전: 담배는 안 하고

폭발1초전: 술은 좀 해요

다다다: 아,,의외...

사람에 따라서는 〈예 7〉에서처럼 그와 같은 현상을 즐기는 경우도 있다.

---

26) 이 말은 상대의 아바타 모습에 대한 반응이다.

다음의 예에서 'Shiva'는 상대의 말을 통해 그 사람의 마음이나 성향, 성격 등을 추론하는 것이 재밌다고 말하고 있다.

〈예 7〉
Shiva: 정답은 그 사람만 알겠지만
Shiva: 추측이 난무하는 게 왠지 재미있더라구요

물론 정기적으로 채팅을 하거나 오프라인에서의 만남을 가진 뒤로는 위와 같은 의미 함정 현상의 발생 빈도가 감소할 것으로 판단된다. 특히 오프라인에서의 만남을 통해 상대를 이미 잘 알고 있는 경우는 더욱 그러하다.

그러나 채팅이 갖고 있는 특성 중의 하나가 낯선 사람과 쉽게 이야기를 할 수 있는 장으로 기능한다는 점에 있고, 이 때문에 채팅의 의사소통 방식의 주요한 특징이 첫 만남 대화에서 드러난다는 점을 고려할 때, 주제 전개 방식에서 의미 함정 현상은 주목의 대상으로서 충분하다. 일상 대화에서도 의미 함정 현상은 발생하지만, 채팅의 경우는 오직 언어 그 자체에 의해서만 상대를 파악해야 한다는 조건적 제약 때문에 그와 같은 현상이 더욱 빈번하게 발생한다. 만일 상대와의 진지한 대화를 원한다면 의미 함정 현상은 그러한 대화를 저해하는 요소로 작용할 수도 있다.

채팅을 그만두게 되는 경우는 설문조사 결과 대부분 하는 이야기가 너무 재미없고 유머스럽지 못할 때, 나랑 성격이 잘 안 맞거나 나와 상관없는 이야기만 늘어놓을 때, 상대가 이성 친구로 사귀기에는 나이·학벌·거주지 등에서 나랑 잘 안 맞을 때, 예의가 없을 때, 신상 정보를 캐묻거나 직접 만나거나 대화를 하자고 할 때, 음란 패설을 늘어놓을 때 등의 순으로 나타

27) 이 질문은 복수 응답이 가능하도록 하였는데, 학생들이 응답 항목 전체에 동그라미를 치는 경우도 있어서 백분율 환산보다는 순위를 매기는 방법을 선택하였다.

났다.[27)]

지금까지 의사소통의 목적과 참여자의 특성, 표현 매체와 양식, 의사소통의 주제와 전개 방식 등 세 가지 측면에서 채팅의 의사소통 방식을 살펴보았다. 의사소통적 관점에서 채팅을 고찰함으로써 기존에 단편적으로 논의되었던 채팅의 특징들이 종합적이고 논리적으로 설명될 수 있는 가능성을 타진할 수 있었다. 그리고 채팅이 갖고 있는 의사소통 방식의 특징이 어느 정도 드러났다고 생각한다.

4) 국어교육적 전망

최근 영국의 옥스포드 사전은 'RUCK, CUL8R' 등과 같은 통신언어를 사전에 실었다(조선일보, 2001년 7월 21일). 영국의 옥스퍼드 사전은 영어 단어의 역사적 변천을 마지막으로 공인하는 것으로 간주되기 때문에 이러한 현상은 상당히 시사적이다. 이 사건을 계기로 국내에서도 통신언어를 어떤 입장에서 바라보아야 할 것인가에 대한 논쟁이 뜨거웠다. 이러한 상황에서 김광해(조선일보, 2001년 7월 24일)는 언어는 어차피 변하는 것임을 들어 통신언어를 사전에 싣자는 의견을 제시하기도 했다. 통신언어를 사전에 실을 것인가 말 것인가의 문제는 국어교육에서 이를 어떻게 다루어야 하는가의 문제와 맞물려 있다. 통신언어를 인정하고 국어교육의 대상으로 다룰 것인가, 혹은 이를 자정하는 노력을 기울여야 할 것인가의 논의로 귀결되기 때문이다.

중요한 것은 통신언어와 일상 대화의 언어를 단순 비교 대상으로 놓아서는 안 된다는 점이다. 그 언어가 사용되는 의사소통 상황에 대한 배려 없이 단지 언어만을 단순 비교·대조한다면 숲을 버리고 나무만 보는 한계에 직면할 것이다. 채팅 언어가 갖고 있는 맞춤법, 띄어쓰기의 오류, 축약 현상 등은 채팅이라는 의사소통 상황에서 파생된 자연스러운 결과이다.[28] 인류는 끊임없이 새로운 매체를 생산해 왔고, 그때마다 새로운 의사소통 방식을 창출하고 이에 적응해 왔다. 지금 통신언어가 보여주고 있는 현상은 인류의 의사소통 방식의 변화라는 좀더 거시적인 안목으로 바라보아야 한다.

일찍부터 모든 언어는 그 나름대로의 방언이나 속어, 은어를 발달시켜 왔다. 통신언어는 컴퓨터라는 매체를 매개로 이루어지는 특수한 의사소통 공간(상황)에서 사용되는 언어이다. 특수한 화용적 국면을 상정하고 사용된다는 점에서 통신언어는 일종의 방언으로도 볼 수 있다.

이와 같은 관점에서 통신언어를 바라보면 국어교육적 입장은 다소 명확해진다. 방언이 국어교육의 대상이 될 수 있는 것처럼 통신언어 역시 국어교육의 대상이 될 수 있으나, 그것이 일종의 방언이라는 점에서 통신언어를 일상생활에서조차 남발하는 현상은 막아야 한다.[29] 다음의 예는 경기도에 있는 모 대학 1학년 학생의 리포트 중 일부이다. 최근 리포트에서조차 맞춤법의 오류는 물론 통신언어를 남발하는 현상이 발생하고 있는데, 이는 의사소통 상황에 대한 고려 없이 언어를 사용한다는 점에서 바른 국어 생활이라고 볼 수 없다.

> 시간이 촉박하다 -_-. 감정이 매마른 놈인지 몰라도 별 감동받은게 생각이 안난다. 다른거 쓰겠다. / 영혼을 울린 한마디라기보다는 그냥 생활 신조나 살아가면서 느낀 것이다. 여유를 가지고 살자고하면 숙제나 그런것들은 미루면 안된다. 그러면 불안하니까 ^_^ 불안하면 여유를 가지고 살기가 힘들다!!!. // 시간에 쫓겨 사는것도 싫다. 시간에 쫓기는것도 불안하니깐 ^_^ // 본론은 불안하게 살지 많자는 거여.....

28) 물론 이 말은 통신에서는 맞춤법 등을 지키지 않아도 된다는 의미는 아니다. 그러한 현상을 무조건적인 비판의 범주로 몰아서는 안 된다는 의미로 사용하였다.

29) 이런 점에서 통신언어의 일상생활의 침투 현상을 들어 통신언어 자정 노력을 기울이자고 주장하는 사람들의 논의 역시 매우 소중하고 필요하다.

인터넷의 발전과 통신언어의 변화는 아직도 현재진행형이다. 이를 고정화된 명사적 대상으로 파악하기보다는 그 추이를 지켜보는 느긋함이 필요하다. 때문에 통신언어를 국어교육에서 받아들인다고 할 때, 그 내용이나 방법을 섣불리 구체화하는 것은 위험하다. 그러기 전에 통신언어의 의사소통 방식에 대한 섬세한 분석을 통해 그 현상을 진단하는 작업이 선행되어야 한다. 현 시점에서 통신언어의 의사소통 방식에 대한 연구는 아직도 매우 미비한 실정이기 때문이다. 이러한 점에서 이 연구는 그 의의를 인정받을 수 있을 것이다.

그러나 통신언어의 의사소통 방식은 아직도 충분히 밝혀져 있지 않다. 의사소통 상황에 작용하는 심리적·인지적·사회적 요인 등에 대한 면밀한 분석이 후행되어야 한다. 이러한 연구들이 축적될 때 통신언어의 국어교육적 대상화는 더욱 구체화될 것이다.

이와 같은 논의와는 별도로 앞으로 통신언어 예절이나 음란 채팅에 대한 연구도 수행될 필요가 있다. 특히 음란 채팅은 충동적인 언어 습관을 만들고 진지한 대인관계를 어렵게 하는 주범으로 지적되어 왔다. 최근에는 인터넷 중독 장애(Internet Addiction Disorder: IAD)[30]나 사이버 교제 중독[31] 증상을 보이는 청소년들이 늘고 있다고 한다. 이해경(2002)에 의하면 청소년들의 2.1%가 음란 채팅의 중독 집단이다. 이러한 문제들을 해결하는 진지한 방법이 국어교육적 관점에서도 논의될 필요가 있을 것이다.

30) 병리적이고 강박적인 인터넷 사용을 일컫는 말. 그 진단 기준으로 내성, 금단 등을 듦.

31) 가족이나 친구보다 이야기방 등에서 만난 사람과 더 친해지는 현상.

정보교환 영역 (인터넷 신문)

2

1) 인터넷 신문의 기원과 특징

(1) 인터넷 신문의 정의와 기원

인터넷 신문은 크게 세 가지로 구별할 수 있다. 첫째는 종이 신문을 발행하는 신문사에서 제공하는 인터넷을 통한 온라인 서비스이다. 둘째는 종이 신문 인쇄는 하지 않고 컴퓨터의 인터넷에만 존재하는 온라인 신문이다. 셋째는 포털 사이트에서 여러 신문사의 기사를 편집하여 뉴스 정보 서비스를 하고 있는 경우이다. 야후코리아, 네이버, 다음[32], 엠파스, 네이트 등에서 실시하고 있는 뉴스 페이지뷰가 대표적인 사례이다.

인터넷 신문이라는 용어 대신[33] 전자신문(한상길, 1996)이라는 용어도 쓰

---

32) 다음커뮤니케이션은 신문 · 방송사에서 받은 뉴스를 그대로 소개하던 기존 방식에 개혁을 감행했다. 다음(daum)은 2003년 3월 4일 뉴스 전문 서비스인 미디어다음을 개설했다. 미디어다음(media.daum.net)은 20개 신문 · 방송사에서 받은 뉴스를 자체 편집진이 새로운 화면으로 재편집하는 것이 특징이다. 또 기획 · 특집 코너를 확대해 핫이슈토론, 多音생각 등 자체 콘텐츠를 생산하며 '만화 속 세상', 'On Air' 등 엔터테인먼트성 독자 콘텐츠도 강화했다.

33) 박금자(2001)에서는 인터넷 미디어라는 용어를 사용하고 있고, 황용석 외(2002)에서는 인터넷 뉴스 사이트라는 용어를 사용하고 있다.

이고 있다. 한상길(1996)에서는 인터넷 신문이라는 용어 대신에 전자신문이라는 용어를 사용하고, 전자신문이란 종이 위에 인쇄되어 나오는 신문과 달리 컴퓨터 화면으로 보는 신문을 일컫는다고 언급하고 있다. 본 연구에서는 종이라는 매체가 아닌 컴퓨터 인터넷을 이용하여 전달되는 온라인 상의 신문을 인터넷 신문이라 규정한다. 인터넷 신문이란 보편적으로 인터넷으로 제공되는 멀티미디어 신문을 가리키는 것으로 이해된다. 인터넷 신문이 종이 신문과 별로 다를 바 없다고 보는 견해보다는 인터넷 신문이 종이 신문과 다른 점이 많다는 견해에 입각하여 살펴볼 것이다. 단, 기존의 방송국에서 운영하는 뉴스는 연구 대상에서 제외하였다.

인터넷 신문의 기원에 대해서는 두 가지 설이 있다. 1993년 미국의 산호세 머큐리지가 통신망을 이용해 4,600명의 계약자들에게 신문을 전송하고 독자가 원하는 경우에 상세한 정보를 제공하거나 과거 기사 검색 서비스를 제공하게 된 것이 인터넷 신문의 시초라는 견해(황현탁, 1996)와 1994년 〈시카고 트리뷴〉이 인터넷 신문을 만들었다는 견해가 있다. 1994년 〈시카고 트리뷴〉이 전세계 신문 중 처음으로 인터넷 신문을 만들기로 결정하였을 때, 〈시카고 트리뷴〉 기자들은 대충 세 가지로 반응하였다고 한다(박금자, 2001). 인터넷 저널리즘이라는 새로운 변화를 받아들이는 데에 긍정적인 집단, 변화를 두려워할 뿐 아니라 변화에 부정적으로 반응하는 집단, 종이 신문과 인터넷 신문은 별개의 매체로 각자의 길을 갈 것이라며 변화를 소극적으로 인정하는 집단 등의 반응이 그것이다. 그로부터 10여 년이 지난 현재에는, 인터넷 신문을 대하는 독자들의 반응도 종이 신문 대신 인터넷 신문을 더 즐겨 보는 집단, 종이 신문 보기를 굳게 고집하는 집단, 필요에 따라 종이 신문과 인터넷 신문 둘 사이를 오가며 보는 집단으로 구분할 수 있다.

우리나라에서는 1995년 3월에 중앙일보가 처음으로 인터넷 신문을 제공한 것에서 기원을 찾을 수 있다. 1995년 11월에는 조선일보가, 1996년 10월에는 동아일보가 잇따라 인터넷 신문 서비스를 시작했다(한경석·정백, 1999: 117).

종이 신문을 발행하지 않는 독립적 인터넷 신문은 국내 인터넷 이용자 수의 증가와 함께 2000년 1월을 전후해서 생기게 되었다. 머니투데이, 이데일리, 아이뉴스24, 오마이뉴스 등은 10억 전후의 자본금과 20~60명의 직원을 두고 인터넷으로만 뉴스를 제공하는 신문이다(오연호, 2001: 88). '새로운 인터넷 신문'이라는 표어를 내걸고 2001년 9월 창간된 프레시안은 시민기자 개념의 네트워크에서 전문가형 네트워크를 형성한다는 취지 아래 시의적절한 칼럼과 분석 기사를 장점으로 내세우고 있다. 넘쳐나는 정보를 어떻게 보고 해석할 것인가에 초점을 둔 인터넷 신문이다. '뉴스(news)'의 시대는 가고 '뷰스(views)'의 시대가 왔다고 주장하는 프레시안 대표의 말은 이를 대변하고 있다(〈미디어오늘〉 2003년 1월 9일자).

그밖에도 포털 사이트에서 제공하는 인터넷 신문이 있다. 뉴스채널 페이지뷰 순위[34]로 보면 야후코리아, 네이버, 다음, 엠파스, 네이트 등이 있다. 지금까지 포털 사이트들은 신문 기사를 편집 없이 게재했다. 그러나 미디어다음(media.daum.net)에서는 20개 제휴 언론사 기사는 물론 '네티즌 투데이', '기획코너' 등 자체 기자가 생산한 뉴스까지 담고 있다.

(2) 인터넷 신문의 특징

종이 신문과 인터넷 신문은 각기 다른 매체적 속성을 가지고 있다. 종이 신문은 독자들이 손쉽게 페이지를 넘겨가며 전체적으로 주요 내용을 파악할 수 있고 또 가지고 다니며 읽을 수도 있다. 인터넷 신문은 종이 신문에

34) 한국언론재단(http://www.kpf.or.kr) 제공, "포털사이트 뉴스大戰"(〈경향신문〉 2003년 3월 20일자)에서.

비해 기사의 물리적 인쇄·배포 과정이 생략되기 때문에 보다 빠르게 뉴스를 전할 수 있다[35]. 또한 검색 기능 등의 부가 서비스를 제공할 수 있다는 장점이 있다.

이러한 인터넷 신문의 특징을 구체적으로 살펴보면 다음과 같다.

첫째, 인터넷 신문은 텍스트 중심의 정보 전달 기능을 가지고 있는 종이 신문과는 다르다. 인터넷 신문은 그래픽과 시각디자인, 동영상과 사운드가 결합된 멀티미디어 환경으로 정보 전달이 가능하다. 복합적인 미디어로 자연적인 커뮤니케이션 환경이 조성되었다.

인터넷 신문 중 동아일보(www.donga.com)는 

를 클릭하면 음성으로 기사 내용을 들을 수 있다. 자음과 모음의 조합 원리를 이용하여 문자 언어를 음성 언어로 변환하는 기술[36]이 이루어낸 성과다. 기술 발달은 인터넷 신문이 하이퍼미디어를 이용한 구성을 가능하게 하였다.

둘째, 인터넷 신문은 하이퍼텍스트로 이루어져 있다. 링크를 통해서 더 자세한 내용이나 관련 기사에 접하게 된다. 다음 화면에서 보이는 바와 같이 "인권위 '전쟁 반대' 의견서 파문"과 관련된 기사는 [인권위 직원 '파병 반대' 파장]이나 [인권위 '전쟁 반대' 의견서 요지] 등의 기사를 클릭해서 접근할 수 있다.

셋째, 인터넷 신문이 종이 신문과 가장 근본적으로 다른 점은 발행 주기성의 파괴에서 찾을 수 있다.

---

35) 1997년 9월 영국 다이애나 비의 사망 당시 인터넷 신문은 텔레비전보다 더 빠르게 소식을 보도했다. 또 인터넷 신문은 종이 신문, 잡지보다 다이애나에 대한 모든 것을 알리는 기사를 더 많이 실었다. 이를 계기로 인터넷 신문이 언론에 큰 영향력을 행사하는 매체로 떠오르게 되었다(박금자, 2001: 50).

36) 문자 언어를 음성 언어로 변환하는 기술에 대해서는 AT&T사이트(http://www.research.att.com/) 참조. 그밖에도 음성 언어를 문자 언어로 변환하는 기술에 대해서는 바이보이스 사이트(http://www.byvoice.co.kr/) 참조. 인간이 발음한 음성 신호를 정의된 기호나 문자로 자동으로 전환시켜 주는 기술인 딕테이션(Dictation) 프로그램을 소개하고 있다. 또 딕테이션 기술은 크게 낭독체 기술과 대화체 기술로 나뉘는데, 현재 세계음성업계의 기술 수준은 낭독체 딕테이션 수준이며 머지않아 대화체 딕테이션 기술 구현이 가능해질 전망이라고 논의되고 있다.

〈그림 Ⅱ-1〉 관련 기사 링크

〈그림 Ⅱ-2〉와 〈그림 Ⅱ-3〉은 각각 2003년 4월 1일자 18시 08분과 11시 26분에 제시된 〈디지털 조선일보〉의 첫 화면이다.

"북한 미사일 발사 없었다"라는 표제의 국방·외교 부분의 기사와 "무역 적자 3개월째 계속"이라는 표제의 경제 부분의 기사를 시작으로 각 기사들이 많은 차이를 보이고 있다. 반면에 스포츠 부분은 업데이트가 되지 않은 상태로 기사가 실려 있다. 또한 기자들은 기사를 기록한 실시간을 기사의 말미에 실음으로써 같은 기사라 하더라도 실시간으로 업그레이드되는 상황을 알 수 있도록 배려하고 있다.

넷째, 인터넷 신문은 수용자가 정보를 찾는 역할이 강화되어 있다.

인터넷 신문은 종이 신문에 비해 편집 의도가 드러나지 않는다. 종이 신문에는 글의 길이, 공간 구성에 따라 편집자의 의도가 드러난다. 그러나 인

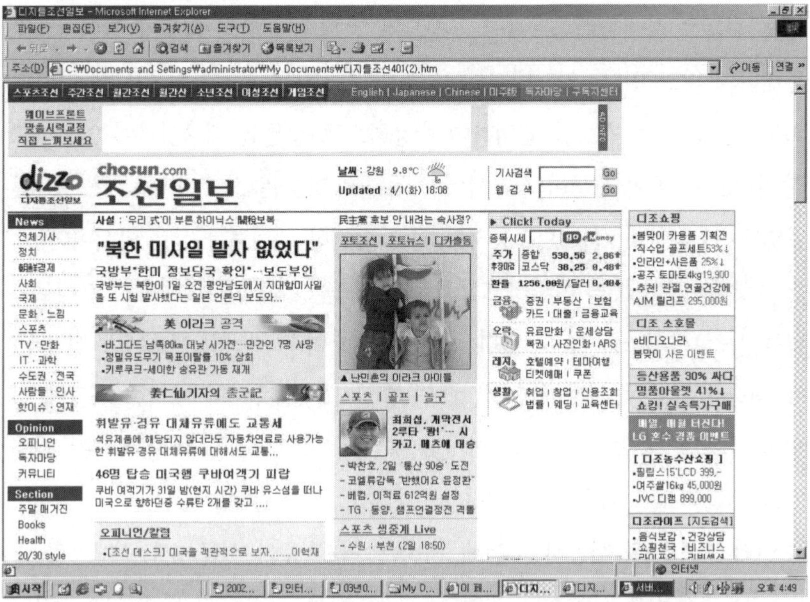

〈그림 Ⅱ-2〉 2003년 4월 1일 18시 08분 디지털 조선일보〉

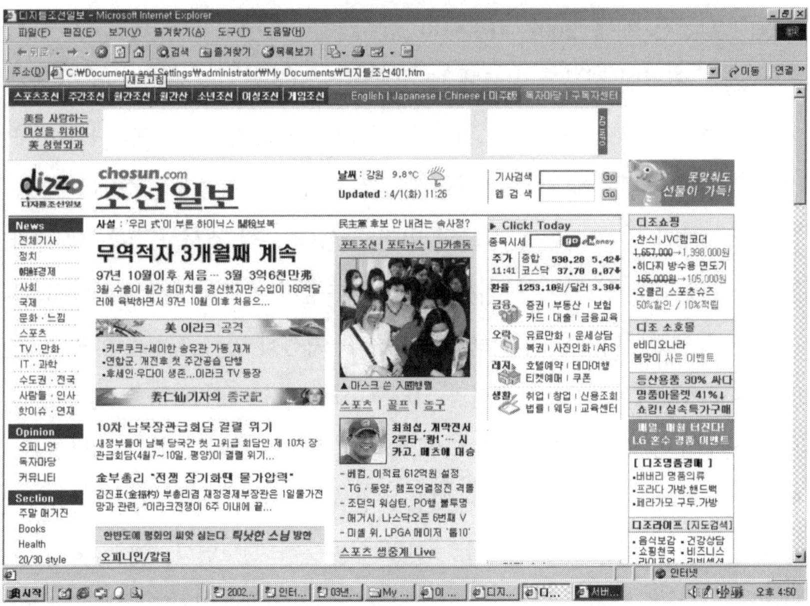

〈그림 Ⅱ-3〉 2003년 4월 1일 11시 26분 디지털 조선일보〉

터넷 신문은 하이퍼텍스트적인 구성으로 인해 편집자의 의도가 표면적으로 드러나지 않고 있다. 인터넷 신문을 읽는 수용자는 편집자의 의도에 따라가기보다는 스스로 기사를 선택하여 수용하므로 신문을 재구성하여 읽는다고 할 수 있다. 종이 신문이 신문사에서 독자로 향하는 정보 전달의 구조를 갖추었다면, 인터넷 신문은 수용자가 알고 싶어하는 정보를 찾는 방식이다.

다섯째, 인터넷 신문은 상호작용적 서비스를 제공한다. 대표적인 예로는 맞춤 뉴스 서비스를 들 수 있다. 이용자들이 미리 개인의 선호나 관심 분야에 대한 정보를 송신자에게 전달하면 송신자는 이용자가 제시한 기준에 합당한 내용만 전달하는 방식이다. 맞춤 뉴스 서비스를 통해 이용자는 메시지를 선택적으로 이용할 수 있다.

인터넷 신문이 제공하는 검색 서비스 역시 종이 신문에서는 제공될 수 없는 상호작용적 서비스의 예이다. 기사 검색 서비스를 통해서 이용자는 관심 있는 주제어를 입력함으로써 필요한 뉴스 기사만을 신속하게 찾아볼 수 있다(강상현·채백, 2002: 417-418).

여섯째, 인터넷 신문은 기사에 대한 반응을 표현하거나 독자들의 반응에 대응할 수 있는 공간, 즉 독자 의견란(댓글)이 있다. 최낙진(1999)에서는 우리나라 인터넷 신문에 웹의 커뮤니케이션 특성들이 어떻게 구현되고 있는지를 살펴보기 위해 인터넷 신문의 화면 구성을 분석 조사하였다. 그 결과 우리나라 인터넷 신문은 웹 커뮤니케이션 특성이 두드러지게 나타나지 않는 것으로 나타났다. ① 문자 텍스트 정보가 여전히 인터넷 신문의 뉴스 콘텐츠에서 지배적이었으며, 사진과 그래픽 사용이 자제된 것으로 드러났다. ② 발신자와 수용자의 상호작용도 제한적인 것으로 나타났다. 즉 웹사이트 사용자들이 뉴스 기사를 추가하거나 변경하는 경우가 없었다. 다만 많은 기사에서 정보 제공자의 이메일로 연결이 가능한 정도였다. 이는 국내 인터넷 신문의 웹 디자인 과정에 상호작용성이 구현되어 있지 않음을 의미한다. ③ 우리나라 인터넷 신문에서는 사용자와 인터넷 신문사 간의 상호교류적인 정보의 흐름이 가능할 뿐, 사용자와 다른 웹 생산 조직[37)]이나 개인 간의 연결은 전혀 고려되고 있지 않은 상태이다.

일곱째, 주요 일간지의 인터넷 신문들은 여러 가지 부가 서비스를 제공하면서 인터넷 신문만의 독창성을 구축해 나가고 있다. 인물 정보, 영화, 부동산 정보, 실시간 주식 정보 등 다양한 정보 제공을 통해 이용자들의 인터넷 신문 방문을 극대화하려는 노력을 하고 있다.

미래의 인터넷 신문은 인터넷 이용자의 취향과 관심에 맞도록 만들어져 개개인에게 제공되리라는 예측을 하기도 한다. 반면에 매체를 접하는 독자는 뉴스의 생산·유통· 소비 과정에 능동적으로 참여하고 싶은 속성과 그 매체의 편집 고유성을 즐기려는 수동성을 이중적으로 간직하고 있다고 본다. 특정 매체가 만들어놓은 표준에 대한 반발심과 함께 그 표준에 대한 편안함을 동시에 느낀다는 것이다. 독자들의 이러한 이중적 특성 때문에 기존의 표준에 대항하는 새로운 표준의 등장은 쉽지 않다고 보기도 한다.

종이 신문 독자들은 쌍방향성이 결여된 직업기자들의 기사와 편집에 답답함을 느낀다. 따라서 독자 스스로 인터넷 신문의 시민기자가 되어보기도 한다. 그러나 독자는 또 한편으로 기존 종이 신문의 편집 패턴과 독특한 맛(편집 고유성)을 즐기고 그것에 편안해한다. 이러한 독자의 이중성이 존재하기 때문에 인터넷 공간의 시민 기자들은 기존 표준, 기존 언론권력에 도전하는 것의 효과가 과장되는 것을 경계해야 한다. 이렇듯 편집 고유성과 독자의 이중성은 종이 신문 직업기자들이 만들어놓은 표준이 흔들리고는 있되 여전히 강조된다는 것을 말해준다(오연호, 2002).

---

37) 최낙진(1999)의 부정적인 시각을 만회할 수 있는 서비스를 하는 사이트가 있다. 신문@가게(http://www.newspaper.co.kr)는 인터넷 신문들을 다 검색할 수 있도록 구성되어 있는 사이트이다.

종이 신문과 비교하여 인터넷 신문의 단점은 다음과 같다.

첫째, 종이 신문은 유용하고 관련성 있는 정보를 판별하여 싣고 불필요한 정보는 제거한다. 반면에 인터넷 신문에는 정보가 과잉되어 있다. 수많은 연결 사이트와 하이퍼텍스트의 구성은 수용자를 미로에 빠지게 하기도 한다.

둘째, 종이 신문은 뉴스의 중요도를 가늠할 수 있다. 종이 신문은 크고 작은 본문 활자와 사진, 다양한 제목들, 그리고 지면 분할 기술로 뉴스의 중요도를 한눈에 알려준다. 그러나 인터넷 신문의 화면에서는 뉴스의 중요도를 가늠하기 어렵다. 일부 인터넷 신문에서는 종이 신문의 전면을 화면으로 볼 수 있도록 하는 서비스[38]를 제공하기도 한다.

(3) 독자란의 기원과 댓글 제도

우리나라에서 신문에 싣는 독자 투고의 역사는 근대 신문의 효시인 〈독립신문〉에서부터 찾을 수 있다. 〈독립신문〉에 이어 〈동아일보〉는 창간 일주일 후인 1920년 4월 8일자 제3면에 「독자의 성(聲)」이라는 난을 마련했고, 〈조선일보〉는 1924년 11월 23일 조간 1면에 투고란을 상설하고 '독자기자제' 라는 것을 만들어 독자의 지면 제작 참여의 문호를 개방하였다. 〈한국일보〉는 1955년 「독자문예」, 「독자상담실」, 「천자춘추」를 신설하여 독자들을 필진으로 끌어들였다. 1965년 9월 22일 창간된 〈중앙일보〉는 제7호(9월 29일)째부터 「응접실」, 「궁금증을 풀어드립니다」에서 독자들의 궁금증, 애로사항을 상담하다가 1980년대 말부터 「제언」, 「메아리」 등의 투고와 「독자토론」, 「나도 한마디」에 독자들의 사회고발 주장을 싣고 있다. 그밖에도 〈서울신문〉, 〈경향신문〉, 〈한겨레신문〉, 〈국민일보〉 등도 모두 독

38) 〈디지털 조선일보〉는 '종이 신문 보기(PDF) 서비스' 를 유료로, 〈동아일보〉는 무료(최근 판만)로 제공하고 있다.

자란을 운영하고 있다(조정진, 1993: 41).

신문의 독자 투고는 독자에게 신문이라는 대중매체에 접근할 수 있는 통로가 허락되었다는 것을 의미하지만, 만족할 만한 접근이 실현된 것은 아니다. 게재 여부의 권한을 전적으로 신문사측이 잡고 있기 때문이다. 투고된 독자의 글은 몇 단계의 편집 과정을 거친다. 독자부 평기자의 취사선택에 의한 1차 심사와 독자부 데스크에 의한 수정·삭제·가필, 편집국장의 최종 허가 등의 관문을 통과해야 한다.

종이 신문과는 달리 인터넷 신문에 나타난 댓글 부분은 독자부 데스크에 의한 수정, 가필 등의 편집이 크게 작용하지 않는다. 그러나 게시글 삭제에 관한 원칙은 제시되어 있다.

인터넷 신문 중 〈동아일보〉는 주요 기사에만 한정하여 '의견 올리기' 란이 있었다. 그러나 2003년 4월 1일부터는 네티즌들의 수준이 인터넷 신문 초창기보다는 높아졌다고 판단[39]하여 각 기사에 대한 '의견 쓰기' 란을 마련하여 각 기사마다 독자가 반응할 수 있도록 제도적 장치를 마련하였다.

---

39) 초창기 인터넷 신문에서 게시글로 인한 고민은 게시글 삭제에 관한 원칙을 통해 알 수 있다. 각 인터넷 신문들은 게시글 삭제에 관한 원칙을 제시하고 있다. 다음은 〈디지털 조선일보〉에서 제시하고 있는 원칙이다.

★ 아래와 같은 내용이 '포함된 게시글' 은 사전 통보 없이 삭제되오니 이 점 널리 양해해 주시면 고맙겠습니다.
· 스팸성, 광고성, 상업성 게시글
:: 돈벌이 및 돈벌이 사이트 링크
:: 경품 및 추천 가입 공지와 광고 배너
:: 특정 업체 상품 소개 및 홍보하는 게시글
:: 음란물 게시 및 음란 사이트 링크한 게시글
:: 유언비어, 욕설, 음담패설 및 악의적인 비방
:: 행운의 편지
:: 전 게시판에 중복해서 올리는 도배성 게시글

· 게시판 주제에 맞지 않는 게시물
:: 게시판 주제에 맞지 않는 글은 '무조건' 삭제
:: 게시글 읽기 유도를 위해 내용과 무관한 '제목' 을 한 게시글 삭제

2) 독자 수용 반응 분석

(1) 댓글의 일반적인 특성

한상길(1996)에 의하면 〈디지털 조선일보〉의 경우 인터넷 신문 가입자의 연령과 성별 상황을 볼 때 20대 가입자가 45.50%, 30대 가입자가 41.05%로, 20~30대가 가입자의 상당수를 차지하며 성별 비율은 여자가 9.32%, 남자가 90.68%로 나타났다.

인터넷 신문과 종이 신문 각각의 매체는 강점과 약점이 있다. 각 매체는 서로 다른 커뮤니케이션 방식을 가지고 있는데, 이는 우리가 감각을 통해서 세상을 인지하는 방법과 복잡하게 연관되어 있다.

종이 신문을 처음 펼쳤을 때와 인터넷 신문의 첫 화면이 뜰 때 어디에 제일 먼저 눈이 가는가에 대한 포인터 연구소와 스탠포드 대학의 실험 결과는 주목할 만하다. 종이 신문에서는 '사진과 그래픽'에 눈의 초점이 먼저 가고, 인터넷 신문에서는 대부분이 '텍스트'에 눈의 초점이 먼저 간다고 한다. 연구에 참여한 연구진들은 인터넷 신문의 경우 그래픽이나 사진에 이용자들의 시선이 먼저 갈 것으로 기대했지만 결과는 그 반대였다. 대다수가 인터넷 신문의 경우에 기사 개요나 제목을 먼저 응시했다. 이처럼 그래

· 삭제되는 게시글의 답변글
:: 내용과 상관없이 함께 삭제

· 동일한 내용을 반복해 게재한 글
:: 토시만 변경했을 경우도 삭제

· 동일인이 다수의 ID를 사용해 게재한 글
:: 특정한 목적으로 여러 개의 ID를 확보해 글을 올리는 경우
:: 실명제 게시판의 경우 주민등록법 위반으로 조처될 수 있음

· 위 사항의 글은 게시판을 사용하는 사용자로 하여금
시간낭비, 불쾌감, 불편함 등을 유발시킨다는 것을 유념해 주셔서
모쪼록 유쾌한 커뮤니티가 되도록 협조 부탁드리겠습니다.

픽보다 텍스트가 많이 읽히는 것은 종이 신문의 사진과 그래픽에 비해 인터넷 신문의 사진과 그래픽의 크기가 작아서 주목을 끌지 못했기 때문이다. 이 연구 결과를 바탕으로 인터넷 신문에서는 텍스트가 보다 중요하게 고려된다는 것을 알 수 있다(황용석 외, 2002).

인터넷 신문 이용자들은 선택한 주제를 심층적으로 읽는 특성이 있다. 이용자들 대부분 기사의 헤드라인이나 개요를 보고 의도적으로 선택한 것을 75% 이상 읽어나가는 것으로 나타났다. 이와는 달리 종이 신문을 읽을 때는 새로운 내용이 눈에 띄면 읽던 기사를 그만두곤 한다(황용석 외, 2002).

인터넷 신문에 대한 이해 측면을 살펴보기 위해서 이상과 같은 눈의 초점을 통한 분석이 국어교육의 이해교육에 얼마나 실효성을 가져올지는 의문이 든다. 그래서 연구자는 눈의 초점을 분석하는 측면이 아닌 독자의 이해 반응 측면을 분석하기로 결정하였다. 그리고 인터넷 신문의 댓글 텍스트 분석으로 연구 범위를 한정하였다.

인터넷 신문의 댓글을 살펴보면 독자들이 인터넷 신문에 드러난 정보를 합리적으로 이해하기도 하고, 감정적으로 이해하기도 한다는 것을 알 수 있다. 인터넷 신문에 나타난 독자들의 반응을 가장 잘 드러내주는 것은 〈디지털 조선일보〉의 '100자평 쓰기', 〈인터넷 중앙일보〉의 '나도 한마디' 코너, 〈동아일보〉의 '의견올리기' 코너, 〈인터넷 한겨레〉의 '기사에 대한 의견' 코너 등이다. 〈디지털 조선일보〉와 〈인터넷 중앙일보〉는 기사마다 독자들이 반응할 수 있도록 구성된 경우이고, 〈인터넷 동아일보〉[40]와 〈인터넷 한겨레〉는 기사에 관계없이 종합적인 형태로 독자들의 반응이 올라가게 되어 있다. 〈인터넷 한겨레〉는 '기사에 대한 의견' 란에 독자의 반응을 쓸 수

40) 〈인터넷 동아일보〉는 2003년 4월 1일부터 각 기사에 대한 '의견 쓰기' 란을 마련하였다.

있도록 하고 있다. 이 경우 각 기자에 대한 개별 반응을 한눈에 볼 수 있게 구성된 〈디지털 조선일보〉나 〈인터넷 중앙일보〉와는 달리 하나의 공통 화제를 놓고 독자들이 반응하는 것을 참고하기 곤란하다. 〈인터넷 한겨레〉는 관련 기사에 대한 독자의 반응이 어느 정도 모아지긴 하지만 분류가 명확하지 않아 주제가 다른 기사에 대한 독자의 반응도 함께 한 화면에 뜨기 때문에 인터넷 상에서 독자 간의 상호작용이 쉽지 않다.

일반적으로 인터넷 신문 댓글에서는 독자 간의 상호작용 현상을 살펴볼 수 있다. 다음의 예문은 독자의 댓글을 읽고 다른 독자가 그에 대한 반응을 표현한 글이다.

〈예 1〉 16 아이디 : oceanspray 등록일 : 2003-04-04 12:39:14 〈인터넷 중앙일보〉
글쎄, 9번님의 말씀.. 그리 말도 안 되는 것 같진 않은데요. 요즘은 하도 뭐가 뭔지 모르는 세상이니. 겉으로 보이는 세상과 실제 안에서 대중이 모르는 세상은 참 다르다고 생각됩니다. paranoid라구요? 글쎄, 과연? 저도 오늘 에이즈와 괴질을 비교해서 생각해보게 되던데.. 어쨌든 저쨌든... 다들 조심하는게 좋겠죠.

〈예 2〉 10 아이디 : chalizard1 등록일 : 2003-04-04 10:58:06
9번님, 당신 같은 사람이 바로 그런 풍문을 만드는 장본인입니다! SF소설이나 탐정소설을 넘 많이 읽으신 것 같은데 그냥 그런 헛소리할려면 …(*이하 생략)…

〈예 3〉 9 아이디 : paranna 등록일 : 2003-04-04 10:32:19
두고 보시라. 괴질에 대한 치료제를 6개월 내에 발명하여 치료하기 시작하면, 그 회사 또는 그 사람 또는 그 국가가 괴질 바이러스를 퍼뜨린 음모일 가능성이 매우 커진다. 자고로, 괴질 변종 또는 신종 바이러스의 백신은 최초 발견 후 그렇게 수개월 내에 백신이 나올 수 없기 때문이다. 음모론이라 함은 누군가 괴질바이러스를 예전에 미리 발견해 놓고 백신을 개발 완료시킨 다음에 병을 퍼뜨려 사람들이 죽어 나자빠지면, 그 백신을 엄청나게 팔아먹으려는 음모라는 이야기다. 앞으로 향방이 궁금하다.

위 예문은 16번째로 글을 올린 사람(예 1)과 10번째로 글을 올린 사람(예 2)이 9번째로 글을 올린 사람(예 3)에 대한 반응을 표현한 경우이다. 기사에 대한 이해를 글로 올린 것이 아니라 다른 독자들의 반응을 비교하면서 자신의 생각을 토로하고 있다. 아이디 paranna(예 3)에 대해서 chalizard1(예 2)은 부정적인 반응을 하고, oceanspray(예 1)는 긍정적인 반응을 보이는 경우이다.

또한 인터넷 신문 기사에 드러난 기자의 관점이나 기사 내용에 대한 반응뿐만 아니라 기사 내용과 관련된 단체나 개인에 대한 반응을 드러내는 경우가 있다. 〈예 4〉에 제시된 '서울대 총학생회 동맹휴업 결의' 기사 내용과 직접적인 관련이 있는 단체인 총학생회나 서울대 학생들, 교수들에 대한 반응을 드러내는 댓글이 다수 존재한다. 〈그림 Ⅱ-4〉는 동맹휴업에 대한 기사 내용이고, 〈그림 Ⅱ-5〉는 댓글의 예[41]이다.

인터넷 신문의 댓글에는 종이에 글을 쓰는 식의 표현보다는 면대면의 구어적 표현이 더 많이 나타난다. 그 결과 의문문을 이용한 설의법이 눈에 많이 띈다. 의문문으로 글을 쓰고 나서 답변을 스스로 하는 경우도 있다.

〈예 4〉 58 신도철 (whtjs0615) 등록일 : 04/01 15:07 추천 : 2
이 나라 미래를 짊어지고 갈 지성인들이여. 세계일류대학들의 실상을 너희들은 아는가 모르는가? 알고도 시위문화, 놀이문화에 미쳐 있다면 참으로 나라의 미래가 걱정스럽다.너희들 현재 파병이라는 이유로 동맹휴업을 할 정도로 여유가 있는가? 그렇게 하고도 세계대학들과 경쟁이 가능하는가? 일류국가를 만들어나갈 자신들이 있는가? 진정 지성인들이라면 스스로 자문자답해 보기 바란다. 〈디지털 조선일보에서〉

〈예 5〉 국제유가 상승하면 가격을 바로 올리더군요. 그럼 국제유가가 하락하면 그만큼 가격이 내려야 하는 거 아닌가요? 제 기억에 기름값 내린 적이 몇 번 있었던 걸로

41) 구체적인 문구는 권순희(2004 : 239-250) 참고.

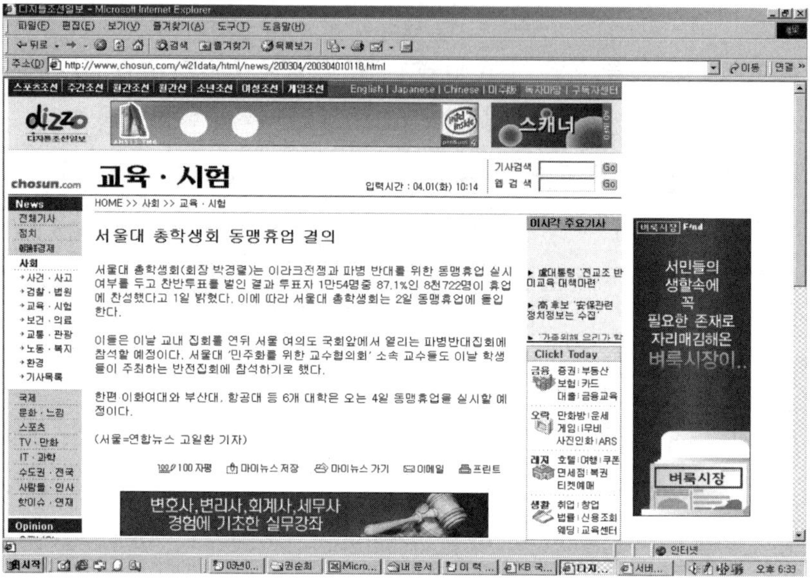

〈그림 Ⅱ-4〉〈디지털 조선일보〉 2003년 4월 1일자 동맹휴업 기사

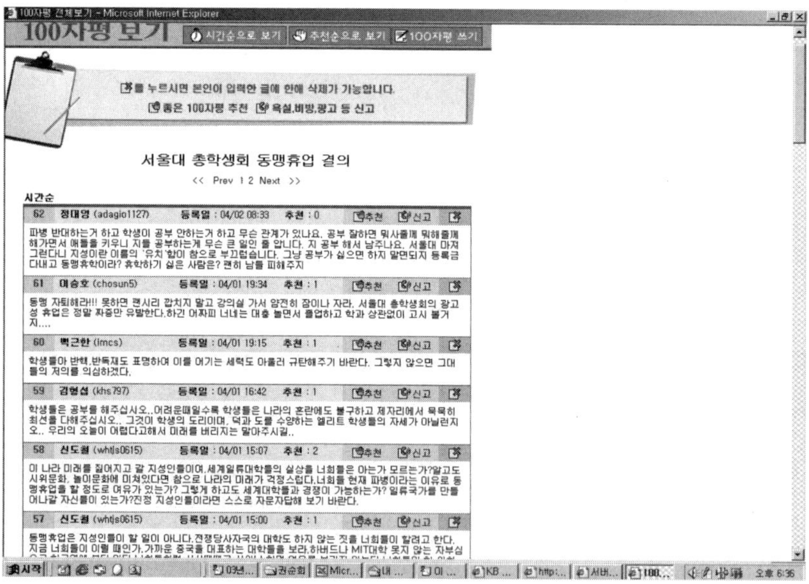

〈그림 Ⅱ-5〉〈디지털 조선일보〉 2003년 4월 1일자 100자 쓰기

압니다. 몇 십원 올리고 몇 원 내리면 남는 장사죠. 그럼요, 남고 말고요. (장영익·산업자원부 자유토론마당, 2002년 3월 3일 〈디지털 조선일보〉 HOME〉〉서술·오피니어〉〉독자의견〉〉지금 인터넷에선)

〈예 4〉에서 "그렇게 하고도 세계대학들과 경쟁이 가능하겠는가?"는 의문문을 이용한 설의법 표현이다. 〈예 5〉는 "…남는 장사죠?"라고 질문하고 "그럼요, 남고 말고요"라고 대답하여 자문자답하고 있는 경우이다. 이와 같이 댓글 문장의 다수는 독자와 면대면으로 이야기하듯이 표현된 의문문이다.

인터넷 신문의 댓글에는 연설조의 어투가 두드러지게 나타난다. 연설문에 자주 쓰이는 것으로 알려진 공감적 호소의 표현이나 반복 표현은 나타나지 않지만, 호소력이 있다고 널리 알려진 바 있는 설의법을 사용한 의문문으로 연설조의 어투를 구사한다. 댓글에 사용된 의문문은 독자로부터 동의를 구하기 위한 기능, 독자로부터 관심을 끌기 위한 기능, 미래의 행동을 제안하거나 요구하기 위한 기능 등을 하고 있다.

댓글은 일종의 '대화'로 볼 수 있지만 일반적인 대화의 양상과는 다른 면이 있다. 한 예로 간접표현의 사용이 드물다. 일상 대화에서는 대화 상대방의 질문에 직접 답변을 하기보다는 대화 상대방이 스스로 답하도록 유도하는 의문문을 사용하는 경우가 있다. 소크라테스의 문답법으로 잘 알려진 이러한 표현방식은 자기 주장을 간접적이면서 효과적으로 전달하는 방법으로 간주되고 있다. 또한 비유를 들어 제자가 스스로 답하도록 유도하였다는 예수의 문답법도 대화 상대방을 설득하는 좋은 방법으로 알려져 있다. 그러나 이러한 표현방식은 인터넷 신문의 댓글에는 나타나지 않고 있다.

인터넷 신문의 댓글에는 훈계조의 문장이 자주 나타난다. 〈예 6〉은 수원대에 재학 중인 한 학생이 〈오마이뉴스〉에 댓글을 단 것이다. 같은 대학생의 입장에서 대학생들에게 훈계와 연설을 하는 어조의 글을 쓴 예이다.

〈예 6〉 지금...대학생들의 가치관은...
상당히...심각할 정도로 땅에 떨어졌다!
부분별한 투쟁은... 더 심한...
화를 불러온다!
지금이... 민주화투쟁하는 시대인가?
현실을...직시하는 눈을 가지길 바란다!
우리가...아무리...외치고 투쟁해도...
현실은... 뻔한거... 누구나...다 아는거 아닌가?
4천7백만이... 모두,... 저기일 내버려두고...
전쟁반대를 외치면... 나라는 누가 돌리겠는가!~ (〈오마이뉴스〉에서)

'너희들' 이나 '학생 그대들' 등의 대명사를 이용하여 댓글을 읽게 될 독자를 청자로 취급하여 표현하는 경우가 많다. 인터넷 신문의 댓글은 독자를 의식한 행위로서의 글쓰기적 특징을 나타내며, 이는 대화형의 글쓰기라고 볼 수 있다. 다시 말하면 말하기에 가까운 글쓰기라고 보는 것이 타당할 것이다.

신문이라는 매체는 사고 · 사건이나 사회의 부정적인 측면의 고발 기사로 이루어지는 경우가 대다수이다. 그 결과 독자 역시 사고 · 사건의 긍정적인 측면을 찾아내기보다는 부정적인 측면을 비판하는 반응을 하게 된다. 부정적인 반응은 비아냥거리는 어조, 반어적인 표현 등으로 나타난다.

〈예 7〉 10부제 시행한다니 돈 많은 사람들은 참 좋겠습니다. 오늘은 이 차, 내일은 저 차 골라서 탈수 있으니까.(장영익 · 산업자원부 자유토론마당, 2002년 3월 3일 〈디지털 조선일보〉 HOME〉〉서술 · 오피니어〉〉독자의견〉〉지금 인터넷에선)

〈예 7〉은 반어적인 표현을 사용하여 명백하게 냉소적 표현을 한 사례이다. 그러나 냉소적 표현이 불분명하게 드러나는 경우도 있다.

〈예 8〉 60 백근한(imcs) 등록일 : 04/01 19:15 추천 : 1
학생들아 반핵, 반독재도 표명하여 이를 어기는 세력도 아울러 규탄해주기 바란다.
그렇지 않으면 그대들의 저의를 의심하겠다.
(〈디지털 조선일보〉 2003년 4월 1일자)

〈예 8〉은 해석하기에 따라서 냉소적인 표현이라고 볼 수도 있고, 진심을 실은 표현이라고 볼 수도 있는 경우이다. 이외에 댓글의 자세한 내용은 〈부록〉 2-1장 1을 참조하기 바란다.

(2) 댓글 텍스트의 다층적 분석

인터넷 신문의 수용자들이 신문 기사를 읽고 어떻게 이해하고 있는지 살펴보기 위해 〈디지털 조선일보〉 2003년 4월 1일자 '서울대 동맹 휴업'에 대한 '100자 쓰기' 코너의 댓글 62개를 분석하였다. 분석 기준은 전통 수사학의 표현 방법에 근거하였다.

전통적인 수사학은 표현의 방법을 모색하는 데 이용되었다. 그러나 현대에는 수사학이 텍스트를 이해하는 방법으로 이용되고 있다. 전통적인 수사학에서 아리스토텔레스는 수사학의 세 가지 요소로 에토스, 파토스, 로고스를 꼽고 있다. 정보 이해를 통한 에토스, 파토스, 로고스 차원의 반응은 실행적인 요구, 감정적인 반응, 이성적인 판단으로 구체화할 수 있다.

인지적 측면의 반응 중 감정적인 반응은 정서적인 반응과 감정적인 반응으로 구별할 수 있다. 정서적인 반응이 긍정적인 태도를 표방한다면 감정적인 반응은 부정적인 태도를 표방한다고 할 수 있다. 그러나 경계가 모호하여 본고에서는 감정적인 반응으로 포괄하여 살펴보았다. 태도 측면의 분석 항목이 있기 때문에 정서적인 반응과 감정적인 반응을 구별하지 않더라도 논의의 흐름을 방해하지 않는다고 판단했기 때문이다. 감정적인 반응이란 심리적 경향, 욕구, 정서 등을 포괄하여 수용자의 성격이 드러나도록 반응한 양상을 말한다.

인지적 측면의 실행적 요구는 정보를 통해 실천의 문제, 즉 실제 상황에서 어떻게 행동하고 대처할 것인가를 다루는 반응 양상이다. 정보를 실천의 문제로 통합하려는 시도가 드러나는 반응이다. 인지적 측면의 이성적인 판단은 이념적이고 합리적인 방향으로 논리를 통해 반응하는 것이라고 할 수 있다. 이성적인 판단이 감정적인 반응보다 옳은 반응이라거나 실행적인 요구가 감정적인 반응보다 바람직한 교육적 반응이라고 단정하기는 어렵다. 다만 공공적인 성격과 전파력에 대해 이성적 판단을 내릴 필요가 있다.

전통 수사학의 표현 방법을 이용하여 인지적 측면과 태도적 측면의 분석을 실시했다. 태도적 측면의 하위 영역으로는 부정적 태도, 긍정적 태도, 중립적 태도를 상정하였다. 이는 신문 기사 내용이나 사건의 주체에 대한 독자의 태도에 따른 구분이다. 댓글의 특성상 독자가 또 다른 독자에 대해 반응을 하기도 하는데, 이 경우에도 또 다른 독자에 대한 부정적 태도, 긍정적 태도, 중립적 태도가 드러난다.

두 번째로는 문체 차원의 분석을 하였다. 예를 들면 따져 말하듯이 댓글을 썼을 경우에는 구어체로, 글 쓰듯이 썼을 경우에는 문어체로 구별하였다. 구어체와 문어체 구별이 어려운 경우에는 ○ 표시 대신에 △로 처리하였다. 또 처음에는 문어체로 썼다가 댓글의 끝부분에서는 구어체로 변화된 것도 있었다. 이와 같이 구어체와 문어체가 혼합된 경우에는 복수 항목을 인정하였다. 〈예 9〉에서 "~해야 합니다"는 문어체로 볼 수 있고, "굴려라 얘들아"는 구어체로 볼 수 있다.

> 〈예 9〉 우리는 아직까지는 미국과 동맹관계이기 때문에 서로 협조를 해야 합니다. 전투병을 보내는 것도 아니고 공병대와 의무병을 보내는 것인데 왜들 그렇게 난리법

석인지 한심스럽다. 배운 사람이라면 머리 좀 똑바로 굴려라 애들아.(〈디지털 조선일보〉 2003년 4월1일자 100자 쓰기에서－필자 띄어쓰기 교정)

현대에 구어체니, 문어체니 하는 구별이 별 의미가 없어진 것이 사실이다. 그러나 컴퓨터 매체가 면대면 의사소통 수단의 성격을 가지고 있다는 것을 고려할 때 구어체와 문어체의 비율을 따지는 것은 인터넷을 통한 독자들의 이해 반응의 성격을 규명해 줄 것이다.

세 번째로 문형 차원의 분석을 실시하였다. 표면적인 문형을 가장 많이 고려했지만 의미 상의 쓰임을 따져보아 의문문, 평서문, 감탄문, 청유문, 명령문 등으로 분석하였다. 예를 들면 "너희들이 그렇게 하니 서울대가 희망이 없는 거야?"와 같이 물음표를 사용하였지만 의미상 의문문으로 처리하기 어려운 경우에 이를 서술문에 속하는 것으로 분석하였다. 위에서도 밝혔듯이 인터넷이 면대면 의사소통 수단의 성격을 지니고 있기 때문에 인터넷 신문에 나타난 댓글의 텍스트는 평서문 못지않게 의문문이나 명령문을 다수 사용할 것이라는 가정 아래 분석이 이루어졌다.

네 번째로 독자 설정 차원의 분석을 하였다. 1인칭, 2인칭, 3인칭으로 나누고 단수와 복수를 구별하여 살펴보았다. 일반적으로 글을 쓰는 사람은 독자를 2인칭이나 3인칭으로 설정할 것이다. 글쓴이 본인을 주체로 글을 쓴 경우에는 1인칭 독자라는 말이 모순되어 보인다. 하지만 본고에서는 이를 자서전적 문투로 보고, 1인칭 독자로 간주한다. 댓글이 설정한 독자의 유형은 구체적인 독자의 설정인지, 불특정 다수를 독자로 설정하였는지에 따라 나누고, 이를 인터넷 신문 수용자의 태도와 관련지어 그 상관관계를 나타내고자 한다.

이러한 분석의 틀로 살펴본 〈디지털 조선일보〉 동맹 휴업 기사에 대한 독자의 반응은 〈표 Ⅱ-3〉과 같다. 독자들의 반응이 나타나는 댓글 텍스트를 살펴보면 다음과 같은 특성이 나타난다.

첫째, 부정적인 태도가 두드러진다.

〈예 10〉은 신문 기사에 대해 믿기 어렵다는 독자의 반응을 나타낸 댓글 텍스트이다.

> 〈예 10〉 아이디: yhsong77 등록일: 2003-04-04 14:16:04 (〈인터넷 중앙일보〉)
> 젠장 요즈음은 신문사에서 콩이라고 하면 팥이라고 믿고 싶어진다. 현실을 그대로 전하는 제대로 된 기사가 없고 모두 어떤 의도를 가지고 글을 쓰니 말세에 다시 한번 스스로의 자세를 돌아볼 때이다. 그렇게 살다가 죽으면 세상에 태어난 것이 억울하지도 않은가?

위 예문은 〈인터넷 중앙일보〉 기사에 대해 "이름만큼 괴질 안 무섭다"라는 제목으로 독자가 반응한 사례이다. 〈예 10〉에서 독자는 기사를 읽고 긍정적인 측면을 찾기보다는 비판적이고 부정적인 반응을 앞세우게 된다는 심정을 토로하고 있다.

본고에서 분석 대상으로 삼은 〈디지털 조선일보〉 2003년 4월 1일자 동맹 휴업 댓글에 나타난 인터넷 신문 수용자들의 태도를 살펴보면 부정적 태도가 72.6%, 긍정적 태도가 25.8%로 나타난다. 이러한 현상은 불특정 다수를 독자로 설정하는 현상과 관계가 깊다.

인터넷 신문의 댓글에서 부정적 태도와 감정적 반응이 두드러진 현상은 신문 기사가 사회의 부정적인 사건·사고를 기술하고 있는 특성과 무관하지 않은 것으로 이해된다. 또한 많은 즉각적인 반응을 이성적으로 통제하는 연습이나 교육을 수용자들이 경험한 바가 없었거나 부족하였다는 것도 원인으로 볼 수 있다. 부정적인 태도와 감정적인 반응은 교육을 통해 다듬어져야 하는 영역이다.

둘째, 인터넷 신문 댓글에는 논리적인 판단보다 감정적인 반응이 더 많

〈표 Ⅱ-3〉〈디지털 조선일보〉 100자 쓰기로 살펴본 독자의 반응

번호	태도 차원			인지 차원			문체 차원		문형 차원					독자 설정 차원						독자 고려 반응 차원/독자 호명
	긍정적	부정적	중립	감정적 반응	실행적 요구	이성적 판단	구어체	문어체	의문문	평서문	감탄문	청유문	명령문	나	너	우리	너희	3인칭 단수	3인칭 복수	
1	○					○		○	2	1								○		서블대에 제안
2		○		○				○			1				△					(냉소적)
3		○		○			○		1									○		저런 것
4		○			○		○		2	2					○				○	서울대학교 학생들, 니
5	○					○		○		3	1							○		지성인
6		○		○			○			1	1		1				○		○	학생들
7	○				○			○		4									○	학생들, 교수들
8		○		○				○	1	1	1			○						
9		○		○			○		2	1									○	지네들
10		○		○			○		1	3									○	학생들, 2인칭 독자 표기 생략
11		○		○			○		1	2				○						내가
12		△			○			○	1	2	1								○	대학생들(냉소적)
13	○			△			○			1							○			너희들
14	○				○			○		2							○		○	학생들, 당신네
15		○		○			○			1		1	1		○					2인칭 독자 표기 생략
16	○					○	○			3			1				○			얘들아
17		○		○				○	1	4			2						○	교수님들
18		○		○			○		1	1	1							○		총학생회
19		○				△		○	1	3				○					○	저(독자에 대한 독자 반응)
20		○		○			○			4									○	100자평 쓰신 분들

번호	태도 차원			인지 차원			문체 차원		문형 차원					독자 설정 차원						독자 고려 반응 차원/독자 호명
	긍정적	부정적	중립	감정적반응	실행적요구	이성적판단	구어체	문어체	의문문	평서문	감탄문	청유문	명령문	나	너	우리	너희	3인칭단수	3인칭복수	
21	○					○		△	2	3						○		○		우리(사건 자체)
22		○		○			○		1	4			1					○		철부지 녀석
23		○		○				○		2									○	놈페미이들
24		△			○		○		1									○		대통령(냉소적)
25		○			○		○		1	3				○				○		독자에 대한 독자 반응, 박영호님
26	○					○	○		2						○					독자 설정 불분명
27		○		○			○		2	2									○	인간들
28	○							○		2								○		사립교
29	○					○		○		3	1								○	이들이
30	○				△	○		○	1	3			1					○		독자에 대한 독자 반응, 국가 원수가
31	○				○			○		1							△			
32	○					△		△	1	1				○						독자 설정 불분명(냉소적)
33		○		○			○		2	2	1		1				○			너네들
34	○					○		○	1	2								○		문승렬님(독자에 대한 독자 반응)
35		○		○				○	1	2				○						
36		○		○				○		1		1							○	짊어질 이들
37	○				○		○			6			1	○			○			자네들
38		○		○			△		2	6				○						
39	○					○		△		4								○		
40		△			○		○						3					○		정부

번호	태도 차원			인지 차원			문체 차원		문형 차원					독자 설정 차원						독자 고려 반응 차원/독자 호명
	긍정적	부정적	중립	감정적 반응	실행적 요구	이성적 판단	구어체	문어체	의문문	평서문	감탄문	청유문	명령문	나	너	우리	너희	3인칭 단수	3인칭 복수	
41		○			○			○		4			1						○	무리들
42		○		○			○		2	4			1				○			
43		○		○			○		1	3		1						△		
44		○				○	○		2	1								○		
45		○				○	○		2	2									○	인간들
46		○		○				○	1	1							△			
47		○				○	○			1				○						
48		○		○			○		2		1		1						○	아이들
49		○				○		○		2	1								○	(불특정)
50		○			○		○		4	1									○	그대(학생)들
51			○			○		○		3									○	불특정
52		○			○		○		1	2			1				○			서울대 니들
53		○		○				○		1								○		불특정
54		○		○			○			2	3						○			너희들
55		○		○	○		○	○		2			1			○				우리
56		○		○			○		1			1							○	학생들
57		○				○	○		3	4			1				○			너희들
58		○			○		○		3	2							○			너희들
59		○			○		○			4									○	학생들
60		△				○	○			2									○	학생들, 그대들(냉소적)
61		○		○			○		1	1			2				○			너네
62		○		○			○		3	3									○	(동맹휴업→동맹휴학)
합계	16	45	1	29	16	18	37	26	57	131	13	4	20	9	4	2	14	16	24	복수 분석 허용

〈표 Ⅱ-4〉 독자 반응 양상 백분율 환산

분석 항목		백분율	합계
태도 차원	긍정적	25.8%	100%
	부정적	72.6%	
	중립	1.6%	
인지 차원	감정적 반응	46.0%	100%
	실행적 요구	25.4%	
	이성적 판단	28.6%	
문체 차원	구어체	58.7%	100%
	문어체	41.3%	
문형 차원	의문문	25.3%	100%
	평서문	58.2%	
	감탄문	5.8%	
	청유문	1.8%	
	명령문	8.9%	
독자 설정 차원	나	13.0%	100%
	너	5.8%	
	우리	2.9%	
	너희	20.3%	
	3인칭 단수	23.2%	
	3인칭 복수	34.8%	

이 나타난다. 감정적 반응을 보인 46%의 대부분에서 절제되지 않은 감정 표출이 나타난다. 즉각적이고 통제되지 않은 감정적 반응은 바람직한 형태라고 보기 어렵다.

셋째, 구어체가 문어체보다 많다. 구어체의 빈도가 문어체의 빈도보다 높은 것은 컴퓨터 매개 커뮤니케이션(CMC)의 특성[42]이 댓글에 그대로 반영되기 때문인 것으로 이해된다. 일반적인 글쓰기의 경우에도 독자를 선택하여 말하듯이 글을 쓴다고 논의하고 있지만, 댓글의 경우는 즉각적으로 다른 독자가 댓글을 읽고 이에 대해 반응할 수 있다는 매체적 특성 때문에

42) 권순희(2001a) 참고.

독자에게 말하듯이 글을 쓰는 빈도가 높은 것으로 이해된다. 구어체 사용의 높은 빈도는 CMC가 면대면 의사소통의 특성을 가지고 있다는 것을 증명해 주는 근거가 된다.

넷째, 문형 차원으로 댓글 텍스트를 분석한 결과 평서문의 비율이 58.2%, 의문문의 비율이 25.3%로 나타났다. 댓글 텍스트에서 의문문의 빈도가 평서문의 비율보다 높은 것은 아니지만 일반적인 글과 비교한다면 의문문의 사용 빈도가 높다. 댓글에는 독자를 명시적으로 설정하여 표기하거나 독자를 부르는 형태가 흔하게 나타난다. 댓글 텍스트에 드러나는 의문문의 빈도는 신문 기사에 드러나는 의문문의 빈도[43]보다 높다. 이는 댓글을 읽는 독자의 반응을 유도하려는 댓글 작성자의 의도 때문으로 해석된다.

또한 명령문이나 청유문이 적지 않게 나타난다. 명령문과 청유문이 독자를 끌어들이는 표현임을 감안한다면 명령문이나 청유문의 사용은 독자를 대면하여 말하듯이 끌어들이려는 언어 사용임을 알 수 있다.

다섯째, 독자 설정 차원에서 댓글 텍스트를 분석한 결과 3인칭 단수, 3인칭 복수로 독자를 설정하는 비율이 높게 나타났다. 불특정인이나 불특정 다수를 독자로 설정함으로써 독자에 대해 책임감 있게 발언하기보다는 감정적인 발언을 거침없이 하게 됨을 알 수 있다. 막연한 독자 설정은 언어 예절을 지키지 못하는 결과를 낳는다. '우리 전달법'[44]이 상대방을 존중하는 표현법인데 1인칭 복수 '우리'를 사용한 경우는 2.9%에 그쳤다.

인터넷 신문에 나타난 독자들의 반응을 요약해 보면, 기사에 대한 반대와 부정적인 시각의 표현, 구어적인 표현, 감정적 표출, 2인칭 복수(너희)나 3인칭을 독자로 설정하여 표현, 설의법의 의문문 사용 등으로 간추릴 수

43) 신문 기사는 대부분 평서문으로 구성된다. "서울대 총학생회 동맹휴업 결의"의 경우도 5개의 평서문으로 이루어졌다.

44) 권순희(2001b), 109면 참고.

있다. 문화적 차원에서 나타난 이러한 결과는 교육적 차원에서 다음과 같은 시사점을 준다. 첫째, 정보를 지식과 지혜의 차원으로 승화하여 이해하는 방법 모색이 필요함을 시사해 준다. 둘째, 이해한 것을 이성적 판단과 실행적 요구 등에 바탕하여 표현할 수 있을 정도로 가다듬는 작업이 필요함을 시사해 준다. 셋째, 이해란 개인 차원으로 끝나는 것이 아니라 다른 독자에 영향을 미치는 방향으로 표현되기 마련이다. 그렇기 때문에 이해한 바를 표현한다는 것은 개인적인 반응을 아무렇게나 나타낸다는 것을 의미하지 않는다.

인터넷 신문 독자가 기사 내용을 이해한다는 것은 누군가에게 영향력을 미칠 수 있는 기초적인 행위라고 할 수 있다. 그러므로 자신의 댓글을 읽고 반응한 독자를 배려하는 차원으로, 인터넷 신문 독자가 반응하도록 학교교육에서 이끌어주어야 하는 것이다. 인터넷 신문의 댓글을 분석함으로써 나타나게 된 부정적인 태도와 감정적 반응은 표현에 앞서 이해하는 양상을 보여주는 것으로 해석할 수 있다. 이해 단계[45]에서 지식의 단계와 지혜의 단계에까지 나아가지 못했기 때문에 부정적 반응과 감정적 반응을 하는 것이다. 인터넷 신문 현상의 분석을 통해 국어교육이 나아갈 방향의 제시가 이루어진 셈이다.

인터넷 신문의 댓글에 나타난 정보 수용자들의 반응은 부정적인 태도, 감정적인 반응에 치우쳐 있는 것을 알 수 있다. 이는 기술 문명과 정신문화 사이의 간격(gap)으로 인해 발생한 일로, 인터넷 수용자가 공공적 성격이 강한 게시판에 대한 교육적 경험이 없는 상태에서 발생한 현상이다. 이러한 현상은 인터넷 정보에 대한 이해교육이 어떠해야 할지에 대한 시사점을 제시해 준다.

45) 다음 절에서 이해교육의 모델을 5단계로 나누어 설명한다.

부정적인 태도가 드러난 글을 볼 때, 인터넷 신문 수용자들이 비판적인 태도를 견지한다는 것은 의심의 여지가 없다. 그러나 인터넷 신문 수용자들의 비판적·부정적 태도와 미디어 교육에서 다루어야 할 '비판적 문식성' 사이에는 큰 차이가 있다. 미디어 교육에서 말하는 '비판적 문식성'은 부정적 태도가 드러나는 초보적인 비난과는 다르다. 여기서의 '비판적 문식성'은 '창조적 문식성'으로까지 확장될 필요가 있다.

3) 이해교육 구안의 고려 사항

댓글 텍스트 분석이 하이퍼미디어 시대에 인터넷 신문에 대한 이해교육의 방향을 결정하는 것은 아니다. 그러나 '어떠하다는 것'이 '어떠해야 한다'는 것을 대변해 주지는 않는다고 할지라도 그 현상이 보여주는 교육적 시사점은 간과하지 말아야 한다.

인터넷 신문 수용자들은 긍정적 태도와 이성적인 판단을 나타내기보다는 부정적 태도와 감정적인 반응을 한다는 것을 알 수 있었다. 부정적인 태도와 감정적인 반응을 나타낼 정도로 사회에 대해 비판적이고 사회에 대한 신뢰가 없는 형태로 신문 기사를 이해하고 있는 것으로 볼 수 있다. 그 이유는 사회적으로 팽배해 있는 불신과 피해의식에 근거한다. 불신과 피해의식으로 인한 감정적 반응은 이해교육이 단순히 정보의 취사 선택 문제가 아니라 정서적·감정적 문제인 태도의 문제까지 교육해야 한다는 것을 시사해 준다.

또한 부정적인 이해 양상에서 진일보하여 기사를 읽고 받아들이고 재창조하는 쪽으로 이해할 수 있도록 교육하는 것이 바람직함을 알 수 있다. 비판적이고 부정적인 반응으로는 문제를 해결할 대안 제시가 없기 때문이다. 창조를 위한 대안을 제시하는 쪽으로 독자들이 반응하도록 교육이 이루어져야 한다.

비판을 할 수 있다는 특권은 언론의 자유가 허용되고 국민이 주인이라는 민주화의 시대적 흐름과 시대 변화에 조응한 국민 의식의 반영으로 이루어진 것이다. 그러나 비판이 창조의 씨앗이라고 단정하기 어렵다. 비판보다는 비판에 대한 적극적인 대안 제시가 창조의 씨앗이 되는 것이다.

거나와든(Gunawardena)은 학습자 간의 컴퓨터 매개 지식 구성 공유 방식에 대하여 다음과 같이 5단계의 구체적인 과정을 설정하여 이론화하고 있다(Gunawardena, et al. 1997).

> 1단계: 정보 공유 및 비교
> 정보 공유 및 비교는 일상적인 교류에서 일반적인 관찰 및 문제의 제기 또는 질문의 형태로 나타난다. 주로 관찰이 이루어진다.
> 2단계: 다양한 참여자들에 의해 제기된 사상, 개념 및 주장에 나타난 불일치와 부조화의 발견 및 탐색
> 학습자가 이미 보유하고 있는 사고방식 및 지식의 구조와 새로운 관찰의 결과 사이에 나타나는 불일치를 확인하는 과정이다. 주로 불일치의 규모를 명료하게 하기 위한 질문을 던지고 용어, 개념, 구도 등의 차이를 인지하게 된다.
> 3단계: 의미의 절충 또는 지식의 공동 구성
> 이 단계는 용어의 의미에 대한 절충 또는 명료화가 진행되며, 일치하는 영역의 명확한 인지와 나머지 불일치 부분을 위한 상호 양해 및 공동구성의 제안이 이루어진다.
> 4단계: 제안된 종합 및 공동 구성의 검증과 조정
> 이 과정에서 나타나는 활동들은 기존 인지 구도, 개인적 경험 등에 반하는 검증 사항, 그리고 자료에서 제기된 반론 정보 등을 검토한다.
> 5단계: 진술, 동의의 구문화 및 새로 구성된 의미의 응용
> 새로운 지식 구성 및 응용을 구체화하는 메타인지적 진술과 동의를 문서화하여 정리한다.

거나와든의 지식 구성 공유 방식을 참고로 하여, 이해의 과정을 '데이

터, 정보, 지식, 지혜의 습득에 이르는 습득체'로 본 것을 제안한다.

데이터와 정보, 지식, 지혜는 상대적인 개념으로 볼 수 있다. 일반적으로 데이터는 연구 조사, 창조, 수집, 발견의 산물이라고 한다. 정보는 데이터 중에서 '관계와 문맥들을 드러내는 사려 깊은 메시지들의 전달'을 의미한다. 의미 있는 형태로 조직화하고 적절한 방식으로 제시하며 전체적인 맥락을 전달함으로써 데이터는 정보로 변환된다(Jacobson 편, 장동훈 · 김미정 역, 2002: 290). 지식이란 모든 경험의 결과물인데 이것은 타인 또는 체계와의 강력한 상호작용을 구축함으로써 전달된다. 세드롭은 지식을 개인적 지식, 지엽적 지식, 포괄적 지식으로 구분하고 있다. 한 사람의 경험, 생각, 관점에 대하여 독특한 의미를 가지는 개인적 지식과 상대적으로 적은 수의 사람들이 공통된 경험을 공유하는 지엽적 지식, 다수의 공통된 경험을 공유하는 포괄적 지식 등으로 구분하고 있다. 지혜는 이해의 형태 중 가장 모호하고 우리들에게 친숙한 것이다. 그것은 추상적이고 철학적인 성격을 지닌다. 지혜는 경험을 통해 이해된 모든 과정과 관계들의 혼합이므

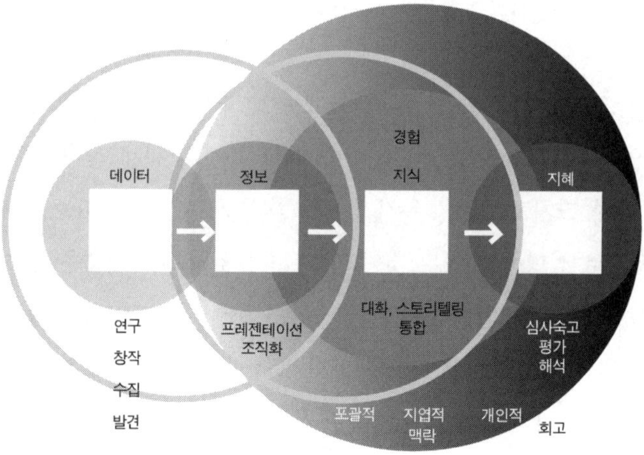

〈그림 Ⅱ-6〉 이해하기 스펙트럼 (Jacobson 편, 장동훈 · 김미정 역, 2002: 288)

로 형이상학적 지식의 한 종류이다. 데이터나 정보와는 달리 지혜는 창조할 수 없는 것이며, 개인적으로 습득해야만 하는 이해라고 세드롭은 밝히고 있다.

세드롭(Jacobson 편, 장동훈·김미정 역, 2002: 288)은 데이터, 정보, 지식, 지혜의 관계를 통해 이해하기의 스펙트럼을 다음과 같이 제시하고 있다.

이해하기 스펙트럼의 원리에 따른다면, 앞에서 살펴본 인터넷 신문 수용자들의 반응은 지식의 전 단계까지 이해하고 있다고 볼 수 있다. 인터넷 신문 수용자들의 반응의 현실과 실제 교육에서 행해지고 있는 교육과정에 나타난 이해교육내용의 연관성을 살펴보는 것이 필요하다.

7차 교육과정에 나타난 읽기 교육내용을 살펴보면 다음과 같다.

· 읽기가 의사소통 행위임을 안다.
· 필요한 정보를 찾으며 글을 읽는다.
· 정보를 재조직하며 글을 읽는다.
· 표현의 효과에 대하여 평가하며 글을 읽는다.
· 읽은 내용의 신뢰성과 타당성을 평가한다.
· 읽기 활동을 적절히 조절하면서 읽는 태도를 지닌다.

국어과 교육과정의 읽기 교육내용에는 필자와 독자의 상호작용에 대한 언급이 있다. 그러나 이는 텍스트[46]에 대한 독자의 관계 속에서 읽기를 언급하는 것에 그치고 있다. 독자가 정보를 찾으며 재조직하는 단계까지만 교육내용으로 설명하고 있는 것이다. 그러나 읽기 교육내용은 정보가 지식과 지혜의 단계로 종합화하는 단계, 세계 속에서 정보의 효용을 고려하고 이해하는 단계까지 발전할 필요가 있다.

또한 텍스트 자체에 대한 평가에만 몰두하여 읽은 내용의 신뢰성이나 타

46) 매체 읽기와 관련하여 하이퍼텍스트까지 포함한 것으로 본다.

당성, 표현의 효과 등을 평가하는 차원을 넘어설 필요가 있다. 세계와 나와의 관계 속에서 텍스트의 역할과 효용성을 판단하는 것을 읽기 교육의 내용으로 구안할 필요가 있다.

이와 같은 관점에서 데이터와 정보, 지식, 지혜로 이어지는 이해 단계를 5단계로 설정하고 이해교육의 모델을 제시할 수 있다. 알기-따지기와 즐기기-쓸모 있게 만들기-얻어내기-부추기기 등 5단계의 이해 과정은 사고력 신장이라는 국어교육의 목표와 연결하여 다음과 같이 설정할 수 있다.

텍스트를 이해하는 차원으로 볼 때, 첫 번째 단계는 알기(사실적 사고)이다. 데이터나 정보를 아는 차원이며 사실적 사고로 반응하게 되는 단계에 속한다. 수용자가 데이터와 정보를 접하게 될 때 태도와 인지적 측면의 이해 단계를 거치게 마련인데, 알기 단계에서부터 태도와 인지적 측면의 양상이 어느 정도 결정이 된다.

두 번째 단계는 따지기와 즐기기(비판적 사고, 논리적 사고, 상상적 사고)이다. 데이터와 정보를 비판 또는 논리적으로 구성하거나 상상하며 즐기는 단계이다. 지식을 만들어내는 단계의 준비 단계라 할 수 있다. 비판적 사고, 논리적 사고, 상상적 사고 등이 작용하여 반응을 하게 되고 정보를 지식으로 전환시키기 위한 준비 단계이다.

세 번째 단계는 쓸모 있게 만들기(창조적 사고)[47]이다. 지식을 창출하는 단계이기 때문에 창조적 사고가 작용하는 단계라고 할 수 있다.

네 번째 단계는 얻어내기(하이브리드적 사고)[48]이다. 지식을 지혜로 전환하는 단계이다. 하이브리드란 원래 생물학적으로 집돼지와 멧돼지의 혼종

47) 창의적 사고와 창조적 사고에 대한 용어 선택의 문제가 있다. 국어사전(naver 국어사전 검색)에 의하면 창의성이란 새로운 생각(착상)이나 의견을 생각해 내는 특성으로 정의를 내리고 있다. 생각과 의견에 초점이 놓여 있는 것으로 보인다. 그러나 창조적 사고라는 용어를 사용한 것은 생각이나 의견 등에 한정한 것이 아니라 새로운 산출물에 초점을 두고 창조적 사고라는 용어를 선택한 것이다.

48) 관계적 사고나 종합적 사고라는 용어를 사용할 수 있지만, 본고에서는 창조적인 사고를 포함하는 개념을 강조하기 위해서 하이브리드적 사고라는 용어를 선택하였다.

이라는 뜻에서 나온 말로 '잡종'을 의미하는 용어이다. 두 개 이상의 기술이나 시스템의 장점을 접목하여 복합·상승 효과를 발휘하도록 만든 구조나 물건, 경영 방식 등을 일컫는 것으로 다양한 분야에서 사용되고 있는 용어이다. 하이브리드적 사고란 다양한 정보를 사실적 사고와 비판적 사고로 선별하고, 그것을 논리적으로 수용하며, 다양하고 다변적인 정보들을 종합해서 새로운 것을 만들어내는 사고이다. 다시 말해서 종합적인 흐름과 연속적인 상황에서 새로운 흐름을 읽어내고 텍스트를 재구성하는 차원의 사고력을 뛰어넘어 모든 정보와 지식으로부터 새로운 것을 만들어내며 지혜로 승화하는 단계로 정보와 지식의 경영 능력이라고 할 수 있다.

다섯 번째 단계는 부추기기(행동하기)이다. 지혜의 단계로 나아가기 위해서는 하이브리드적 사고가 작용하여 반응하는 것으로 발전해야 한다. 이상과 같은 다섯 단계로 텍스트를 이해하도록 교육하는 이해교육의 모델을 제시할 수 있다.

이상으로 정보를 전달하는 텍스트에서 수용자들의 반응이 어떠한지 살펴보기 위해 인터넷 신문 기사의 댓글을 대상으로 수용자의 반응을 분석하였다. 분석 내용을 토대로 이해교육의 나아갈 방향과 5단계의 이해교육 모델을 제시할 수 있었다.

〈표 Ⅱ-5〉 이해교육의 5단계 모델

단계	단계명	사고력 및 행동과의 관계	데이터에서 지혜까지의 정보
1단계	알기	사실적 사고	데이터, 정보
2단계	따지기와 즐기기	비판적 사고 논리적 사고 상상적 사고	정보, 지식
3단계	쓸모 있게 만들기	창조적 사고	지식
4단계	얻어내기	하이브리드적 사고	지식, 지혜
5단계	부추기기	행동하기	지혜

3 문학 영역 1 (하이퍼 문학)

1) 하이퍼 문학의 개념과 특징

하이퍼 문학이란 하이퍼텍스트를 이용한 문학[49]으로, 하이퍼텍스트의 성격을 지니고 있어야 한다. 하이퍼 문학은 하이퍼텍스트처럼 작가가 정한 페이지에 의해서가 아닌 독자의 취향대로 링크들을 마우스로 선택하여 읽을 수 있어야 하며, 또한 그러한 글쓰기가 이루어져 있어야 한다. 하이퍼텍스트의 특징인 양방향성(interactivity), 비선형성(nonlinarity), 통합성(audiovisuality)에 의해 문학은 하이퍼(Hyper-) 의미 그대로 기존 인쇄매체에 의한 문학을 뛰어넘는, 초월하는 문학이 되는 것이다.[50]

49) 하이퍼 문학은 하이퍼텍스트 기능이 문학과 접목된 것으로 1980년대 작가들이 이를 활용하면서 주목받기 시작했다. 1987년 최초의 하이퍼텍스트 소설인 마이클 조이스(Michael Joyce)의 「Afternoon, a story」가 발표되고, 제1회 국제 하이퍼텍스트 회의가 개최되었으며 이후 미국 여러 대학에서 하이퍼 문학에 대한 강의가 시작된 후 현재는 50여 개 이상의 대학에서 강좌가 개설되었다.

50) 하이퍼 문학은 컴퓨터 상에서 이루어지는 문학이어야 한다. 「게임 오버 수로 바이러스」(김설, 1997)는 컴퓨터 게임 형식의 장편소설로, 주인공 수로가 마약조직과 경찰을 사이에 두고 쫓고 쫓기는 추격전을 벌인다는 내용이다. 주인공은 컴퓨터 게임에서처럼 어느 한쪽을 선택하고 그에 따라 결과가 몇 줄로 간략하게 요약되면서 'GAME OVER GAME OVER GAME OVER'가 표시되거나 혹은 무사히 사건이 진행(계속)된다.

하이퍼 문학이 하이퍼텍스트에 의한 구현물에 초점을 둔 용어라면, 사이버 문학은 사이버 공간에서 이루어지는 문학을 모두 아우르는 것으로 시스템의 개념이 반영된 용어이다. 따라서 사이버 공간에서 이루어지는 문학은 모두 사이버 문학으로 불려질 수 있지만 모두 하이퍼텍스트적 성격을 갖는 것이 아니므로 '사이버 문학' 보다는 '하이퍼 문학' 이 더 적절한 표현이라 볼 수 있다. 예를 들어 e-book(디지털북, 전자북)은 독자가 하나의 줄거리를 따라간다는 기존 인쇄 책과 별 다름이 없으며, 표현 매체와 향유공간이 디지털이며 찾아가기 식의 링크로만 구성된 것을 제외하고는 자유연상적인 하이퍼텍스트 특징이 뚜렷하게 보이지 않기 때문에 하이퍼 문학이라고 볼 수 없다. 인터넷 상에서 쉽게 활용되는 시나 소설의 이어 쓰기, 여러 명이 함께 창작하는 집체식, 고쳐 쓰기식, 팬픽(fan-fic) 등은 하이퍼 문학의 하위 범주에 속한다. 이는 인터넷 상에서 쉽게 접할 수 있으며, 양방향성·통합성·비선형성 등의 하이퍼텍스트적 성격이 부분적으로 나타나기 때문이다.

하이퍼 문학은 첨단 디지털 시대에 자칫 고루해질 수 있는 인문학의 틈새시장으로 인문·사회·철학·과학 등 학문 전반과의 접목이 가능한 문학이다. 또한 인쇄매체가 갖고 있는 한계성을 뛰어넘어 문학의 미학성을 효과적으로 드러내는 디지털 문학 형태라 볼 수 있다. 무엇보다도 독자에 의해 매 순간 새롭게 태어날 수 있는 무한한 가능성을 지닌 '진행형의 문학' 인 것이다.

그러나 하이퍼 문학을 종이 인쇄물로 옮긴 「게임오버」는 컴퓨터 게임의 형식처럼 선택의 기회가 주어지기는 하나, 이는 끝이 이미 막혀버린 통로를 제공하는 미미한 수준이다. 어떠한 선택의 기회가 주어질 경우 결말이 어떠하다는 것을 보여주거나 결말이 다양하다는 것만으론 하이퍼 문학이 될 수 없기에 하이퍼 문학은 컴퓨터에서 하이퍼텍스트로 구성된 문학이어야 한다.

2) 하이퍼 문학의 작가와 독자

기존 문학 작품 감상을 설명할 때 작가와 독자는 작품을 통해 대화를 나눔으로써 작가의 의도가 독자에게 전달된다고 말한다. 그러나 이는 비유적 표현으로 하이퍼 문학에서 보이는 양방향성에 견준다면 추상적 수준에 불과하다. 인터넷은 수신자와 발신자가 직접 정보를 주고받을 수 있는 전자 통신 기술로 작가와 독자의 직접적인 대화가 가능하다. 하이퍼 문학이란 작가가 배열해 놓은 텍스트를 독자가 선택하는 것이기에 하이퍼텍스트의 양방향성은 나아가 작가와 독자, 글쓰기와 글읽기의 기존 개념과 창작 형태를 바꾸는 데 크게 기여한다.

하이퍼텍스트 글쓰기는 간략하게 말하면 퀼트적 글쓰기라 볼 수 있다. 즉 어느 한 부분에 중심을 두는 것이 아니라 각 생각의 조각들이 자유롭게 존재하면서 모두 의미를 지니고 있고, 이들을 서로 연결하여 큰 틀을 형성하는 것이 하이퍼텍스트 글쓰기이다.

하이퍼텍스트의 글쓰기 방식은 미술의 콜라주[51)]적 기법으로, 많은 입체파 예술가들의 작품의 핵심적 특징인 병렬과 전유의 특징을 공유하고 있다 (Landow, 1997/2001: 242). 서로 관련이 없어 연결이 불가능한 두 개의 텍스트를 병렬 배치시킴으로써 '인식의 기쁨'을 얻는 것이다. 다른 텍스트의 내용을 자신의 텍스트의 일부분으로 가져옴으로써 하이퍼 문학은 상호텍스트성(intertextuality)을 띠게 된다. 다른 텍스트를 링크하면서 이루어지는 것이 하이퍼텍스트 글쓰기이므로 하이퍼 문학은 상호텍스트성을 통해 진정한 의미를 획득할 수 있다.

51) 1910년대 초반 브라크와 피카소 등 입체파 화가들이 사용한 기법으로 유화에 종이나 머리카락 등의 이질적 물체를 붙이는 것에서부터 시작되었으며, 보는 이로 하여금 이미지의 연쇄반응을 기대하는 기법이다. 단순한 짜깁기를 넘어 연상작용을 중요시하는 하이퍼 문학과 공통점을 갖는다.

랜도우(Landow, 1997/2001: 294 재인용)는, 하이퍼 소설은 필연적으로 본질적인 여성적 글쓰기 형식을 구현한다고 주장한다. 하이퍼텍스트가 제공하는 비선형적인 글쓰기는 탈중심화된 맥락을 선호하며 여성의 '직관적이며 복합적이고, 상세한 동시에 풍부함'으로 단순하면서 이성적인 선형성을 포용하는 여성적 글쓰기의 전자적 구현이라는 것이다. 독자가 텍스트를 스스로 모아서 각각의 파편들을 재배열 – 조각들을 비아리스토텔레스적으로 네트워크화하는 것은 흑백의 이분법적 사고를 뛰어넘어 차이를 인정하고 존중하는 탈근대화의 논리로, 비선형적인 글쓰기는 자아와 타자가 함께 어우러지는 창조적인 글쓰기인 것이다.

하이퍼텍스트의 콜라주적 기법과 이를 통해 얻게 되는 상호텍스트성 그리고 여성적 글쓰기는 셸리 잭슨(Shelley Jackson)의 「패치워크 걸 *Patchwork Girl*」[52]에서 더 잘 표현된다. 「패치워크 걸 *Patchwork Girl*」은 메리 셸리(Mary Shelley)의 「프랑켄슈타인 *Frankenstein*」(1818)을 재해석한 하이퍼텍스트 소설로, 표지에 공저자로 메리와 잭슨을 함께 적어놓았다. 구분된 여자괴물의 신체처럼 하이퍼텍스트는 여자괴물을 만드는 데 사용된 각각의 시체들 이야기가 있는 묘지 이야기, 프랑켄슈타인과 관계된 모험 이야기, 작가와 괴물 간의 이야기로 이루어져 있으며, 독자는 이를 자신의 취향대로 엮어나가게 된다. 즉 텍스트 조각들은 신체의 부분이며, 이 신체를 꿰매는 동안 하이퍼텍스트 소설이 완성되는 것이다.

화자(작가)는 우연히 여자괴물을 만나는데 처음에는 공포감을 느끼게 되지만 차츰 그녀의 이야기를 듣고 접촉하면서 상대를 이해하게 된다는 내용으로, 프랑켄슈타인 박사가 시체들의 일부분을 모아 괴물을 만들듯이 I(화

52) 323개의 텍스트와 462개의 링크로 구성된 작품으로, 제목에서부터 하이퍼텍스트의 상호텍스트성을 잘 반영하고 있다. 조각난 신체를 이어 만들어진 괴물소녀(Patchwork Girl)란 각각의 단편 텍스트를 이어서(Patchwork) 단편 텍스트가 지닌 의미를 뛰어넘는(Hyper) 또 다른 하나의 하이퍼텍스트(Girl)이다.

자)' 가 패치워크를 통해 괴물을 만들어내는 과정을 다루고 있다.

클릭 과정에서 화자(작가)는 12명 이상의 각기 다른 사람들의 신체로 엮어진 여자괴물을 이해하게 된다. 패치워크(봉합)는 하이퍼텍스트의 링크 과정을, 각기 다른 사람의 신체로 만들어진 괴물소녀는 바로 하이퍼 문학의 콜라주적 특성을 대변한다. 링크에 따라 이야기가 달라지는 것처럼 어떻게 꿰매느냐에 따라 괴물의 모양이 달라지고, 다른 텍스트에서 인용된 구절들이 더불어 「패치워크 걸」의 일부분으로 존재하면서 새로운 의미를 생산하는 상호텍스트성이 잘 나타나고 있다. 또한 잭슨이 「프랑켄슈타인」에서 파괴된 여자괴물을 복원시킨다는 것은 여성의 몸을 통해 여성성을 드러낸다는 여성적 글쓰기와 연관된다.

인쇄매체인 책은 하나의 정보 다음에 또 다른 정보가 제공되는 선형적 구조로 순차적인 정보 제공만이 가능하였다. 따라서 무언가를 알기 위해서는 차근차근 하나씩 순서대로 계단을 올라가며 관련된 부가적 정보는 주석을 통해 해결해야 했다. 그것이 유일한 독서 방법이었으며, 주석은 본문에 딸린 서자 격으로 텍스트는 본문 내용이 주도하였다. 그러나 방대한 양의 데이터베이스를 지닌 정보의 바다에서는 기존 학술 연구서에서 보이던 본문과 주석에 대한 구분조차 사라지게 되고, 주석과 본문은 동일한 위치에서 그 역할을 다하게 된다. 즉 하이퍼텍스트에서는 주석과 본문 간의 위계성이 무너졌기에 원전의 개념이 무의미하며, 나아가 주석과 본문의 위치가 뒤바뀔 수도 있는 탈중심화의 해체적 글쓰기라 할 수 있다.

작가는 글을 쓰는 사람이고 독자는 이를 읽는 사람으로 철저히 분리되어 왔다. 따라서 권위를 지닌 작가는 자신의 생각을 전달하고 독자는 선형적 구조의 이야기를 일방적으로 받아들일 것인가 아닌가를 선택해야 했다.

작가는 견고한 교시자의 입장을, 독자는 충실한 학습자의 역할을 충실히 다하는 것이 올바른 독서방법이었다면 하이퍼텍스트의 링크 연결방식은 독자와 작가의 경계를 허물고, 독자는 작가가 작성해 놓은 기존 텍스트를 재해석하여 새로운 텍스트를 구성해내는 '작가 + 독자 = 작독자'로 탈바꿈시킨다. 즉 작가는 창조자이기 전에 이미 여러 종류의 다양한 텍스트를 읽은 또 하나의 독자이기에 그의 텍스트에는 앞서 읽은 텍스트에 대한 영향이 담겨져 있고, 이를 읽어내는 독자 역시 스스로 줄거리를 엮어나가는 작가가 될 수 있기에 작가는 독자이고 또한 독자는 작가가 되기도 한다. 이는 궁극적인 지시 대상의 부재로 인해 해석은 다수일 수밖에 없다는 데리다(Jacques Derrida)의 말과 상통한다. 따라서 문학은 새롭게 태어나서 사라지지 않고 온전하게 축적되는 결과물이 아니라 여러 차례 몸을 바꿔가는 조합의 존재가 된다. 또한 작가와 독자의 경계는 허물어지고 함께 만들어가는 과정에서 하나의 텍스트는 의미를 지니게 되는 것이다.

그러나 「패치워크 걸」에서처럼 작가는 데이터 제공자만이 아닌 독자에게 일정한 경로를 지정해 주는 권한을 지니고 있기에 작가는 '작곡자'로, 독자는 '연주가'로 비유(류현주, 2000: 143)할 수 있다. 나아가 하이퍼텍스트의 탈중심성과 맞물려 독자는 이야기를 찾아 떠나는 용기 있는 '탐험가'이기도 하다.

그렇다면 작가에 의해 일방적으로 구성되던 플롯은 어떠한 위치에 놓이게 되는가? 랜도우(Landow, 2001)는 작가적 독자에 의해 구성되는 독자 자신의 텍스트를, 레비-스트로스의 용어를 빌려 브리콜라주(Bricolage)의 한 예로 설명한다. 독자는 브리콜라주 작업을 수행하는 사람이며 이런 작업 과정 중 플롯이 생성된다. 다시 말해 작가가 작품을 형성하는 초기 단계가 아닌 독자가 이를 받아들이는 과정에서 조각난 텍스트가 플롯으로 엮어지는 창조적 과정이 일어나는 것이다. 독자는 작가 못지않게 내적으로 스스로 의미를 조직하고 이를 배열한다. 그런 의미에서 하이퍼 문학을 향유하는 독자는 구비문학 전수자 혹은 음유시인으로서의 역할을 하게 된다.

독자가 플롯을 스스로 구성해 나간다면, 그 시작과 끝은 어떻게 찾아볼 수 있을까? 하이퍼 문학의 독자는 시작도 끝도 그 스스로 결정한다. 독자가 읽기를 원하는 지점이 플롯의 시작이며 지쳐 그만두기를 바라는 순간 혹은 이야기가 끝났다고 느끼는 순간이 플롯의 마지막이 되는 것이다. 시작과 끝이 있으되 그 지점에 도달하는 경우의 수는 여럿이 되기 때문에 이야기는 누가 읽어가느냐에 따라 다양한 해석이 나타난다. 처음 하이퍼 문학을 접한 이들은 새로운 문학 접근 방식에 대한 호기심으로 클릭해 나갈 것이고, 이야기에 빠져드는 독자는 점차 이야기 전체에 대한 궁금증을 풀고자 텍스트들을 엮어나가면서 플롯을 완성하게 된다.

3) 하이퍼 문학 읽기의 특징

하이퍼 문학은 독자의 클릭[53]에 따라 여러 가지 이야기가 펼쳐진다. 그러한 와중에서 각각의 등장인물이 각기 다른 시각에서 만나기도 하고[54] 혹은 파편화된 사고처럼 텍스트가 나타나기도 한다. 모든 이야기를 일일이 거슬러 가면서 읽거나(← 버튼이나 backspace 사용) 미로 지도를 펴놓고 읽지 않기에, 독자 스스로 읽기의 흐름과 나름의 줄거리가 생기면서 시작과 끝을 지닌 플롯이 형성된다. 하이퍼 문학의 비선형적 구조는 독자에게는 다양한 선택권이 주어지는 동시에 풍부한 이야기의 중첩이 가능하게 되므로 하나의 주제에 대한 다양한 표현이 가능한 문학이라 할 수 있다.[55]

53) 하이퍼텍스트의 성공적인 읽기 행위는 클릭에 의해 드러난다.

54) 책으로 인쇄된 작품의 경우 시점은 1인칭과 3인칭만이 존재했지만 하이퍼 문학의 경우 각각의 텍스트마다 자신만의 시각을 지닐 수 있기에 작품 전체로 볼 때 다양한 시점을 가질 수 있는 문학이라 할 수 있다.

55) 이야기 흐름을 중심으로 선택형과 그물망형, 방산형으로 구분할 수 있다. 선택형이란 〈용의 궁전〉(류현주)처럼 여러 가지 경우 중 하나를 선택해서 이야기를 전개시켜 나가는 것으로, 하나의 흐름으로 이야기가 중첩되지 않는다. 그물망형은 〈The Deal〉(찰스 디머)처럼 희곡에 더욱 적합한 형식으로 등장인물이 퇴장한 후 어떻게 되었는지 무대 뒷면의 이야기까지 볼 수 있는 형태이다. 그물망형에서는 어

이런 점들을 생각한다면 하이퍼 문학 읽기의 특징은 다음과 같다. 첫째, 인쇄된 문학작품은 작가의 사고를 구체적으로 드러내는 결과물로 독자는 선형적 구조에 따라 주어진 정보를 순차적으로 이해하며 받아들여야만 한다. 그러나 하이퍼 문학은 인쇄 문학과는 다른 글쓰기 방식을 지녔기에 읽기 방식에도 차이를 갖는다. 하이퍼텍스트는 HTML(Hypertext Markup Language)로 작성되며 여러 개의 정보 덩어리가 연결된 구조로 노드와 링크, 앵커[56]에 의해 구성된다. 이러한 장치에 의해 하이퍼텍스트는 인간의 연상작용처럼 무한한 생각의 가지치기가 가능하며, 읽기 역시 다양한 독서로(reading path)를 선택할 수 있다. 독자는 순서에 상관없이 자신이 원하는 앵커에서 정보를 탐색하고 링크를 따라가며 읽을 수 있다. 즉 독자는 독서로를 따라 작품을 해석하고 선택에 의해 나름대로 이야기를 재구성하면서 나아가 작가가 써놓은 텍스트를 재창조하는 역할까지 하게 된다.

둘째, 하이퍼 문학의 독자에게는 선택권과 동시에 자율성이 보장된다. 고정된 텍스트인 인쇄 문학의 독자는 하나의 채널을 독서로로 이용할 수밖에 없었다면 하이퍼 문학에서는 링크가 곧 독서로의 역할을 담당하기에 독자는 어떠한 채널을 선택할 것인가에 대한 채널 선택권을 가질 수 있다.

어서 오십시오.
여행이란 어디론가 가는 것이지요.
무엇을 타고 가느냐구요?

떠한 경로를 따라가든지 선택은 자유이며 또한 이야기의 원줄기로 돌아올 수도 있다. 독자가 모든 경우의 수를 다 거쳐 간다면 다양한 이야기가 가능하게 된다. 방산형은 〈디지털 구보 2001〉(최혜실)처럼 텍스트가 흩어져 있어 독자가 골라 읽을 수 있으며, 텍스트를 모두 함께 모으면 시야가 더 큰 텍스트가 완성될 수 있다.

56) 노드는 정보 단위로 그림이나 음성, 동영상 등의 다양한 이미지를 통해 특정 주제를 담고 있다. 링크는 독립된 각각의 노드를 연결시키는 장치로 독자의 능동적인 선택에 의해 정보, 즉 노드가 전달될 수 있다. 앵커는 텍스트상에 링크된 노드가 있음을 알려주는 장치로, 커서를 가져가면 커서의 모양이나 색깔이 변화되어 링크가 가능한 장소임을 알려준다. 앵커는 인쇄매체의 연구논문에서 볼 수 있는 각주에 해당한다.

밑줄 친 단어나 색깔 있는 단어가 당신을 어디론가 데려갈 것입니다.
마우스로 이런 단어를 눌러보십시오.
여행 중에 길을 잃거나 지치면, control 키를 누르십시오.
네모난 테두리가 있는 단어들이 보일 것입니다.
그 단어들은 방향 표시판과 같아요.
마우스로 그 단어들을 눌러보십시오.
이번 여행에 가게 될 곳은 다음과 같습니다.

궁전(Palace)
바다(Sea)
유령 대륙(Ghost Continent)
환락의 돔(Pleasure Dome)

아 참 그런데, 파도 잘 타십니까?
Yes/No ('prelude')

「용의 궁전」의 'prelude' 텍스트로 독자는 궁전, 바다, 유령 대륙, 환락의 돔 중 어느 한 곳으로 여행을 떠날 수도 있고, 'yes/no'를 클릭할 수도 있다(류현주, 2000: 69). 어떠한 단어를 선택하느냐에 따라 독자는 각기 다른 장소에서 현대인의 여러 삶을 경험할 수 있다. 선택은 순전히 독자의 몫인 것이다.

셋째, 디지털의 양방향성은 독자로 하여금 텍스트에 대한 관조적 자세보다는 참여를 요구한다. 이는 인쇄매체 읽기와는 조금 다른 양상으로 나타난다. 예를 들어 인쇄물을 읽을 경우는 기존의 문자를 눈으로 읽고 의미를 부여하면서 해석하고, 손으로 책장을 넘기는 시각과 촉각을 동원한 읽기였다. 그러나 하이퍼텍스트 읽기는 기존 방식에 능동성을 요구한다. 독자의 필요에 의해 자신이 필요한 앵커를 클릭하며 하이퍼 링크된 문서를 읽는다. 자신의 흥미에 맞는 사건과 텍스트를 선택하고 취향에 맞춰 선택(클릭)하고 사건을 전개시킨다. 앞서 서술했듯이 독자의 능동성에 따라 플롯의 시작과 끝(결말)이 이루어지며, 독자가 '원하는' 이야기가 만들어지는 것이다. 또한 전통적 독서 방식에서는 볼 수 없었던 움직임 읽기는 청각을 자극하는 읽기로, 음악이나 동영상이 더해지면서 멀티미디어적 문학작품 읽기 행위가 이루어진다.

넷째, 이처럼 시각·청각·촉각[57]을 동원하는 하이퍼텍스트 읽기는 읽는 주체에 따라 적게는 토시 하나부터 이야기 구성이 상반되는 다양한 내용 전개[58]가 가능하게 된다.

다섯째, 하이퍼 문학 읽기는 고전문학(판소리, 탈춤) 읽기와 비슷한 속성을 지닌다. 판소리나 탈춤의 경우 등장인물과 관객이 얼마나 호흡을 잘 맞추느냐에 따라 큰 줄거리에는 변화가 없을지라도 현장에서 느낄 수 있는 판소리나 탈춤만의 묘미는 확연한 차이를 갖는다. 하이퍼 문학을 즐기는 독자 역시 얼마만큼 적극성을 띠고 읽기를 즐기느냐에 따라 읽기 과정에서 얻을 수 있는 성과는 달라진다. 즉 하이퍼텍스트의 양방향성이 텍스트와 독자 간의 긴밀한 상호작용을 이끌어내고, 나아가 판소리나 탈춤에서 보이던 현장성이 실현되어 이 순간에만 존재하는 새로운 텍스트가 형성되는 것이다. 독자는 작가가 배치해 놓은 미완의 텍스트와 얼마만큼 호흡을 맞추느냐에 따라 하나의 이야기에서 수백 가지의 이야기를 형성해 낼 수 있다. 텍스트와 독자 간의 상호작용성과 참여성은 하이퍼 문학을 즐기는 독자에

57) 최혜실(2001b: 92)은 셸리 잭슨(Shelley Jackson)의 소설 〈나의 몸 *My Body*〉을 예로 들어 설명하고 있다. 작품의 첫 장면엔 남성의 얼굴과 혀가 그려져 있고 숨소리가 들린다. 독자는 마우스를 쥐고 있고 모니터 화면의 화살표는 손으로 변하여 남자의 얼굴을 어루만지게 되고, 이는 여성의 나체로 변한다. 화면을 연 것이 독자의 마우스(손)이기에 손(남성의 혀)은 여인의 몸을 끌어낸다는 해석의 적극성을 함유할 수 있다. 인쇄매체 읽기의 과정에선 책장을 넘기는 것이 촉각의 전부였던 것에 비해 하이퍼텍스트 읽기 수행과정 중 독자의 촉각적 행위는 작품 의미해석에까지 영향을 끼치는 것이다.

58) 등장인물이 둘 중 하나를 선택함으로써 인생 전반이 달리 펼쳐진다는 TV 드라마가 그 예라 하겠다.

게 필수적으로 요구되는 사항이라고 할 수 있겠다.

여섯째, 하이퍼 문학은 독자에게 인내심을 요구한다. 독자는 작가가 배열해 놓은 기표들 중 자신이 원하는 부분만을 클릭하여 나름의 모양을 만들어낸다. 그렇기에 인쇄매체를 읽는 능동적인 독자의 경우 책의 앞뒤를 바꿔 읽기도 하지만, 최소한 자신이 어느 위치에 있는지 '페이지'를 통해 알 수 있었다. 그러나 하이퍼텍스트 읽기의 경우, 나름의 미로 지도를 가지고 텍스트를 탐험하는 것이기에 끈기와 인내심을 가지고 찾아나가는 것이 중요하다. 즉 독서 방식이 해체적 읽기로 변화하면서 이제 독자는 미로를 탐색해 가는 탐험 정신을 통해 발견의 기쁨을 누리게 된다.

일곱째, 하이퍼 문학의 작가는 더 이상 견고한 위치에 놓이지 않는다. 그는 우리 앞에 사건을 펼쳐놓고 모든 판단을 전적으로 독자에게 맡긴다. 따라서 작가가 어떠한 사상을 전달하거나 이를 심어주고자 한다는 의도는 원천봉쇄되고, 독자 역시 작가가 전달하고자 한 의도를 파악한다는 것은 무의미한 행위가 된다. 렉시아 하나에 모든 의미를 부여하는 것은 다리 하나로 지네의 전체 모습을 추론해 내는 것과 같은 행동이기 때문이다.

4) 하이퍼 문학의 실태와 작품 분석

(1) 외국의 경우: 「오후, 이야기」와 「그래마트론」

최초의 하이퍼 문학은 마이클 조이스(Michael Joyce)의 「오후, 이야기 *Afternoon, a story*」와 마크 아메리카(Mark Amerika)의 장편소설 「그래마트론 *Grammatron*」이 있다.

마이클 조이스의 「오후, 이야기」는 하이퍼 문학의 교과서라고 불리는 작품으로 1987년 완성되었다. 539개의 텍스트와 951개의 링크로 이루어져 독자의 선택에 따라 매우 다양하면서도 복잡한 독서로를 형성한다. 따라서 낯선 독자가 읽기를 효과적으로 수행하도록 소설을 읽어나가는 방법을 'A hypertext', 'read at depth', 'in my mind' 항목 등에서 자세히 설명하며 거의 각 장들에 'work in progress(아직도 진행할 수 있다)'는 설명을 곁들이는 친절함을 보인다.

「오후, 이야기」는 어떤 독서로를 선택하느냐에 따라 한 인물을 둘러싼 주변 인물들에 대한 여러 이야기를 읽게 된다. 즉 주인공 피터가 우연히 교통사고 현장을 보고 그 부상자가 자신의 아내와 아들일지도 모른다는 생각에 그들을 찾아 나서는데 선택에 따라 피터가 교통사고를 낸 사건, 피터의 가족사, 피터와 아내와의 결혼생활 등을 읽는다. 각각의 텍스트는 각기 다른 층위의 이야기 전개로, 어떤 독서로를 통해 읽느냐에 따라 서로 연결되어 있는 텍스트들은 많은 경우의 수를 엮어내게 되고 이 중 독자 취향에 따라 나름의 이야기가 생겨나게 된다.

「오후, 이야기」는 언어적 텍스트로만 구성되어 있으며, 역화살표, 책, y/n, 출력 표시 아이콘을 통해 텍스트를 전개시킬 수 있다.

마크 아메리카의 「그래마트론」은 전자 문명의 발전으로 인해 사람이 아닌 기계(-tron)가 인간의 마음을 읽고 글(gramma)을 쓰게 된다는 것으로 디지털 시대의 인간과 전자 기계의 존재를 살펴보고 있다.

「오후, 이야기」와는 달리 언어적 텍스트에 배경음악, 동영상 이미지 등 멀티미디어가 결합된 하이퍼 소설로 1,100개 이상의 텍스트와 2,000개 정도의 링크로 40여 분이 넘는 배경음악을 담고 있다. 또한 HTML로 쓰이면서 새로운 문학의 형태를 누구나 공유할 수 있도록 인터넷에 공개(1997년 5월, www.grammatron.com)되어 가장 많은 찬사를 받은 소설이기도 하다.

「그래마트론」의 주인공은 인간이면서 글 쓰는 기계인 사이보그로, 같은 이야기가 'High Bandwidth Version'(interfacing)과 'Low Bandwidth Version'(Abe Golam)의 두 개 버전으로 만들어져 있다. 인터페이싱의

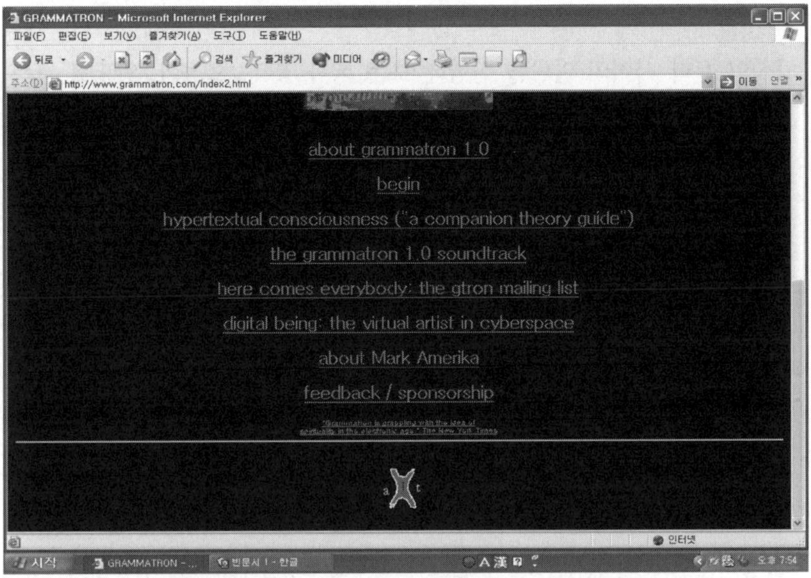

〈그림 Ⅱ-7〉 마크 아메리카의 「그래마트론 *Grammatron*」

'나'는 작품 후반부에 가서 그래마트론의 스승인 에이브골람으로 이어지는데, 골람이 그래마트론이라는 자동 글쓰기 프로그램을 개발하고 차츰 글쓰는 기계(그래마트론)가 골람의 의식과 감정을 자동 기술하여 드디어 골람이 된다. 전자매체를 이용한 인간의 글쓰기가 곧 역전 당할지도 모른다는 문명에 대한 위기감까지 전달하고 있는 작품이다.

(2) 국내의 경우 : 「디지털 구보 2001」과 「언어의 새벽」

국내에서 하이퍼텍스트 형식의 문학이 처음으로 시도된 것은 문화관광부의 '2000년 새로운 예술의 해' 문학분과위원회가 주도한 「언어의 새벽」(http://eos.mct.go.kr)이다.[59] 이는 '하이퍼텍스트와 문학'이라는 이름으로

59) 문화관광부는 '2000년 새로운 예술의 해'를 기념하여 4월 19일을 '하이퍼텍스트와 문학의 날'로 선포하였다.

'디지털 문명의 새로운 매체인 하이퍼텍스트와 재래의 가장 중요한 예술 양식인 문학 사이의 만남을 실험해 보는 행사' 였다. 오정희, 안도현, 황지우, 곽재구 등 총 156명의 기성 문인이 참여하였고, 일반인의 참여도 허용되었다. 김수영의 「풀」을 기본 텍스트로 최초의 씨앗 글인 이 시의 한 부분을 클릭하면서 새로운 시, 산문을 접목시키고 있다.

> 풀이 눕는다
> 비를 몰아오는 동풍에 나부껴
> 풀은 눕고/드디어 울었다.
> 날이 흐려서 더 울다가
> 다시 누웠다
>
> – 김수영 「풀」 –

> 풀이 눕는다. 이따금 먼하늘 우레소리는 추억과 욕망을 일깨우고 어지러운 꿈길, 풀은 몸 뒤척이며 서슬 푸른 날빛을 재운다.
>
> – 오정희 –

이 실험의 기본적인 의도를 "동영상 음향을 주된 매질로 하고 감각적인 반응 시간을 최대한도로 단축하는 하이퍼텍스트를 순수한 문자 언어로만 구성하여 감각적 반응 시간을 가능한 한 지연시키고 그 사이에 사유와 상상이 개입될 여백을 열어놓음으로써 문자 언어, 특히 문학의 고유한 본성인 반성적 활동을 하이퍼텍스트에 심어보고자 하는 것"이라고 서술하고 있다. 즉 문자의 지위가 하락되는 작금의 현실을 인정하고 영상, 디지털 매체의 영향력을 포용하면서 시청각을 통합한 문학의 가능성을 타진해 보고자 한 것이다. 문장을 접목시키는 전제 조건은 적어도 시 「풀」의 중심 단어를 반드시 사용하여야 하고, 글의 분량은 400자 이내로 한정하며 새롭게 만들어진 문장은 다시 씨앗 글이 되어 새로운 시나 문장이 생산될 수 있다. 이를 통해 '언어의 숲' 을 이루며, 이것이 새로운 '언어의 새벽' 으로서 자리매김하게 된다는 의도까지 함축한 듯하다.

그러나 이러한 새로운 형식의 문학이 과연 사조로 정착될 것인지 아니면 하나의 유행에 그치고 말 것인지에 대한 많은 논란이 일어났다. 신범순(2001)은 「언어의 새벽」이 「풀」을 이리저리 이어붙인 모자이크적 텍스트로 '언어 퍼즐 게임' 수준에 머물렀다고 지적한다. 또한 개인적 글쓰기의 주체를 비판하는 해체주의적 관점에 반대되는 '언어의 숲'에 대한 실험은 주최측이 표방한 '시민민주주의 실험'이라는 용어에서부터 잘못되었다는 것이다. 사실 이것은 「언어의 새벽」을 기획한 의도에서부터 어긋나기 시작했다. 문자 언어의 지위가 하락했음을 인정해야 하는 하이퍼 문학이 오히려 '하이퍼텍스트를 순수한 문자 언어로만 구성'하고자 했으며, '문학의 고유한 본성인 반성적 활동'을 하이퍼텍스트에 접목시키고자 하는 등 하이퍼 문학에 대한 지식 없이 무턱대고 새로운 매체를 접목시키고자 한 성급한 시도였다. 그러나 하이퍼텍스트가 지닌 무한한 상상력을 문학적 상상력과 결부시켜 새로운 가능성을 시도하면서 문학의 다각적인 접근을 실험하고, 일반인을 상대로 하이퍼 문학을 향유하게 하고자 한 기본 취지는 인정해야 할 것이다.

「언어의 새벽」이 국내 하이퍼 시의 현실을 이야기하고 있다면 「디지털 구보 2001」은 국내 하이퍼 소설을 대표한다. 「디지털 구보 2001」은 북토피아(http://www.booktopia.com)와 imbc가 공동 제작[60]한 한국 최초 본격적인 의미의 하이퍼텍스트 소설이다. 각각의 텍스트에는 극적 복선과 함께 각종 문화 코드가 깔려 있으며, 음악과 동영상, 별개의 사이트 등으로 뻗어나갈 수 있는 대서사 소설이다. 독자는 등장인물과 시간을 선택해 이야기

60) 최혜실과 오내영, 노희준, 이혜진 등 세 명의 작가가 구보, 이상, 어머니의 이야기를 창작하였고, 김영대 감독에 의해 별도로 디지털 단편영화로도 제작되어 함께 공개되었다. 10개월의 제작기간과 1억 2,000만 원의 경비, 50여 명의 기술자들이 모여 만든 본격적 의미의 하이퍼텍스트 소설이라 할 수 있다.

를 따라갈 수도 있고, 연결된 링크(총 1,000여 개)를 따라 전혀 다른 방향으로 흘러갈 수도 있다. 예를 들어 11시의 구보를 선택하고 본문의 'KFC'를 클릭하면 링크된 특정 회사의 사이트로 이동하게 되는 것이다.

「디지털 구보 2001」은 거대한 그물망과 같이 구보의 하루를 다룬 소설, 소설과는 다른 이야기와 형식의 디지털 단편영화, 독자가 참여할 수 있는 토론과 이어 쓰기 등으로 이루어져 있다.

「디지털 구보 2001」은 구보(여주인공), 이상(남주인공), 구보 어머니의 하루를 통해 이들의 과거와 현재를 의식의 흐름과 더불어 나열하고 있다. '구보'와 '이상'이라는 이름은 박태원의 소설 『소설가 구보씨의 일일』과 소설 속 작가인 이상이 갖는 '하이퍼텍스트적 글쓰기'와 '근대'라는 상징적 의미를 내포한다.

구보는 30대의 소설가이며, 이혼한 어머니와 말을 하지 못하는 딸과 같이 사는 이혼녀로 어린 시절 폭력적인 아버지로 인해 마음의 상처를 안고 있다. 이상을 사랑했지만 다른 남자와 결혼했으며 이혼 후 이상과는 친구도 애인도 아닌 어정쩡한 상태로 만나며 가끔은 섹스를 하기도 한다. 이상은 30대의 시인으로 원고 중개 사이트로 부자가 되었고, 타락한 인간형은 아니나 해킹 실력이 뛰어나서 기업을 도산시키기까지 하는 컴퓨터 프로그래머이다. 어머니는 딸의 행복을 통해 젊은 날의 불행을 보상받고자 한다.

이혼과 폭력, 신체적 장애라는 상처받은 여성들의 모습과 구보와 이상의 비정상적인 만남 등은 하이퍼 문학의 여성적 글쓰기와 현대인의 불안정한 의식과 생활을 표현한다. 어느 부분을 클릭하든지 독자의 자유에 맡겨지지만, 보편적인 경우 독자는 시간적 순서에 따라 읽게 되므로 작가는 암암리에 독서로를 제시하는 셈이다. 또한 24시간의 구성 중 일부 시간대에는 화자를 클릭할 수 없게 제한을 두고 있다.

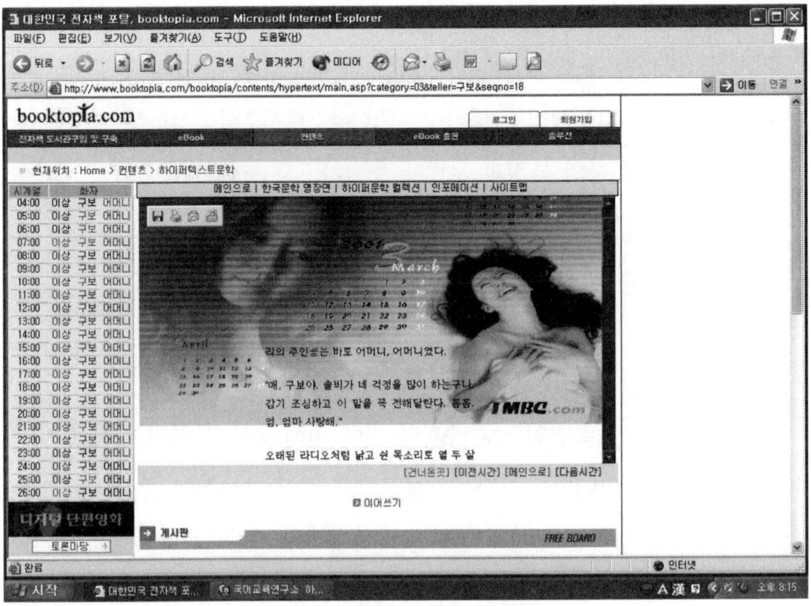

〈그림 Ⅱ-8〉「디지털 구보 2001」

> 디지털 구보의 핵심은 '이어 쓰기' 입니다. 선택하신 시간대의 화자의 이야기를 받아 독자 여러분이 임의대로 이어 쓰는 코너입니다. 물론 읽고 있는 화면의 내용을 바꿔 버리셔도 됩니다. 주제, 장르 등의 기준이 전혀 없는 만큼 자유롭고 독창적으로 이야기를 풀어가실 수 있습니다. (booktopia.com)

「디지털 구보 2001」은 독자 참여마당을 통해 선정된 이야기를 일정 기간 후 제4의 인물로 사이트에 정식 등록할 수 있는 기회를 제공하고 있다. 기존의 내용이나 주제, 장르까지도 구애 없이 변화가 가능하다는 것은 글을 읽는 사람도 글을 쓰는 작가로 변모할 수 있는, 즉 작가와 독자의 경계를 허물고자 하는 시도인 것이다.

「디지털 구보 2001」의 일부를 발췌하여 영화화한 「구보의 일일」은 소설과는 또 다른 형식과 이야기로 전개된다. 구보와 이상 그리고 검은 남방 사이의 엇갈린 만남과 사랑을 그리고 있다.

이처럼 「디지털 구보 2001」은 진정한 하이퍼 문학이 거의 전무한 한국 문학의 현실에서 비선형성과 통합성, 상호텍스트성, 탈중심화한 여성적 글쓰기 등 하이퍼 문학의 특징과 문법에 충실하고자 노력한 작품이라 평가할 수 있다.

5) 국어교육과 하이퍼 문학

인터넷 이용자가 폭발적으로 증가한 것에 비해 국내 하이퍼 문학에 대한 논의는 저조한 상황이다. 그럼에도 불구하고 하이퍼 문학이 중시되는 것은 첫째, 인터넷을 이용한 하이퍼 문학은 N세대에게 가장 친근한 문학 형식이기 때문이다. 원고지보다는 모니터 화면과 키보드에 의한 글쓰기에 익숙한 네트워크 세대에게는 전통적 방법의 글쓰기보다 하이퍼텍스트 형식의 문학이 더 익숙할 것이다. 연상 작용에 의한 자료 정리법은 단일화된 사고보다는 개성과 다양성을 중시하는 청소년들에게 쉽게 다가설 수 있어 문학에 대한 접근도를 높일 수 있다.

둘째, 문자 언어보다는 시청각 등 멀티미디어 언어에 익숙한 청소년들에게 창조적인 상상력을 계발하는 것 역시 그들의 언어를 활용할 때 더욱 효과적이다. 이어 쓰기나 토론하기 등을 통해 작가적 상상력을 고양시키며 작품을 재창조해 낼 수 있는 글쓰기 능력, 추론이나 비판하며 읽는 능력 등을 신장시키거나 이를 학습하는 통로로서 기능할 수 있다. 링크된 텍스트를 따라 나름의 플롯을 구성해 나가는 작가적 능력은 하이퍼 문학을 통해서만 가능한 문학교육이다.

인쇄된 책을 읽는 교육방법보다는 인터넷이나 TV를 활용하는 멀티미디어 활용 교육에 더 친숙한 청소년들은 사고체계 역시 멀티미디어적이라 할 수 있다. 여백의 미학을 전달하던 책 읽기 교육은 이제 다양한 사고를 추구하는 새로운 시대 상황에 부응하는 하이퍼 교육으로 전환해야 하는 것이다.

변화의 사이클이 짧다는 것은 현대사회의 특징이면서 문화의 한 모습이기도 하다. 눈 깜박할 사이에 생겨나는 새로움에 한 곡의 유행가도 순식간에 사라지는 특성을 감안한다면 하이퍼텍스트 언어는 문자 언어의 완만성을 뛰어넘어 예상할 수 없는 상상력을 자극하고, 독자가 작가로 직접 참여할 수 있는 경계 없는 문학의 경지로의 진입을 불러올 것이다. 이는 작가와 독자의 구분이 필요 없는 그리고 소유가 없는 사이버 공간에서 누구나 주인공으로 등장하고 싶어하는 인간의 또 다른 소유욕을 자극하는 것이기 때문이다. 그러나 나만의 공간에서 독선과 아집을 내세우며 고독을 불러오는 섬(island) 의식은 인간성과 관련된 또 다른 해결 과제를 불러올 것이다.

문학 영역 2 (게임 서사) 4

1) 게임 텍스트 분류

게임(Game)은 '즐거움(joy)'을 의미하는 고대 스칸디나비아어 'gaman'에서 유래된 것으로, 즐거움을 찾고 느끼려는 것은 인간의 본능적 욕구라 할 수 있다. 제기차기, 연놀이, 자치기, 팽이치기, 널뛰기, 그네타기 등의 고대 놀이 형태는 문화의 발달에 따라 시대상을 반영하게 된다. 컴퓨터 게임은 과학기술의 발달에 따라 생산된 새로운 놀이 형태로서, 신기함을 찾으려는 인간의 본질과 특성을 함축하고 있다. 놀이(play)를 문화현상으로 해석한 호이징하(Huizinga, 2003: 10)는 놀이의 본질을 본능(instinct)과 정신(mind) 혹은 의지(will)의 중간쯤이라고 보았다. '놀이'는 공간과 시간의 동질성이 파괴된 독특하고 폐쇄된 세계 속에서 놀이 자체의 기쁨이 유일한 동기이며, 일정한 규칙에 따라 이기고 지는 것이 갈라지는 활동이라는 것이다.

들뢰즈(Deleuze, 1969/2002: 132)는 놀이의 중요 원리로 '규칙'을 든다. ① 정상적인 놀이나 시합에는 명령적인 힘을 지닌 규칙들이 이미 존재하며

② 규칙들은 이기고 지는 것에 대한 가설을 결정하고 ③ 가설들에 의해 여러 결과들과 과정들이 놀이를 체계화하면서 ④ 이기기도 하고 실패하기도 한다. 모든 놀이는 '규칙의 체계'(Huizinga, 2003: 13)로 허용과 금지의 영역이 설정되고, 이는 강제적·결정적이며, 의지에 의해 놀이의 세계가 존속될 수도 있고 사라질 수도 있는 자의성을 갖는다.

아카오 고우이치(1996: 193)는, 컴퓨터 게임을 "놀이를 위한 프로그램"이라고 정의 내리고, 최유찬(2002a: 81)은 "전자 기술이나 전자 기기에 의해 매개되는 게임"으로 컴퓨터 매체를 통해 이루어지는 놀이 프로그램이라고 설명한다. 김창배(1999: 30)의 경우 게임은 정보처리 능력을 가진 장치로서 하드웨어 상에서 흥미를 유발하는 내용물이 어떤 규칙에 따라 선택 결정 과정을 통해 진행되어 나가도록 컴퓨터 프로그램에 의하여 제작된 "최상의 결과를 얻기 위해 규칙에 의거해 즐기는 놀이"라고 보았다. 놀이의 속성과 논의된 정의를 토대로, 컴퓨터 게임이란 컴퓨터를 매체로 하여 규칙에 따라 즐기는 놀이라 한정할 수 있으며, 다음과 같은 종류[61]가 있다.

아케이드 게임(Arcade game) – 보드, 슈팅, 액션, 스포츠
롤 플레잉 게임(Role playing game) – 액션, 턴 방식, 실시간
시뮬레이션 게임(Simulation game) – 조종, 전략, 육성, 연애
어드벤처 게임(Adventure game) – 대화형, 시네마 액티브

게임은 장르별 구분에 따라 각기 다양한 방식의 전개방법을 지니고 있다. 아케이드 게임은 액션, 슈팅, 퍼즐, 퀴즈 등 그래픽 화면에 나오는 물체를 조정하여 점수를 따는 방식으로 진행되며, 대체로 단순한 기술로 이

61) 김창배(1999: 40)는 하드웨어(PC/ 비디오/ 아케이드 게임)와 게임 구현방법(인터넷/ 컴퓨터 게임), 사용자 수(개인용/ 대전용/ MUD 게임), 사용 장소(가정용/ 업소용 게임), 게임 저장 매체(컴퓨터/ 비디오 / 아케이드 게임), 게임 제작 목적(경품/ 메달/ 체련용 게임) 등에 따라 구분하기도 한다.

루어지는 게임을 말한다. 「테트리스」, 「고도리」, 「퀴즈게임」, 「벽돌깨기」, 「바둑」, 「체스」, 「포커」 등 게임 배경의 변화가 없는 보드식(board) 게임, 「갤러그」, 「라이덴」 등과 같이 무기를 발사해 적을 없애나가면서 스테이지를 정리해 가는 슈팅(shooting) 게임, 「스트리트 파이터(Street Fighter)」, 「철권」, 「버추어 파이터」처럼 캐릭터의 액션을 위주로 진행되는 액션(action) 게임, FIFA 시리즈, NHL 등 자신이 실제 선수가 되는 스포츠 게임이 아케이드 장르에 속한다.

롤 플레잉 게임(RPG)은 선택된 하나의 캐릭터에 맡겨진 임무(Role)를 수행(Playing)해 나가는 과정에서 경험과 능력을 쌓아 괴물이나 적과의 전투에서 아이템을 습득하며 최종 목적을 달성한다. 게임의 전투방식에 따라 액션 롤 플레잉(action role playing) 게임,[62] 턴 방식 롤 플레잉(turn system role playing) 게임, 실시간 롤 플레잉(real time role playing) 게임으로 나뉜다.

시뮬레이션 게임은 현실에서 실연되기에 위험하거나 이용하기 불가능한 경우 현실과 동일한 상황에서 유사한 모의실험을 통해 경험을 쌓게 하는 게임 장르이다. 레이싱 게임처럼 게임자가 직접 조종하고 체험하는 조종 시뮬레이션(control simulation) 게임, 「스타크래프트」, 「워크래프트」, 「삼국지」 시리즈처럼 적과의 싸움에서 영토 확장을 꾀하는 전략 시뮬레이션(strategy simulation) 게임, 선택한 캐릭터를 성장시키는 육성 시뮬레이션(nurture simulation) 게임, 남녀 간의 만남을 다룬 연애 시뮬레이션(love simulation) 게임이 시뮬레이션 게임으로 한정할 수 있다.

어드벤처 게임은 모험을 주제로 문제를 해결하면서 수수께끼나 비밀 등을 풀어나가는 게임방식으로 대화형 어드벤처(conversation adventure) 게

62) 브리자드사의 〈디아블로〉와 국내 엔씨소프트사의 〈리니지〉가 이에 속한다.

임과 시네마틱 액티브(cinematic active) 게임이 있다.

2) 게임 텍스트[63]의 특징

게임은 게임자가 게임 과정에서 자신의 의도를 컴퓨터 세계 속에 구현하는 과정이다. 기술이 실재를 정의하고, 세계를 구성하는 내용이나 사물들이 드러나 보이지 않는 배경으로 작용하는 핵심적 역할을 수행한다(하임즈(Himes, 1997: 118)는 언급처럼 게임자는 의도에 따라 희구하는 세계를 직접 혹은 간접적으로 드러낸다. 따라서 게임 세계는 있는 그대로의 현실세계이기보다는 있어야 하는 세계, 즉 이상향의 모습이나 카타르시스 혹은 승리의 쾌감을 추구하는 세계이다.

게임 텍스트는 컴퓨터 게임 개발 및 제작에 필요한 시나리오로 드라마, 영화, 애니메이션처럼 이야기 전개에 필요한 구성요소와 단계가 적용되지만, 작가의 의도가 일방적으로 전달되는 것이 아닌, 주인공 혹은 게임자(gamer)와의 상호작용성(interactive)이 요구[64]된다는 것이 가장 큰 차이점으로 볼 수 있다. 게임 텍스트의 모든 캐릭터들은 게임자가 선택하며 캐릭터는 이에 모두 반응해야 한다. 최유찬(2002a: 272)은 수용자가 경로의 선택권만을 갖는 경우 '탐험적 하이퍼텍스트'가 되며, 기존의 텍스트에 수용자가 자신의 글을 남길 수 있도록 허용되는 경우의 텍스트를 '구성적 하이퍼텍스트'라고 하였다. 그는 하이퍼텍스트의 비선형성보다는 선택의 행위에 중점을 두고 수용자의 경로 선택에 의해 실행될 때마다 일정한 단선적

63) 게임의 경우 그래픽 애니메이션과 음향, 대사 등으로 구성되는데 '게임 텍스트'는 게임 시나리오에 한정하며, 특히 RPG를 대상으로 한다.

64) 게임자가 문제를 해결하기 위해 캐릭터에게 다른 상황을 요구하면 캐릭터는 즉각적으로 이에 반응해야 한다. 테드 프리드만(Ted Friedman; 2002)은 게임자와 게임 텍스트 사이의 상호작용을 상호작용 시네마로 보는 입장/ 시뮬레이션을 만들어내는 소프트웨어 장난감으로 보는 입장/ 텍스트의 이데올로기적 구성을 해체해 내는 탈신비화 과정으로 보는 세 가지의 태도를 설명한다.

구조의 시간적 이야기 형식이 실현된다고 보았다. 게임 텍스트의 경우 게임자는 하나 혹은 여러 개 중 하나를 선택하여 이를 탐험하면서 하나의 이야기를 실현한다.[65)]

컴퓨터 게임의 스토리텔링은 전통적인 문학 텍스트와는 달리 게임자의 프로그램 실행이 절대적으로 선행되어야만 하기 때문에 게임자는 게임 텍스트를 전개시키는 사건을 주도하면서 동시에 주인공이 되어 체험하는 창조자와 수용자의 역할을 동시에 체험한다. 게임자는 컴퓨터 프로그램과의 피드백 과정을 통해 상호작용 관계를 형성하고, 그 과정에서 게임자는 주어진 캐릭터와 텍스트에 숙달되면서 각각의 에피소드(이벤트)를 엮어 새로운 이야기를 만들어나간다.

최유찬(2002a)은 게임에서 '서사'의 개념을 설정할 때 문학 텍스트와 극 텍스트, 게임 서사를 커뮤니케이션의 객관성 유무로 구분하고 있다. 문학 텍스트에서는 사건을 인지하는 사람과 인지된 사건을 서술하는 사람이 반드시 있어야 하나, 극 텍스트에서는 제시된 사건 속의 발신자와 수신자라는 내부 커뮤니케이션 구조와 작가·연출가·관중의 외부 커뮤니케이션이라는 이중 구조를 고려해야 한다는 것이다. 따라서 게임 서사는 문학 텍스트와 극 텍스트에서 이루어지는 서사와는 달리 게임자 외에는 사건을 객관적으로 인지할 수 없는 구조로 파악하여 문학 텍스트와 극 텍스트, 게임 서사를 구분한다. 이는 시뮬레이션이나 아케이드 장르의 게임을 염두에 둔 개념 설정이면서 극 텍스트를 연극의 개념과 혼동한 경우로, 본 논의의 대상인 롤 플레잉 게임(RPG) 경우에는 게임을 통해서 게임자가 주인공이 되는 행동을 통해 일련의 사건을 체험하기 때문에 희곡 텍스트적 개념으로 게임

65) 이는 서사 무가나 판소리 문학 등 구비 전승된 고전소설의 경우와도 비교될 수 있다. 데이빗 볼터(David Volter: 1997)는 수용자의 실행으로 새로운 텍스트가 실현되는 '장르적 글쓰기'라고 명명하였다.

텍스트의 서사를 논의하는 것이 가능하다. 특히 롤 플레잉 게임의 경우에는 '사람 사는 이야기'의 다양한 모습을 다루고 있기에 문학(희곡)의 영원한 주제인 '인간성 탐구'에도 포함될 수 있다.

액션 게임이나 퍼즐 게임은 순식간에 결말이 드러나므로, 배경 스토리나 게임의 목표를 찾기 어렵다. 이 때문에 게임자가 서사 체험을 하는 것이 불가능하다. 반면 롤 플레잉 게임의 경우 컴퓨터 게임은 스토리성(서사) 측면에서 비교적 탄탄한 서사 구조를 기반으로 구성되며, 데이터베이스의 자료들(캐릭터와 아이템)의 계열화된 목록들이 여러 항목(사건)을 인과관계로 엮어낸다는 점에서 이야기와 유사성을 갖는다. 따라서 여러 종류의 컴퓨터 게임 중 롤 플레잉 게임으로 한정하여 게임 텍스트의 서사 구조를 논의해 보고자 한다. 게임의 방법상 '저장'을 통해 캐릭터의 능력과 위치를 담아두는 경우도 발생되지만, 본 논의는 롤 플레잉 게임이 중심된 하나의 이야기를 가지고 이에 따라 진행된다는 것에 중점을 두겠다.

롤 플레잉 게임이란 게임자가 가상세계 속에서 어떤 인물을 연기하면서 싸우는 것으로 1970년대 미국의 테이블 게임(Table RPG)[66]에서 시작되었다. 스토리가 재미있고, 대전(對戰)게임이라는 특성으로 인해 많은 게임자들의 지지를 받고 있다.

롤 플레잉 게임은 게임자가 주인공이 되어 주어진 임무나 목적을 달성해 나가는 형식으로, 주인공과 적대적 관계에 있는 악의 세력을 응징한다는 테마가 존재한다는 점에서 다른 게임과 뚜렷하게 구분된다. 선택된 캐릭터에 맡겨진 역할을 게임으로 풀어나가는 과정에서 캐릭터가 경험과 능력을 쌓아가면서 여러 괴물이나 적과의 전투, 등장인물들과의 대화를 통해 소기의 목적을 달성하고 아이템을 얻어가는 게임 장르이다. 어드벤처 게임에서

66) 1974년 TSR社의 「Dungeon & Dragons」가 시초이다.

게임의 구조가 사건 중심이라면 롤 플레잉 게임의 경우에는 다소 캐릭터[67] 중심으로, 기본적으로 한 캐릭터의 갖가지 사건을 체험하는 형식으로 되어 있다. 「디아블로」, 「리니지」, 「파이널 환타지」 시리즈가 이에 속한다. 롤 플레잉 게임의 경우 모든 이벤트를 거쳐갈 필요도 없으며 아케이드 게임에서처럼 상대를 이겨야 할 필요도 없이 주어진 공간에서 단지 자신의 역할을 수행하면서 임무를 달성하며, 전투나 이벤트를 통해 일정의 경험치를 얻게 되면 레벨이 상승되고 성장도가 수치화된다.

롤 플레잉 게임에서 게임자가 체험하는 서사는 프로그램된 여러 사건들 중 게임자 스스로 선택하고 결정한 행동을 실행에 옮김으로써 발생한 사건들로 게임자의 실행 여부에 따라 서사가 완성되는 특징을 갖는다.

롤 플레잉 게임은 드라마와 대전(對戰) 형식의 게임의 결합이다. 롤 플레잉 게임(RPG)의 텍스트는 형식적 측면에서는 극적 텍스트를, 내용적 측면에서는 대중문학적 특징을 지니고 있다. 시공간의 배경 설정, 사건 발생, 개성적인 캐릭터, 등장인물 간의 갈등과 행동양식, 구성단계 등은 갈등을 중심축으로 파국을 향해 달려가는 극적 텍스트와 동일한 양상을 지닌다. 따라서 롤 플레잉 게임의 서사적 특징을 살펴봄으로써 새로운 서사교육의 실험을 가늠해 볼 수 있을 것이다.

67) 아바타(Avatar)라고도 하는데, 이는 인도의 신(神) 이름으로 화신 혹은 분신을 의미한다. 흔히 인간의 모습으로 게임자는 아바타를 통해 시각적으로, 전통 문학 텍스트의 서사적 체험보다 좀더 직접적으로 느낄 수 있다. 그러나 '아바타'는 모습의 의미가 강하므로 게임 등장인물의 성격을 부각시키기 위해서는 '캐릭터'가 적절하다.

3) 게임 서사[68]의 형식

컴퓨터 게임 중 어드벤처 게임이나 롤 플레잉 게임에 매력을 느끼는 것은 그것들이 이야기 구조를 지닌다는 것이다. 천일 동안의 이야기로 생명을 구할 수 있었다는 「천일야화」에서처럼 '이야기'를 즐기고자 하는 욕망은 거의 본능적이라 할 수 있다. 현실에서는 이룰 수 없는 이야기의 주인공이 되어 모험과 스릴을 만끽한다는 것은 '재미'로 표현되는 게임의 마력이다. 서사에 대한 즐거움은, 아리스토텔레스가 『시학』에서 언급한 것처럼 예술가가 느끼는 모방에 대한 쾌감만이 아니라 타인에 의해 모방된 것, 즉 가상의 세계로 설정된 그럴듯한 세계에 대해 느끼는 쾌감이 바로 게임 텍스트가 전달하는 즐거움인 것이다.

참가자들은 죽음의 순간에 이르면 삶을 위해 처절하게 싸운다. 게임은 정복과 도전을 거듭하며 멈추지 않고 다음 순간을 맞이하고 능력의 한계를 넘어 돌진해 나가는 삶에의 갈망을 펼쳐 보이는 가공적 세계에서의 연희(演戱)이다. 종국에 게임이 추구하고 게임자가 향유해야 하는 즐거움은 실존적인 이유에서 출발해야 할 것임을 뜻한다.

밤낮을 잊고 게임에 몰두하게 되는 원인 역시 재미로 표현되는 게임의 몰입도가 어느 정도인가를 설명한다. 최유찬(2002a: 86)은 게임자를 프로우(flow) 상태로 몰고 가는 가장 주된 요소는 서사라고 설정하며, 박상우(2000: 111)는 몰입 동기를 세 가지로 설명한다. 캐릭터가 경험을 통해 능력이 신장되면서 게임자가 느끼게 되는 일치감과 성장에서 오는 뿌듯함, 게임 세계에서 펼쳐지는 사람들의 감동적인 이야기나 게임 속 삶을 자신의

68) 서사란 시간의 경과를 따라 전개되는 의미 있는 사건의 서술을 뜻한다. 매체의 발달에 따라 서사는 구술 서사 → 문자 서사 → 영상 서사로 그 영역이 확대되었고, 컴퓨터 게임 서사는 하이퍼텍스트적 성격을 띠는 디지털 서사의 영역에서 논의할 수 있다.

삶과 동일시하는 것이 그것이다.

문학 장르에 비해 빈약한 서사를 지닌 게임의 극적인 힘을 끌어내기 위해 음향과 영상 등 영화적 제작 기술을 활용하기도 한다. 이는 리얼리티를 높이며 게임자의 경험을 극적 체험의 순간으로 전환시킨다.

게임에 적용되는 규칙은 세계를 통제하는 기능으로 게임이 진행되는 방식을 규정한다. 게임의 규칙과 상황에 대한 정보를 제공하는 '배경 스토리'는 게임자가 궁극적으로 도달해야 하는 임무(퀘스트)를 제시한다. 이를 통해 게임자는 자신의 행동 방향과 방법을 강구하고 데이터를 이용해서 캐릭터를 선정하고 자원을 확보하며 목표를 달성하고자 몰입한다. 컴퓨터 게임에서 최종 목표 혹은 임무는 게임자의 몰입을 지속시키기 위한 근본 원인이다.

게임자가 자신이 선택한 캐릭터의 능력을 신장시킨다는 것은 게임의 몰입도를 높여주는 주된 원인의 하나로 꼽힌다. 특히 롤 플레잉 게임의 경우 행위에 따른 경험치 획득(Role playing)이 성장의 기본 요소로, 동일화된 게임자와 캐릭터는 미지의 장소를 더듬어 돌아다니는 모험의 여행에서 극적 구성과는 아무 관련 없이 그냥 종료할 수도 있는 게임의 과정을 실행하게 된다. 부수적 이벤트 참가와 이벤트와는 관련 없는 사냥을 통해 경험치와 아이템 획득에 주력하는 것이 그것이다. 그러한 과정에서 게임 전체 이야기 흐름에는 변화가 없지만 등장인물들 간의 대화를 통해 부가적 이벤트가 발생되고, 타인과의 대화를 통해 자신의 의지를 결정하고 행동에 옮기는 자유가 허용된다.

롤 플레잉 게임은 문화의 경계를 넘나들면서 생성되기도 하고 다른 모습의 문화를 만들기도 한다. 다시 말해 오락적 의미의 컴퓨터 게임, 하이퍼텍스트의 양방향성과 비선형성, 극적 형식의 어우러짐 속에서 탄생된 것이다. 이는 다시 장르 간의 넘나듦이 가능하다는 것을 보여준다. 환상소설의 기원인 〈반지전쟁〉(J. R. 톨킨)에서 게임 「드래건 퀘스트」가, 순정 만화 〈리니지〉에서 게임 「리니지」가, 게임 「파이널 환타지」에서 영화 「파이널 환타지」가, 게임 「툼레이더」에서 영화 「툼레이더」가 만들어졌다는 것은 그것을 입증한다. 이는 게임 서사와 극적 서사가 접합점을 형성하고 있다는 증거이기도 하다.

앞서 논의했던 것처럼 게임 텍스트는 등장인물, 사건 형성, 대화, 갈등, 구성 단계 등의 여러 형식적 측면에서 극 텍스트적 성격을 지니고 있다. 시대적 배경이 설정되고, 갈등의 원인과 임무가 배경 스토리로 정해지며 개성적인 캐릭터가 나열되고 각 단계마다 희곡의 지문처럼 상세한 설명이 제시된다. 또한 게임에는 반드시 갈등이 존재하며 캐릭터의 행동에 의해 갈등이 해결된다.

롤 플레잉 게임의 경우 게임성과 스토리성이 모두 존재한다. 롤 플레잉 게임에서 앞 단계의 과정은 다음 단계로 넘어가기 위한 전제 조건이 되면서 주인공은 여러 선택의 과정을 거쳐 단 하나의 목표를 위해 행동한다. 설정된 세계 속에서 무수한 정보와 아이템 가운데 게임자 스스로 구성을 선택하고 캐릭터의 행동과 이야기가 전개된다.

가와베 가즈토(川邊一外, 1999/2000: 48)는 게임 텍스트의 구성을 장면장면이 정(正), 반(反), 합(合)을 구성하면서 연쇄적인 반응을 나타내는 중층적 구조체로 설명한다. 즉 장면이 쌓여가면서 캐릭터의 파워와 템포는 상승되고 적대적 환경 또한 증대한다. 바로 그 두 개의 힘이 극한 상황에 다달아 온 힘을 다해 충돌하는 마지막 대폭발 시점에서 클라이맥스가 이뤄지는 것[69]이다.

69) 발단 단계에서 세계의 모순과 이를 극복하기 위한 임무가 제시되면 전개부에서는 주인공과 적대적 환경이 격돌하면서 피스톤 운동처럼 갈등이 증폭된다. 이어 클라이맥스에서 모순 해결을 위한 임무가 달성되면서 스펙터클한 정면 충돌이 나타난다. 결말 부분에서는 폭발 후의 새로운 질서와 내일에의 희망, 균형 잡힌 세계가 제시된다.

주인공이 자신의 임무를 부여받고 행동을 개시하기까지의 직접적인 원인, 즉 적대 역인 악의 행동이 첫 부분에 놓인다. 예를 들어 형사물이면 살인 사건이 첫 부분에 놓이고, 비극적 사랑 이야기라면 갈등이 첫 부분에 놓인다. 주인공은 그것을 해결하기 위해 임무를 시작한다. 전개 부분은 도전과 성공·실패가 반복되면서 주인공이 임무를 수행한다. 전개에 속해 있는 각각의 사건과 상황들은 다음 단계를 넘어가기 위한 전제 조건 혹은 통과 조건으로, 그러한 과정을 통해 주인공의 능력치가 상승되어 적대 역과 대항할 수 있는 힘을 키우게 된다. 이를 위해 게임자는 자유로운 창의력으로 게임을 구성하고 아이템을 선택하여 자신만의 이야기를 그려나간다. 클라이맥스에 이르러 주인공은 자신이 축적한 능력으로 적대 역과 정면 충돌하고 그동안의 갈등 요소를 해결하게 된다. 마지막 결말 부분은 충돌로 인해 생긴 균열을 맞추고 평화로운 상태에서 주요 인물들이 모여 희망찬 미래를 계획하고 제시한다.

대표적인 롤 플레잉 게임인 「파이널 환타지(Ⅷ)」의 경우 발람가든 소속의 특수부대 '용병(SeeD)'을 배경으로 스콜과 리노아, 사이퍼, 이데아 등의 캐릭터가 사랑과 전쟁의 이야기를 전개하고 있다. 스콜과 사이퍼는 능력이 대등한 라이벌 관계로 스콜은 리노아를 만나 사랑을 느끼면서 사이퍼와 갈바디아군, 마녀 이데아, 미래의 마녀 울티미시아와 싸움을 벌이고 이 과정에서 여러 동료를 만나 힘을 키우면서 전쟁을 벌인다. 「파이널 환타지」는 스콜과 그 외 등장인물에 의해 발단-전개-절정-결말의 이야기를 전개해 나간다.

스콜이 용병양성학교인 발람가든에서 용병(SeeD) 시험에 합격하고 아름다운 소녀 리노아를 만나는 것이 발단이라면 용병학교에서 부여한 임무를 수행하면서 동료들을 만나고 사이퍼와 이데아, 갈바디아군과 전투를 벌이면서 함께하는 동료들이 17년 전 마녀 전쟁에서 전쟁고아로 함께 고아원에서 자랐다는 기억을 되찾고 스콜과 리노아의 사랑, 최대 적인 마녀 울티미시아에 대한 전투 준비 부분이 전개를 구성한다. 동료 구출과 전쟁을 거치면서 자신들의 과거를 알아나가는 도중 적의 계략을 파악하고 클라이맥스에 이르러 결전을 치른다. 에필로그 부분에서는 모든 캐릭터가 자신의 시대로 돌아가고, 스콜은 과거 엄마 선생님이었던 이데아가 자신의 아이들을 구하기 위해 마녀 울티미시아의 힘을 계승하게 되는 것을 목격한다. 그리고 스콜을 구한 리노아는 그들의 울타리인 발람가든에서 사랑의 대화를 나누는 스토리라인을 형성한다.

이처럼 「파이널 환타지(Ⅷ)」에는 우리가 살고 있는 세계와 흡사한 환경을 지니고 있으며, 용병(SeeD)인 젊은이들이 시간을 압축해서 세계를 멸망시키려는 미래의 마녀와 싸우는 사랑과 우정 그리고 용기에 관한 이야기로 구성되었다. 텍스트 전체에서 캐릭터 간의 행위는 하나의 목적(임무, 즉 퀘스트)을 위해 일관되게 나타난다. 각각의 상황마다 주인공에게는 임무가 주어지고, 이는 각각의 이벤트를 구성하면서 결국에는 악의 세력인 마녀 울티미시아의 세력을 타도하게 된다.

이들은 현실세계에서 있을 법한 행위를 가상세계(virtual reality)에서 행하고 게임자는 그 세계의 주인공이 된다. 게임자는 주인공과 동일시되어 주어진 문제로 인해 생겨난 갈등을 해결하기 위해 행동한다. 여러 단계를 거치면서 능력이 상승(level up)된 주인공은 게임이 부여한 갈등을 행동으로 표현하고 해결하면서 카타르시스를 느끼게 된다. 즉 갈등의 원인을 제공하는 적대 역(흔히 강력한 악의 우두머리일 경우가 많다)과 주인공을 설정하고, 전개 과정에서 능력을 상승시키며 조마조마함과 두근거림을 클라이맥스로 상승·고조시킨다. 그리고 마지막 단계에 이르러 게임자는 상쾌한 카타르시스를 경험하는 것이다. 서술적 형식을 취하지 않고 드라마적 형식을 취하면서 연민과 공포의 감정을 환기시키는 사건에 의해 감정의 카타르시스를 행한다는 비극에 대한 정의는 문학 장르에서 인간 이해를 기반으로 감정을 해소하는 방식이 게임에서도 여실히 적용됨을 확인할 수 있다.

게임 텍스트는 상호작용성에 의해 선택과 노력에 따라 다양한 결과가 도출된다. 즉 하나의 목표를 위해 여러 개의 과정을 선택할 수 있는 기회[70]를 부여받는다. 따라서 선택과 노력에 따라 상이한 결과[71]를 얻어갈 수 있는 것이다. 이는 하이퍼텍스트의 비선형성과 게임의 목적(임무수행) 달성을 위해 생겨난 형태로, 게임 텍스트의 상호작용성으로 하나의 결말을 이끌어내는 기존의 단일 구조가 아닌 거듭되는 선택과 갈림길에 놓이게 되는 복합 구조[72]를 지닌다.

〈게임 텍스트〉

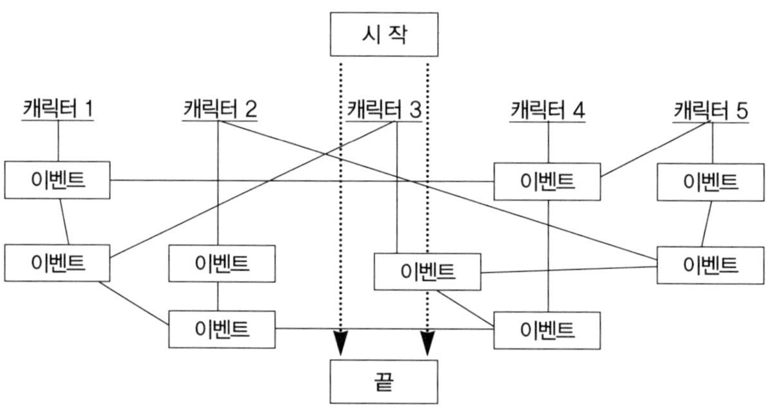

〈그림 Ⅱ-9〉 게임 속의 비선형적 사건 흐름

70) 닫힌 구조의 구술 텍스트, 문자 텍스트와 달리 열린 구조를 지닌 하이퍼텍스트의 비선형성이 논의의 중심이 되는 것은 '선택'의 기회를 부여했다는 것이다.

71) 게임의 전체 줄거리에 손상을 입히지 않는 정도의 결과로 게임자의 능력과 선택에 따라 다른 내용이 전개될 수 있다는 것이다.

72) 따라서 게임에는 전체 구성도와 선택에 따른 세부적 구성도인 플로우 차트를 작성해야 한다.

〈그림 Ⅱ-9〉처럼 사건의 흐름이 비선형성을 지님에도 불구하고 게임의 결말은 동일하다. 즉 이벤트와 사건이 캐릭터에 따라 여러 가지 형태로 발생되지만 이는 전체를 관통하는 이야기의 끝으로 귀착된다. 열린 구조와 닫힌 구조의 텍스트가 결합된 상태로 설명될 수 있음을 뜻한다.

그러나 게임자는 한 게임에서 하나의 역할만 경험하는 것이 아니라 여러 캐릭터를 차례로 번갈아가면서 자신의 주인공으로 삼아 게임을 진행해 볼 수 있다.[73] 이미 설정된 단 하나의 고유한 사건을 체험하는 것이 아니라 이벤트를 통해 여러 경험이 중첩되기도 하고 건너뛸 수도 있다. 따라서 전통적인 문학 텍스트의 서사 경험과 달리 게임 서사는 게임에 참여(클릭)했을 때만 경험할 수 있다는 서사 체험의 능동성을 요구한다. 게임자가 참여하기 전까지는 미완의 서사이기에 게임자는 자신만의 창조적 행위[74]를 통해 대상을 만들어가는 독특한 서사를 경험한다.

4) 게임 서사의 대중성

변화하는 정보사회에서 인간소외 현상은 심화되었고, 사회는 심각함을 거부하고 안정을 지향하면서도 부동(浮動)의 삶을 살고자 하는 역설의 욕망을 실행하고 있다. 이는 규격화되고 편안한 삶이 가져다주는 권태와 무의미함을 벗어나면서도 내일을 확신할 수 없는 불안과 초조, 좌절, 박탈감에서 질서와 안정의 세계로 도피하려는 욕구에서 기인한 것이다. 이러한 도피성은 게임 텍스트에서 캐릭터와 주제, 소재, 배경 등을 통해 드러나고 있다. 서스펜스와 감정이입, 그럴듯한 가상세계 창조라는 대중문학 기법의

73) 게임자는 선택한 캐릭터에 의해 1인칭 시점으로 극을 진행하면서 게임 행위의 반복을 통해 3인칭 시점을 견지할 수도 있다.

74) 게임 제작시 부여된 틀을 뛰어넘지는 못하지만, 하나의 틀만을 지닌 전통적인 문학 텍스트에 비해 다양한 경우의 수를 만들어낼 수 있기에 창조적이다.

적용이 그것이다. 당대의 사회 문제에서 소재를 택하거나 꿈의 현실화인 초인간적인 주인공을 등장시키는 것, 정의의 승리를 통해 인간의 권선징악에 대한 욕구를 반영하거나 애정을 바탕으로 한 주인공과 악한과의 대결구도 등은 대중문학에서 흥미 유발을 위해 사용되는 방식으로 게임 텍스트 역시 이러한 대중성을 찾아볼 수 있다.[75)]

가상의 인물이 되어 활동하는 세계는 분명한 악이 존재하며, 주인공은 필사적으로 이에 대항하는 정의의 인물이다. 이처럼 게임 텍스트에 나타나는 세계는 선악의 대립이 분명한 이분법적 세계로 주제 역시 선과 악을 대표하는 캐릭터들 간의 대립을 통해 권선징악을 나타내고 있다. 「파이널 환타지(Ⅷ)」에서 발람가든의 용병들과 마녀와의 대립이 그것이다. 때로는 개인의 사랑보다 인류의 구원이라는 대의를 중시하며 선악의 대립을 통해 주인공인 인간의 꿈과 희망을 달성해 나가고 있다.

대중문학의 도식성이 지닌 문학적 가능성은 현실에 대한 감각을 상실하지 않으면서도 동시에 현실도피의 가상적 체험을 제공한다는 점이다. 게임자는 주인공 캐릭터를 조작하면서 그와 동일시되어 복잡다단한 현실을 도피하고자 한다. 또한 현실에서 이루지 못한 것들을 달성하고 싶어한다. 도피란 일상의 현실에서 가상세계로 달려가고 다시 가상세계에서 현실세계로 뛰어나오는 것이다. 게임자는 텍스트에 따라 임무를 수행하면서 자신의 이상을 펼치는 쾌감을 누리면서 동시에 유혈이 낭자한 전쟁터에서 죽어도 죽지 않는다는 쾌감을 느끼는 것이다. 게임을 마치고 현실로 돌아왔을 때 아무렇지 않게 다가오는 삶은 죽음을 극복했다는 또 다른 즐거움을 안겨주기 때문이다.

게임의 주인공은 언제나 모험을 찾아 떠나는 여행자적 인물로 여러 다른

75) 이런 의미에서 RPG는 '시간 때우기' 혹은 '게임만을 위한 게임' 을 넘어서 놀라운 속도로 발전하는 과학에 위축된 소외된 인간을 회복하고자 하는 또 다른 모습으로 볼 수 있다.

세계를 탐험[76]한다. 게임자는 신개척지를 정복하는 것처럼 스펙터클한 세계 속에서 주인공을 통해 가상세계를 탐험하고 개발하며 공간을 전유(appropriation)하는 즐거움을 느끼게 된다. 이는 레벨을 상승시켜 임무를 달성하면서 게임을 진행하고자 하는 목표 달성의 욕구와도 결부되어 있다.

게임 텍스트를 경험하는 게임자는 대전(對戰)을 통해 자신의 꿈과 사랑을 간접 경험하고자 한다. 따라서 게임 속 환경은 현실과 똑같은 가상의 세계이면서 이상의 실현이 손쉬운 신화나 전설, 환상의 세계를 시공간적 배경으로 삼는다. 또한 게임 「드래건 퀘스트」가 환상소설 〈반지전쟁〉에서 착안되었듯이 대부분의 롤 플레잉 게임은 신화나 전설, 판타지 등에서 소재를 많이 택하고 있다.[77] 여행과 모험, 비밀통로, 밀실, 어두운 하늘, 우물 등은 게임에서 흔히 나타나는 소재이다. 미지의 세계를 향하는 모험의 심리와 안락한 도피처로 어둠에 은신하려는 것은 인간 삶의 원형에 잠재적으로 내재되어 있는 욕구로서 신화는 이러한 염원을 수용하였고 게임은 이를 소재로 채택한 것이다.

구아마르(Jacques Goimard, 1974/1995: 142)가 수신자(대중)의 성질에 관한 법칙에서 무의식과 소통하기 위해 환상적 목표로 기교 사용을 제안하면서 명확하게 규정되지 않은 상황과 모호한 자극물은 무의식과의 소통을 자극한다고 설명한다. 신비로움이라는 명목 하에 미지의 공간으로의 여행, 낯섦, 모험에서 은밀한 장소, 보이지 않는 문, 비밀계단, 함정, 이중 방, 지하감옥, 지하수, 우물 속으로의 하강, 어둠 등은 독자인 대중의 무의식을

76) 특히 어드벤처 장르의 경우 모험을 주제로 시나리오에 따라 여러 가지 문제를 해결하면서 감추어진 수수께끼나 비밀 등을 풀어나가는 게임 방식으로, 「툼레이더」가 대표적이다.

77) 1920년대 에드가 라이스 버로즈(Edgar Rice Burroughs)와 로버트 하워드(Robertt E. Howard)의 공상소설에서 영향 받은 초자연주의 세계는 톨킨(J. R Tolkien)에 의해 발전되고, 이는 1970년대 최초의 텍스트형 컴퓨터 게임을 개발한 돈 우드(Don Wood)에 큰 영향을 끼쳤다. 「던전 앤 드래곤(Dungeon & Dragons)」이 성공한 이후 지하동굴, 검(sword), 마법 등은 RPG의 필수적 요소가 되었다. 이는 또한 게임 제작자의 나태한 상업주의와도 관련된다(이재현, 2002).

드러내기 위한 소재라는 것이다. 게임 역시 그러한 신비로움을 배경과 소재로 선택한다.[78)]

주된 적은 마법사나 괴물(monster)일 경우가 많으며[79)] 등장인물 역시 환상 소설적 캐릭터인데, 마법은 기본요소이며 환상소설의 용은 괴물(monster)로, 기사는 전사로 변형되어 나타난다. 롤 플레잉 게임은 캐릭터 중심으로, 주요 인물로 전사, 마법사, 요정, 소환사, 엘프 등의 등장은 이미 어느 정도 설정된 롤 플레잉 게임의 구성 법칙과 같다.

> 스콜 리언하트: 17세에 신장 177cm, 8월 23일생, 혈액형 AB, 어떠한 훈련과 과제도 어려움 없이 해내는 우등생으로 전투 능력에서는 타의추종을 불허하는 자질을 지니고 있어 특수 무기 건블레이드도 손쉽게 다룰 수 있다. SeeD 시험에 합격이 가장 유력시되고 있으나 항상 다른 사람과 거리를 두는 태도와 무뚝뚝하고 비사교적인 성격 때문에 가든에서는 문제아들 중 한 사람으로 취급받고 있다. 고고하면서도 대인공포증적인 완고함을 지닌다. 하지만 가든의 학생들 중에서는 그를 높이 평가하는 사람들이 많으며, 이 사실로부터 그가 뛰어난 카리스마를 지니고 있다는 사실을 알 수 있다.
>
> 리노아 하틸리: 17세에 신장 163cm, 3월 3일생, 혈액형 ?, 전방지축 소녀로 게임의 여주인공임. 스콜과는 반대로 매우 쾌활하고 사교적인 성격으로 누구에게나 친절하게 대하며 처음 만나는 사람과도 쉽게 사귄다. 매사에 적극적으로 자신의 감정에 충실하게 행동하지만, 상대방의 내면적 갈등을 잘 이해하지 못하는 다소 무신경한 면모를 가지고 있다.
>
> 「파이널 환타지(Ⅷ)」

게임의 전형성은 권선징악의 주제 측면과 더불어 캐릭터 선정에서도 볼

78) 그러나 모순적이게도 컴퓨터 게임은 게임자가 반복을 통해 게임 원리에 능숙해지면서 게임의 비밀이 밝혀지는 '해체(deconstruction)'와 '탈신비화(demystification)의 과정'이다(테드 프리드만, 2002).

79) 게임 「巨商」은 온라인 RPG이지만 예외적으로 교역을 테마로 한다.

수 있다. 남자 주인공은 대부분 잘생기고 능력이 있으며 터프한 성격이지만 마음은 여린 남자로 그려지고, 여주인공은 능력이 뛰어나고 마음이 섬세하며 모든 면에서 만능인 경우가 많다. 「파이널 환타지(Ⅷ)」의 캐릭터 소개에서처럼 주요 인물은 게임자의 잠재된 욕구를 충족시킬 수 있는 매력적인 인물로, 스콜의 라이벌인 사이퍼 역시 대등한 실력에 호전적 특징을 지닌 인물로 설정되었다. 스콜과 리노아의 사랑은 멜로 드라마적 구성을 지닌다. 또한 여전사나 마녀의 경우 금발에 17세라는 젊은 훈련 교관, 요염한 마녀 이데아처럼 흥미를 자극하는 인물을 선택한다. 롤 플레잉 게임의 주인공은 주로 인간으로, 게임 속 행동은 일상적인 현실을 더욱 강화시킨 삶을 드러내고자 한다. 갈등의 원인 역시 전형적으로 게임 속 세계는 개인적 갈등에 의해 괴로워하기보다는 외적 세계가 충돌하여 갈등이 발생하는 특징을 나타내면서 흔히 발단 부분에서 괴물이 침입하여 혼란을 야기한다. 아이템의 경우 역시 롤 플레잉 게임에서는 전형적으로 나타나는데, 무기(방어구), 액세서리, 일반 아이템(음식물, 약초, 돈)으로 나뉘며 캐릭터 직업에 따라 약간의 변화가 생긴다.

이처럼 게임은 내용적 측면에서 대중문학적 성격을 지녔다. 이러한 성격으로 인해 게임자는 대중문학의 독자들처럼 게임을 통해 초월적 능력을 지닌 주인공으로 탈바꿈하여 현실에서는 이룰 수 없는 강자에 대한 복수를 실현하게 된다. 게임은 대중문학의 자리를 넘겨받은 욕망을 충족시키는 정신적 위안처이면서 일종의 백일몽이고 집단적 꿈의 표현이라는 가설을 입증하게 된다.

5) 게임 서사의 한계와 극복

롤 플레잉 게임은 그래픽, 애니메이션, 전투 시스템 등 기술 면에서 상당히 정밀하고 섬세한 공예품의 경지에 다다르고 있다. 그러나 롤 플레잉 게임의 주인공들이 악을 물리치고 세계를 구현할 때 그 지향하는 세계나 인물이 구체적으로 묘사되지는 않는다. 또한 목표 달성을 위한 결과 위주의 평가는 수단의 적합성에 문제시될 수 있다. 이로 인해 아이템 습득이나 임무 달성을 위해서는 도둑질이나 살생까지도 허용되거나 당연시할 수 있는 한계를 갖는다. 살인과 전쟁이 난무하는 전투 위주의 게임을 지양하고, 긍정적 가치관을 심어주며 우리의 역사와 문화를 담고 있는 소재의 다양한 게임화도 고려되어야 할 것이다.

호이징하가 놀이는 창작적이고 예술적인 것에 가까우며, 플라톤과 아리스토텔레스가 놀이를 성인 활동의 모방으로 간주하고 어린이의 놀이 본능을 길러주어야 한다고 했던 것처럼 놀이는 아이들을 균형적으로 발달시키는 중요한 교육 수단이면서 어린이로 하여금 스스로 하나의 세계를 만들어 주는 활동의 장인 것이다(Huizinga, 2003: 318).

〈스타크래프트〉가 유행하면서 대중화된 컴퓨터 게임을 통해 대부분의 청소년들은 서사 체험을 하고 있다고 해도 과언이 아니다. 나아가 게임은 청소년이 가장 즐거워하는 문화 형태로, 어떠한 게임 텍스트가 구성되는가에 따라 청소년에 끼치는 정서적 파장이 크다. 주인공이 보여주는 휴머니즘은 설교나 연설을 초월한 강한 정서적 교육 메신저의 역할을 담당할 수 있을 것이다.

5 오락 영역 (인터넷 유머)

1) 유머의 개념

일상생활의 대화에서 유머는 아주 중요한 기능을 한다. 낯선 사람과의 어색한 분위기를 부드럽게 해주기도 하고, 긴장을 완화시키기도 한다. 특히 수업 중 교사는 유머로 학생들의 주의력을 이끌어내기도 한다. 일상생활의 양념과 같은 기능을 하는 유머는 구전으로 유포되다가 인쇄매체로, 요즈음은 인터넷으로 유포되기도 하는 상황에 이르렀다.

인터넷을 통해 유포되고 있는 유머는 가상공간이라는 컴퓨터 환경과 익명으로 글을 올릴 수 있다는 특성, 그리고 하이퍼텍스트[80]를 사용할 수 있다는 특성으로 일상 대화에서 나타나는 유머와는 다른 특성을 지니고 있다. 현실 공간에서 통용되는 유머와 가상공간에서 통용되는 유머의 특징을 살펴보기에 앞서, 일반적인 유머에 대해 살펴보고 인터넷의 유머를 살펴보는 쪽으로 논의를 하겠다.

80) 초창기의 하이퍼텍스트는 글과 그림으로 구성되어 있었다. 그러나 IT의 발달로 하이퍼텍스트가 글과 그림뿐만 아니라 그래픽, 소리, 말, 애니메이션, 비디오 영상 등과 통합하게 되었다.

웃음이나 유머의 본질을 '직관과 개념과의 불일치', 즉 직관과 개념적·합리적 사고와의 어긋남에 두고 있는 쇼펜하우어는 그 불일치가 웃음을 자아내는 이유라고 논하고 있다(강명옥·박경희 1998: 176). 개개인이 무엇을 어긋남이라고 생각하는지는 각자의 경험, 문화, 지역, 시대, 교육의 정도, 사회적 계급 등에 의해 달라진다고 볼 수 있다. 그러므로 동시대를 공유하는 사람들에게도 무엇을 유머로 볼 것인가는 개인이나 문화 공동체마다 다를 수 있다. 한때 유행했던 유머가 어느 시기에는 사람들의 호응을 받지 못하고 썰렁한 유머가 되거나, 한때 유행하는 유머가 어느 집단의 사람들에게는 비판의 목소리가 되기도 한다.

유머는 흔히 그냥 '듣고 웃어넘기면 되는 것'으로 생각하기 쉽지만 '듣고 웃을 수 있으려면' 또는 '듣고 웃을 수 있도록 하려면' 유머가 이루어지는 대화를 잘 살피는 것이 중요하다. 그래서 박영원(2000: 43)에서는 유머를 이해한다는 것은 문제 해결 처리의 과정을 거치게 되는 것이라고 논하고 있다.

> 유머가 이해되면 먼저 고양된 각성으로 인하여 즐겁고, 이후 그것을 진정시키면서 즐거움을 가지게 된다. 이러한 관점에서 유머의 즐거움은 인식하려는 도전, 즉 문제 해결의 처리 과정에 연관되어 있는 것이다.

유머를 구사할 때에도 수용자의 입장에서 고려할 필요가 있다[81]. 또한 시대 상황을 고려할 필요가 있다. 어떤 사회에서든 그 사회를 반영하는 시리즈 유머가 나오기 마련이다. 과거의 '대머리' 시리즈, '식인종' 시리즈, '참새' 시리즈, '개구리' 시리즈, '최불암' 시리즈, '엄마, 나 ○○ 맞아?'

81) 화자의 의도와는 달리 청자(또는 수용자)가 유머를 유머로 받아들이지 않을 수도 있고, 나이나 관심도 등에 따라 유머에 대한 반응이 다를 수 있다. 인터넷으로 유머를 올릴 경우에도 단순히 재미만을 생각할 것이 아니라 수용자에게 미치는 도덕적 영향력을 고려하여 유머를 올릴 필요가 있다.

시리즈, '사오정' 시리즈 등이 현대 한국사회를 반영했던 시리즈 유머라고 할 수 있다.

유머 텍스트는 일회적인 속성을 지닌다. 빠르게 유행을 타고 변하는 속성을 지닌다. 그러므로 표현 기제를 분석하고 일반적인 이론을 도출해 내는 작업이 어려운 것이 사실이다. 또 유머의 특징이나 구조를 밝힌다고 하지만 그 전모를 밝히기는 어렵다. 새로운 유머가 유행하면 새로운 구조도 함께 태어날 수 있기 때문이다. 즉 사람들이 유머에 식상함을 느낀다고 하면 그 소재에 대한 식상함일 수도 있지만 그 구조에 대한 식상함일 수도 있기 때문에 새로운 일탈이 또 생기기 마련이다. 유머는 언제나 그 시대상과 사람들의 공감 사이에서 허를 찌르거나 비틀기를 하면서 웃음을 자아내기 때문이다.

본 연구에서는 2001-2002년도에 유행한 유머를 중심으로 하되, 인터넷에 유포되고 있는 유머를 함께 살펴 표현 기제를 밝히고자 한다. 그리하여 구어로 전승되는 유머와 인터넷의 통신 유머 사이의 차이를 살펴보고자 한다.

먼저 유머의 정의를 국어사전에서 살펴보면 다음과 같이 제시되어 있다.

> 유:머(humor): 어떤 말이나 표정, 동작 등으로 남을 웃게 하는 일이나 능력. 또는, 웃음이 나게 만드는 어떤 요소. 익살. 해학. ¶~ 감각〔센스〕 / ~가 있는 청년 / ~가 풍부한 소설. ▷위트(wit).(금성출판사, 야후 국어사전)
>
> 유머(humor): 「명」 남을 웃기는 말이나 행동. '우스개', '익살', '해학' 으로 순화. ¶ 유머가 있는 사람 / 유머가 풍부하다 / 유머 감각이 뛰어나다 / 이 소설은 유머가 넘쳐흐른다(국립국어연구원, 표준 국어대사전)

웹스터 사전(2001)에는 유머를 ① 우연한 사건, 행동, 상황 혹은 아이디어의 표현에 있어서 나타나는 특질로서 웃음이나 부조화 혹은 어색함을 유발시키는 것(웃음이나 즐거움) ② 아이디어, 상황, 우연한 사건 또는 행동에서 웃음이나 부조화적인 요소를 발견하고 표현하고 평가하는 정신적인 노력(우스꽝스러운 모방 혹은 표현) ③ 우습게 하려는 행동이나 노력으로 정의하고 있다.

구현정(2000: 342)에서 유머는 남을 웃기거나 즐겁게 해주는 말의 통칭으로 보고, 조크와 위트를 우리말의 익살과 해학에 해당하는 용어로 보고 있다. 그 결과 유머와 익살, 해학의 개념을 다음과 같이 정의하고 있다.

> 유머: 남을 웃기거나 즐겁게 해주는 말의 통칭
> 익살(joke): 남을 즐겁게 하려고 고안된 말 가운데 독립적 구조를 가지고 있는 말
> 해학(wit): 남을 즐겁게 하려고 고안된 말 가운데 특정한 대화 상황과 문맥에서만 나타나는 말

구현정(2000)에서는 유머를 익살과 해학으로 분류하고, 익살은 영어의 조크과 같은 의미로, 또 해학은 위트와 같은 의미라고 정의하였다. 이 개념들은 완전히 일치되는 것은 아니다. 우리말 단어와 영어 단어를 연관시켜 정의함으로써 오히려 개념 혼란의 무리가 있다고 볼 수 있다. 또 유머가 익살과 해학을 포괄하는 단어라는 정의도 쉽게 받아들여지지 않는다.

영어를 번역하는 과정에서 우리말에 해당하는 용어를 찾다 보니 무리한 대응이 발생한 것이다. 조크는 유머 텍스트 정도로 보아 독립적인 구조로 남을 즐겁게 하는 것으로 이해하고, 위트는 재치 정도로 보아 대화 상황이나 문맥 상 웃음을 자아내게 하는 즉흥적인 것으로 이해함이 타당할 것이다.

본고에서는 조크 대신 농담을, 위트 대신 재치라는 용어를 쓰겠다. 또 유머 중에서 쓴웃음을 자아내는 것을 풍자로 규정하겠다. 그리고 유머는 농담, 재치, 풍자를 포괄하는 개념으로 볼 수 있다. 유머는 우스갯소리와 대응하기도 한다. 그러나 우스갯소리보다는 유머가 일반적이고 보편적으로

〈표 Ⅱ-6〉 유머의 분류

	분류	프로이트식 분류
유머	농담(웃음 유머) 풍자(쓴웃음 유머) 재치(문맥 웃음 유머)	목적성이 없는 유머 목적성이 있는 유머, 모순적 유머 목적성이 없는 유머, 모순적 유머

사용되는 용어이기 때문에 유머라는 용어를 그대로 사용하겠다[82]. 그 결과 유머는 말장난 혹은 농담(joke), 재치(wit), 풍자(satire) 등을 통칭하는 개념으로 볼 수 있다. 농담과 풍자를 굳이 나눈 이유는 웃음 유머[83]와 쓴웃음 유머를 구분하기 위해서이다. 농담은 '웃음 유머'로, 재치는 '문맥 웃음 유머'로, 풍자는 '쓴웃음 유머'로 볼 수 있다[84].

프로이트는 유머를 '유아기의 놀이적 마음 상태로 돌아가게 하는 어른의 해방감'이라고 해석하고, 그 분류를 목적성이 있는 것과 목적성이 없는 것으로 나누어놓았다(맹명관, 1998). 프로이트식 분류[85]와 연관하여 본 연구에서 바라본 유머를 도표화하면 〈표 II-6〉과 같다.

유머의 발생 측면에서 살펴볼 경우 발생 초창기에는 유머가 독립적 구조를 이루지 않았을지라도 구전되거나 기록되는 과정에서 독립적 구조를 얻

82) 유머를 농담, 재치, 풍자, 아이러니(부조화 또는 모순) 등 네 가지로 분류하는 경우도 있다. 그러나 본 연구에서는 아이러니를 별개의 항목으로 설정하지 않았다. 농담이나 재치, 풍자가 아이러니를 포함한다고 보기 때문이다.

83) 웃음 유머란 악의가 없고 비판 의도가 없는 순수한 웃음을 유발하는 유머를 의미한다. '순수 웃음 유머'라는 용어를 생각해 보았지만, 이를 달리 일컬을 용어가 마땅하지 않아 웃음 유머라는 용어를 사용하였다.

84) 박영원(1996: 158-159)에 의하면, 유머와 관련된 용어로 골계의 개념을 살펴보고 있다. 골계를 객관적 골계와 주관적 골계로 나누고, 그 중에서 주체의 표상 과정으로 인해 생긴 주관적 골계는 유머, 기지, 풍자, 아이러니 등의 양태를 보인다고 논의하고 있다.

85) 유머는 생각하기에 따라 주관적인 성격을 나타내므로 그 분류나 견해는 시대를 막론하고 다양하게 제시되어 왔다. 그 중 카텔(Catell)과 러보스키(Luborsky)의 분류법은 상당히 체계적이라고 평가받고 있는데 그 내용은 다음과 같다(맹명관, 1998 참고).
첫째, 부모와 자녀, 외판원 등의 소구 대상에 따른 분류이다.
둘째, 형태(form)에 따른 분류 방법으로 재담, 농담, 시적 형식의 희극시, 인위적으로 그린 만화 등이 바로 그것이다.

게 되는 경우가 있다. 또 독립적 구조가 나타나는 유머의 일부만을 대화 상황에 응용하여 발화를 함으로써 대화 상황과 문맥에 의존하는 재치 유머로 구현되는 경우도 있다. 또는 그 과정을 거치지 않고 일시적으로 사용되고 소멸해 버리는 경우도 있을 수 있다. 재치의 예를 통해 그 과정을 살펴볼 수 있다.

재치의 예로 다음을 보자.

〈예 1〉

A: 이성계는 나라를 잘 다스리라고 신이 금척을 내려주셨대.

B: 응, 그래? 난 어젯밤 꿈에 신이 갈치를 내려주시던데.

A: (무응답)

B: 잘 갈치라고('가르치라고'를 줄여 발음한 것임)

A: 하하 ~ ※B의 직업은 교사임.

〈예 1〉에서 B가 밑줄 친 '잘 갈치라고'라는 말을 하지 않고도 대화 상대자 A가 재치의 의미를 알아차리고 폭소를 터뜨렸다면 더 좋은 의사소통이 되었을 것이다. 또 〈예 1〉이 대중성을 확보한다면 독립적인 유머 텍스트로 발전할 것이다. 다음의 〈예 2〉는 〈예 1〉과 달리 대화 상대자가 재치에 즉각적으로 반응한 예이다.

〈예 2〉

A: 세상이 돈을 우상으로 하고 있어. 요즘 사람들은 돈에 대한 가치관이 나랑 많이 달라.

셋째, 이해 수준에 따른 분류로 이해의 난이도에 따라 정교한 것과 정교하지 못한 것, 미묘한 암시와 직설적인 것이 있다.

넷째, 참신함, 혹은 기발한 정도에 따른 것으로 유머가 기존의 관습적 사고에서 벗어나는 정도에 따라 구분하는 것이다.

마지막으로, 사회 가치에 이탈하는 정도를 두고 구분하였는데 이는 성에 관한 논의, 부모와 어린이에 대한 사랑, 청결함, 약자에 대한 응원 등 파괴 정도에 따라 분류하는 것이다.

B: 당신 생각에 don't agree지.

A: 맞아, 돈에 어그리해.

영어의 부정을 나타내는 don't가 '돈'으로 발음되기 때문에 '동의하지 않는다'는 표현을 재치있게 '돈에 어그리한다'고 표현하고 있다.

재치는 유머 텍스트로 굳어지기 전의 형태라고 이해할 수 있다. 문맥이나 의사소통 상황에 민감한 반응으로 발생한다고 볼 수 있기 때문이다. 유머에 관한 연구에서 대부분 다루고 있는 것들은 글에서 제시된 텍스트로서의 유머에 한정하고 있다(이도영, 1999). 그러나 우리의 삶에서 웃음을 유발하는 것은 하나의 독립된 텍스트뿐만 아니라 그때그때 상황에 맞는 대화 속의 유머들이다. 통용되는 독립된 텍스트 형태의 유머는 우리 삶에서 웃음을 주는 유머 중 일부를 차지한다고 할 수 있다.

재치(wit)는 상황에 따라 즉흥적으로 나타나는 유머로, 미리 준비된 것이 아니라는 점에서 구전되거나 인터넷 등을 통하여 전파되는 경로를 거치는 유머와는 차이가 있다.

다음의 예는 발음의 유사성으로 일상 대화에서 오류가 발생한 것을 글로 옮겨본 것이다.

〈예 3〉

영희: 혜진아, 너 머리핀 참 예쁘다.

혜진: 응 공주 공주갔다가…〔공주 가따가〕

영희: 그래, 정말 공주같다〔공주가따〕

〈예 3〉의 [공주 가따가]에서 끝이 흐려졌기 때문에 [공주가따]로 들리게 되어 지역 이름인 공주에 가서 머리핀을 샀다는 얘기가 예쁜 머리핀을 하니 공주 같다는 얘기로 이해된 사례이다. 이처럼 일상 대화의 오류가 간혹 재치로 받아들여지는 경우도 있다.

이상에서 살펴본 것처럼 재치가 독립된 유머 텍스트를 구성하여 농담으로 발전하기도 하고, 비판적인 요소가 가미되어 풍자로 발전하기도 한다. 물론 이들 상호간의 역관계가 불가능한 것은 아니다. 농담은 정의적인(emotional) 성격이 강하다면 재치(wit)는 지적인(intellectual) 성격이 강한 것으로, 같은 지적 수준에서 원활히 효과가 나타나는 넓은 의미에서 유머의 한 유형이라 볼 수 있다. 또 풍자는 쓴웃음을 유발하는 비판적인 성격의 유머라고 할 수 있다.

2) 유머의 유형

유머의 유형은 학자마다 달라서 내용적 측면에 초점을 두어 나누기(구현정, 2000 참고)도 하고, 표현 기법에 초점을 두어 나누기(이도영, 1999 참고)도 한다. 본고에서는 유머의 외형적 구조와 내용 구성 방식에 따라 유머의 유형을 살펴보도록 하겠다.

(1) 외형적 구조에 따른 유머의 유형

유머도 의사소통 양상의 하나로 보면, 화자와 청자의 상호작용이 이루어지는 대화 상황에서 유머가 전달되기 때문에 그 유형에 관계없이 대화형으로 변형된다. 예를 들면 수수께끼식 질문형도 청자의 반응을 감안하여 화자와 청자가 상호작용하는 가운데 답변을 유도하기 때문이다. 그러나 유머가 대화 상황에서 구어로만 전달되는 것이 아니기 때문에 외형적 구조에 따라 그 유형을 나눠볼 수 있다. 유머는 외형적 구조에 따라 수수께끼식 질문형, 이야기형, 대화형으로 나눌 수 있다.

① 수수께끼식 질문형

수수께끼식 질문형이란 마치 수수께끼를 내고 대화 상대자가 답하도록 질문하지만, 결국에는 유머를 말한 사람이 웃음을 자아내는 답변을 하는 형식을 이루는 유머를 일컫는다.

〈예 4〉
A: 오락실을 수호해 주는 두 용의 이름이 뭐게?
B: 글쎄?
A: 일인용과 이인용.

〈예 5〉
A: 대학에서 지지받는 당이 어딘지 알아?
B: 글쎄?
A: 학생식당

A라는 사람이 수수께끼식으로 질문을 하고 대부분 대화 상대방이 이에 대한 답변을 하지 못할 때 대화 상대방이 생각지도 못한 엉뚱한 답을 말해 줌으로써 웃음을 자아내는 유머가 이에 해당한다. 〈예 4〉와 〈예 5〉에서 보여주는 사례들은 발음을 이용하여 웃음을 자아낸 경우이다. 다음의 〈예 6〉은 세종대왕의 직업을 일반적인 생각과는 다른 관점으로 바라보고 평가함으로써 웃음을 자아낸 경우[86]이다.

〈예 6〉
A: 세종대왕의 직업은?
B: 글쎄? 정치인?
A: 만원짜리 지폐 전속모델

86) 내용 구성 방식에 따른 유머 유형에서 분석형 유머도 수수께끼식 질문형으로 제시되는 경우가 많다.

만약 대화 상황이 아니라면 위에서 제시한 유머는 화자와 청자의 상호작용 없이 수수께끼 제시형으로 전달될 것이다.

② 이야기형

이야기형 유머의 전달은 청자와의 상호작용보다는 화자의 일방적인 이야기로 이루어진다. 구어로 전달할 경우에는 대화형 유머가 이야기형으로 변형되어 전달될 확률이 높다. 그러므로 유머 전달 형태가 구두냐, 책이냐, 컴퓨터 통신이냐에 따라 이야기형 유머의 비중이 달라질 것이다. 다음은 이야기형 유머의 예이다.

〈예 7〉

어떤 주부가 있었다.

그는 집에서 노닥거리는 것이 싫어서 서예나 배워볼 겸 서예학원에 다니기 시작했다. 그리고 한두 달쯤 돼서 그 주부는 상당한 실력을 갖추게 되었다.

어느날... 그의 남편이 집에 돌아왔는데 벽에 이런 것이 한자로 멋드러지게 써 있었다.

新月 現水 無人하고, 女月火 明水木 王土日이라.

신월 현수 무인하고, 여월화 명수목 왕토일이라.

이것을 본 남편은 이 글의 뜻이 궁금했다.

그래서 물었다. 저 글의 뜻이 도대체 무엇이냐고...

신세계 백화점은 월요일에, 현대백화점은 수요일에 사람이 없고

新世界 百貨店 月 現代百貨店 水 (無 人)

여인천하는 월-화요일에, 명성황후는 수-목요일에, 왕건은 토-일요일에 방송한다

女人天下 月-火 明成皇后 水-木 王建 土-日

라는 뜻이었다고 한다.

③ 대화형

대화형 유머는 유머에 등장하는 인물 간의 대화로 이루어진 것이다. 대화 형식으로만 이루어졌다기보다 앞부분은 이야기형으로 논의되다가 대화

형으로 표현되는 유머도 이에 해당한다고 할 수 있다. 유머 텍스트 중에서 대화의 형식으로 이루어진 것을 살펴보기로 하자.

〈예 8〉

옙기 개미

코끼리가 물가에서 수영을 하고 놀고 있었따..

그런데 어디서 코끼리를 부르는 소리가 들리는 것이 아닌가?

(어~이 일로 나와바라..)

코끼리가 수영을 하다 말고 뒤를 돌아 보았따..

그러나 아무도 보이지 않았따..

코끼리 : 음 내가 잘못 들엇군...

하며 또다시 수영을 하기 시작 햇따..이때!!

(야~~~ 너 내말이 말같지 않어 빨리 나와바 땨샤..)

코끼리는 또다시 들리는 자기를 부르는 말에 주위를 둘러 보았다..

코끼리 : 아띠 아무도 없는데 누가 부르는거야..?

코끼리는 또다시 수영을 시작했다.

그러자 이때 또다시 자기를 부르는 소리가 났따..

(아~~~ 미치겠네..저새이 짜증나네..너 정말 안나올꺼야?)

또다시 자기를 부르는 말이 들려 코끼리는 주위를 자세히 둘러 보앗다..

그런데 언덕쯤에 '개미' 가 코끼리를 부르고 있는것이 아닌가?

코끼리는 어의가 없서서 개미한테 다가 갓따...

코끼리 : 얌마 너 웨자꾸 날부를거냐 응?

개미 : 아냐 댔어 다시 들어가 쨔샤~

어의가 없어 하는 표정으루

코끼리 : 아니 너 웨 자꾸 날 부르는거니 응?

개미 : 댔어 들어가 아무것도 아냐..

코끼리가 어의가 없는 표정으루 한번더 물었따

코끼리 : 야 너 웨 날불렀냐구 얌마..

그러자 개미가 말했다

개미 : 응 내 수영복이 없서져서 니가 입은줄알고... 미안해 ... 계속놀아 ....

〈예 8〉은 인터넷에 올라와 있는 예이다. 통신언어가 나오기 전 책이라는 매체에 수록된 경우와는 표현 면에서 차이가 있다. 그러나 대화형의 사례를 제시할 때 인터넷에 수록된 사례냐 책에 수록된 사례냐의 문제는 유형 제시에서 다룰 문제가 아니므로 인터넷에 수록된 것을 예로 제시하였다.

(2) 내용 구성 방식에 따른 유머의 유형

유머는 그 형태가 워낙 다양하여 유형을 나누기가 어려운데, 이야기의 성격에 주안점을 두어 신동흔(1998)에서는 말놀이형, 분석형, 스토리형으로 나누고 있다. 본고에서는 유머의 내용(contents) 구성 방식에 따른 유형으로 말놀이형, 분석형, 서사 구조형으로 보고자 한다. 앞서 살펴본 외형적 구조에 따른 구분의 하나인 이야기형과의 구별을 위해 스토리형 대신 서사 구조형으로 나누어보았다.

① 말놀이형

말놀이형은 언어 유희를 축으로 삼는 유형이다. 동음이의어에 따른 유머나, 말을 잘못 알아듣는 데 따른 엉뚱한 반응 따위로 웃음을 유도하는 유머가 이에 속한다. 먼저 음성적인 유사성으로 말놀이를 하는 사례의 언어적 유희 현상을 살펴보고자 한다.

〈예 9〉

사오정의 인적사항

▲성명=사오정

▲본적=누굴?

▲호주=한 번도 가본 적 없음

▲입사동기=아직 아무도 없음
▲자기소개=우리 자기는 무척 예쁘다
▲출신 고등학교=뭐라고
▲출신 대학교=뭐라대
▲여자 친구=안들녀
▲일본 여자친구=뭐라꼬
▲좋아하는 고사성어=동문서답, 마이동풍

〈예 9〉는 딴소리를 하는 사오정을 등장시켜 음성적인 유사성을 이용한 유머이다. 어휘 본래의 뜻을 무시하고 음성이 유사한 다른 단어를 연상시킴으로써 어휘 사용의 일탈을 보여주고 있다.

삼행시를 이용한 유머도 이에 속한다.

〈예 10〉
삼행시
콩: 콩나물아
나: 나를
물: 물로 보지 마

〈예 10〉은 어휘 본래의 의미에 대한 일탈을 보여줌으로써 웃음을 자아내고 있다. '콩나물'이라는 개념과는 상관없어 보이는 물에 대한 언급을 하고 있고, 한 회사의 광고 카피를 연상하게 함으로써 웃음을 유발하고 있다.

삼행시와 같은 유머는 삼행시의 운자에 속하는 단어가 의미하는 본래의 뜻을 무시하거나 본래의 뜻과 연관된다 하더라도 본래의 의미를 상실한 새로운 의미를 기호에 부여함으로써 웃음을 자아낸다. 기호(symbol)와 지시와의 본래적인 관련성을 일탈하여 새로운 의미를 부여하면서 웃음을 자아내는 것이다. 그리하여 기호 간의 동일성과 지시와의 이질성을 근거로 웃음을 자아내게 한다.

② 분석형

분석형의 유머는 대상에 대한 다각적인 분석을 통해 재미를 창출하고, 대상에 대한 날카로운 분석으로 그 본질을 드러내는 작업과 통하는 경우가 많다. 은폐된 모순이나 허위의식의 폭로를 겨냥할 때 분석형의 유머가 사용된다.

〈예 11〉

주식투자와 도리짓고땡의 공통점

–. 돈놓고 돈먹기다.

–. 대개는 심심풀이로 시작한다.

–. 구경만 하다가 뛰어드는 사람도 많다.

–. 처음엔 초보가 딸 때도 가끔 있다.

–. 잃어도 스릴이 있다.

–. 갈수록 커진다.

–. 내일의 희망을 버리지 않는다.

–. 땄다는 사람은 별로 없다.

–. 빠져 나오기가 죽기보다 어렵다.

–. 오래하면 패가망신한다.

–. 얼굴이 누렇다.

–. 결국엔 다 잃고 손턴다.

문화를 이용하여 풍자를 주로 한 다음의 경우도 분석형 유머에 해당한다.

〈예 12〉

코끼리를 냉장고에 넣는 법

공대: 코끼리가 들어갈 냉장고를 만든다(기계공학과). 신축성 있는 냉장고를 제작한다(재료공학과).

체대: 운동시켜 살빼서 집어넣는다.

의대: 해부해서 집어넣는다.

수학과: 코끼리를 X에 대해 미분하여 차수가 낮아지면 집어넣는다.

법대: 냉장고 입장 명령을 검사가 구형하고 판사가 판결한 후 들어가게 한다. 안 들어가면 냉장고에 감금한다.

사대: 코끼리에게 냉장고에 들어가도록 동기부여해서 자발적으로 들어가게 한다. 다만 코끼리를 냉장고 앞으로 끌고 갈 순 있어도 집어넣을 순 없다.

코끼리를 냉장고에 넣을 수 없다는 상식을 뒤엎는 발상에 대한 해답을 얻음으로써 웃음을 자아내고 있다. 〈예 12〉는 각 대학의 전공별 특성을 극대화하고 이를 통해 상식을 뒤엎는 문제 해결 방안을 제시하고 있다. 즉 상식적인 문제 해결에 대한 일탈을 통해 웃음을 자아내고 있다고 할 수 있다.

③ 서사 구조형

서사 구조형은 잘 짜여진 이야기에 의해 웃음을 자아내면서, 기존의 잘 알려진 구조의 틀을 이용하여 웃음을 자아내는 내용을 담은 유머 유형을 일컫는다. 구조의 틀을 이용하여 패러디하는 형식으로 웃음을 자아내는 유머도 이에 속한다.

다음의 〈예 13〉에서 밑줄 친 부분은 연설하는 말투를 이용하여 웃음을 자아내고 있다.

〈예 13〉

당신이 판사라면?

한 남자와 그의 젊은 부인이 이혼을 하기 위해 법정에 섰다.

그러나 아이들의 양육권을 놓고 서로 간에 실랑이가 벌어졌다.

부인은 펄쩍 뛰며 재판관에게 호소했다.

아이들을 이 세상에 나오게 한 것이 나이기 때문에

당연히 그들의 양육권도 내가 맡아야 한다고 말했다.

남자 또한 이에 지지 않고 그의 양육권을 양보하지 않으므로 재판관이 그 이유를 그에게 물었다.
잠시 침묵이 흐르고 그는 천천히 의자에서 일어나 대답했다.
존경하는 재판관님,
내가 동전을 자판기에 넣고 캔이 나왔을 때,
그 캔은 저의 소유가 되는 겁니까?
아니면 자판기의 소유가 되는 겁니까?

서사 구조형 유머는 그 자체만으로도 독립된 형태를 이루기 때문에 구어로 전승되는 유머뿐만 아니라 인터넷 유머에서 흔히 찾을 수 있는 유형이라고 할 수 있다. 수용자와의 상호작용이라는 양방향성을 표현 양상으로 드러낸다는 인터넷의 특징에도 불구하고 인터넷 홈페이지에 유머를 올려 유포하는 형태는 수신자를 마주보고 유머를 이야기하는 형태가 아니기 때문에 서사 구조형 유머가 더 자주 등장한다고 할 수 있다. 게다가 멀티미디어를 이용하여 서사 구조형의 유머를 작성하기도 한다. 요즈음 유행하고

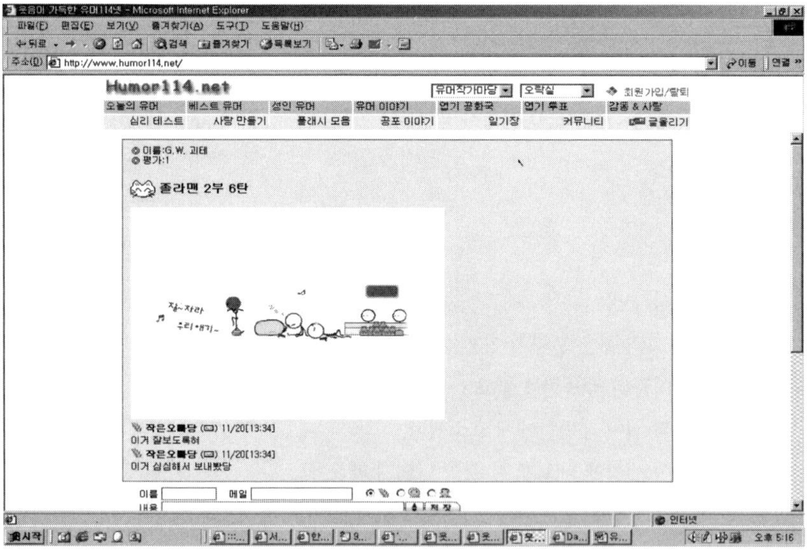

〈그림 Ⅱ-10〉 '졸라맨' 동영상의 첫화면

있는 '졸라맨 시리즈'는 동영상을 이용한 대표적인 서사형 인터넷 유머라고 할 수 있다. 졸라맨 시리즈는 영화 한 편이라는 구조의 틀을 활용한 인터넷 유머이다.

인터넷 유머 사이트인 http://www.humor114.net(2002년 11월 현재)의 '엽기 공화국'에 졸라맨 시리즈가 있다. 사람 형상의 가장 기본적인 특징만을 나타내고 있는 만화 주인공 '졸라맨'이 등장하는 유머 시리즈이다. 동영상으로 구성된 이 유머의 예를 지면 한계로 첫 화면만 제시하면 다음과 같다.

'졸라맨'은 정의를 추구하는 인물이고, '졸라맨'이 정의를 실현하기 위해 여러 가지를 시도하지만 결과가 허무하게 끝나버린다는 내용을 담고 있는 유머이다. 이 유머는 음향과 동영상으로 된 대표적인 서사 구조형 인터넷 유머이다.

3) 유머의 일반적 표현 기제

심리학적 관점에서 메이(May G. G., 이지영 역, 2002: 96-97)는 뇌에서 자연적으로 일어나는 피드백은 대부분 억제 피드백이라고 언급하고 있다. 즉 인간은 활동적이고, 역동적이며, 활기찬 존재로 타고났다는 것을 가리키는 것이라고 해석할 수 있다고 주장한다. 감각이 있는 생명의 속성은 행동하기 위해 자극을 받아야 하는 것이 아니라 항상 행동할 준비가 되어 있는 것이다. 그것은 우리가 단순히 외부 자극에 수동적으로 반응하는 존재가 아니라는 것을 의미한다. 지극히 본질적으로, 자발적 존재라는 의미이다. 다시 말해 인간은 영원한 창조적인 속성을 지닌 존재라는 의미이다. 이러한 인간의 속성은 규범적인 언어의 사용에서 벗어나 새로운 의미를 창출하면서 웃고자 하는 노력을 끊임없이 하게 만든다.

시각과 음향 등 멀티미디어를 사용할 수 있게 된 현대에는 인터넷을 통해서 규범적인 언어 사용뿐만 아니라 기존의 전형화된 음향이나 시각, 동영상을 이용한 표현에서도 끊임없는 일탈을 통해 웃음을 자아내고 있다. 위에서 제시한 졸라맨 시리즈가 이에 속한다.

유머의 대표적인 표현 기제는 일탈이다. 문맥적 규범 일탈, 문화적 규범 일탈, 기대 심리의 일탈, 그밖에도 인터넷에서 볼 수 있는 그림이나 동영상의 일탈 등을 들 수 있다.

일탈에 대한 논의에 앞서 먼저 일반적인 표현방식을 살펴보겠다. 계획적인 글쓰기 표현방식과 무계획적인 글쓰기 표현방식이 있다고 가정할 수 있다. 주제를 생각하고 글의 개요를 작성하는 등 어느 정도의 구조와 내용을 계획하고 글을 써 내려가는 것과 즉흥적인 글쓰기처럼 생각나는 대로 글을 써 내려가는 표현방식이 있다. 대화에서도 이러한 현상은 똑같이 적용될 수 있다. 사람들이 일상적인 대화를 나눌 때 미리 대화의 구조나 내용을 결정해 놓고 이야기하는 경우[87]와 그렇지 않은 경우가 있다. 이와 마찬가지로 유머도 어느 정도의 구조와 내용을 결정해 놓고 사람들의 예측과 어긋남으로 인하여 웃음을 자아내는 언어 형식[88]과 말하기 상황과 문맥에 따라 즉흥적으로 웃음을 자아내는 표현이 있다.

그럼에도 불구하고 실제로 이루어지는 대화를 분석해 보면 일정한 화제들과 그 화제와 관련 있는 이야기들로 짜여져 있음을 발견하게 된다. 이것을 대화가 가지고 있는 응집성(coherence)이라고 한다. 글로 쓰여진 문장과는 달리 대화를 나눌 때는 어느 정도 문법에 어그러지거나, 논리적 구조에 맞지 않아도 전체적 맥락을 잡는 것에만 장애가 되지 않으면 용인이 되는 관용성(tolerance)을 갖는다. 이러한 전체적 맥락이 응집성을 형성하기

87) 공식적인 대화가 대표적인 유형이라 할 수 있다.

88) 구현정(2000)에서는 유머의 구조를 독립적인 구조를 가지고 있는 익살의 구조를 중심으로 파악하고 있다. 이 글에서는 Joel(1985)의 견해를 인용하여 익살을 구조 만들기(set up)와 급소 찌르기(punch line)의 두 요소로 구성되어 있는 담화 단위라고 정의하였다.

때문이다.

일상적인 대화 형성 원칙이 응집성이라면 이와는 달리 웃음 기제, 즉 유머의 형성 원칙은 언어적 규범의 일탈이라고 볼 수 있다. 일탈의 범위는 문맥적 규범의 일탈, 문화적 규범의 일탈, 기대 심리적 상황 맥락의 일탈 등 다양할 수 있다. 언어적 규범이 파괴되는 경우에 의사소통 상황에서 언어의 내용이나 형식에서 모순되는 일이 발생하게 된다. 또한 상이한 문체적 요소가 비정상적으로 결합되어 모순이나 부조화가 생겨나기도 한다. 물론 규범을 일탈했다고 해서 모두 유머가 될 수 있는 것은 아니다.

사람들은 일반적으로 보편적인 사회적 관습에 뿌리를 박고 있는 일정한 사고 양식이 있게 마련이다. 그러나 유머 텍스트는 이러한 사회적 관습에 뿌리 박힌 고정된 사고 양식을 거부한다. 이로 인하여 문화적 규범 일탈이 나타난다.

유머는 대부분 우리의 구성 습관을 이용하여 한 가지 구성을 암시했다가 끝에서 구성을 변화시켜 효과를 거두는 방식을 쓴다(Tannen 저, 이용대 역, 1992: 99). 사람들이 기대하는 내용과 일치된 흐름에서 갑작스럽게 그 기대와는 다른 방향으로 변화를 주어 웃음을 자아내는 것이다. 사람들은 어떤 일방적인 방향으로 이야기가 이어지기를 기대하는 심리가 강하면 강할수록 그 심리에서 벗어나 이야기가 일탈로 이어질 때 웃게 되고 기대했던 내용과 결과가 많이 다를수록 역시 웃게 된다.

언어 이외의 어떠한 사건이나 행동, 몸짓, 표정, 기호, 그림, 동영상 등에 의해서도 유머의 형성 맥락은 가능하다. 예를 들어 이 음식에 손 안('안'의 발음은 '內' '不'의 뜻을 지닌다.) 대고 먹을 수 있는 사람을 찾다가 자신이 손 안 대고(不) 먹어 보이겠다면서 손을 대고서 먹는다면 사람들은 왜 손을 대고 먹느냐고 의아해할 것이다. 이때 손을 대고 먹는 행동이 어떠하느냐에 따라 유머의 형성 여부가 결정되기도 할 것이다. 이 유머를 들으면서 사람들은 그 구성의 변화를 가져오는 것이 바로 유머의 효과라고 간주하게 된다. 유머는 일반적인 구성 습관을 의도적으로 이용한다(이용대 역, 1992: 99)고 볼 수 있다.

구현정(2000: 343)에서는 유머의 구조를 구조 만들기(set up)와 급소 찌르기[89]로 보고 있다. 본고에서는 유머의 구조를 구조 만들기와 일탈로 볼 것을 제안한다. 일상적인 생각을 벗어나 의외의 진행을 나타내기 때문에 일탈로 볼 수 있다.

유머의 표현 기법에는 과장이나 논리의 비약이 있다. 또한 유머는 일상적인 대화의 원리[90]를 위배하면서 순간적인 폭소를 자아낸다. 또 자기 비하나 타집단에 대한 조롱을 나타내어 웃음을 자아내기도 한다. 이 모든 것을 일탈이라는 용어로 처리하기에는 무리가 있을 것이다. 그러나 유머의 표현 기제 중심 틀을 일탈이라는 개념으로 설명할 수 있다.

4) 인터넷 유머의 표현 기제와 하이퍼텍스트적 특성

(1) 인터넷 유머에 작용하는 의미 작용 원리

인터넷을 중심으로 하여 새로운 형태의 유머 텍스트가 생겨나기 시작했다. 통신 유머라고 불리기도 하는 인터넷 유머는 초기에는 유머 텍스트처럼 구어적 유머 텍스트를 활자로 옮기는 것에 만족했다. 그러다가 차츰 문자로 표현한다는 표현 매체의 특징으로 인해 문어적인 특성을 갖게 되었다. 멀티미디어라는 매체의 결합으로 표현 매체가 달라지면서 인터넷 유머를 구어로 옮기기 어려운 상태에까지 이르렀다. 인터넷 유머의 경우는 읽

89) 이에 대한 자세한 논의는 구현정(2000) 13장을 참고할 것.

90) 그라이스는 대화의 원리로 협동의 원리를 들고 있으며, 네 가지 기본 대화의 격률로 양의 격률, 질의 격률, 관련성의 격률, 방법의 격률을 제시하고 있다. 대화의 원리 위배로 발생하게 되는 유머에 대한 논의는 구현정(2000)에서 13장 '대화의 유머'를 참조할 것.

음으로써 재미가 더해진다. 구어로 다른 사람에게 인터넷 유머를 변형하지 않고 전해준다면 재미가 덜할 것이다.

인터넷 유머는 표현의 발랄함을 넘어 현란하다는 느낌을 주는 면이 있다. 영어의 과다 사용, 과장된 표현 등은 독자에게 재미를 주는 요소이기도 하지만, 겉면의 화려함으로 인하여 내용물을 격하하는 요소가 되기도 한다. 또한 현란한 비속적 표현은 인터넷 유머가 의도적으로 뒤틀고 뒤집은 표현이라는 평가를 받게 되었다. 표현보다는 내용을, 가벼움보다는 진지함을, 재미보다는 공감을 추구한 것이 없지는 않지만, 대부분의 인터넷 유머는 가벼운 내용을 담고 있다.

〈예 14〉

아싸 홍수다. 모든 건물 잠긴다.
당시 유기화학 담당교수한테 전화를 걸었다.
"도서관이 폐쇄되었는데요-_-"
"기숙사에서 공부하게-_-+"
"기숙사 전기 끊겼는데요-_-;"
"나가서 양초 사오게!-_-+"
그래서 중호는 -_-
양초를 사기 위해, 비 맞기는 좋아도 걷기는 죽어라고 싫어하므로
오토바이를 타고 물이 넘쳐흐르는 도로를 달렸다.
그런데 학교에서 외부로 나가는 출구인
'지곡 회관' 앞에서
불현듯-_-닥쳐오는 급류에 휘말려
".오토바이째로 둥둥 떠내려가며;;;
두둥실 떠가는 오토바이 위에 홀로 앉아
"...-_-;;"하고 있었던 그날이 잊혀지지 않는다.[91]

91) http//www.freechal.com/tvs 안중호 '홍수' 중에서

〈예 14〉는 인터넷 유머의 일례이다. 통신언어에서 사용하는 비문법적인 요소가 덜 나타나고 있지만 스마일리(이모티콘)를 많이 사용하여 표현했다. 인터넷 유머는 통신언어의 특징[92]에 기인한 현상과 가상공간이라는 특징, 익명으로 글을 올릴 수 있다는 특징에 근거한 표현이 드러나고 있다.

미디어 기술의 발달에 따라 이제 유머는 입에서 입으로 전해지는 구전적 소통 및 신문·잡지·책과 같은 인쇄매체를 통한 전달 방식을 넘어서 컴퓨터를 기반으로 한 인터넷 환경, 즉 사이버 공간에서 유통되고 있다. 인터넷을 통해 유포되는 유머는 컴퓨터가 열어준 익명의 가상공간을 통해 메시지의 생산자와 수용자가 만나는 '매개된 소통(mediated communication)'을 특징으로 한다(Stewart et al, 2001). 또 인터넷 유머는 대부분의 경우, 문자·그림·그래픽·소리·말·애니메이션·비디오 영상 등의 다양한 텍스트가 결합된 하이퍼텍스트로서 실현되고 하이퍼링크를 통해 다른 사이버 공간 속으로 퍼져나간다. 따라서 인터넷 유머를 이해하는 데에는 말이나 글을 기반으로 한 전통적인 의미에서의 리터러시뿐 아니라 보다 다양한 기호에 대한 복합적 해독 능력을 뜻하는 '멀티리터러시(multiliteracies)', 그리고 미디어에 의해 '매개된 소통'에 대한 사회문화적 이해 능력이 반드시 필요하다(정현선, 2002).

물론 인터넷에서 유통되는 유머에는 문자 텍스트로만 이루어진 것들도 있다. 다음은 그 예이다.

〈예 15〉

〈수학여행 때 이러는 놈들 꼭 있다!〉

1. 수학여행 때 잠옷 가지고 오는 놈

2. 그 잠옷 입은 놈을 부러워하는 놈

92) 통신언어에 대한 분석은 권순희(2001a)를 참고할 것.

3. 벗고 자는 놈
4. 컵라면 몰래 먹다가 이불에 국물 흘리는 놈
5. 친구가 흘린 컵라면 국물 증거 없앤다고 숙소 욕실에서 이불 빠는 쓸데없는 의리파 놈
6. 학교에선 고상한 척 다 하다가 코까지 골고 몽유병까지 있는 놈
7. 숙소 욕실에 물 받아놓고 때 미는 놈
8. 때 미는 놈한테 때수건 파는 놈
9. 때 미는 놈한테 돈 받고 등 밀어주는 놈
10. 수학여행 가는 도중 다른 놈들 몸에 치약 바르자고 선동하는 놈(중요한 건 그런 놈들이 꼭 먼저 자서 당함)
11. 진실게임 하자고 빡빡 우겨대는 놈(진실게임 해보면 이런 놈 좋아하는 애 절대 없음)
12. 싸구려 레이저를 특산물이라며 레크리에이션 시간 때 가지고 놀다가 선생님한테 뺏기는 놈
13. 그런 놈들을 위로해 준답시고 선생님 욕하다가 맞아가지고 레이저 빼앗긴 놈보다 더 우는 놈
14. 특산물을 가지고 옆 학교한테 시비 걸다가 다음날 엄청 두들겨 맞는 놈
15. 레크리에이션 시간에 힙합, 테크노로 분위기 다 띄워놓았는데 트로트 부르는 놈
16. 강원도, 제주도 음식은 밍숭맹숭 하다며 숙소음식 욕하고 다니면서 밥 한 톨 남기지 않는 놈
17. 동양화와 서양화 사이에서 갈등하다가 끝내는 혼자 노는 놈

(출처: '엽기제국' http://yupki.zekook.com/)

유머가 듣는 이의 웃음을 자아내기 위해서는 말하는 이와 듣는 이 사이에 공유하는 맥락이 있되, 그 맥락에 대해 상식적으로 기대되는 언어행위자들 간의 규범적 '협동원리'의 위배에 바탕을 둔 문화적 일탈이 일어나야 한다(Ross, 1998). 위에서 예로 든 수학여행에 대한 유머의 경우, 읽는 이에게서 웃음이 유발되기 위해 일차적으로 필요한 것은 한국사회에서는 중학교나 고등학교를 다니는 동안 적어도 한 차례는 전교생이 단체로 떠나

는 '여행을 통한 학습' 기회인 '수학여행'이 존재한다는 사회적 맥락의 공유이다.

그러나 이러한 맥락이 기반된다 하더라도 수학여행에 대한 읽는 이의 일정한 사회적 경험이 뒷받침되지 않는다면 웃음이 유발될 수 없다. 그 경험이란 '수학여행(修學旅行)'의 본래 뜻이 '여행을 통한 학습'이기는 하지만, 대부분의 중·고등학생들에게 수학여행은 대체로 '낮 시간의 학습'보다는 레크리에이션과 같은 '밤 시간의 유희'가 훨씬 더 의미가 있다는 점이다. 이와 같은 경험을 유머 발화자와 듣는 이가 공유할 때, 비로소 '수학여행'의 본래적 언어 의미에 대한 협동원리의 위배가 일어날 수 있고, 이러한 위배에 기반한 문화적 일탈에 참여하고 있다는 공감대가 웃음을 촉발하게 된다. 보다 세부적인 분석으로 들어가면 일반적인 학교 문화에 대한 중·고등학생들의 경험을 둘러싼 유머 발화자와 수용자 간의 소통 관계, 여기서 비웃음의 대상에 대해 유머 발화자와 수용자가 공유하는 것으로 기대되는 '우월감', 그러한 소통 관계와 우월감의 언어적 표현 기제에 대한 논의로 나아갈 수 있겠으나 여기서는 생략하기로 한다(Ross, 1998).

그런데 앞서도 언급한 바와 같이 대부분의 인터넷 유머는 '수학여행'에 대한 예와 같이 문자로만 이루어진 경우보다는 문자·그림·그래픽·소리·말·애니메이션·비디오 영상 등의 다양한 텍스트가 결합된 하이퍼텍스트로 실현되는 것이 주류를 이루고 있고, 이는 하이퍼링크를 통해 다른 사이버 공간 속으로 퍼져나가고 있다. 예를 들어 최근에 큰 인기를 누린 '우유송'의 경우 문자와 소리뿐 아니라 사운드, 음악, 애니메이션의 절묘한 결합이 빚어낸 독특한 하이퍼텍스트 유머인데, 이 텍스트는 사이버 공간의 하이퍼링크를 타고 순식간에 전국으로 퍼져나가면서 우유송에 대해 서로 가르쳐주고 배우는 사람들 간의 링크를 거는 '실천 행위'를 통한 일종의 커뮤니티를 형성하게 되었다(Lave & Wenger, 1991).

물론 이 '우유송'이라는 하이퍼텍스트가 웃음을 유발하는 데에는 그래픽적 요소와 더불어 나타나는 몇 가지 단어 등의 문자적 요소, 그리고 노래말 같은 음성 언어가 기여하고 있다. 그러나 전체적으로 보아 이러한 하이퍼텍스트 유머가 유발하는 웃음을 설명하는 데 기존의 문자와 음성 언어를 중심으로 한 읽기 방법은 매우 부분적으로만 적용된다. 유머의 송신자와 수신자 사이에 위배되고 있는 '협동 원리'는 문자나 음성 언어의 문법이나 의미론적 자질이 아니라, 일반적으로 플래시 애니메이션 작품에 기대되는 깔끔하고 정교한 캐릭터의 윤곽선과 다양하고 풍부한 색감에 미치지 못하는 영상 언어의 '유치함', 앙증맞은 어린이의 목소리를 어설프게 흉내내는 여자 어른의 장난기 어린 목소리, 리듬과 같은 사운드와 음악적 기호에 관련된 것이다. 그리고 전체적으로는 이러한 영상 언어와 사운드 기호가 노래말에서 지시하는 다양한 한국사회문화에 대한 배경지식과 맞물리면서 독특한 웃음을 유발하고 있는 것이다. 이처럼 인터넷이라는 새로운 미디어를 통해 '매개된 소통'으로서의 유머의 의미작용에 대한 탐색은 유머 텍스트와 맥락을 둘러싼 송신자와 수신자 간의 독특한, 일종의 '언어적 커뮤니티'에 대한 이해를 포함하는 것이 되어야 한다(박영원, 2000).

한편 특정한 유머가 유머로서 작용하기 위해서는 송신자와 수신자 간에 공유되어야 하는 사회적 맥락과 일정한 지식을 필요로 하지만, 일단 유머가 인터넷 상에 널리 퍼지고 나면 이 유머가 다른 유머의 의미 작용을 유발하기 위한 또 하나의 맥락과 배경지식이 된다. '우유송'이 나온 후에 등장한 '당근송', '오이송', '소주송' 등과 같은 무수한 '패러디송'들은 '우유송'이 가진 언어적·그래픽적·사운드적 기호들이 빚어낸 독특한 의미 작용에 대한 배경지식과 인터넷 수용자와 이용자들 사이의 공감대라는 사회적 맥락 없이는 이해될 수 없는 것들이다. 하이퍼텍스트를 통해 생산된 유머 텍스트가 이후 등장하는 유머 텍스트와 상호텍스트성을 갖는 부분에 대한 이해가 필요한 것이다.

(2) 인터넷 유머의 특성: 복합적 기호의 작용과 하이퍼텍스트적 소통 원리

① 복합적 기호의 작용

앞서 예로 든 수학여행에 관한 유머는 문자 텍스트만으로 이루어진 것인데, 인터넷에서 보다 많은 관심의 대상이 되고 사회적 영향력을 발휘하는 유머는 문자 언어와 이미지가 함께 작용하거나 혹은 순수하게 이미지만으로 의미 작용이 이루어지는 경우이다. 이 경우에도 유머 텍스트에는 부조화 이론이 의미 작용 원리로 적용된다. 다만, 문자와 이미지가 공존하는 경우에는 유머 생산자와 수용자 간에 공유하는 일정한 배경지식이 발화 맥락에 존재하는 가운데, 문자 언어가 만들어내는 의미와 시각 언어가 만들어내는 의미 간의 부조화에 의해서도 유머가 발생하게 된다. 이 경우 언어적 모호성은 문자 언어 사이에서만 발생하는 것이 아니라 문자 언어와 시각 언어라는 두 층위의 '언어' 간 부조화로 확장되는 것인데, 이 때문에 보다 복합적인 의미 작용이 일어나게 된다. 〈그림 II-11〉는 2003년에 처음으로 실시된 초등학교 3학년 대상 기초학력 진단평가 직후에 인터넷 상에서 큰 관심의 대상이 되었던 유머로, 시험을 치른 아이들의 이른바 '엽기적인' 답

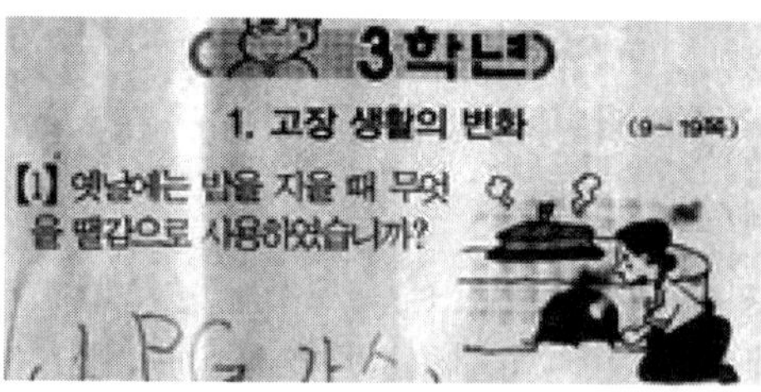

〈그림 II-11〉 초등학생 '엽기' 답안

안지가 담임교사에 의해 인터넷에 공개되면서 화제를 모았던 것이다. 그 중 두 가지만 소개하면 다음과 같다.

이와 같은 초등학생의 답안지는 그야말로 '엽기적'이라는 반응을 불러일으키면서 네티즌들 사이에서 폭발적인 인기를 얻었는데, 그 반응은 '어이가 없다'는 것에서부터 '그럴 만하다', '참신하다'에 이르기까지 아주 다양했다.[93] '엽기'의 의미에 대해서는 다음 절에서 인터넷 '엽기' 문화를 다루면서 보다 자세히 논의할 것이므로 여기서는 '황당하면서도 재미있다'는 정도의 의미로 규정하는 것으로 만족하고자 한다.

앞서의 수학여행 유머와는 달리 초등학생 '엽기' 답안 유머는 이 텍스트가 생산된 사회적 맥락(초등학생을 대상으로 한 기초학력 진단평가)에 대한 수용자의 사회적 판단이 어떻게 작용하느냐에 따라 아주 속 시원히 웃을 수만은 없는 복잡한 정서적 반응과 지적 판단을 야기한다. 이 유머 텍스트가 보는 이에게서 웃음을 유발하기 위해서는 한국사회의 맥락에서 경험하는 학교교육에서 시험이 어떤 식으로 치러지며, 그 정답은 어떻게 정해지는지에 대한 일정한 경험적 지식이 필요한 것이다. 이러한 경험적 지식은 대체로 시험제도 자체에 대한 지극히 단편적이고 부정적인 인식에 바탕을 둔 것이지만, 시험에 관한 유머를 이해하기 위해서는 그 진위 여부를 떠나 필수적으로 요구되는 것이라 할 수 있다.

이러한 경험적 지식에는, 한국사회에서는 학교를 다니는 동안 무수한 시험을 치르게 되는데 대부분 시험에서는 단 하나의 정답을 고르는 문제가 출제된다는 점, 시험 문제는 사실적이고 '객관적'으로 해석해야 하는 것으로 '창의적' 해석은 금물이라는 점, 그렇기 때문에 시험 문제에는 너무나 당연한 사실을 확인하는 다소 무의미해 보이는 질문도 간혹 있지만 이를

93) '순수 혹은 맹랑', 〈스포츠서울〉 2003년 10월 24일자 기사 참조.

창의적으로 해석해서는 안 된다는 점 등이 포함된다. 한편 이와 같은 객관식 시험의 여러 가지 문제점들이 사회적으로 논란을 일으키는 가운데, 비록 선발을 위한 시험이 아니라 기초학력 진단을 위한 시험이라고는 해도 창의적 해석보다는 획일적인 정답을 강조하는 시험을 초등학교 3학년 어린이들에게까지 치르도록 하는 것이 과연 옳은가에 대해 사회적 합의가 쉽게 이루어지지 않았다는 점 역시 배경지식에 포함될 수 있다. 이 유머 텍스트에 대한 수용자의 반응은 이러한 배경지식에 대한 사회적 판단과 관련되는 것이다.

〈그림 Ⅱ-11〉의 경우, 이 텍스트 자체에 나타난 시각적 기호와 언어 기호 사이의 의미 작용 간 부조화가 웃음을 유발하는 가운데, 한국의 학교교육 맥락에서 시험이 갖는 의미에 대한 수용자의 일정한 경험이 오답을 작성한 초등학생에 대한 동정으로 이어지거나 반감으로 이어지면서 '엽기적'이라는 반응을 불러일으키게 되는 것이다. 이러한 의미 작용은 이 유머 텍스트를 보는 수용자가 본인 스스로의 시험에 대한 경험 및 이른바 요즘 초등학생에 대한 사회적 담론, 그리고 시험제도 자체에 대한 스스로의 판단과 같은 배경지식들을 종합적으로 작동시키는 가운데 일어나는 것이다.

예를 들어, '옛날에는 밥을 지을 때 무엇을 땔감으로 사용하였습니까?'라는 질문에서 '옛날'이란 지극히 추상적인 단어이다. 따라서 정확한 답을 원하는 경우라면 당연히 어느 시점까지가 '옛날'에 속하는 것인지를 질문 속에 명시해 주어야 한다. 이런 점에서 볼 때 '옛날'에 대한 정확한 시점 규정을 제시하지 않은 이 질문은 피시험자의 경험에 따라 그 시점이 좌우되어 여러 가지 다양한 답을 기대할 수 있는 열린 질문으로 받아들여질 수 있다. 이 경우 초등학교 3학년 정도의 어린이 입장에서 볼 때 LPG 가스를 쓰던 시절은 상대적으로 '옛날'에 속하는 것으로 생각될 수도 있는 것이다.

그러나 이 시험 문제의 정답은 언어로 제시된 질문과 함께 제시된 이미지, 즉 아주머니가 아궁이에 무언가를 넣는 장면에 대한 해석에 의해 제한된다. 이처럼 열린 질문을 닫힌 질문으로 만드는 시험의 제도적 장치를 읽어내지 못한(혹은 이에 아랑곳하지 않는) 초등학생이 '나무' 혹은 '숯'이라는 정답이 아니라 자신의 경험에 비추어볼 때 '옛날 땔감'에 속한다고 판단되는 'LPG'라는 답을 적은 셈이다. 이처럼 언어 텍스트(질문)와 이미지 텍스트(그림) 간의 조화를 배반하는 '오답'이 만들어낸 의미의 '부조화'는 시험에 대한 수용자의 배경지식과 상승작용을 일으키는 가운데, 유쾌한 웃음을 유발하기도 하고 어이없는 쓴웃음을 짓게 하기도 한다.

〈그림 Ⅱ-11〉의 오른쪽 질문인 '사슴이 □ □ □ 봅니다'의 경우도 마찬가지이다. 이 답안을 작성한 어린이는 그림과 함께 제시된 두 가지 보기 중에 하나를 정답으로 고르는 대신, 아주 창의적인 답을 적어 넣음으로써 의미의 부조화를 만들어내면서 웃음을 유발한다. 언어 텍스트인 질문이 정답으로 요구하는 것은 목적어와 서술어의 문법 구조에 대한 지식인 데 비해, 답안을 작성한 어린이는 '~었나 보다'라는 추측의 표현을 답으로 적어 넣는 기지를 발휘했다. 이를 본 사람들이 웃음을 짓게 되는 것은 어린이가 적은 답이 비록 정답은 아니지만 문법적으로 올바른 표현일 뿐 아니라, 주어진 보기 중 하나를 수동적으로 고르는 대신 시험이라는 제도적 상황을 은유적으로 관망하면서 주어진 이미지를 창의적으로 해석하고 있는 어린이에 대한 기특함과 애처로움이 한꺼번에 어우러진 복합적 감정 때문일 것이다.

② 하이퍼텍스트적 소통 원리

인터넷 상에서 유포된 이 엽기 유머 텍스트는 일종의 디지털 정보로서, 끊임없이 복제되고 자유롭게 이동되어 순식간에 많은 이들 사이에서 유통되는 하이퍼텍스트적 속성과 맞물리면서 엄청난 사회적 반응을 불러일으켰다.

한편 앞서 살펴본 수학여행에 대한 유머의 경우는 이 텍스트 자체의 생산자와 최초에 이 텍스트를 유포한 이가 동일한 주체라고 볼 수 있는 데 비해, 초등학생 엽기 답안을 다룬 〈그림 Ⅱ-11〉의 경우에는 텍스트 자체의 생산자(초등학생)와 이를 유머로 유포한 이(어느 네티즌)가 동일한 주체라고 보기 어렵다는 점에서 분명한 차이가 있다. 〈그림 Ⅱ-11〉의 경우에는 답안을 작성한 초등학생 스스로 유머의 의도를 갖고 있었는지 확인할 수 없기 때문이다. 이런 점에서 볼 때 인터넷 유머는 누가 만들었느냐보다 누가 어떻게 정보를 유통시키는지가 더 중요하다는 점에서 인터넷 매체에서의 의사소통에 대해 시사하는 바가 있다.

이런 점 때문에 엽기 답안에 대해 이러한 이미지들이 실제로 초등학생에 의해 작성된 것이 아니라 디지털 이미지 합성을 재미삼아 해온 어떤 네티즌이 만들어낸 조작된 이미지라는 논란이 일기도 했다. 그러나 앞서도 언급했듯이 이러한 문제와 관련하여 정말로 중요한 것은 누가 이 이미지를 만들었는가 하는 저자의 문제보다는, 인터넷이라는 대중매체 공간에서 유포되는 유머 텍스트란 그 최초 생산자의 의도와는 달리 유포의 과정 자체를 통해 특정한 의미를 부여받게 된다는 점일 것이다. 이 점이 바로 구전이나 인쇄매체를 통해서도 똑같은 의미 작용을 할 수 있는 수학여행에 대한 유머와 인터넷이라는 매체를 통해 유포되는 과정을 통해 의미를 획득하게 되는 엽기 답안에 대한 유머의 차이점이다. 이는 의미 작용의 전체적인 틀을 이해하기 위해서는 문자 언어를 비롯한 시각 언어 등 다양한 기호의 매체적 존재 조건을 고려해야 한다는 점을 일깨워주며, 바로 이런 점에서 미디어 리터러시의 교육이 국어교육에서 중요하게 다루어져야 할 영역임을 시사한다.

지금까지 유머의 의미 작용 원리에 대해 언어의 모호성과 일정한 배경지식을 바탕으로 메시지 송신자와 수신자 간에 이루어지는 협동 원리의 위배와 재구축의 측면에서 논의해 보았다. 유머는 청자가 기대하는 발화와 화자가 실제로 발화한 언어 간의 부조화 속에서 발생하지만(협동 원리의 위배), 그 부조화를 언어의 모호성 가운데 인정하는 두 언어 주체 간의 '협동 원리'를 필요로 한다. 이는 발화자와 수신자 간에 공유하고 있는 배경지식의 존재 때문에 가능하다(협동 원리의 재구축). 이와 같은 배경지식, 즉 비언어적 정보는 발화 맥락에서 텍스트 상의 언어 정보와 결합함으로써 파괴된 언어의 결속성을 복구하는 이중적 협동 원리의 작용을 청자로부터 끌어내게 된다.

(3) 인터넷 유머의 사례 연구

① 한국적 '엽기' 문화와 플래시 애니메이션의 시각 유희

인터넷 유머는 플래시 애니메이션, 동영상, 디지털 합성 이미지 등의 다양한 형태로 여러 엽기 유머 사이트[94]나 '디씨인사이드'[95] 등 다양한 웹사이트를 통해 유포되고 있는데, 기호적 측면에서 볼 때 대부분 시각 언어가 중심을 이루고 있으며 문자 텍스트의 비중은 아주 낮은 편이고 '엽기적'이라는 수식어가 따라붙는 경우가 많다. 이승영(2001)에 따르면, '엽기'는 본래 일본의 대중문화, 특히 '오타쿠 문화'(특정 분야의 마니아 문화)의 1990년대 '료우키'에서 상당한 영향을 받은 것으로, 우리 사회가 수용하고 있는 여러 '하위 문화' 양식들, 즉 심한 부조리를 동반하는 블랙 유머, 포토샵을 통한 사진 합성, 패러디, 언어 유희, 하드코어 포르노그래피, 사진, 게임, 만화, 이야기 등을 말한다.

94) 2004년 4월 13일 현재 포털 사이트 '네이버'에서 '엽기'를 검색어로 입력하면 총 257건의 엽기 유머 관련 사이트가 나타난다. 다양한 이미지, 동영상, 플래시 애니메이션 등을 선보이고 있는 '엽기제국'은 그 중 하나이다(http://yupki.zekook.com/).

95) 디지털카메라 사용자들 간의 커뮤니티로 시작한 디씨인사이드(http://www.dcinside.com)는 디지털카메라와 이미지 합성을 통해 재미를 추구하고 사회를 풍자하는 다양한 네티즌들의 재기 넘치는 이미지들이 가득한 곳으로, 다양한 '엽기' 이미지를 양산한 곳이기도 하다.

원래 '엽기'라는 말은 기괴한 것을 수집한다는 사전적 의미와 일반적인 상식과 도덕 감정으로는 상상할 수 없는 반인륜적 범죄 사건을 일컫는 관용적 의미를 갖고 있었고, '그로테스크(grotesque)'한 이미지를 연상시키는 것이었다. 인간과 동물의 잡종 내지 혼합이라는 의미와 흉하고 일그러지고 기괴한 것이라는 의미가 엽기와 결부되는 것은 이 때문이다(백민석, 2000). 그러나 일본의 료우키가 외설, 호러, 폭력, 히로뽕 등 일종의 변태적 문화인 것에 비해, 한국의 엽기는 코믹함과 황당함이 주를 이루는 블랙유머 등 키치 문화와 연관된다. 최근에 인터넷을 통해 유포되는 '엽기' 유머는 엉뚱하고 황당하면서도 귀여운 이미지들을 가진 플래시 애니메이션 캐릭터들과 결부되고 있다.

미국의 경우 플래시 애니메이션 바람을 일으킨 주인공은 영화 〈가위손〉, 〈배트맨〉, 〈크리스마스 악몽〉 등을 만든 팀 버튼(Tim Burton) 감독인데, 그가 만든 '지저분한 아이'라는 뜻의 〈스테인 보이(Stain Boy)〉는 미국식 엽기 캐릭터를 내세운 플래시 애니메이션이다. 멍한 표정과 지저분하고 바보스런 외모에 아무 쓸모없이 할 수 있는 일이란 주변을 더럽히는 일이 전부인 캐릭터였는데, 전체적인 색상도 어둡고 매우 침울한 인물이었다.[96] 2003년 가을, 한동안 포털 사이트 검색어 1위를 기록했던 일명 '팥죽송'[97] 역시 미국에서 만들어진 엽기 플래시 애니메이션인데 '오소리'라는 뜻의 영어 'Badger, Badger, Badger…'가 반복되는 배경음악이 한국어의 '팥죽'과 비슷하게 들린다고 해서 팥죽송이란 이름이 붙었다. 단순히 흥밋거리로 제작된 플래시 애니메이션이었지만, 거꾸로 들으면 악마 숭배의 내용을 담은 가사임이 밝혀진다든가 이라크전을 표현한 것이라든가, 이 노래를 듣고 자살한 학생이 있다든가 하는 유언비어가 퍼지면서 인터넷 상에서 논

96) 〈중앙일보〉 2001년 1월 19일자 기사.

97) http://www.weebls-stuff.com/toons/21

란이 일기도 했다.

플래시 애니메이션은 1997년 미국 마이크로미디어사에서 개발된 이후 적은 용량과 손쉬운 제작 방법 등의 장점으로 인해 네티즌들 사이에서 빠르게 전파되기 시작했다. 처음에는 홈페이지나 e-card 등에서 큰 용량을 차지하지 않으면서 쉽게 동영상 효과를 낼 수 있는 것 정도로 인지되었으나, 2000년도 여름부터 한국에서 일명 '엽기 토끼'로 불린 '마시마로'가 폭발적인 인기를 끌면서 그 뒤 '졸라맨', '우비소년', '뿌까', '지하철도 999', '감자도리' 등 다양한 플래시 애니메이션 제작이 이어졌고 네티즌들 사이에서 많은 인기를 모으게 되었다. 온라인 상에서 인기를 끈 플래시 애니메이션은 이후 팬시, 인형, 액세서리 등으로 이어지는 캐릭터 머천다이징을 통해 오프라인 사업에서도 크게 성공하는 문화상품이 되었다(홍미희, 2002: 172). 이는 하나의 이미지나 캐릭터가 특정 매체에 한정되지 않고 다양한 매체 변용을 통해 곳곳에 퍼져나가는 상업성과 연관된 '상호텍스트성'의 측면에서 설명할 수 있다.

한편 한국의 플래시 애니메이션은 플래시를 처음 개발한 미국의 마이크로미디어사에서도 세계적으로 가장 성공을 거둔 사례로 꼽을 정도로 국내 업계는 물론이고 세계 최고 수준의 능력을 보유하고 있다.[98] 플래시는 간단한 드로잉을 통해 애니메이션 제작을 가능하게 하는 프로그램으로, 이전에는 어렵고 힘들기만 했던 동영상 작업을 아주 쉽고 편리하게 만들었다. 예를 들어 한 장에는 네모를 그리고 다른 한 장에는 동그라미를 그린 뒤 '모션 트위닝(motion twining)'이라는 기능을 부여하면 네모가 동그라미로 변하는 애니메이션 효과가 나타난다.

플래시는 다른 동영상 프로그램에 비해 가격도 훨씬 싸고 제작도 간편하

98) 〈한국경제〉 2001년 11월 12일자 기사.

며 파일 용량도 크지 않아 일반인들도 많이 사용한다. 홍미희(2002: 188)에 의하면, 플래시 애니메이션이 하이퍼텍스트를 통해 급속히 퍼져나가는 동영상 텍스트의 주요 요소로 성공하게 된 데에는 이처럼 큰돈을 들이지 않고도 참신한 아이디어 하나만으로 비교적 누구나 쉽게 제작할 수 있는 기술적 특성과 더불어 우리나라의 인터넷 보급 수준이 세계 1위를 기록할 정도로 유통의 측면에서 사회적 인프라가 잘 갖추어져 있는 점, 또 실제로 인터넷 이용자 세 명 중 한 명꼴로 플래시 제작 경험이 있는 등 제작자 풀이 대중화되어 있는 점 등과 같은 복합적 요인이 작용했다.

이러한 플래시 애니메이션의 인기에 힘입어 우리 사회의 문화 코드 중 하나로 자리잡은 엽기는 1990년대 이후 컴퓨터 통신망을 통해 급속도로 보급된 하위문화 양식의 상상력을 대변하는 문화적 기호라 할 수 있는데, 우리 사회의 서열화된 가치 체계들을 유머를 통해 전복시키고자 하는 긍정적 측면을 지니고 있다(이승영, 2001). '어이없다' 혹은 '황당하다'는 반응을 불러일으키면서 '엽기적'이라고 통칭되는 인터넷 유머의 독특한 상상력은 일상적 삶에서 권태를 느끼는 이른바 '사이버 폐인'들이 컴퓨터를 오락의 도구로 사용하면서 만들어낸 문화이다. 이들은 단지 무의미한 장난에 그치는 것이 아니라 제도적 합리성으로부터의 탈주를 위한 적극적인 움직임의 하나로 보아야 하며, 따라서 윤리적 잣대가 아니라 문화적 차원에서 다루어야 한다는 의견이 지배적이다.

앞서도 살펴본 바와 같이 문자 언어보다는 시각 언어, 즉 이미지를 통해 의미 작용이 이루어지는 인터넷 유머에서는 수용자가 이미지를 통해 연상하게 되는 배경지식이 유머의 성패에 결정적인 역할을 담당하게 된다. 문자 언어로 된 유머의 경우에는 배경지식이 단지 소통의 맥락을 이해하는 데 도움을 주는 정도의 역할만 하는 것으로 그칠 수 있지만, 이미지 위주로 표현된 유머의 경우에는 배경지식이 '상호텍스트성(intertextuality)'의 차원에서 보다 적극적으로 텍스트의 의미 형성에 개입하기 때문이다.

'엽기 토끼 마시마로' 시리즈는 플래시 애니메이션으로 제작된 에피소드로, 우리 사회에서 '엽기'라는 말을 유행시킨 바로 그 캐릭터가 등장한다. 이 애니메이션은 앞서 살펴보았던 수학여행에 대한 유머나 초등학생 '엽기' 답안과는 달리, 문자와 음성 언어 없이 순수하게 이미지와 음악만으로 구성된 텍스트이다. 마시마로 시리즈의 대표적 장면 중 하나에는 달에서 방아를 찧는 토끼의 실루엣과 마시마로가 변기를 뚫는 모습을 동시에 보여주는 것이 있다. 어린 원숭이가 달에서 방아를 찧는 토끼의 모습을 보면서 무슨 일이 벌어지고 있는 것인가를 묻는 질문에 대해, 마시마로가 변기를 뚫는 모습을 시연해 보이는 방식으로 엉뚱한 답을 주고 있는 것이다. 달에서 토끼가 방아를 찧는 모습과 엽기 토끼가 변기를 뚫는 모습의 시각적 유사성은 보는 이가 애초에 기대했던 것과는 사뭇 다른 이미지를 구성한다는 점에서, 마치 언어의 모호성으로 인해 청자의 상식적 기대가 깨어져 나가는 듯한 부조화의 원리를 구현함으로써 어이없는 웃음을 자아낸다.

그런데 이와 같은 유머가 제대로 작용하기 위해서는 '달에는 방아 찧는 토끼가 살고 있다'는 한국의 민담을 수용자가 알고 있어야 한다. 즉 방아 찧는 토끼 이야기가 상호텍스성의 차원에서 마시마로 에피소드가 구현되는 맥락의 배경지식으로 존재해야 한다는 뜻인데, 즉 이 이야기를 모르는 외국인에게는 마시마로의 이 에피소드가 한국인에게만큼 재미있게 여겨지지는 않을 것이라는 뜻이다. 여기서 상호텍스트성이란 유머의 생산자와 수용자가 공유하는 기대와 실제 텍스트 간의 표현상 차이를 설명하는 데 도움을 줄 수 있는 일종의 참고사항으로, 특히 스타일의 측면이 강조된다. 이는 역사적 과거에 대한 기억과 새로운 것 사이의 상호작용을 강조하는 다양한 예술 형식적 실험을 표방하는 포스트모더니즘 문화 현상의 주요한 측면으로서, 특정한 스타일에 대한 유머러스한 모방을 뜻하는 패러디(parody)에서 두드러지게 나타난다.

앞으로 좀더 자세히 살펴보겠지만, 이러한 패러디야말로 하이퍼텍스트와 하이퍼링크를 통해 빠른 속도로 다양한 텍스트들을 병치시키고 연결하는 인터넷 속성과 맞물리면서 인터넷 유머의 독특한 시각 언어적 특성이 되는데, 이는 '언어 유희(verbal pun)'와 대응하는 '시각 유희(visual pun)'를 만들어낸다(Ross, 1998: 48). 문자 언어로만 구성된 유머가 아니라 문자 언어와 이미지가 결합된 인터넷 유머를 이해하기 위해서는 다양한 기호의 복합적 의미 작용에 대한 이해가 필요함과 동시에, 예를 들어 '엽기'와 같은 독특한 시대적 특성을 반영하는 사회문화적 코드를 읽을 수 있는 문화적 능력이 필요하다. 이는 소통 방식 및 문화의 다양성을 강조하는 다중문식성 개념을 도입해 국어교육의 영역 및 관점이 확대되어야 함을 의미하는 것이기도 하다.

② 패러디: 시각 유희를 통한 비판적 표현과 적의적 표현의 문제

지금까지 한국적 인터넷 '엽기' 유머의 특성을 발랄한 캐릭터가 등장하는 플래시 애니메이션의 급격한 확산 및 시각 유희의 즐거움과 연관하여 설명하는 문화적 시각에 대해 살펴보았다. 또한 이미지 위주로 표현된 유머 텍스트의 시각 유희는 문자 언어를 위주로 표현된 유머 텍스트의 언어 유희와 닮아 있다는 점을 고려할 때, 인터넷 유머를 이해하기 위해서는 문화적 코드에 대한 이해와 더불어 다중문식성에 대한 이해가 필요하다는 점을 강조하였다.

앞서도 언급했다시피 인터넷 유머의 특징을 이루는 이른바 '엽기' 이미지는 한국의 독특한 사회·정치·문화적 맥락에서 나온 것으로, 패러디라는 미적 형식을 통해 표현되는 경우가 많다. 그리고 이는 최근의 정치 패러디에서 볼 수 있는 바와 같이 매우 강력한 사회 비판의 미적 양식으로까지 발

전했다. 패러디는 특정한 대상이나 인물, 사건 등이 지니는 가치에 대해 이미지 실험을 통해 비판 정신을 실천하는 사회적 행위라는 점에서 내용적으로 볼 때 사회적·정치적으로 민감한 이슈들을 다루는 경우가 많다. 이런 점에서 패러디는 '엽기' 토끼나 '졸라맨'과 같이 어이없고 황당한 웃음을 자아내는 이미지나 언어적 표현을 가리키는 '엽기' 유머와는 다소 차이가 있다.

사실 유머에는 많은 사람들로부터 웃음을 자아낼 수 있는 보편적인 것, 즉 사회·정치적 측면의 가치가 그다지 크게 작용하지 않는 것들도 많다. 앞서 예를 든 수학여행에 대한 유머나 초등학생 '엽기' 답안, 혹은 '엽기' 토끼인 마시마로가 표현하는 유머가 비교적 '보편적' 유머에 가까운 것이라 할 수 있다. 이 경우에 수용자가 누구든 상관없이 대체로 웃음을 지을 수 있는 것은, 각각의 유머 텍스트가 웃음의 대상으로 삼는 소재나 주제에 대해 수용자들이 갖는 시각이 문화적 혹은 정치적 차원에서 그다지 대립적이지 않기 때문이다.

그러나 이러한 유머와는 달리 수용자가 지닌 사회적·정치적 시각의 차이에 따라 웃음을 자아내기도 하고 반대로 불쾌감을 초래할 수 있는 유머도 많다. 사실 유머는 함께 웃기 위해 만들어지는 경우도 있지만 의도적으로 불쾌감을 자아내기 위해 만들어지는 경우도 많기 때문이다. 최근 인터넷에서 유행하고 있는 여러 가지 정치 패러디 이미지들은 각각의 이미지에 공감하면서 웃음을 함께 나눌 수 있는 사람들과 그렇지 않고 불쾌감을 느낄 사람들을 확연히 구분한다.

예를 들어, 2004년 대두된 대통령 탄핵 사태와 관련하여 인터넷에서는 여러 가지 패러디물이 등장하였다. 그중에서도 60%에 가까운 시청률을 보이며 8개월 가까이 전 국민적으로 인기를 끌었던 MBC 방송의 드라마 〈대장금〉의 인물들을 이른바 '탄핵 정국'의 주요 인물들로 바꾸어놓은 이미지

합성 기법의 패러디물은 큰 인기를 누렸다. 이는 드라마 〈대장금〉에서 '천민 출신' 으로 최고 상궁의 지위에 오른 '한상궁' 의 억울한 인생사가 '고졸 학력' 으로 국가 최고 지도자가 된 노무현 대통령의 삶과 닮아 있다는 세간의 해석이 현실 정치에 대한 비판적 시각과 맞물리면서 인터넷 상에서 큰 관심을 끌었다. 이러한 정치 패러디는 특정한 정치 사안에 대해 수용자가 어떤 입장을 가지고 있는가에 따라, 그리고 드라마 속 인물들과 현실 정치인들의 연관성에 수긍하는 정도에 따라 유쾌한 웃음을 자아낼 수도 있고 불쾌감을 자아낼 수도 있는 민감한 유머 텍스트라 할 수 있다.

그런데 이처럼 복합적인 이미지들이 변형되고 조합되면서 만들어내는 유머 텍스트의 경우, 누가 보느냐에 따라 상반된 반응이 나오기도 하지만 동일한 수용자라 하더라도 양가적이고 때로는 모순적인 반응을 나타낼 수도 있다. 동일한 이미지를 보면서 한편으로는 웃음이 나면서도 어쩐지 그 웃음이 스스로 불편하게 느껴지는 경우도 있는 것이다. 이는 유머 텍스트를 통해 생성되는 의미 자체가 매우 복합적인 것으로 사회적 담론의 중층성[99]을 반영하기 때문인데, 아래에서 살펴볼 유머는 바로 이러한 두 번째 종류의 유머이다.

이러한 패러디는 그 대상이 특정한 개인이 될 수도 있는데, 1990년대 후반 H.O.T.라는 남성 밴드의 멤버로서 인기를 끌었다가 솔로 가수로 데뷔해 활동하고 있는 '문희준' 이라는 가수에 대한 패러디도 그 예가 될 수 있다. 본래 상업적 댄스 음악으로 인기를 끌었던 문희준은 솔로 가수로 데뷔하면서 인디 음악의 대명사격인 록 음악으로 방향 전환을 시도하게 되었는데,

99) '담론(discourse)' 의 관점으로 언어를 본다는 것은 구체적인 언어 사용에 관련된 집단적 가치를 강조하는 것이고, '담론의 중층성(multiplicity of discourse)' 이란 특정 언어 사용에 연관된 사회적 담론, 즉 가치의 구조가 복합적임을 강조하는 탈구조주의의 시각을 의미한다. 한편 최근에는 사회의 권력 구조와 가치가 언어에 어떻게 반영되어 있는가를 탐색하는 푸코 식의 거시적 담론과 대화 분석 등을 통해 언어의 구체적 국면에 내재한 가치를 탐구하는 미시적 담론을 결합하는 분석 방법이 생겨나고 있다. 보다 자세한 내용은 Wood & Kroger(2000) 참조.

이를 둘러싸고 인터넷 상에는 록 음악 팬들을 중심으로 문희준이 록 음악의 순수성을 모독했다며 일련의 비판의 언어와 이미지들을 쏟아내기 시작했다.[100] 특히 이러한 비판은 문희준이 TV, 라디오 등 다양한 방송 프로그램에 출연해 자신의 음악 세계와 관련해 했다는 말들을 담은 '문희준 어록'이라는 희화화된 유머를 통해 인터넷 사이트 곳곳에 퍼지게 되었다(〈부록 1〉 제3차시 학습자료 참조). 이 어록의 내용을 통해 문희준은 자신의 이름을 패러디한 '뇌가 없는 기생충'이라는 뜻의 '무뇌충(無腦蟲)'이라는 별명까지 얻게 되었고, 이후 문희준을 비판하는 네티즌들 사이에서는 이러한 내용으로 패러디된 이미지로 통하게 되었다.

한편 '무뇌충'이라는 패러디된 이름으로 불리던 문희준은 또 한 번 패러디된 별명인 '무뇌중'으로 통하게 되었는데, 이는 군대에 입대하게 되어 머리를 자른 것이 마치 스님의 머리를 연상시킨다는 뜻에서 만들어진 이름이다. 이는 일부 연예인들의 병역 기피 의혹과 연관하여 문희준이 '견괄절 탈골'이라는 병명으로 병역 면제를 받았다는 사실이 알려지게 된 맥락과 관련되는데, 이 때문에 문희준은 연예인들의 병역 기피 문제를 비판적으로 희화화한 플래시 애니메이션 '연예인 지옥'에서 '무뇌중'이라는 또 다른 패러디 이름을 얻은 인물로 등장하기에 이르렀다. 이러한 패러디 언어와 이미지로 구성된 유머 텍스트들은 누구나 쉽게 복제·이동할 수 있는 디지털 데이터로서, 수많은 네티즌들에 의해 생산·복제되어 하이퍼링크를 타고 엄청난 속도로 퍼져나갔다.

앞서도 언급했듯이 '문희준'을 '무뇌충' 혹은 '무뇌중'이라 명명하는 언어 유희에는 상업성에 물든 댄스 음악의 폐해를 경계하고 록 음악의 순수성을 옹호하려는 자세, 또 시민으로서의 군 복무 의무를 편법으로 저버린

100) 〈부록 1〉 각 차시별 학습자료 중 제3차시의 문희준 관련 기사 및 지식in의 질문과 답변 자료 참조.

일부 연예인과 상류층에 대한 비판적 정신이 함축적으로 표현되어 있다. 그러나 이처럼 특정 인물에 대한 편협하고 잘못된 가치관에 기인한 이른바 '적의적 표현 행위', 즉 'hate speech'가 문화적·사회적 비판 정신이 표현된 일련의 이미지와 언어들에 개입해 있는 것도 부정할 수 없다. 이 때문에 한편으로는 이러한 패러디에 나타난 비판적 정신에는 공감하면서도, 그 지나친 적의적 표현에 대해서는 선뜻 웃음을 나누기가 불편해지는 것이다.

이를 담론의 중층성 측면에서 설명하면, 문희준에 관련된 일련의 인터넷 패러디 유머에는 대중음악의 가치에 관한 문화적 담론, 국민으로서의 의무에 대한 사회적 담론, '대한민국 남자라면 군대에 가야 한다'는 독특한 성적 담론을 비롯한 다양한 담론들이 복합적으로 개입해 있다고 볼 수 있다. 따라서 문화적 담론의 측면에서 볼 때에는 상업적 댄스 음악에 대한 비판적 견해를 옹호하고, 사회적 담론의 측면에서는 시민으로서의 의무 준수를 저버리는 행위에 대해 비판적 견해를 가진 사람이라 하더라도, 남성들만의 독특한 군대문화와 집단주의의 표출에 대해서는 거부감을 가진 사람, 즉 여성 혹은 다양한 이유로 군대에 가지 않은 남성이라면 이러한 유머에 대해 전적으로 공감할 수 없는 불쾌감을 갖게 된다는 것이다.

이런 점을 고려할 때 '엽기적'이라 분류되는 인터넷 패러디 유머에 대한 교육에서는, 유머 텍스트의 의미 구성에 관여하는 중층적 담론에 대한 분석 및 이에 대한 수용자 자신들의 인지적이고 정서적인 반응에 대한 비판적이고 자기 성찰적인 응시와 대화가 중요한 것이 아닐까 생각한다. 상업적 음악에 대한 비판에서 출발한 문희준 비판이 문화적 우월감에 바탕을 둔 독선적이고 편협한 적의적 표현 행위로 전락하는 수준에까지 이르고 있기 때문이다. 특히 이러한 적의적 표현 행위는 쉽게 복제되고 이동되는 하이퍼텍스트의 기술적 속성상 마치 눈덩이가 불어나듯 번져나가고 있다. 이런 가운데 본래의 비판적 의미가 상실된 패러디 이미지는 개인의 인격을 무책임하게 무시하고 짓밟는 심각한 언어폭력으로 변질되고 있다.

사이버 문화 현상에 대해 연구한 구락(Gurak, 2002: 25)에 따르면 우리가 정말로 사이버 문화에 대해 알아야 할 것은 단지 기술의 사용법에 그치는 것이 아니라, 기술과 공생하고 그에 관여하며 이를 통제하는 방법이다. 이러한 '사이버 리터러시'는 자유로운 복제, 수정, 이동이 가능한 디지털 이미지가 의사소통의 중심이 된 시대의 소통 방식에 대해 국어교육이 취해야 할 관점과 영역의 변화를 요구하는 듯하다. 이와 관련하여 포스트모던 이론가인 보드리야르(Baudrillard)의 이론을 참조할 필요가 있는데, 보드리야르에 따르면 이미지가 의사소통의 중심에 자리한 현대사회에는 '가상현실'이 가상적인 것이 아니라 오히려 현실 자체일 수 있는데(주창윤, 2003: 19), 이는 기호와 지시 대상 사이의 관계가 무너짐으로써 정상적인 의미 사슬의 관계가 해체되었기 때문이다. 기호를 구성하는 지시 대상의 본질을 상정하는 기의(signified)가 사라지고 단지 기표(signifier) 간의 상호작용을 통해 의미가 생성되는 '시뮬라시옹(simulation)'의 세계(Baudrillard, 1996)에 우리가 살고 있다는 것이다.

앞서 살펴본 문희준의 패러디 이미지에도 이러한 시뮬라시옹 이론을 적용할 수 있다. 문자 언어적 측면에서 '문희준'이 '무뇌충' 내지 '무뇌중'으로 명명되는 과정과 동시에 진행된 시각적 이미지의 구성은 본래 지시 대상 및 기의로서의 '문희준'을 사라지게 하고, 대신 인터넷 상에서 새롭게 구성된 기표만을 우리의 눈앞에 남겨놓았다. 이런 과정을 통해 우리 눈앞에 놓이게 된 기표인 '무뇌충' 이미지는 더 이상 현실의 '문희준'의 연관을 갖지 않는 양 자유롭게 다른 기표들과 결합하여 새로운 의미들을 만들어낸다. 다음은 그러한 예 중의 하나이다.

〈그림 Ⅱ-12〉은 비교적 최근에 개봉되어 화제를 모은 영화 〈스쿨 오브 락〉의 포스터인데, 〈그림 Ⅱ-13〉과 같이 총선시민연대의 '낙선' 명단 선정으로 패러디되면서 정치 상황을 풍자하고 있다. 〈그림 Ⅱ-12〉에서의 '락(rock)'이 두음법칙을 거치면 한국어의 '낙선'과 유사한 발음을 갖게 된다는 점에 착안한 이 패러디에 어이없이 등장한 '무뇌충'의 이미지는 더 이상 '문희준'이 한 것으로 여겨지는 특정한 행동이나 말에 대한 애초의 비판적 인식이 탈각된 채 단지 우스꽝스럽고 부정적인 인물이라는 의미만을 갖게 된다. 이처럼 〈그림 Ⅱ-13〉은 문희준이라는 원본 혹은 실재가 사라진 시뮬라시옹의 기호 체계라 할 수 있다. 이러한 이미지에서도 앞서와 마찬가지로 담론적 중층성의 측면에서 볼 때 불편한 감정이 유발될 수 있는데, 이는 아무리 변형되었다고는 하지만 우리는 여전히 '무뇌충'에서 '문희준'을 떠올릴 수 있기 때문이다.

인터넷 패러디 유머의 시각 유희는 특정한 인물이나 대상, 사회 현상에 대한 비판적 표현으로 볼 수 있는 반면, 편협한 인식에 바탕을 둔 적의적 표현이 될 가능성 또한 지니고 있다. 이는 특히 끊임없이 자유롭게 정보를

〈그림 Ⅱ-12〉 영화 〈스쿨 오브 락〉

〈그림 Ⅱ-13〉 정치 패러디 '스쿨 오브 락선'

생산·복제·수정·이동할 수 있게 하는 인터넷이라는 매체적 존재 조건 속에서 문자 언어 및 시각 언어가 지니는 효과와 결합된 것이기도 하다. 따라서 이는 단지 인터넷 상에서 네티켓을 지키는 문제, 즉 다른 사람의 인격을 존중해야 한다는 당위적이고 윤리적인 처신의 문제로만 볼 것이 아니다. 오히려 이는 다중문식성을 기반으로 한 다양한 텍스트가 인터넷이라는 매체적 존재 조건 속에서 의사소통의 메커니즘 속에 위치 지워질 때 발생할 수 있는 의미 작용의 과정으로 보고 이에 대해 비판적·창의적으로 개입할 수 있도록 하는 교육을 필요로 한다.

따라서 이러한 다중문식성과 사이버 리터러시는 디지털 미디어에서의 정보 소통에 대한 윤리적 책임과도 관련되는 것으로, 단지 윤리교육의 영역에만 국한되는 것이 아니라 언어의 매체적 존재 조건에 대한 인식을 바탕으로 한 소통 행위의 교육이라는 차원에서 국어교육이 적극적으로 끌어안아야 할 학습 영역이 아닐까 생각한다. 하이퍼텍스트로 구현되어 '눈덩이처럼 불어나는 텍스트'가 되는 적의적 표현에 대해 정보 윤리와 인터넷이라는 매체의 특성을 이해하는 가운데 공공 영역의 소통 구조에 참여할 수 있는 비판적이고 창의적인 시민을 길러내는 문제이다. 바로 이 점에서 하이퍼텍스트에 대한 이해가 어떻게 국어교육과 만나야 하는지에 대한 시사점을 얻을 수 있다.

5) 인터넷 유머와 국어교육

유머는 우리의 일상적 대화나 사회적 의사소통 행위에서 매우 중요한 언어적 현상 가운데 하나이다. 낯선 장소에서 처음 보는 사람들과 만나 대화를 시작해야 하는 상황에 처했을 때 효과적인 농담 한마디는 어색한 긴장감을 해소할 수 있다. 그러나 유머가 늘 발화자의 의도대로 효과를 거두는 것은 아니어서, 스스로 던진 유머가 기대했던 대로 잘 작동하지 않아 난감해지거나, 이와는 반대로 웃음을 유발하기 위해 누군가가 가볍게 던진 농담에 은근히 불쾌해지는 경우가 생기기도 한다. 따라서 개인적·심리적 차원의 대화에서 긴장을 완화하고 즐거운 분위기를 조성하거나, 특정한 사회적 이슈에 대해 간접적인 비판을 가하기 위해 유머를 사용하는 것은 매우 전략적인 고급 단계의 의사소통 능력을 발휘하는 것이 된다.

외국어를 배우는 과정에서 가장 어려운 점이 바로 유머에 대한 이해라는 말에서도 알 수 있듯이, 유머는 메시지를 생산하는 발신자와 이를 해독하는 송신자가 특정한 정보, 배경지식, 정서 그리고 세계에 대한 인식과 관점을 공유하는 방식에 따라 그 성공과 실패 여부가 판가름되는 매우 섬세한 사회적 상호작용이자 의사소통 행위이다. 이 과정에서 유머는 특정한 인물이나 대상 혹은 사건에 대한 정보와 정서를 함축적인 방식으로 표현함으로써 상대방을 설득하거나 일정한 분위기를 조성하게 된다. 따라서 비록 본 연구에서는 인터넷 유머를 편의상 '오락 영역'에 속하는 것으로 구분하였지만, 실제로 유머는 '정보 전달', '설득', '문학', '오락', '친교'와 같은 다섯 가지 언어 사용 목적 중 어느 하나에만 귀속시키기 어려운 장르라 할 수 있다. 유머란 이처럼 복합적인 언어 사용 능력을 요구하는 고도의 의사소통 행위인 셈이다.

미디어 환경의 발달로 인해 이제 유머는 구전이나 인쇄매체를 통해 유포되는 방식에만 한정되지 않고 컴퓨터를 기반으로 한 인터넷 환경, 즉 사이버 공간을 통해 활발히 유통되고 있다. 인터넷 유머는 문자, 그림, 그래픽, 소리, 말, 영상, 애니메이션 등 다양한 표현방식의 복합적 작용에 의해 의미를 발생시킨다. 따라서 이를 이해하는 데에는 인쇄매체를 기반으로 한 문식성을 넘어선 복합적 기호 해독 능력인 '멀티리터러시(multiliteracies)'의 학습이 요구된다. 멀티리터러시란 언어, 시각, 음성, 몸짓, 공간적 의미와 같은 다양한 의미를 비롯해 이들의 복합적 작용에 의해 생산되는 멀티모드적 의미 패턴 등 여섯 가지의 의미 요소를 이해하고 디자인할 수 있는 새로운 리터러시 교육을 의미하는 것으로(New London Group, 1996; 정현선, 2002; 최인자, 2002), 사회적 삶에서 일어나는 다양한 의미 작용에 능동적·비판적으로 참여할 수 있는 능력을 의미한다. 다양한 미디어를 통해 생산된 텍스트의 의미 작용에 대한 이해와 표현으로 영역을 넓혀가고 있는 국어교육의 현실의 고려할 때, 인터넷 유머는 이러한 멀티리터러시를 학습하는 데 매우 흥미로운 문화적 텍스트가 될 수 있는 것이다.

한편 인터넷을 통해 유포되는 유머는 하이퍼텍스트로 구현되어 하이퍼링크를 통해 순식간에 수많은 이들에게 퍼져나가는데, 이와 같은 디지털 기술의 특성으로 인해 인쇄매체와는 비교할 수 없을 만큼 빠른 속도로 사회의 구석구석에 퍼져나가면서 폭발적인 반응을 불러일으키기도 한다. 더욱이 하이퍼텍스트는 원본 텍스트의 복제·이동·수정이 자유로우며, 원칙적으로 누구나 쉽게 텍스트 생산·수용·유통에 참여할 수 있도록 하는 상호작용적 속성을 지니고 있다(배식한, 2000; Landow, 2001). 이러한 매체적 특성은 인터넷 유머의 존재 조건의 하나로서, 인쇄매체를 기반으로 한 의사소통 모델과는 전혀 다른 저자와 독자를 만들어내는데, 이는 텍스트 생산과 유통에 참여하는 과정에서 고려해야 할 정보윤리의 새로운 문제들을 제기한다.

인터넷 유머에 대해 찰나의 재미만을 추구하는 가벼운 우스갯소리에 불과한 것으로 간주하는 이들도 있을 수 있다. 그러나 지금까지 살펴본 바와 같이 유머는 그 자체로 매우 섬세하게 해석되어야 할 복합적 의사소통의 텍스트일 뿐 아니라, 최근 우리 사회에서 활발히 논의되고 있는 다양한 형태의 인터넷 정치 패러디를 통해서도 볼 수 있는 바와 같이, 우리 사회의 주요 의제를 설정하고 여론을 형성해 가는 데 매우 중요한 정보와 가치를 함축적으로 담고 있는 경우가 많다. 따라서 학생들에게 인터넷 유머의 의미 작용에 대해 올바로 이해하고 판단할 수 있는 능력을 길러주는 것은 비판적이고 창의적인 의사소통의 메커니즘과 방법을 다루는 국어교육의 중요한 학습 내용이 될 수 있다.

이와 관련하여 표현의 규범성을 강조하는 표현교육과 표현의 창조성을 강조하는 표현교육에서 유머는 창조성을 강조하는 표현교육에서 더 의의를 찾을 수 있을 것이다. 김창원(2000)에서는 교육에서 추구해야 할 규범성과 창조성을 다음과 같은 논의하고 있다.

> 교육은 규범성과 창조성을 동시에 지닌다. 문화전달주의나 구조 기능론의 입장에 서면 규범성이 강조되고, 인간주의나 자아 계발론의 입장에 서면 창조성이 강조된다. 물론 규범성의 바탕 위에 창조성을 추구해야 교육의 이념에 가까울 것이다(김창원 2000: 44).

유머 텍스트는 일반 텍스트와 다른 장치가 있음을 인정하여 규범성과 창조성 사이에서 표현교육의 위상을 검토할 필요가 있다. 유머 텍스트를 국어교육에 활용할 경우 유머의 부정적 기능에 대해 학생들이 인식하게 함으로써 냉소적인 유머에 대한 경각심을 불러일으키고, 근거 없는 우월의식에 대한 반성을 유도해 낼 수 있을 것이다. 또한 이러한 교육은 바람직한 유머를 구사하는 데도 도움을 줄 것이다.

6 설득 영역 (인터넷 광고)

하이퍼텍스트 광고는 기존 홈페이지 또는 배너 광고 안에 포함되는 문자, 화상, 음성 등이 주요 내용이 된다. 기존 인쇄매체 광고의 텍스트 형태로 시작한 인터넷 광고는 전송 및 단말기 기술의 발전으로 인해 다매체의 특성을 살려 전파매체의 특성을 포함하며 새로운 형태의 광고로 자리잡아 가고 있다. 예를 들어 특정 페이지 접속시 인사말이나 환영 메시지를 자바 언어로 간단하게 따로 처리할 수 있다. 하이퍼텍스트 광고는 의사소통 영역에 새로운 형식과 과정을 가능하게 하고 있다. 또한 기존 광고는 공급자 중심으로 일방적으로 보내는 의사소통 형태를 띠었으나, 하이퍼텍스트 광고는 소비자가 원하는 시간에 원하는 정보를 선택할 수 있게 되었다. 획일적인 메시지를 다수에게 전달하는 기존의 대중매체적 방식과 달리, 하이퍼텍스트 광고는 개인화되고 차별화된 메시지를 교환하는 방식으로 대체되고 있다.

하이퍼텍스트 광고는 급속히 변화하고 있으며 한국에서 광고 시장은 물론 형태나 유형에서도 다양화되고 있고, 이른바 '인터넷 강국' 답게 타사회보다 빠르게 변하고 있다. 그러나 하이퍼텍스트 광고에 대한 연구는 시작 단계라 할 수 있다. 이 논문에서는 먼저 하이퍼텍스트 광고의 일반적 특성을 기존 광고와 비교·대조하여 살펴보고, 하이퍼텍스트 광고의 유형과 분류에 대한 기존 연구를 고찰한 후 하이퍼텍스트 광고의 유형을 정리하여 제시한다. 마지막으로 하이퍼텍스트 광고의 담론적 특성에 대한 분석의 방향을 모색한다.

1) 하이퍼텍스트 광고의 특성

광고의 목적은 기업에 관한 정보, 제품에 관한 정보, 혹은 기업의 철학, 경영 이념에 관한 정보를 소비자에게 전달하는 데 있다. 이러한 정보 전달을 위해 사용되는 하이퍼텍스트 광고는 기존의 인쇄매체 및 전파매체에 비교하면 뚜렷한 차이를 보이고 있다. 기존 매체와의 연구와 뉴미디어 광고의 유사점과 차이점에 대한 연구는(이현우, 2001; 최환진, 2001; Arens, 2002; Zeff, 2002) 다음과 같은 특성을 제시하고 있다.

전통적인 매스미디어 광고는 표준화된 메시지를 많은 수용자들에게 일방적으로 보내는 방식을 취하고 있으며 수용자는 수동적인 노출만 할 수밖에 없다. 특히 텔레비전 광고는 광고비 부담 때문에 긴 시간 노출이 불가능하며, 수용자 입장에서도 하나의 광고에 관심을 갖는 데 2~3초 이내의 짧은 시간이 걸리므로 단순한 내용밖에 전달받지 못한다. 기존 방송 광고는 높은 광고비로 인해 시간 활용에 제한적인 데 반해 하이퍼텍스트 광고는 저렴한 비용으로 웹사이트에 구축하여 둘 수 있다.

기존 광고는 브랜드 이미지나 기업 이미지 구축을 주 목적으로 하는 경우가 많으며 광고 노출이 바로 판매로 연결되지는 않는다. 이에 비해 하이퍼텍스트 광고는 능동적인 수용자와 양방향 의사소통을 통한 상호작용이 가능하며 정보 제공에서 구매 행동까지 연결될 수 있다. 광고주는 사용자의 반응을 신속하게 알 수 있으며 잠재 고객과 다각적으로 접촉할 수 있다. 광고 메시지 조회 건수나 이용 시간 등을 확인하여 사용자의 반응에 즉각적으로 대처할 수 있다.

또한 광고의 대상을 구분하여 개인 또는 목표 집단에 접근할 수 있다. 상품을 필요로 하는 사람에게만 직접적으로 접근할 수 있으며 관심사에 한해 수용자들을 선별하여 홍보할 수 있다. 인터넷 상에서는 시간과 지면을 거의 무제한적으로 확보할 수 있다. 너무 많은 정보가 담겨 있어 오히려 수용자가 원하는 정보를 쉽게 찾을 수 있는 정보 제공 방법이 하이퍼텍스트 광고의 관건이기도 한다. 하이퍼텍스트 광고는 음성, 화상, 가상 현실 등을 이용하여 다양한 광고를 창안할 수 있다. 인터넷을 통해 소비자의 정보를 입수하고 사용자의 실태를 쉽게 파악할 수 있기 때문에 내용의 추가나 변경이 기존 매체보다 쉽고 빠르다.

1) 하이퍼텍스트 광고는 많은 양의 정보를 전달할 수 있다. (정보량)
2) 하이퍼텍스트 광고는 능동성과 상호작용성이 높다. (상호작용성)
3) 하이퍼텍스트 광고는 목표 집단 도달에 정확하며 세분화되어 있다. (세분화)
4) 기존 광고보다 저렴하다. (경제성)
5) 하이퍼텍스트 광고는 효과 측정이 용이하다. (효과 측정성)
6) 다매체적 요소를 통해 다양한 형태의 광고 창출이 가능하다. (창의성)

최환진(2001)은 톰슨(Thomsen, 1996)의 연구를 인용하여 각각의 광고 매체의 특성을 도달성(reach), 선택성(selectivity), 반응(feedback), 비용(cost), 정보 용량(capacity), 효과 측정(rating)의 관점에서 〈표 Ⅱ-7〉과 같이 제시하고 있다.

한편 장대련(1998)은 다음과 같이 하이퍼텍스트 광고의 단점을 들고 있다. 첫째, 도달 범위가 제한될 수 있다. 전국적·국제적 도달은 가능하지만

〈표 Ⅱ-7〉 각 매체별 특성 비교

	도달성	선택성	반응	정보 용량	비용	효과 측정
신문	높음	보통	낮음	보통	높음	낮음
텔레비전	매우 높음	매우 낮음	매우 낮음	낮음	매우 높음	낮음
라디오	높음	낮음	매우 낮음	매우 낮음	보통	매우 낮음
직접우편	매우 낮음	매우 높음	낮음	보통	매우 높음	높음
잡지	보통	보통	낮음	보통	높음	보통
인터넷	낮음	높음	매우 높음	매우 높음	낮음	매우 높음

특정지역의 한정된 고객에겐 전달되지 않는다. 수용자의 관여 상황에 따라 비효과적이며 비효율적일 수 있다. 또한 정보 처리 속도와 컴퓨터 성능에 따라 큰 차이가 있을 수 있으며, 이에 따라 수용자 관심도가 크게 달라질 수 있다. 또한 개인 정보 유출이 심각한 상황에 이를 수 있다는 점을 지적한다.

2) 하이퍼텍스트 광고의 유형에 관한 논의

하이퍼텍스트 광고의 분류는 최근에 이루어지고 있다. 여기에는 기존 광고의 분류법이 적용되고 있으나, 하이퍼텍스트 광고에 대해 새롭게 분류하려는 시도도 있다. 그러나 분류 항목이 체계적이지 않을 뿐더러 일관성이 결여되어 있으며, 특히 학자들에 따라 같은 광고를 다르게 표현한 것을 적절한 번역 없이 받아들임으로써 혼란을 가중하는 경우도 있다. 이 단원에서는 광고의 분류 항목를 살펴보고 하이퍼텍스트 광고의 분류에 대한 논의를 하며 하이퍼텍스트 광고의 유형을 소개한다.

기존 광고학에서 광고의 분류는 광고의 목적(영리, 상품, 서비스, 기업 및 비영리, 비영리 조직, 정치)에 따른 분류, 매체 종류 및 전달 방법(방송, 인쇄, 옥외, 온라인 등)에 따른 분류, 광고의 시간(프로그램 광고, 인포머셜, 스파트, 자막 등), 광고의 내용 전개 방식 및 설득의 방법에 따른 분류(이성 소구 광고, 감성 소구 광고, 서사형, 드라마형, 의견, 사과, 기타 수사적 기법 등), 광고 수용자 특성에 따른 분류(소비자, 전무인, 산업), 광고주에 따른 분류(생산자 광고, 소비자 광고), 광고 지역에 따른 분류(국내, 국외) 등으로 나누어졌다(Arens, 2002). 웰즈와 그의 동료들은 광고를 브랜드 광고, 소매 광고, 정치 광고, 인명부 광고, 직접 광고, B2B 광고, 기업 광고, 공익 광고 등 8가지로 분류하고 있다(Wells, Burnett & Moriarty, 1995).

하이퍼텍스트 광고는 기존 광고의 개념을 넘어 새로운 커뮤니케이션 특성을 나타내고 있다. 다매체가 융합함으로써 기존 매체 광고의 특성이 융합하는 현상이 일어나고 있으며, 수용자의 적극성과 능동성을 요구함으로써 다양한 기법과 형태의 광고가 등장하고 있다.

일반적으로 한국 학계에서는 미국의 주피터 커뮤니케이션즈의 분류와 일본의 인터넷 커뮤니케이션 연구회(1998)의 분류를 소개하고 있다. 1997년 주피터 커뮤니케이션즈는 하이퍼텍스트 광고를 광고주가 특정 웹사이트를 유료로 구매하여 광고 내용을 알리는 방법으로 '매체 구매(미디어 바이즈; media buys)', '광고 내용에 따른 방법(ad content)', 개별 사용자에게 광고 내용을 직접 전달하는 '선택형 직접 광고(ad platform)'로 나누고 있다. 첫 번째 방법에는 배너 광고, 검색 엔진 광고, 이용자 집단 광고, 무차별 이메일 광고, 전자 구전 등이 있고, 두 번째 방법에는 웹사이트 광고, 삽입 광고, 협찬 광고, 틈새 광고가 있으며, 세 번째 방법에는 특정 이메일 광고, 채팅 그룹, 푸시 애드(컴퓨터를 사용하지 않는 시간에 광고를 보냄), 인터넷 서비스 등이 있다. 그러나 주피터의 분류는 웹의 특성에 따른 분류로 광고의 형태나 제작에 따른 분류로 보기는 어렵다. 즉 줄 광고, 화상 광고, 로고 광고 등과 같은 제작 방식에 따른 분류가 포함되지 않았으며, 게임형 광고, 정보형 광고, 동영상 광고 등 광고 내용이나 광고 표현 방법에 따른 다양한 형태도 들어 있지 않기 때문이다.

인터넷 마케팅 모델에 따른 분류로는 일본의 인터넷 커뮤니케이션 연구회의 분류를 살필 수 있다. 인터넷 커뮤니케이션 협회의 분류는 주피터 커뮤니케이션사의 분류(1998)와 유사하나 마케팅 행위의 순서에 따라 집객 수단, 광고 콘텐츠, 후속 마케팅 순으로 나누었다. 이것이 정보통과 최환진(1999)에 의해 소개되면서 하이퍼텍스트 광고 분류의 한 방법으로 자리잡고 있다. 상품과 웹사이트에 대해 알린다는 집객(集客) 수단이라는 용어를 그대로 사용하고 있으며, 집객 수단을 기준으로 배너 광고, 검색 엔진 광고, 유즈넷 뉴스 그룹 광고, 메일링 리스트, 전자적 구전 등으로 분류하고 있다. 또한 광고 콘텐츠를 기준으로 볼 때는 웹사이트 광고, 삽입 광고 콘텐츠, 협찬 광고, 틈새 광고로 분류하고 있으며, 후속 마케팅에 따른 분류로는 전자우편, 채팅, 푸시 애드, 인터넷 액세스 등으로 나눈다. 우선 주피터의 분류를 살피면 다음과 같다.

가) 배너 광고: 웹사이트의 일부에 띠 형태로 노출시키는 광고로 가장 널리 이용되는 광고이다. 배너 광고의 유형별로 보면, 한 장의 그림으로 만들어져 있는 고정 배너 광고가 있다. 다음은 여러 장의 그림을 빠른 속도로 겹쳐 마치 대상이 움직이는 것처럼 보이는 애니메이션 배너 광고가 있으며, 다양한 프로그래밍을 통해 사용자의 마우스에 반응하게 하여 움직이는 상호작용적 배너 광고 등이 있다.

나) 협찬 광고(sponsorship): 본문이나 내용에 협찬 기업의 홍보나 제품을 소개하는 형태인 협찬 광고가 있으며, 특정 기업의 홍보를 정보 기사 형태로 전달하는 기사 광고(advertorials)가 있다.

다) 틈새 광고(splash screens): 틈새 광고는 요청된 페이지가 전송되는 시간의 틈을 이용한 광고이다. 틈새 광고에는 다음 페이지로 연결되는 순간 작은 창이 열리며 제품이나 서비스를 제공하는 '작은 창' 광고 (pop-up; 흔히 팝업 광고라 함)가 보편적으로 많이 이용된다. 혹은 화면 전체가 등장하는 전면 틈새 광고가 있다.

라) 삽입 광고 콘텐츠(microsite): 특정 웹사이트의 광고가 다른 사이트로 넘어가 정보를 보는 것이 아니라 그 웹사이트 내에 있는 정보로 연결되도록 한 광고를 일컫는다.

웹사이트 광고는 회사나 제품을 평면적으로 구성한 홍보(brochureware)용 광고 웹사이트가 있으며, 방문 웹사이트에서 사용자들이 흥미를 끌 수 있는 오락적 요소나 간단한 게임과 같은 것을 통해 재방문을 유도하는 오락(show biz) 광고 등이 있다. 또한 삽입 광고는 자사의 웹사이트에서 자사의 제품에 대해 하이퍼링크로 올려놓는 광고이다.

선택형 직접 광고는 특정 사용자만을 위한 광고로 대화방(채팅) 광고가 있다. 대화방(채팅) 광고는 특정 대화방에 배너 광고나 정지 화상 광고 등을 보내는 것이다. 푸시(push ad) 광고는 컴퓨터를 사용하지 않는 시간대에 특정인에게 광고를 전송하는 방법이다. 이메일 광고는 확보한 이용자 이메일을 통한 광고를 말한다. 하지만 이용자의 허락도 없이 스팸메일(spam mail)을 마구 보냄으로써 광고의 역기능을 낳기도 한다.

케이와 메도르프(Kaye & Medorf, 2001)는 하이퍼텍스트 광고의 유형을 배너 광고, 리치 미디어 광고, 확장 광고(extramercials), 팝업 광고, 비디오 배너, 웹머셜(webmercials), 기사 광고·정보 광고(edvertorials·informecials), 협동 광고, 교환 광고 등으로 나누고 있다.

① 리치 미디어 광고

리치미디어 광고는 단순한 텍스트가 아니라 화상, 음성, 사진, 애니메이션 등을 결합한 형태의 광고를 나타내는 것이다. 단순히 텍스트나 도표 혹은 단순한 애니메이션을 넘어서 상호작용성을 지원하는 광고를 말한다. 배너 위주의 기존 방식에서 동영상이나 게임식 광고를 보내는 것이다. 동영상 광고와 게임식 광고가 대표적인 리치 미디어 광고이다. 마우스를 배너로 이동하게 되면 미리 설정된 소리가 나며 원하면 동영상을 볼 수 있다. 사용자가 마우스 배너를 스치면 확장된 창이 열리고 파일 전송을 기다림 없이 자연스럽게 동영상을 볼 수 있도록 한 광고이다. 이용자는 15~30초 정도 동영상을 보면서 회원가입, 퀴즈, 설문, 정보검색 등 다양한 서비스를 받을 수 있다. 최근 인터넷 전화 서비스 업체들은 이런 동영상 광고를 보면 사이버머니를 적립할 수 있도록 했다. 동영상 광고 중 다운로드 광고는 자료를 내려받는 동안 광고를 보여주는 방식이다. 내려받는 자료가 5초 이상이면 자동으로 동영상이 나타나고 원하는 자료 화면에 접속되면 동영상은 사라지는 방식의 광고이다.

게임 광고는 숨은 그림, 그림 조각 맞추기(퍼즐 게임) 혹은 빙고와 같은 간단한 게임에서 축구나 골프와 같은 게임을 통한 광고 방식이다. 자사 제품을 숨은 그림 방식이나 그림 조각 맞추기 식으로 광고하기도 하며, 특정 스포츠 업체들은 사이트의 주제에 맞는 게임을 통해 광고하기도 한다.

리치 미디어 광고는 광고의 용량에 따라 속성이 결정된다. 초기 단계에는 용량이 커서 전송 속도로 인한 많은 불편이 있었으나 최근 들어와서 빠른 속도로 확산되고 있다. 케이와 메도르프는 리치 미디어 광고를 배너 광고의 한 형태로 보고 있다. 이는 배너라는 용어는 광고 형태에 따른 구분이며, 리치 미디어는 매체의 융합 현상을 나타내주는 용어로 동영상, 사진, 음성 및 음향이 결합된 광고를 일컫는 기준이다.

② 팝업 광고

팝업 광고는 이용자의 화면에 예고하지 않고 떠오르는 광고의 형태에 따라 붙여진 이름이다. 팝업 광고에는 틈새 광고(interstitials)와 수퍼스티셜(superstitial)이 있다. 최근 웹사이트에는 창이 없는 광고가 많이 등장하여 창형 틈새 광고와 창이 없는 틈새 광고로 나누어진다. 틈새 광고는 별도의 윈도를 생성시키며 웹페이지 사이사이에 뜨며, 광고를 클릭하면 광고주의 홈페이지로 이동하기도 하고, 상품 직접 주문 창이 나타나거나 비디오 혹은 애니메이션 광고가 나타나기도 한다. 광고주들은 이용자가 원하는 창을 위해 틈새 광고를 닫으면서 광고를 인지하게 되므로 틈새 광고를 선호한다. 반면 이용자들이 컴퓨터 화면을 장악하는 광고를 선호하는지 그렇지 않은지에 대한 효과 연구는 아직 미흡한 실정이다.

③ 확장 광고

원어로 엑스트라머셜(extramercial)이라 불리는 확장 광고는 컴퓨터 화면 오른쪽 확장 공간에 나타나는 광고이다. 화면 내용이 800X600 해상도 기준으로 화면의 오른쪽 여백이 생기게 된다. 이런 여백을 이용해 세로로 된 여백을 활용하는 광고이다. 예전에는 이용자들이 화면을 스크롤하면 대개 확장 광고가 사라졌으나 최근에는 화면을 스크롤해도 따라다니는 확장 광고가 등장하였다. 확장 광고는 지디넷(ZDnet)이 개발하였으며 몇 년 전에는 화면 기술 문제로 인해 많은 이용자들이 보지 못하는 경우가 많았다는 결과도 있지만, 최근에는 광고주들이 배너 광고보다 확장 광고를 현저히 선호하고 있다.

④ 기사 광고

인쇄매체에서 기사 광고의 특징은 뉴스 기사와 같이 보이도록 만든 광고이다. 인쇄매체에서 광고 제작자들은 상품 판매 정보를 기사와 혼동하게 제작하여 독자들의 주의를 끌려고 한다. 기존 매체들은 기사와 광고를 명확하게 구분하는 표준을 고수하고 있다. 신문에서는 기사 내용과 분리해서 정해진 박스에 넣어 기사와 구분한다. 그러나 인터넷에서는 이런 기준이 모호하다.

⑤ 웹머셜

웹머셜은 동영상 광고로서 텔레비전 광고와 같은 시각과 느낌을 주는 광고로 5~30초가량 지속되는 경우가 대부분이다. 예로 교보생명은 히딩크 감독을 주제로 한 텔레비전 광고를 그대로 인터넷 신문 웹사이트에 실었다. 동영상 배너는 동영상이 포함된 배너로 일반적인 배너보다 이용자들의 클릭률이 훨씬 높은 것으로 나타나고 있다. 그러나 아직은 기술력 부족으로 전송에 문제가 있어 윈도에 삽입된 비디오 클립 형태로 제작되고 있다.

전면 동영상 광고는 아직 웹 이용자들이 광고를 따로 다운로드해야하며, 10초 혹은 30초 동안 광고에 노출되어야 하기 때문에 정보를 빨리 얻고자 하는 인터넷의 속성과 상반되는 것일 수 있다. 그러나 기술의 발전 속도에 따라 텔레비전 수준과 동일하게 될 것이다. 최근 들어 하이퍼텍스트 광고는 단순 고정형 배너 텍스트 광고에서 벗어나 비디오 배너 광고 혹은 비디오 틈새 광고로 외형적인 면에서 텔레비전 광고를 닮아가고 있다. 그렇다고 텔레비전 광고 모델을 그대로 따르지는 않을 것이다. 케이와 메도르프의 웹머셜은 위에서 밝힌 리치 미디어 광고에 포함시켜도 무난할 것이다.

⑥ 협동 광고

케이와 메도르프는 협동 광고, 교환 광고 등 광고 계약 방식에 따른 분류를 시도하였다. 협동광고란 특정 텔레비전 프로그램을 광고주가 제공하는 것과 같이 특정사이트를 광고주가 후원하는 방식이다. 인터넷 발전 초기 단계에 많이 이용되던 방식으로 광고주가 독점하여 사이트 운영을 후원하는 방식이지만 지금은 많이 사라졌다.

⑦ 교환 광고

자체 웹사이트를 통해 기업 상호간 광고를 실어주는 경우이다. 타회사의 광고를 자회사의 웹사이트에 무료로 실어주고 자회사의 광고를 타회사가 무료로 제공해 주는 방식이다. 교환 광고는 재정이 넉넉하지 않은 회사나 특정 분야 관련 상품들을 연계해서 서로 광고하려고 할 때 유용하다.

주피터 커뮤니케이션즈, 인터넷 커뮤니케이션 협회, 케이와 메도르프의 논의 외에도 여러 가지 광고의 유형이 존재한다. 예를 들어 장애물형 광고가 있다. 이름대로 목적한 화면에 도달하려면 장애물 광고를 보아야만 하는 경우이다. 예를 들어 '네이버' 사이트에서 취미 섹션으로 가기 전에 전면 광고가 화면에 나타나며 이 화면을 보아야만 다음 화면으로 갈 수 있는 방식이다.

검색엔진 광고는 회사나 제품 정보를 능동적으로 찾는 사용자를 위해 검색 엔진에 등록한 후 이용자가 특정 검색어를 요청하면 검색 결과와 함께 광고가 나타나도록 하는 방식이다. 사이트 운영자들은 검색어별로 광고를 계약하여 판매하고 있다.[101]

광고 형태나 제작 방식에 따른 분류로는 '줄 광고'가 있다. '줄 광고'는 컴퓨터 정지 화면에 일정한 띠나 한 줄의 문자로 광고 정보를 싣는 것을 말하며 화면 아래 나타날 때엔 라인 광고라고도 한다.

자막 광고는 줄 광고와 유사하지만, 광고 정보가 텔레비전 자막처럼 영상 처리되어 움직이는 것을 말한다. 정지 화상 광고는 컴퓨터 화면에 일정한 사진과 광고 카피를 넣어 광고하는 방식을 취하며 화면 광고 또는 스크린 광고라고도 한다. '깜빡(블링크: blink)' 광고는 줄 광고의 특정 용어나

101) 더블클릭(double click: http://www.doubleclick.com)사가 미국의 인터넷 기업인을 대상으로 2002년 하이퍼텍스트 광고 형태를 조사한 결과에 의하면, 배너 광고가 68%로 가장 많았고, 검색어 광고가 57%를 차지했고, 협찬 광고(sponsorship)가 43%였으며, 리치미디어 광고 49%, 어필리에이션 프로그램 34%, 복권 광고(스윕스테이크) 25%, 틈새 광고 23%, 항목별 광고 21%로 나타났다 (DoubleClick, 2002. June).

화상 아이콘을 반짝반짝 빛나게 하는 광고이다. 로고 광고는 기업의 로고를 화면에 넣는 방식이다.

위의 논의를 살펴보면 하이퍼텍스트 광고는 제작 방식 및 형태에 따른 분류, 광고 내용 및 표현방식에 따른 분류, 광고 목적지에 따른 분류, 계약 방식에 따른 분류가 편리할 것이다. 제작 방식에 따른 분류로는 배너 광고, 팝업 광고, 확장 광고, 동영상 광고 등이 있으며, 동영상은 다시 비디오와 애니메이션 동영상으로 나눌 수 있다. 광고 목적지에 따른 분류로는 이메일, 채팅, 검색 엔진, 유즈넷, 포털 사이트, 홈페이지 등으로 구분할 수 있다. 계약 방식에 따른 분류로는 협동 광고와 교환 광고 등이 있다. 광고 내용에 따른 분류로는 게임형 광고, 정보 제공형 광고, 복권 광고, 기타 오락형 광고, 만화 광고, 캐릭터 광고, 서사형 광고, 드라마형 광고 등으로 나눌 수 있으며, 내용에 따른 구분은 기존 광고 분류가 좋은 길잡이가 될 것

〈표 Ⅱ-8〉 하이퍼텍스트 광고의 유형

분류 기준	분류	세부 분류
제작 방식 및 형태	배너 광고	크기, 위치, 내용, 계약 방식에 따라 분류
	팝업 광고	작은 창/큰 창
	동영상 광고	비디오/애니메이션
목적지	이메일	
	채팅	
	검색 엔진	
	포털 사이트	
	홈페이지	
계약 방식	협동	
	교환	
내용 및 표현 방식	게임	
	만화	
	서사	
	드라마	
	오락(복권)	
	기타	

이다. 배너 광고의 분류는 다시 제작 방식, 형태, 광고 목적지, 계약 방식에 따라 순차적으로 분류하면 된다.[102)]

3) 하이퍼텍스트 광고의 담론적 특성 연구에 대한 제언

하이퍼텍스트 광고는 화상, 문자, 음성의 담론적 요소로 이루어져 있다. 초기 발전 단계에서는 인쇄매체 혹은 전파매체와 유사한 형태였으나, 관련 기술의 발전 속도에 따라 달라지고 있다. 광고 메시지는 언어적 요소와 시각적 요소로 이루어지는 것이 일반적이다. 문자와 시각적 그림이 조화적 혹은 보완적 관계를 이루며 구성되어 있다. 문자적 요소에 대한 이해와 시각적 요소에 대한 이해를 상호보완해 줌으로써 광고 반응의 효과를 노린다. 즉 광고의 언어적 요소와 시각적 요소가 상호작용을 통해 상승 작용을 얻는 것이다.

인쇄매체 광고의 구조적 분석 요소에는 표제(헤드라인), 부제(서버헤드), 본문 캡션, 풍선(벌룬), 상자(박스), 슬로건 등이 있으며, 이들 요소들이 광고하는 제품이나 실제 소비자들을 지칭하면서 구체적인 정보를 전달하는 기능을 한다. 즉 광고가 전달하는 핵심 개념을 구체적으로 표현하는 도구가 된다. 라디오 광고의 언어적 요소는 청취자들의 상상력을 자극하는 중요한 수단이 된다. 그러나 텔레비전 광고에서는 언어적 요소가 이미지의 부수적 도구로 이용되는 경우가 많다.

하이퍼텍스트 광고의 문자적 특성, 음성적 특성, 시각적 특성은 무엇인가? 기존 인쇄매체와 전파매체의 문자적·음성적·시각적 특성과 비교·대조함으로써 인터넷의 특성을 이해하고자 한다. 인쇄매체의 시각적 요소에는

102) 배너 광고의 유형에 대해선 노병성(2001) 참조.

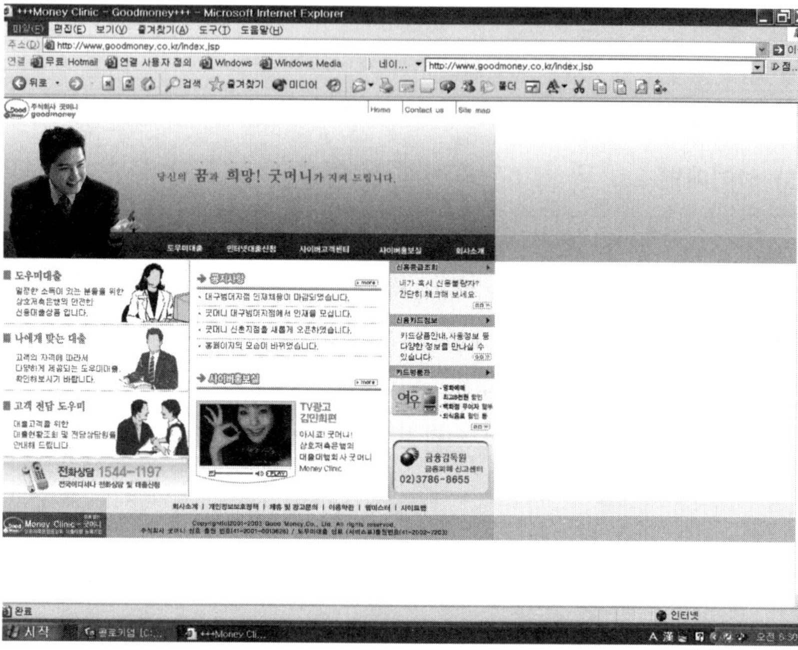

〈그림 Ⅱ-14〉 고정적 화면의 인터넷 광고

선, 색상, 구성, 형상, 방향, 크기 등이 있으며, 텔레비전의 시각적 요소에는 연속성과 극적인 요소들이 첨가된다.

하이퍼텍스트 광고의 언어적 요소들은 텍스트로 통칭된다. 문자 및 시각적 요소들이 광고하려는 제품이나 서비스의 주요 내용이 된다. 그러나 기본 형태는 인쇄 텍스트이면서 중요한 정보 혹은 원하면 접속시 음성을 통해 들을 수 있다. 아직 스트리밍 기술의 발달 미비로 인해 간단한 인사말이나 환영 메시지 정도에 머물고 있는 수준이다. 이때 음성은 자바 언어로 우리에게 전달된다. 하이퍼텍스트 광고는 인쇄매체가 갖고 있지 않은 연속성을 갖고 있다. 하이퍼텍스트 광고에서는 슬로건이 연속적으로 반복 등장할 수 있으며, 하나의 슬로건은 다른 슬로건과 연결되기도 한다.

〈그림 II-14〉처럼 고정적 화면의 인터넷 광고는 인쇄매체의 특성을 닮았지만, 연속적 광고는 표제와 슬로건만 계속 반복된다. 앞으로의 연구에서는 기존 매체와 인터넷의 유사점과 차이점을 더욱 심도 있게 논의할 것이다. 특히 하이퍼텍스트 광고 표제의 말 걸기 기제에 대한 분석을 하고자 한다. 말 걸기 기제는 요청형 표현, 사교적 표현, 정보 제공 기제, 감정 표현 기제, 의례적 표현 기제로 나누어 분석한다. 하이퍼텍스트 광고의 수사법을 분석하여 기존 매체와 어떤 유사점과 차이점이 있는가를 살펴볼 것이다. 음운적 특성도 생략 표현, 과장 표현, 반어적 표현, 도치, 반복, 역설적 표현 등과 같은 표현적 특성을 분석할 것이다.

Ⅲ. 하이퍼텍스트 이해교육의 설계

1. 하이퍼텍스트 이해교육의 목표
2. 하이퍼텍스트 이해교육의 내용 구안
3. 하이퍼텍스트 이해교육의 방법 구안

HyperText

1 하이퍼텍스트 이해교육의 목표

1) 다양한 기호의 의미 작용 이해

현대사회의 제반 문제는 언어의 문제를 간과하고 논의할 수 없다(Fairclough, 1989). 인간세계는 가치·태도·신념, 즉 이데올로기로 점철된 사회이며, 이는 문화적·사회적 맥락과 밀접히 연관되어 있다. 이러한 이데올로기에는 성 역할, 경제, 기술의 성격 등에 대한 신념 등이 포함되며, 이는 사회적 역학관계의 문제와 밀접히 연관된다. 그리고 언어 사용은 인간의 사회적 행위 중 가장 일반적인 형태이며, 인간의 사고와 신념, 즉 이데올로기와 밀접한 연관을 갖는다. 이러한 언어관을 다양한 미디어의 의미 작용으로 확장하는 차원에서 미디어 교육은 언어와 기호에 대한 비판적 이해를 목표로 한다.

하이퍼미디어에 대한 이해교육 역시 미디어의 언어적 측면, 즉 다양한 기호의 의미 작용에 대한 비판적 이해를 목표로 하며, 이는 비판적 문식성(critical literacy)으로 개념화할 수 있다(우한용 외, 2003: 5-10). 미디어의 창의적 생산, 즉 표현적 측면의 교육은 이러한 비판적 문식성을 토대로 이루어지는 것이다. 하이퍼미디어의 텍스트 역시 텔레비전이나 영화와 같은 다른 미디어 텍스트와 마찬가지로 문자나 음성 이외에도 다양한 이미지, 영상, 소리, 애니메이션 등이 복합적으로 어우러져 의미를 생산한다. 이처럼 다양한 방식의 기호가 복합적으로 의미 작용에 관여하면서 특정한 관점을 생산한다는 점을 고려할 때, 이에 대한 비판적 이해는 하이퍼미디어에 대한 이해교육에서 매우 중요하게 다루어져야 함을 알 수 있다.

영화, 텔레비전, 광고와 같은 대중매체의 영상 이미지는 수용자들의 사회적 태도와 열망을 형성하는 데 지배적인 영향력을 행사하고 있다. 이에 따라 영상 이미지에 대한 비판적 이해의 방법, 즉 비판적 문식성에 대한 연구는 특히 1970년대 중반 이후 미디어와 문화 연구 분야에서 매우 활발히 이루어져왔다. 물론 음성 언어 혹은 문자 언어의 규칙은 소리의 효과나 시각적 기호의 의미 작용을 이해하는 데 그대로 적용될 수 없으나, 이 모든 것은 의사소통 방식이라는 공통점을 지닌다. 따라서 이러한 공통점을 바탕으로 다양한 기호의 의미 작용 방식에 대한 이해 능력을 기르는 것은 하이퍼미디어의 언어문화 이해에 반드시 필요한 과정이다.

기호의 의미는 그것이 사용되는 문화적 맥락에 따라 달라진다. 예를 들어 영어권 국가에서 황소는 야수의 하나이거나 프렌치프라이 등과 함께 먹는 음식이지만, 힌두교를 믿는 사회에서 황소를 죽이는 것은 사형선고를 받을 일이 된다. 기호에는 아이콘(icon), 상징(symbol) 등이 포함되는데, 아이콘은 지시하는 사물과 유사성을 갖는 기호를 의미하며, 상징은 그렇지 않은 기호를 뜻한다. 예를 들어 사진은 존재하는 사물의 이미지라는 점에서 아이콘에 해당하며, 교통 표지판 등도 아이콘에 속한다. 그러나 예를 들어 평화를 상징하는 올리브 가지나 기독교를 상징하는 십자가 등은 상징에 속한다. 문자 언어나 음성 언어 이외에도 의미 작용을 하는 이러한 기호들은 영상 이미지를 구성하는 중요한 '언어'로서, 특히 이미지가 문자 텍스트

못지않게 중요한 비중을 차지하는 미디어 텍스트에서는 이러한 기호의 해독 능력이 매우 중요하다.

시각 이미지의 기호학적 해독에 대한 바르트의 이론에 의하면, 기호의 의미 해독은 기호 자체를 문자 그대로의 의미로 묘사하는 '외연(denotation)'과 그 기호가 마음속에 불러일으키는 연상적 의미인 '내연(connotation)'을 거쳐 그 이데올로기적 의미까지 읽어내는 것을 뜻한다(Barthes, 1970). 그러나 기호는 단 하나의 의미만 갖는 것이 아니라 하나 이상의 의미를 갖는다는 점에서 다의성(polysemy)을 지닌다. 동일한 문화에서도 기호는 끝없는 복수적 의미를 가질 수 있는데, 대체로 그 변이적 의미는 사회적·문화적 맥락에 의해 제약된다. 이 점에서 기호는 단지 텍스트적 자질을 통해서만 의미를 갖는 것이 아니라 사회·문화적 맥락과의 상호작용을 통해 의미를 갖는다는 것을 강조할 필요가 있다.

2) 하이퍼텍스트의 속성에 대한 이해

하이퍼미디어는 하이퍼링크를 통해 비선형적으로 연결된 하이퍼텍스트로 구성되어 있다. 따라서 하이퍼미디어에서는 텍스트를 '읽는다' 보다는 '항해한다(navigate)'거나 '풀을 뜯어먹으러 돌아다닌다(browse)'라고 표현한다(배식한, 2000: 29). 하이퍼텍스트는 모든 것을 '1'과 '0'으로 부호화하는 디지털 부호로 기입되어 있어, 책에 인쇄된 글자와는 달리 놀랄 정도로 손쉽게 검색·복제·변형·수정·이동될 수 있다. 그리고 이러한 디지털 부호는 컴퓨터와 컴퓨터 사이에 빛의 속도로 이루어지는 통신으로 전송되기 때문에 하이퍼텍스트의 마디들을 엮는 끈의 길이를 엄청나게 단축시키며, 이로 인해 정보 획득 비용을 급격히 감소시킨다. 정보에 대한 손쉬운 접근은 정보 이용자 수를 증가시키고, 정보 이용자의 증가는 정보의 가치를 높이며, 이는 다시 정보량의 증가를 촉진하는 순환을 초래한다.

하이퍼미디어는 이처럼 비선형적으로 네트워크되어 있는 텍스트들 간의 자유로운 이동을 가능하게 하는 하이퍼링크를 특징으로 하는데, 이는 사고의 연상 체계와 흡사하다. 이처럼 자유 연상 체계를 닮은 하이퍼텍스트에서는 선형적 텍스트로 구성되어 있는 인쇄매체와는 달리 목차에 따른 위계질서나 본문과 각주 간의 구별이 큰 의미를 지니지 못한다. 따라서 하이퍼텍스트의 독자는 한 텍스트의 서론에서 인용 부분으로, 또 거기서 인용문을 쓴 사람의 전기로, 또 그 글을 쓴 시대의 역사적 상황으로 옮겨가는 것이 가능한데, 이로 인해 독자는 글이 씌어진 본래의 의도와는 완전히 독립적인 방식으로 텍스트를 읽을 수 있게 된다(배식한, 2000: 35). 무엇과 무엇을 연결시키며, 읽는 순서를 어떻게 조직할지에 대한 독자의 생각이 책에 비해 훨씬 더 많이 보장되는 대신, 애초에 텍스트를 생산한 사람의 의도와 그 맥락은 쉽게 무시될 수도 있는 것이다.

CD-ROM이나 비디오 게임 혹은 인터넷 사이트와 같은 멀티미디어를 '항해' 하는 것은 하이퍼링크 혹은 '핫스팟(hotspot)' 을 '클릭' 함으로써 이루어진다. 핫스팟을 통해 독자는 또 다른 정보 혹은 비디오 클립과 같은 멀티미디어로 향하게 되는데, 이는 흔히 강조된 단어나 버튼 혹은 아이콘, 메뉴바, 이미지의 일부 등의 형태로 되어 있다. 독자는 클릭 한 번으로 새로운 정보로 이동할 수 있다. 이처럼 하이퍼링크로 연결된 하이퍼텍스트는 정보를 저장하는 데 있어 매우 효율적이다. 멀티미디어는 일종의 도서관과 같지만 훨씬 더 직관적이며 이용자의 요구에 맞추어 정보를 제공한다.

이처럼 수많은 정보와 텍스트에 대한 독자들의 자유로운 항해를 가능하게 하는 하이퍼링크는 한 사이트의 저자가 자신의 웹사이트를 다른 웹사이트에 직접적으로 연계하는 기능, 즉 '깊숙한 연계(deep linking)' 를 통해 자신의 콘텐츠에 적합한 정보를 곧바로 구할 수 있게 한다. 이로 인해 웹사이트 이용자들은 자신에게 필요한 다량의 정보를 매우 빠르게 얻을 수 있다. 그러나 이러한 하이퍼링크의 기능이 반드시 이로운 것만은 아니다. 특히 사이버 공간의 많은 전문가들은 하이퍼링크 자체의 법률적 적합성 문제에서 상당한 이견을 보이고 있다.

사이버 공간 법률 전문가인 칼 오피달(Carl Oppedahl)은 "웹페이지의 궁극적인 목적은 모든 것이 모든 것으로 연결되도록 하는 데 있다. 만약 누군가가 '당신은 내 페이지에 연결할 수 없다'고 한다면 그 사람은 '우리'라는 개념 자체를 부정하는 것이다"라고 말한다. 보스턴 대학교 법학과 교수인 모린 A. 오라우크(Maureen A. O'Rourke) 역시 "사이트 소유자는 인터넷 이용자들이 다른 페이지를 오래 경유하지 않고도 적합한 정보에 접근할 수 있기를 바란다는 사실을 인지해야 한다"고 주장한다. 그러나 지적재산권 전문 변호사인 에밀리 마오프(Emily Madoff)는 "특정한 콘텐츠를 생산하는 소유자는 웹사이트 이용자가 자신의 웹사이트를 어떻게 경험해야 하는지를 결정할 권리가 있다"고 주장한다. 특히 웹사이트 소유자의 홈페이지나 다른 페이지가 상업 광고로 점철되어 있다면 이는 '깊숙한 연계'를 통한 불법 가택 침입이나 다름없다고 보는 것이다(Stewart, Lavelle, & Kowaltzke, 2001: 92-93).

한국의 인터넷에서도 최근 하이퍼링크로 인한 사회적 문제들이 부각되고 있다. 디지털카메라에 대한 정보를 공유하고 디지털카메라로 찍은 사진들을 게시하면서 새로운 문화를 만들어 가고 있는 '디씨인사이드(dcinside)'라는 사이트에 올라와 화제가 되었던 이른바 '딸녀'의 사진은 그 예라 할 수 있다. '딸녀' 사건이란 한 여성이 딸기를 들고 일부러 우스꽝스러운 모습을 연출해 장난삼아 찍은 사진이 수많은 인터넷 사이트에 하이퍼링크로 연결되어 게시되면서 본래 사진의 주인공이 의도한 바와는 달리 수많은 합성 사진의 주인공으로 희화화되었던 일을 말한다. 원래 사진을 찍은 사람은 자신의 친구에게만 사진을 보여주었는데, 친구가 이것을 다른 인터넷 사이트에 올리면서 이런 엄청난 일이 생겨 개인에게 큰 피해를 주기도 했다.

이처럼 하이퍼링크는 누구나 쉽게 정보를 공유할 수 있도록 한다는 점에서 편리한 측면이 있는데, 이러한 매체의 잠재성을 생산적으로 확장하기 위해서는 이용자들이 디지털 매체의 기술적 속성과 그 정보가 공유되는 사회적 맥락에 대한 섬세한 감수성과 책임의식을 가질 필요가 있다.

3) 하이퍼미디어의 사회문화적 맥락에 대한 이해

현대사회에서 우리가 접하게 되는 미디어 텍스트의 양이 워낙 방대하기 때문에 이 모든 미디어 텍스트들이 매우 특별한 의도를 갖고 제작된 인공물임을 잊기 쉽다. 아주 오래전에 인류가 자연환경에 의해 지배를 받고 있었을 때에는 살아남기 위해서라도 자신을 둘러싼 환경을 의식하지 않을 수 없었다. 이제 미디어가 발달한 현대사회에서 인간이 의식해야 할 환경은 바로 우리의 사회적 존재에 일종의 풍경으로 자리잡은, 미디어에 의해 창조된 '가상세계(virtual world)'라 할 수 있다. 인간의 꿈, 열망, 욕망 등은 모두 우리가 태어난 바로 그 순간부터 우리를 둘러싸고 있는 많은 이미지들에 의해 생겨나고 주도된다. 따라서 이러한 미디어 텍스트들의 본질, 즉 그 유래, 제작 방식, 메시지 등에 대해 고찰할 필요가 있다.

미디어 텍스트의 의미에 관련된 맥락의 고려는 두 가지 차원에서 이루어져야 한다. 첫째는 생산의 맥락, 즉 미디어 생산물들이 실제로 어떻게, 왜 만들어졌는가 하는 맥락에 관한 것이고, 둘째는 소비의 맥락, 즉 미디어 텍스트들이 수용되는 방식에 초점을 두는 맥락이다. 후자, 즉 수용의 맥락은 수용자와 관련된다는 점에서 다음 항목에서 다루기로 하고, 여기서는 생산의 맥락에 대해 집중적으로 논의하도록 하겠다.

미디어 텍스트의 생산에는 언어, 국적, 관련 기관, 정부 규제 및 기타 요소들이 관여되며, 이 모든 것이 미디어 텍스트의 맥락에 포함된다. 맥락이란 텍스트의 최종적 의미를 형성하는 데 관여하는 자연·문화·사회적 환경의 여러 측면들 모두를 일컬으며, 따라서 미디어 텍스트는 그 맥락의 일부라 할 수 있다. 이제 한국의 디지털 미디어 문화의 사회적 맥락을 고찰하면서 이와 관련된 교육 현황을 살펴보도록 하겠다.

'디지털 익사이팅(Digital Exciting)'은 세계적인 기업으로 발돋움한 삼성그룹의 핸드폰 광고 캠페인에 나오는 슬로건으로, 디지털 미디어의 급속한 발전을 이루어낸 한국의 문화를 상징적으로 설명해 주는 듯하다. 디지털 미디어 환경은 개인뿐 아니라 가정과 직장에 이르기까지 광범위하게 구축되어 있는데, 사실 이는 1997년 외환위기로 시작된 한국경제 침체기에 경제 위기를 극복하고자 했던 당시 정부가 IT 산업에 엄청난 투자를 감행한 결과라 할 수 있다. 이로 인해 한국은 특히 1999년 이후 급속히 디지털화되어 갔다.

최근의 통계에 따르면 7대 주요 도시에 사는 가구의 87.8%가 초고속인터넷 서비스를 갖춘 컴퓨터를 보유하고 있고, 디지털카메라를 소유한 가구는 23.3%에 이른다(이은미, 2003). 초고속인터넷 망이 도입되기 시작한 것은 1997년인데 1999년에 이르면 그 이용자가 엄청나게 증가한다. 구체적으로 말하자면 총인구 4,800만 명 중 1998년에는 310만 3,000명에 불과했던 인터넷 이용자 수가 1999년에 이르러서는 무려 250% 증가한 1,086만 명이 되었는데, 가장 최근 통계에 의하면 2003년 7월 현재 인터넷 이용 인구는 2,861만 명으로, 전체 인구의 64.1%에 달하는 것으로 나타난다(한국인터넷정보센터, 2004).

이런 사정을 고려할 때 한국의 미디어 사용은 세대 간의 격차가 상당하다는 특징이 있다. 한 달에 한 번 인터넷에 접속하는 인구를 기준으로 한 통계에서 6~19세의 어린이와 청소년은 91.3%가 인터넷을 사용하는 데 비해 40대의 경우는 51.5%, 50대의 경우는 23.2%에 불과한 것으로 나타나고 있다(한국인터넷정보센터, 2004). 이러한 통계에서는 어린이와 청소년들의 인터넷 사용이 훨씬 높게 나타나는 이유 중의 하나로 온라인 게임이나 채팅을 이용하는 비율이 높다는 점을 들고 있는데, 이로 인한 사회적 문제들이 종종 발생하고 있는 것 또한 사실이다(〈시사저널〉, 2001. 12. 13.; 〈문화일보〉, 2003. 11.). 세대 간 정보 격차를 고려할 때 이와 같은 객관적·통계적 사실은 사이버 문화의 부정적 측면에 대한 언론 보도로 곧바로 이어지고, 자신들이 잘 모르는 영역에 아이들이 자유롭게 접근하고 있다는 사실 자체에 대한 기성세대의 두려움이 이와 상승작용을 일으키면서, 부모와 교사들 사이에는 아이들을 새로운 미디어의 영향으로부터 보호하려는 '보호주의' 경향(정현선, 2004)이 짙게 나타나기 시작했다.

예를 들어, '기독교 윤리실천 운동본부(기윤실)'라는 종교 단체와 관련 있는 '깨끗한 미디어를 위한 교사 운동(깨미동)'은 기독교적 윤리 실천을 미디어 운동과 연관지어 상업주의나 온라인 게임 중독 등의 폐해에 관해 보호주의적 시각의 사회적 운동을 벌이는 한편, 초·중등학교 교사들이 실제적인 경험에 입각해 만든 각종 교육 자료, 교과서, 교사용 가이드 등을 발행하고 회원제로 운영되는 자체 웹사이트를 통해 공유하고 있다. 온라인 게임 중독의 주범으로까지 지목되었던 '리니지'에 영상물등급위원회가 '18세 이상 사용가'라는 등급 판정을 내리게 된 배경에는 학부모 단체 및 전교조와 함께 연계하여 전사회적인 캠페인을 벌였던 깨미동의 역할이 매우 컸다.

이러한 캠페인의 연장선상에서 깨미동은 '유스 패트롤(Youth Patrol)'이라는 이름의 '클린 인터넷' 운동을 벌이는 한편, 교사 아카데미 운영을 통해 교사 연수를 제공하고 『희한한 수업』(깨미동, 2003)이라는 제목의 미디어

교과서를 발행해 큰 호응을 얻기도 했다. 이처럼 보호주의적 시각을 바탕으로 한 깨미동의 미디어 교육 수업 자료 개발 및 교사 연수는 기독교적 시각의 사회문화 운동과 결부되어 있는데, 이들은 문화관광부 산하의 '청소년보호위원회' 및 '정보통신윤리위원회' 그리고 현 정부의 대통령 인수위원회 등에 참여하고, 각종 언론 홍보를 통해 청소년 미디어 정책 및 학부모와 교사들의 시각에 광범위한 영향을 미치고 있다(《국민일보》, 2003. 6. 21.).

종교적 지향을 바탕으로 한 문화운동 및 교육운동 단체로서의 성격과 교육적 활동을 균형 있게 병행하고 있는 깨미동의 활동은 그 자체로 매우 흥미로운 것이다. 그러나 사회운동을 벌이는 데 드러나는 미디어 문화에 대한 보호주의적 시각이 학생들에게 직접 표출될 경우 상당한 저항을 불러일으킬 수 있다는 점을 고려할 때, 깨미동이 표방하는 '학생 중심'의 교육적 접근이 실제의 학습 장면에서는 어떻게 생산적으로 접목될 수 있을지에 대해 좀더 면밀한 검토가 필요할 것으로 생각된다.

디지털 미디어의 전사회적인 확산과 더불어 미디어 교육에 대한 대중적 확산의 계기로 작용한 또 다른 변화 역시 1997~1999년 사이에 일어났는데 이는 다름 아닌 제7차 교육과정의 도입과 이른바 '교단선진화' 사업이다. 제7차 교육과정은 1997년에 처음 도입되어 2003년에 들어서 학교교육의 모든 단계에 적용되기에 이르렀는데, 그 핵심적 기조는 보다 학생 중심적으로 다양한 선택 교과를 도입하며 교육과정 운영에 개별 학교 및 교사들의 자율성을 증대하는 데 있다(교육인적자원부, 1999). 이에 따라 교사들은 이른바 '재량활동'이라 불리는 새로운 과목을 담당할 수 있게 되었는데, 이는 교과 관련 재량활동과 창의적 재량활동으로 구분된다. 재량활동은 정규 시간표에 배치된 주 1회, 1시간으로 운영된다는 점에서 정규 시간 이외에 운영되는 '특별활동'과는 완전히 다른 정규 교과인데, 바로 이 시간이 미디어 교육을 위해 활용되는 경우가 많아졌다.[1)]

한편 이처럼 교사가 자율적으로 교육과정을 기획해 운영할 수 있는 여지가 생긴 것과 더불어 일어난 또 다른 변화는 미디어 교육을 위한 학교의 기술적 환경 구축이다. 이는 이른바 '교단선진화 사업'이라는 이름 하에 시행된 것으로, ICT 활용 교육을 위해 1998년부터 각급 학교 교실에 20인치 이상의 대형 TV, 비디오, 초고속인터넷 서비스가 지원되는 컴퓨터가 지급되고 교사에게도 1인당 한 대씩의 업무용 컴퓨터가 지급된 것을 말한다. 이를 지원하기 위해 교사들에게는 ICT 활용방법을 위한 연수가 실시되었고, 이와 더불어 적어도 교실 수업의 10% 이상을 이러한 미디어를 활용해 시행하는 것이 의무화되었다.

중앙 정부에 의해 단기간에 집중적으로 실시된 이 교단선진화 사업의 시행 초기에는 많은 교사들이 교수 행위의 기술적 차원에만 함몰되어 있었던 것이 사실이다. 그러나 점차 많은 교사들은 사진, 동영상, 애니메이션, 인터넷 등 다양한 미디어를 활용한 수업이 그렇지 않은 수업에 비해 왜 학생들의 시선과 관심을 더 집중시키는가에 대해 의문을 품으면서 어린이, 청소년과 미디어 문화 간의 관계에 대한 근본적인 고민을 하기 시작했다. 이처럼 새로운 기술이 학교 현장에 도입된 것은 보다 미디어 친화적인 환경을 구축하는 데 기여했을 뿐 아니라 미디어 문화 자체에 대한 교사들의 관심을 일깨우는 계기로 작용했다.

이런 관점에서 볼 때 서울·경기 국어교사모임 산하 매체연구부의 활동이 교단선진화 사업이 실시되기 시작한 1998년에 시작되었다는 것은 우연이 아닌 듯하다. 이 단체의 경우 초기의 관심은 단순히 미디어를 효과적으

1) 전국 58개 초등학교, 31개 중학교, 27개 고등학교를 대상으로 한국언론재단에서 최근 실시한 설문조사에 따르면 아직까지는 특별활동 시간에 미디어 교육이 실시되는 경우가 전체의 80.2%인 93개 교로 가장 많으나, 창의적 재량활동 시간에 실시한다는 학교도 전체의 12.1%에 달하는 14개 교로 나타났다. 제7차 교육과정이 도입된 지 얼마 지나지 않았다는 사실을 고려하면 창의적 재량활동의 비중은 점차로 더 커질 것으로 전망된다. 박수경(2003), 이지영(2003) 참조.

로 활용하여 말하기, 듣기, 읽기, 쓰기, 문학 감상과 같은 국어교육의 학습 내용들을 잘 가르치는 데 있었는데, 점차 미디어 자체를 의미 작용의 메커니즘으로 바라보면서 다매체 시대의 언어 교육의 외연과 내연에 대해 깊이 고민하는 방향으로 나아가게 되었다(홍완선, 2003: 117-118). 기호학, 비판 이론, 문화 이론, 청소년 문화, 비디오 제작 기술 등에 관해 자체적인 학습 모임 운영이나 외부 강연 및 세미나 참석 등을 통해 다양한 학습을 해온 이 모임은 현재 중등학교용 미디어 읽기 교재(매체연구부, 2004)를 개발하고 있다. 교재의 내용은 주로 미디어의 의미 작용에 대해 커뮤니케이션 측면에서 접근하는 것으로, 앞서 살펴본 깨미동의 보호주의적 입장과는 사뭇 대조적이다.

한편 이러한 교사 모임 등 조직적 차원의 움직임 이외에도 차츰 많은 교사들이 디지털카메라, 비디오, 블로그 등을 직접 만들어보는 활동을 통해 학생들의 일상적인 미디어 문화에 대해 탐구하는 수업을 주로 재량활동 시간에 시도하고 있음을 볼 수 있다(박수경, 2003; 이지영, 2000). 한편 제7차 교육과정에 의한 특정 교과(국어과)의 교육과정과 교과서를 면밀히 검토함으로써 미디어 교육을 교과교육 자체 내에 어떻게 수용할 수 있는가에 대한 연구도 찾아볼 수 있다(심상민, 2003). 이처럼 조직적인 움직임을 통해서이든 혹은 개별적인 움직임을 통해서이든, 제7차 교육과정이 열어놓은 자율적 교육 공간과 교단선진화 사업에 의한 학교 미디어 환경 구축은 어린이·청소년과 미디어가 맺고 있는 관계에 대해 교사들이 학생들과 함께 보다 자유롭게 탐색할 수 있는 열린 미디어 교육의 인프라를 구축해 놓은 것으로 볼 수 있다. 따라서 앞으로 진행될 미디어 교육의 제도화 논의는 이와 같이 변화된 학교 환경에 대한 면밀한 분석을 통해 보다 구체적으로 이루어져야 보다 실효성 있는 교육과정 및 교사교육을 위한 실천적 방안을 마련할 수 있을 것으로 생각된다.

4) 하이퍼미디어 이용자 / 수용자로서의 독자 위치에 대한 이해

앞서 논의한 하이퍼미디어의 하이퍼링크적 특성은 텍스트를 접하는 독자의 의미 구성에서 기존의 인쇄매체에 비해 훨씬 더 많은 자유를 부여한다. 예를 들어 기존의 글이 단 하나의 출발점을 갖는 데 비해 하이퍼텍스트는 여러 개의 입구를 제공하므로 독자는 어디로 들어갈지를 선택할 수 있으며 출구에 대해서도 마찬가지의 자유를 갖는다. 또한 어떤 경로를 택할 것인지, 어떤 길은 남겨두고 갈 것인지도 정할 수 있으며, 따라서 저자의 의도와는 다른 독자적 글 읽기를 통해 일종의 창작자가 될 수 있다. 이런 특성으로 인해 디지털 문학에서는 '작독자(wreader)'라는 개념까지 등장했다(유현주, 2003: 31).

그러나 이러한 보다 자유로운 독자의 역할이 책 문화뿐 아니라 디지털 문화에서도 역시 전체 상황을 설정하고 언어/텍스트를 제공하며, 작품의 리듬을 결정하는 저자의 역할과 쉽게 동일시될 수는 없다. 따라서 하이퍼텍스트에서도 텍스트 제공자의 보이지 않는 권력에 주의를 기울일 필요가 있다(김용석, 2001). 요리에 비유하자면 완성된 요리가 배달되는 것이 아니라 독자에 의해 여러 가지로 변형될 수 있는 모양과 맛을 준비해 놓고 있는 반쯤 조리된 음식 재료들이 배달되는 상황이라 할 수 있는데, 여기서 재료와 양념을 제공하는 것은 텍스트의 제공자임을 잊지 말아야 한다는 것이다(유현주, 2003: 32).

조지 길더(George Gilder)는 인터넷 수용자를 잡지의 수용자에 비유한 바 있다. 그에 따르면 잡지에는 수천 가지 종류가 있는데, 각각은 특정한 수용자층을 겨냥하고 있다. 이는 상대적으로 매우 극소수의 채널을 통해 다양한 대중들의 기호를 만족시키려 하는 텔레비전, 라디오, 신문 등의 미디어와 대조된다. 인터넷의 인기가 점차 증대함에 따라 적절한 정보를 찾는 일도 그만큼 어려워지고 있으며, 사람들은 기존의 대중매체 회사 및 텔레비전, 뉴스, 잡지 등에 연계된 익숙한 웹사이트에 의존하게 된다.

인터넷은 개별 이용자들에게 그들이 보고자 하는 콘텐츠를 선택하도록 허용하는 첫 번째 대중매체이다. 이로써 인터넷은 개별 이용자들이 다른 이용자들과 상호작용할 수 있게 해준다. 라디오와 텔레비전은 소수의 기관이 수백만의 사람들에게 광범위하게 콘텐츠를 송신하는 시스템, 즉 'broadcasting' 인 데 비해, 인터넷은 수백만의 개인들이 다른 수백만의 개인들과 소통하는 'narrowcasting' 을 특징으로 한다. 이러한 커뮤니케이션은 때로 1 : 1 소통의 형태를 취하기도 하고, 일 대 다 소통을 취하기도 한다. 그러나 대체적으로 인터넷은 다 대 다(多對多, many to many) 소통매체로서, 수백만의 개인들이 자신의 웹사이트를 만들어놓고 또 다른 인터넷 이용자들의 관심을 끌려고 하는 매체이다.

사실 TV나 라디오와 같은 기존의 대중매체는 콘텐츠의 생산과 유포를 위해 초기 비용의 부담이 매우 컸다. 즉 스튜디오, 방송 장비, 송신기 등에 들어가는 비용이 만만치 않기 때문에 일반인들의 접근이 극도로 제한되어 있었다. 그러나 인터넷으로 대표되는 디지털 미디어의 경우에는 소형 웹카메라, 컴퓨터에 인터넷 연결만 되면 개인의 방에서도 스스로 만든 콘텐츠를 세계로 내보낼 수 있다. 이제 일반인들도 단지 수용자이기만 한 것이 아니라 능동적인 이용자이며, 콘텐츠의 생산자인 동시에 제공자이기도 한 존재가 되었다. 이처럼 텍스트의 의미를 능동적으로 구성하는 독자의 차원에서만이 아니라 콘텐츠를 스스로 생산하고 유포할 수 있는 기술과 텍스트 생산 능력을 보유한 생산자의 위치에 올라선 하이퍼미디어의 이용자인 학생들을 위한 문식성 교육은 기존의 인쇄매체 중심의 문식성 교육과 어떻게 달라져야 할 것인지에 대한 본격적인 논의가 필요한 때이다.

2 하이퍼텍스트 이해교육의 내용 구안

1) 인터넷 채팅

(1) 교육 목표

① 지식 교육

- 인터넷 메신저를 통한 대화(채팅)의 개념, 성격, 기능 등에 대해 안다.
- 메신저를 통한 대화와 문자 혹은 음성 언어만으로 가능한 대화의 차이점에 대해 안다.

② 경험 교육

- 컴퓨터를 매개로 한 의사소통(CMC)이 기존의 의사소통과 다른 점에 대해 알아본다.
- '아이디(ID)'와 '아바타(avatar)'의 사용, 구어·문어·비언어적 단서의 혼용과 재구성을 통한 새로운 어법의 생성 등 다양한 기호의 표현 기제를 통한 의사소통의 사회문화적 의미에 대해 알아본다.
- 동시적 의사소통, 일 대 다 의사소통 등 인터넷 메신저를 통한 대화의

하이퍼텍스트적 특성에 대해 경험하고, 그것이 기존의 의사소통과 다른 점에 대해 알아본다.

③ 태도 교육

- 인터넷 채팅의 순기능과 역기능에 대해 비판적으로 이해하는 태도를 기른다.
- 인터넷 채팅의 사회·문화적 효과에 대해 주체적으로 이해하는 태도를 기른다.
- 인터넷 채팅을 바탕으로 인터넷 문화 전반에 대해 비판적으로 이해하는 태도를 기른다.

(2) 교육내용

① 1차시: 인터넷 채팅의 하이퍼텍스트적 특성에 대한 이해

- 하이퍼텍스트의 개념에 대해 상호작용성, 다연결성, 비선형성을 통해 이해한다.
- 다양한 인터넷 사이트에서 제공하는 메신저를 통한 채팅을 경험해 본다.

* 학생들 스스로 자주 이용하는 메신저에 대해 알아보고, 그 표현 기제와 사회문화적 의미에 대해 알아본다.

② 2차시: 인터넷 채팅의 표현 원리에 대한 이해

- 음성 언어를 바탕으로 한 대화, 문자 언어를 바탕으로 한 서신, 인터넷 메신저를 통한 대화를 비교하여 이해한다.
- '아이디(ID)'와 '아바타(avatar)'의 사용, 구어·문어·비언어적 단서의 혼용과 재구성을 통한 새로운 어법의 생성 등 다양한 기호의 표현 기제를 통한 의사소통의 사회·문화적 의미에 대해 알아본다.

③ 3차시: 인터넷 채팅의 사회·문화적 맥락에 대한 이해

- 인터넷 채팅의 대표적 서비스인 msn 메신저와 버디버디를 중심으로 이를 통한 대화의 표현과 사회적 의미에 대해 이해한다.
- 인터넷 채팅에 대해 사회문화적 측면에서 '문제'로 대두된 사례에 대해 비판적으로 이해한다.

④ 4차시: 인터넷 채팅의 상호작용성과 하이퍼텍스트적 원리에 대한 이해

- 인터넷 채팅의 상호작용성에 대해 대화자들의 익명성, 친밀성의 정도와 관련하여 이해한다.
- 인터넷 채팅의 하이퍼텍스트적 원리에 대해 다양한 정보의 교류 측면과 관련하여 이해한다.

(3) 교육 효과

- 인터넷 채팅에 대한 비판적 이해: 하이퍼텍스트에 대한 지식과 인터넷 메신저에 대한 이해를 바탕으로 인터넷 채팅의 사회·문화적 의미에 대해 비판적으로 이해할 수 있다.
- 인터넷 언어 문화에 대한 비판적 이해: 인터넷 채팅의 다양한 사례에 대한 이해와 경험을 바탕으로 인터넷 언어 문화 전반에 대해 비판적으로 이해할 수 있다.

2) 인터넷 신문

(1) 교육 목표

① 지식 교육

- 하이퍼텍스트와 인터넷 신문의 종류와 특성 및 기능에 대해 안다.

• 인터넷 신문과 종이 신문의 차이점을 파악한다.

② 경험 교육

• 인터넷 신문의 구성상 특성을 경험한다.

• 인터넷 신문의 제작 원리와 의사소통의 원리를 경험한다.

③ 태도 교육

• 인터넷 신문을 비판적으로 이해하는 태도를 기른다.

• 인터넷 신문을 능동적으로 활용하고 의사를 표현하는 방법을 함양한다.

• 인터넷 신문으로 인한 사회문화의 변화를 모색한다.

(2) 교육내용

① 1차시: 인터넷 신문의 종류와 특성에 대한 이해

가) 인터넷 신문의 종류를 살펴본다.

• 인터넷 전문 신문

• 포털 사이트 인터넷 신문

• 종이 신문의 인터넷 신문

• 기타(블로그, 개인 맞춤 신문)

나) 인터넷 신문의 특성에 대해 알아본다.

다) 인터넷 신문과 종이 신문의 차이에 대해 알아본다.

학생들에게 인터넷 신문과 종이 신문의 차이점을 토론하게 하고 각 토론 모둠이 의견을 제시하면 인터넷 신문의 속성을 정리해준다.

② 2차시: 인터넷 신문의 구성과 읽기의 특성을 알아본다.

가) 인터넷 신문 구성의 특징을 살펴본다.

전체 레이아웃, 정보 링크, 페이지 머리, 페이지 바닥, 오른쪽, 왼쪽 등
제목 및 소제목 구성, 문단 구성, 서론, 결론

나) 인터넷 뉴스 읽기 차원에서 특성을 토의하도록 하고 다음과 같이 정리한다.

- 가시성(visibility)
- 식별성(legibility)
- 가독성(readability)

③ 3차시: 인터넷 신문의 수용자와 사회·문화적 기능에 대해 이해한다.

가) 인터넷 뉴스의 이용자의 특성을 토의한 후 이를 정리한다.

나) 타매체와 비교하여 인터넷 뉴스의 이용에 관한 자신의 경험을 바탕으로 토의한다.

다) 인터넷 신문으로 인한 언론 기능의 변화를 논의한다.

- 여론 형성 과정의 변화
- 제작, 취재 및 기사 작성의 변화(정보 수집, 가공, 분석)

라) 속보성과 선정성으로 인한 법적·윤리적 문제를 토의한다.

④ 4차시: 인터넷 신문을 직접 제작하며 긍정적 활용 방안을 강구한다.

가) 모둠별로 인터넷 신문의 1~2면을 직접 작성하여 체험한다.

나) 직접 작성한 작품을 발표하며 개인별 평가와 모둠별 평가를 한다.

다) 논의를 통해 인터넷 신문의 특성에 대한 전반적인 이해를 정리한 후 어떻게 활용할 것인가에 대한 것을 논의한다.

(3) 교육 효과

① 실제적 이해

- 매체 환경의 발달로 인한 사회·문화 환경의 변화에 능동적으로 활용하고 대처하는 능력을 함양한다.
- 수동적 수용자에서 능동적 활용자로 인터넷 신문을 활용할 수 있는 태도를 기르며, 올바른 의사표현의 능력을 향상한다.

② 비판적 이해

- 급증하는 하이퍼텍스트 담론의 텍스트를 비판적으로 수용할 수 있는 지식을 함양한다.
- 하이퍼텍스트의 담론 구조와 유통, 독자들의 해석과 소비를 비판적으로 분석하는 능력을 함양한다.
- 새로운 매체환경이 여론 형성 과정에 어떻게 영향을 미치는지 이해한다.

3) 하이퍼 문학

(1) 교육 목표

① 지식 교육

- 하이퍼텍스트와 하이퍼텍스트 문학의 개념, 특성, 유형, 기능에 대해 안다.
- 하이퍼텍스트 읽기의 특징을 안다.

② 경험 교육

- 하이퍼 문학의 구성상의 특징을 경험한다.
- 하이퍼 문학 이해의 원리를 경험한다.

③ 태도 교육

- 하이퍼 문학을 비판적으로 이해하는 태도를 기른다.
- 하이퍼 문학을 주체적으로 읽고 표현하는 태도를 기른다.
- 문학과 사회·문화와의 상관성을 이해할 수 있다.

(2) 교육내용

① 1차시: 하이퍼텍스트에 대한 이해

가) 하이퍼텍스트란 무엇인지에 대해 알아본다.

상호작용성, 다연결성, 비선형성, 작독자 개념을 안다.

나) 하이퍼텍스트 문학이란 무엇인지에 대해 알아본다.

- 하이퍼텍스트 읽기 방법을 안다.
- 매체 간 읽기 방법의 차이(종이 인쇄물/ 하이퍼텍스트)를 비교할 수 있다.

② 2차시: 하이퍼 문학 비판적 읽기(1)

가) 작품 감상을 통해 하이퍼텍스트가 갖는 비선형적 구조를 이해한다.

나) 간단한 줄거리의 이야기에 터닝포인트를 만들어 멀티엔딩의 스토리 라인을 만들어낸다.

③ 3차시: 하이퍼 문학 비판적 읽기(2)

가) 하이퍼 문학에 대한 지식을 자기화한다.

- 모둠 활동을 통해 짧은 분량의 하이퍼 문학을 제작한다.
- 멀티미디어적 요소를 활용해 본다.

④ 4차시: 하이퍼 문학 제작 및 평가

가) 모둠별로 창작한 작품을 발표하고 인터넷 게시판에 개인별 평가와

모둠별 평가를 한다.

나) 토론을 통해 하이퍼 문학에 대한 전반적 이해를 정리하며 향후 어떠한 태도를 지녀야 할 것인가에 대해 논의한다.

(3) 교육 효과

① 비판적 이해

하이퍼텍스트에 대한 지식을 바탕으로 하이퍼 문학을 비판적으로 이해할 수 있다.

② 능동적 이해

하이퍼 문학의 이해를 바탕으로 주체적으로 읽고 표현하며, 문학 작품 속의 사회·문화적 가치를 찾아낼 수 있다.

4) 게임 서사

(1) 교육 목표

① 지식 교육

- 하이퍼텍스트의 개념과 특성, 유형에 대해 안다.
- 게임 텍스트와 하이퍼텍스트의 관계를 안다.
- 게임 텍스트의 서사적 특징을 안다.

② 경험 교육

- 게임 텍스트의 문학적 특징을 경험한다.
- 게임 텍스트의 대중문화적 특징을 경험한다.

③ 태도 교육

- 게임 텍스트를 비판적으로 이해하는 태도를 기른다.
- 게임 텍스트와 사회·문화와의 상관성을 이해할 수 있다.
- 게임 텍스트를 통해 주체적으로 문학적 체험을 할 수 있게 한다.

(2) 교육내용

① 1차시: 게임 텍스트에 대한 이해

가) 하이퍼텍스트의 특징에 대해 안다.

나) 게임 텍스트의 개념과 유형에 대해 알아본다.

다) 게임 텍스트와 하이퍼텍스트 문학의 관계를 안다.

② 2차시: 게임 텍스트 비판적 읽기(1)

가) 게임 텍스트와 문학을 비교할 수 있다.

나) 게임 텍스트의 문학성과 오락성을 이해한다.

다) 게임 텍스트의 대중문학적 특징을 찾아낼 수 있다.

③ 3차시: 게임 텍스트의 비판적 읽기(2)

가) 게임의 긍정적 수용과 부정적 측면에 대한 개선방안을 모색한다.

나) 모둠 활동을 통해 짧은 분량의 게임 텍스트를 제작한다.

④ 4차시: 게임 텍스트 제작 및 평가

가) 모둠별로 창작된 짧은 분량의 게임 텍스트를 발표한다.

나) 발표된 게임 텍스트를 개인별·집단별로 평가한다.

다) 게임의 올바른 수용 자세에 대해 논의한다.

(3) 교육 효과

① 비판적 이해

게임 텍스트에 대한 지식을 바탕으로 게임 텍스트가 갖는 오락성과 문학성을 비판적으로 이해할 수 있다.

② 능동적 이해

게임 텍스트의 사회·문화적 가치를 이해하고, 주체적으로 읽을 수 있다.

5) 인터넷 유머

(1) 교육 목표

① 지식 교육

- 인터넷 유머의 개념, 성격, 기능 등에 대해 안다.
- 인터넷 유머와 문자 혹은 음성 언어만으로 표현된 유머의 차이점에 대해 안다.

② 경험 교육

- 부조화의 원리, 우열의 원리 등과 같은 유머의 원리가 인터넷 유머에 구현되어 웃음을 유발하는 방식에 대해 알아본다.
- 하이퍼링크를 통해 자유롭게 복제·수정·이동되어 퍼져나가는 인터넷 유머가 어떤 사회적 의미와 효과를 불러일으키는지 알아본다.

③ 태도 교육

- 인터넷 유머의 순기능과 역기능에 대해 비판적으로 이해하는 태도를 기른다.

• 인터넷 유머의 사회·문화적 효과에 대해 주체적으로 이해하는 태도를 기른다.
• 인터넷 유머를 바탕으로 인터넷 문화 전반에 대해 비판적으로 이해하는 태도를 기른다.

(2) 교육내용

① 1차시: 인터넷 유머의 하이퍼텍스트적 특성에 대한 이해
• 하이퍼텍스트의 개념에 대해 상호작용성, 다연결성, 비선형성을 통해 이해한다.
• 인터넷 유머의 다양한 종류를 경험한다.
* 학생들 스스로 자주 찾는 인터넷 유머 사이트에 대해 알아보고, 학생들이 재미있게 여기는 인터넷 유머에 대해 그 표현 원리를 중심으로 알아본다.

② 2차시: 인터넷 유머의 표현 원리에 대한 이해
• 문자 언어로만 표현된 유머와 이미지, 사운드가 함께 표현된 유머를 비교하여 이해한다.
• 부조화의 원리 및 우열의 원리가 인터넷 유머의 다양한 기호적 층위 내에서, 그리고 다양한 기호적 층위 사이에서 어떻게 작용하는지 이해한다.

③ 3차시: 인터넷 유머의 사회·문화적 맥락에 대한 이해
• 인터넷 유머의 대표적 표현 형식인 패러디를 다양한 사례를 통해 이해한다.
• 인터넷 유머 중 사회·문화적 측면에서 '문제적' 텍스트로 대두된 사례

에 대해 비판적으로 이해한다.

④ 4차시: 인터넷 유머의 의미 생산에서 수용자 위치에 대한 이해

- 인터넷 유머의 의미 생산에서 수용자의 사회·문화적 위치와 관련하여 이해한다.
- 인터넷 유머의 의미 생산에서 하이퍼텍스트 이용자의 상호작용적 측면과 관련하여 이해한다.

(3) 교육 효과

- 인터넷 유머에 대한 비판적 이해: 하이퍼텍스트에 대한 지식과 유머의 원리에 대한 이해를 바탕으로 인터넷 유머의 사회·문화적 의미와 그 맥락에 대해 비판적으로 이해할 수 있다.
- 인터넷 언어 문화에 대한 비판적 이해 : 인터넷 유머의 다양한 사례에 대한 이해와 경험을 바탕으로 인터넷 언어 문화 전반에 대해 비판적으로 이해할 수 있다.

6) 인터넷 광고

(1) 교육 목표

① 지식 교육

- 인터넷 광고의 정의, 성격, 기능에 대해 이해한다.
- 인터넷 광고의 특성과 제작 방식에 대해 이해한다.

② 경험 교육

- 인터넷 광고의 사회·문화적 기술적 속성을 이해한다.

- 인터넷 광고 언어의 표현상 특성을 이해한다.
- 인터넷 광고의 제작 원리와 의사소통의 원리를 경험한다.

③ 태도 교육

- 인터넷 광고에 대해 비판적으로 이해하는 태도를 기른다.
- 인터넷 광고를 능동적이고 주체적으로 수용하는 태도를 함양한다.
- 인터넷 신문으로 인한 사회·문화의 변화를 모색한다.

(2) 교육내용

① 1차시: 인터넷 광고에 대한 이해

가) 인터넷 광고의 종류와 성격을 살펴본다.

- 다양한 인터넷 광고의 종류를 알고 그 종류에 따른 기술적 환경을 이해한다.
- 인터넷 광고의 종류에 따라 나타나는 표현방식의 특성을 살펴본다.
- 인터넷 화면에 따라 광고의 성격이 어떻게 달라지는지를 이해한다.

나) 인터넷 광고와 기존 매체 광고의 차이점을 이해한다.

- 인터넷 광고와 텔레비전 광고를 비교·대조한다.
- 인터넷 광고와 신문 광고를 비교·대조한다.
- 인터넷 광고의 장단점을 파악한다.

② 2차시: 인터넷 광고의 비판적 읽기(1) - 언어·상징 표현방식

가) 인터넷 광고의 언어 표현의 특성을 분석한다.

- 음운론, 통사론, 구조론, 화용론적 측면에서 어떤 표현 장치가 이용되었는가를 분석해 본다.

나) 인터넷 광고의 음성 언어와 영상 언어의 특성을 분석한다.
다) 인터넷 광고의 음성 언어, 문자, 영상 언어의 결합 방식을 분석한다.
라) 인터넷 광고의 장단점을 분석하고 광고의 목적을 고려하여 비판해 본다.
마) 위의 학습활동에 대한 결과를 간단한 감상문으로 제출하도록 한다.

③ 3차시: 인터넷 광고의 비판적 읽기(2) – 문화와 이데올로기 비평
가) 인터넷 광고가 우리 생활과 문화에 어떤 영향을 미치는지를 살펴본다.
• 인터넷 광고 수용 행태, 인터넷 광고의 신뢰도
나) 인터넷 광고와 대중문화의 상호작용을 이해한다.
다) 인터넷 광고에 나타난 이데올로기를 탐색하고 이를 주체적으로 비평한다.
라) 인터넷 광고의 법적·윤리적 문제를 토의한다.

④ 4차시: 인터넷 광고를 직접 제작하며 평가한다.
가) 모둠별로 인터넷 광고를 직접 작성하며 체험한다.
• 광고 내용 종류에 따른 인터넷 광고 종류 선정
나) 직접 작성한 작품을 발표하고, 개인별 평가와 모둠별로 분석·평가한다.
다) 논의를 통해 인터넷 광고에 대한 전반적인 이해를 정리한 후 어떻게 활용할 것인지를 논의한다.

(3) 교육 효과

① 실제적 이해
• 인터넷 광고의 종류와 기능 및 특성을 이해한다.
• 인터넷 광고가 우리 생활과 사회·문화에 미치는 영향을 이해한다.

• 인터넷 광고의 표현 양식을 안다.

② 비판적 이해

• 인터넷 광고를 능동적으로 수용하고 활용하는 능력을 함양한다.
• 인터넷 광고에 대해 분석적이며 비판적으로 대처할 수 있는 능력을 기른다.

3 하이퍼텍스트 이해교육의 방법 구안

이 절에서는 하이퍼텍스트 이해교육의 방법을 구안할 것이다. 구체적인 사례를 통한 방법 구안에 앞서 미디어 교육의 교수–학습 방법으로 널리 활용되는 전략 가운데 다섯 가지에 주목하고자 한다. 그것은 '텍스트 분석', '맥락 분석', '사례 연구', '시뮬레이션', '제작'의 다섯 가지이며 상세한 내용은 아래와 같다.[2)]

1) 미디어 교육의 교수–학습 전략

(1) 텍스트 분석

텍스트 분석은 방대한 양의 자료를 정해진 체계나 분류 유목을 이용해 분석하는 양적 분석 방법인 '내용 분석'과는 구분되어야 한다. 텍스트 분석은 전반적 경향을 다루는 것이 아니라 어느 한 텍스트를 선정하고 그 내용을 깊이 있게 다루는 방법이다. 짧거나 범위가 한정된 텍스트를 선택하여

2) 이 다섯 가지 전략과 관련한 구체적인 내용과 방법에 관한 설명은 버킹엄의 연구(D. Buckingham, 2003/2004)를 참조·요약한 것이다.

이를 상세히 관찰하고 꼼꼼하게 질문을 던진다. 학생들은 이를 분석하는 동안 성급히 결정을 내리지 않고 자신의 견해를 증명해 줄 증거를 먼저 수집할 수 있어야 한다. 즉 텍스트 분석의 과정에서 학생들은 그들이 이미 잘 알고 있음직한 것들을 선택해 그것이 어떻게 조합되었는지 면밀히 살핀 다음, 왜 그런 방식으로 만들어지게 되었는지 생각해 보는 것이다.

기호학에 뿌리를 둔 텍스트 분석의 방법은 보통 세 단계를 거친다. 먼저, 하나의 텍스트 안에서 자신이 보고, 듣고, 읽을 수 있는 모든 것을 적어봄으로써 미디어 텍스트 안에 드러난 다양한 요소들이 텍스트 전체에 조합된 방식을 생각하는 과정에 이르게 되는데, 이 과정은 분석을 위한 '묘사' 나 '자세한 기술' 의 과정이다. 이 과정을 거친 후에 텍스트의 다양한 요소가 만들어내는 함축적 의미, 연상을 체계적으로 관찰하여 의미를 발견하는 '텍스트의 의미 분석' 과정에 이를 수 있다. 마지막으로 텍스트 안에서 발견한 가치나 이데올로기에 대한 판단을 내릴 수 있는 '텍스트에 대한 판단' 의 과정을 거칠 수 있다.

이러한 텍스트 분석 과정을 통해 학생들은 미디어 텍스트가 파생하는 가치에 대해 정보에 근거한 균형 있는 판단을 내리게 되며, 미디어 텍스트의 의미 전달의 방식이나 효과에 대한 판단도 내리게 된다. 또한 분석의 과정을 통해 학생들은 체계적이고 철저하게 미디어 텍스트를 분석하는 방법을 알게 된다.

(2) 컨텍스트 분석

텍스트 분석이 텍스트를 맥락이나 상황에서 분리해 연구하는 것인 반면, 컨텍스트 분석은 실제 맥락을 면밀히 관찰하는 방법이다. 이러한 컨텍스트 분석을 통해 우리는 미디어 언어의 특정한 형식, 제작과 수용자 간의 연관성을 이해할 수 있다.

컨텍스트 분석에서 유용한 교수 전략 중 하나는, 학생들이 보통 무시하고 지나갈 수 있는 텍스트의 요소들에 주목하는 방법이다. 예를 들어 텔레비전 프로그램이나 영화의 오프닝 시퀀스나 클로징 시퀀스, 타이틀 시퀀스, 엔딩 크레딧 등을 분석함으로써 제작자가 수용자에게 가정하고 있는 것이 무엇인지를 확인할 수 있다.

또 다른 전략에는 미디어 텍스트가 수용자에게 어떻게 알려져 팔리고 보급되는지에 대한 정보를 수집하는 방법이 있다. 잡지, 전시물, 영화 포스터나 광고 등을 살피는 것이 이에 해당하는데, 학생들은 이를 통해서 미디어 간 마케팅의 범위, 관련된 여러 회사들의 관계 등에 대해 알게 된다. 또한 텔레비전 시청률 정보나 극장의 매표소 수입, 영화평 등을 통해 미디어 텍스트가 수용자에게 얼마나 효과적으로 다가가는지를 생각해 볼 수 있다. 이런 활동들을 통해서 학생들은 미디어 산업의 본질이나 그 배후에 깔린 경제적 동기 등을 인식할 수 있게 된다. 공식적·비공식적인 마케팅 활동을 분석하여 생산 주체가 제품을 차별화하는 방법을 알게 되고, 마케팅 활동이 수용자를 변화시키는 방식, 제품이 포장되고 알려지는 방식에 대해 아는 작업 역시 흥미로운 과정이 된다.

이러한 맥락 분석은 텍스트를 지나치게 좁은 시각에서 분석할 위험을 덜게 한다. 이 분석을 통해 미디어 텍스트의 생산과 수용의 메커니즘을 알 수 있다.

(3) 사례 연구

사례 연구를 통해 학생들은 자신이 선택한 미디어 주제를 심층적으로 연구하게 된다. 사례 연구의 방법으로 널리 쓰이는 것으로는 다음의 네 가지가 있다.

미디어 텍스트의 제작, 마케팅, 소비에 초점을 두고 사례를 연구하는 것이 첫 번째 방법이다. 두 번째는 어떤 특정한 문제를 여러 미디어에 걸쳐 조사하는 방법이다. 학생들은 하나의 테마에 대해 심층적으로 탐구하기 위해 사례를 선정하고, 업계지를 활용하거나 수용자의 반응을 조사하고, 관련 언론이나 감시 기구에 자문을 구할 수 있다. 이런 과정에서 학생들은 하나의 미디어가 다른 미디어를 정보원으로 이용하면서 이야기가 어떻게 전달되고 퍼지는지 살필 수 있다. 세 번째는 미디어 수용자에 대한 조사 방법이다. 설문조사나 '미디어 일기' 기록, 특정 수용자 집단의 관찰 연구, 인터뷰 등을 활용할 수 있다. 마지막으로 하나의 미디어 회사나 조직 구조를 직접 조사하는 방법이 있다.

이 사례 연구의 방법은 각기 강조점이 다르지만 미디어 교육의 주요 개념인 제작, 언어, 재현, 수용자 등의 관계를 언급할 수 있다는 점에서 중요하다. 사례 연구에서는 학생들이 모은 정보에 대한 평가를 내릴 수 있어야 한다는 점, 학생들이 찾은 자료는 하나의 '재현물'이라는 점, 자신이 선택한 표본의 대표성에 대해 고민할 필요가 있다는 점 등을 생각하고 유의해야 한다. 또한 사례 연구에서 학생들은 사회 문제나 경향을 하나의 사례로 인식해 연구하는 '하나의 예'라는 점을 깨달을 필요가 있다.

(4) 시뮬레이션

시뮬레이션은 역할놀이의 형식을 띤다. 즉 학생들이 스스로 미디어 제작자의 입장에 놓이게 되는 것이다. 이는 미디어 산업 내의 제작분업과 제작과정, 미디어 제작자가 자신이 처한 제작환경에서 재정적·기술적·제도적 제약을 극복하는 방법 등 제작에 관련된 문제를 다룰 때 유용하다. 또한 미디어 산업의 규제, 미디어의 제작 단계에 관한 문제에 대해서도 생각할 수 있게 된다. 시뮬레이션 과정을 통해 학생들은 여러 가지 선택을 하거나 문제를 해결하게 되며, 다른 학생들의 결정과 자신의 결정을 비교·검토할 기회를 갖는다.

시뮬레이션의 장점은, 다른 방법으로는 가르치기 어려운 미디어의 영역을 '실제로 뭔가를 만들면서' 이해할 수 있는 기회를 제공한다는 점이다. 이 과정을 통해 학생들은 생동감 있게, 쉽게 미디어 텍스트에 접근하게 된다. 하지만 여기서 주의할 점은 학생들이 자신의 시뮬레이션 작업에 지나치게 빠지지 않고, 그것과 관련된 좀더 폭넓은 문제를 인식할 수 있도록 유도해야 한다는 점이다.

(5) 제작

미디어 테크놀로지를 실제로 직접 다뤄가며 실질적으로 이용하는 과정이다. 이는 주어진 주제를 탐구하는 가장 직접적이고 참여적이며 효과적인 방법이다. '제작'은 현실적으로 힘든 부분이긴 하지만, '미디어 리터러시'의 개념에는 미디어 '읽기'와 '쓰기'가 모두 복합적으로 얽혀 있어야 한다는 면에서 중요하다. 학생들의 제작 활동은 학생들 스스로 미디어 언어를 이해하고 비판하면서도 그에 대해 가지는 모순적인 생각을 명확히 드러냄으로써 '미디어 재현'과 같은 개념에 좀더 신중하게 접근할 수 있도록 돕는다. 미디어 제작에서 제작 기술은 다른 종류의 '쓰기'와 마찬가지로 체계적이고 점진적인 방식으로 습득되어야 한다.

이러한 미디어 텍스트 제작에는 다음과 같은 제한점이 있다. 제작 시설과 관련한 제반 문제가 현실적으로 발생할 수 있다는 점, 제작 활동이 비판적 분석 활동과 효과적으로 통합되어야 한다는 점, 제작 활동이 미디어 교육에서 목적이자 끝은 아니라는 점, 제작과 관련한 체계적인 성찰과 자기평가가 뒤따라야 한다는 점 등을 주의 깊게 고려해야 한다는 점이다. 미디어 교육은 제작에 '비판적으로' 참여하는 것에 목적을 두고 있다. 이는 제작을 하기 위한 제작 활동과는 거리가 멀다.

2) 하이퍼텍스트 이해교육의 방법 구안

여기에서는 미디어 교육의 교수-학습의 전략을 구체적으로 활용한 하이퍼텍스트 이해교육의 방법적 사례를 제시하고자 한다. 인터넷 채팅이나 인터넷 소설, 게임 서사 등 친교 영역에서 문학 영역, 오락 영역에 이르는 하이퍼텍스트의 다양한 종류에 대한 교육의 실제에서 어떠한 방법을 활용한 이해교육이 가능한지, 그 가능성을 다음과 같이 모색할 수 있다.

(1) 인터넷 채팅

전략	방법적 사례
텍스트 분석	인터넷 채팅의 의사소통적 특성 파악하기
	① 인터넷 채팅의 의사소통적 특성을 파악한다. - 하나의 화제를 선정한다. - 선정한 동일 화제에 대해, 각각 여러 다른 미디어를 활용하여 의견을 나누어본다. : 인터넷 포털 사이트의 채팅 프로그램, MSN 메신저, 인터넷 채팅 전문 사이트 등을 통해 같은 화제에 대해 이야기해 본다. - 그 화제에 관하여 다른 미디어를 거치지 않고 직접 대화해 본다. - 그 화제에 관하여 다른 미디어를 거치지 않고 집단으로 토론해 본다. - 위의 자료들을 놓고 의사소통의 진행 양상, 효과, 가능성 등을 탐색하고 채팅의 의사소통적 특성을 파악한다. ② 채팅 프로그램별로 멀티미디어적 특성이 주는 영향에 대해 분석해 본다.
사례 연구	인터넷 채팅의 수용자 분석
	① 인터넷 채팅의 수용자에게 설문조사를 실시한다. - 인터넷 채팅 수용자가 인터넷 채팅을 이용하는 실태와 양상, 그에 대해 가지고 있는 생각 등에 대해 설문조사를 실시한다. - 컴퓨터를 매개로 한 의사소통에 대한 수용자들의 생각을 알 수 있는 설문지를 만들고, 설문조사한다. - 다음 사례 연구에 적용할 수 있도록 설문조사의 결과를 분석한다. ② 인터넷 채팅 수용자의 '미디어 일기'를 수집하고 분석한다. - 포털 사이트의 채팅 프로그램이나 MSN 메신저, 인터넷 채팅 전문 사이트(화상 채팅 등)를 자주 이용하는 수용자 집단을 선정한다.

사례 연구	– 수용자 집단의 '미디어 일기'를 그룹별로 의뢰하여, 특정 기간 동안 '미디어 일기'를 작성하도록 유도한다. – 수용자 집단의 '미디어 일기'를 통해 그들의 생활 속에서 인터넷 채팅이 가지는 의미, 역할 등에 대해 알 수 있는 부분을 선택하여 분석한다. ③ 인터넷 채팅 수용자를 대상으로 심층 인터뷰를 실시한다. – 인터넷 채팅 수용자를 채팅에 대한 호감도나 일과 시간에서 차지하는 비중 등을 따져 여러 부류로 나누어보고 몇 명을 선정하여 심층 인터뷰를 실시한다. – 인터넷 채팅을 통해 언어 생활의 친교적인 면에 어떤 영향을 받았다고 생각하는지, 인터넷 채팅을 주로 이용하는 주변 집단은 어떤 성격을 가졌다고 생각하는지, 인터뷰 당사자는 인터넷 채팅에 대해 어떤 생각을 가지고 있는지를 심층 인터뷰한다. – 인터뷰한 결과를 의사소통의 사회·문화적 측면에서 분석한다.

(2) 인터넷 신문

전략	방법적 사례
	인터넷 신문의 특성 파악하기
텍스트 분석	* 종이 신문과 비교하여 인터넷 신문의 특성을 파악한다. – 종이 신문이 편집 양식이나 미디어적인 변화를 거치지 않고 이미지 형태로 인터넷에 올라 있는 경우를 찾는다. – 실제 종이 신문, 인터넷에 그대로 올라 있는 종이 신문, 인터넷을 겨냥해 만들어진 인터넷 신문 사이의 차이점을 파악한다. – 인터넷 신문의 표제, 부제, 이미지, 동영상 등이 구성이나 효과 측면에서 종이 신문과 어떤 차이가 있는지 파악한다. – 인터넷 신문의 멀티미디어적 특성이 기사 전달이나 사회에 어떤 영향을 주는지 생각해 본다.
	댓글 텍스트에 드러난 수용자의 반응 맥락 분석하기
컨텍스트 분석	① 인터넷 신문의 특정 기사를 선택하여 그에 대한 댓글 텍스트를 수용자의 반응에 따라 분석해 본다. 그 바탕에 깔린 사회 · 문화적인 맥락을 놓치지 않고 분석한다. – 인터넷 신문의 특정 기사를 선택한다. – 그에 대한 댓글 텍스트를 수용자의 반응에 따라 분류해 본다. – 댓글 텍스트가 기사의 내용에 대한 반응인지, 다른 댓글 텍스트에 대한 반응인지, 해당 인터넷 신문의 편집 방향이나 논조를 겨냥한 반응인지 따져본다. – 각각의 반응이 배경에 깔고 있는 사회 · 문화적인 맥락을 분석한다. 댓글 텍스트 작성자가 속해 있는 것으로 보이는 공동체나 작성자의 댓글 텍스트가 담고 있는 이데올로기적 · 문화적인 배경에 대해 분석한다.

	② 인터넷 신문 기사와 다양한 댓글 텍스트 간의 상호작용이, 인터넷 신문의 기사가 제공한 정보의 내용이나 영향력에 변화를 가져오는지 분석한다.
시뮬레이션	종이 신문 기사를 인터넷 신문 기사로 바꿔 구성하기 ① 종이 신문의 특정 기사를 인터넷 신문의 기사로 바꿔 구성해 본다. - 종이 신문의 특정 기사를 선택한다. - 이 기사가 인터넷에 실린다고 가정하고, 표제와 부제, 실릴 사진(동영상) 등을 바꾸어 인터넷 화면을 구성해 본다. 하이퍼텍스트적 효과를 상상해 구성한다. - 차이점을 분석해 본다. ② 특정 일자의 종이 신문 1면 구성의 특징을 살피고, 이를 인터넷 신문의 메인 화면으로 바꿔 구성해 본다. - 특정 일자의 종이 신문의 1면을 구해 구성의 특징을 분석한다. - 이를 인터넷 신문의 메인 화면에 옮긴다고 가정하고, 인터넷 신문으로 구성해 본다. - 각각의 텍스트의 장점과 단점을 분석해 본다.

(3) 인터넷 소설

전략	방법적 사례
텍스트 분석	인터넷 소설의 하이퍼텍스트적 특징 파악하기 ① 인터넷 소설의 노드와 링크 등을 그림으로 그려본다. - 비교적 구조가 간단한 인터넷 소설을 선택한다. - 이야기를 단위별로 묶어본다. - 링크를 따라가면서 이야기를 단위별로 묶고, 이를 그림으로 그려 구조화해 본다. - 국어 교과서에 실린 소설을 선택해 이야기 단위별로 묶은 구조도를 그림으로 그려본다. - 두 소설의 구조 사이에 어떤 차이가 있는지 살핀다. - 두 소설의 비교를 통해, 인터넷 소설에 반영된 하이퍼텍스트적 특성이 무엇인지 살피고, 다른 특성은 없는지 찾는다. ② 독자들의 반응을 통해서 인터넷 소설의 결말이나 갈등 양상이 달라진 경우가 있는지 사례를 찾아 기술해 본다.
시뮬레이션	인터넷 소설의 멀티엔딩 구성하기 ① 인터넷 소설의 '멀티엔딩'을 구성해 본다. - 잘 알려진 간단한 이야기나 인터넷 소설 중 하나를 선택한다. - 모둠별로 다양한 결말을 상상하면서 여러 가지 엔딩을 구성해 본다. 하이퍼텍스트의 비선형성을 생각하면서 엔딩의 구성에 형식적인 변화가 가능한지 생각해 본다.

시뮬레이션	- 모둠별로 구성한 엔딩을 모두 모아 '멀티엔딩'을 효과적으로 구성해 본다. - 〈문학〉이나 〈국어〉 시간에 배운 소설을 읽고 감상하는 방법과 '멀티엔딩'을 구성해 본 인터넷 소설을 읽고 감상하는 방법에 차이점이 있는지 생각해 본다. ② 인터넷 게시판을 통해 소설 '이어 쓰기'를 시행해 본다. - 활용 가능한 인터넷 게시판을 선정한다. - 등장인물, 그들의 성격, 주요 배경, 주요 갈등 등을 가정하여 소설을 구상해 본다. - 가정한 등장인물을 바탕으로, 여러 사람이 자유자재로 사건을 구성하면서 소설 이어 쓰기를 시행한다. - 이어 쓴 소설의 내용이나 형식이 지니는 장점과 단점을 생각해 본다.

(4) 게임 서사

전략	방법적 사례
텍스트 분석	**게임의 서사적 특성 파악하기** ① 게임의 서사적 특성을 파악한다. - 하나의 게임을 선택한다. - 그 게임의 주된 사건들을 중심으로 사건 구조도를 그림으로 그려본다. - 이 사건 구조도가 다른 서사물과 같은 점과 다른 점을 생각해 본다. 하이퍼 소설과의 공통점, 차이점은 없는지도 찾아본다. - 각각의 사건을 이끌어가는 캐릭터(인물)의 특징을 파악한다. : 대중 소설의 도식성(우리가 흔히 알고 있는 사건 구조, 등장인물의 성격)과 어떤 면에서 같고 다른지 생각해 본다. - 게임의 서사적 특성을 사건, 인물 등의 요소에 따라 점검해 본다. ② 게임의 서사적 특성에 도움을 주는 멀티미디어적 요소를 파악한다. - 게임만이 가진 서사적 특성에 각 캐릭터들이 가지고 있는 이미지적 특징, 변형이 어떤 영향을 끼치는지 생각해 본다. - 멀티미디어적 요소들이 게임에 대한 흥미에 주는 영향을 생각해 본다.
컨텍스트 분석	**게임의 제작, 마케팅, 소비의 과정 알기** ① 게임 제작, 마케팅 과정을 파악한다. - 하나의 게임을 선택한다. - 그 게임을 만든 회사의 게임 제작 과정, 마케팅 과정을 조사하기 위해 광고, 팸플릿, 신문 기사, 관련자 인터뷰 등 모든 자료를 수집한다. - 수집한 자료를 바탕으로 게임의 '생산'과 관련된 '게임 제작 일지', '마케팅 일지'를 게임 생산자의 입장에서 써본다. - 게임 제작자가 게임 제작과 마케팅 과정에서 가장 강조하고자 했던 점, 소비자들을 구매로 이끌기 위해 주력했던 사항들을 점검해 본다.

컨텍스트 분석	② 게임의 소비 과정을 파악한다. - 게임의 소비 과정을 이해하기 위해 게임의 소비와 관련된 통계 자료, 소비자 인터뷰 등 각종 자료를 수집한다. - 이를 바탕으로 이 게임을 소비하고 즐기는 층의 소비 과정을 추측해 본다.

(5) 인터넷 유머

전략	방법적 사례
텍스트 분석	인터넷 유머의 특징 파악하기 ① 인터넷 유머의 멀티미디어적 특징을 파악한다. - 요즘 유행하고 있거나 자신이 재미있다고 생각하는 유머, 인터넷 유머의 멀티미디어적 효과가 잘 나타난 '인터넷 유머'를 몇 가지 선정한다. - 선정한 인터넷 유머를 각종 멀티미디어 효과 없이 감상한다. (소리, 음악 삭제) - 이번에는 반대로 소리나 음악을 통해서만 인터넷 유머를 접한다. - 위 각각의 경우에, 전달하고자 하는 메시지가 각각 제대로 전달이 되었는지 생각해 본다. - 1980년대에 유행했던 '참새 시리즈', '식인종 시리즈', '화장실 유머' 등과 지금의 인터넷 유머가 차이점이 있다면 어떤 차이점이 있을지 생각해 본다. - 인터넷 유머의 멀티미디어적 특성을 어떻게 파악할 수 있을지 생각해 본다. ② 인터넷 유머가 재미있는 이유에 대해 기술한다. - 인터넷 유머가 재미있는 이유에 대해 자유자재로 토론해 보고, 이를 빠짐없이 기술해 분석해 본다. ③ 이미지 변형을 통한 패러디, 재미있는 스토리의 플래시, 재미있게 편집된 동영상 등 멀티미디어적 표현이 주는 효과를 분석해 본다.
컨텍스트 분석	인터넷 유머의 표현 효과 분석하기 * '인터넷'이라는 매체를 통해 유행하게 된 인터넷 유머의 일종인 '이미지 변형을 통한 패러디 유머'의 사회 · 문화적 의미에 대해 생각해 본다. 다음과 같은 질문에 대한 답을 함께 탐색해 본다. - 그 유머를 생산하는 개인이나 집단은 어떤 개인이나 집단인가? - 그 유머가 나타내고자 하는 바는 무엇인가? - 왜 그것을 나타내고자 하였는지, 패러디 유머를 만들기 전에 그것과 연관하여 사회적으로는 어떤 담론들이 형성돼 있었는가? - 이 유머를 통해 새로운 담론들이 만들어지고, 새로운 문화가 만들어졌다면 그것은 어떤 특성을 지니며 우리 사회에 어떤 의미를 주는가?

(6) 인터넷 광고

전략	방법적 사례
텍스트 분석	인터넷 광고의 특징 파악하기 ① 인터넷 광고의 멀티미디어적 특성을 파악하기 위해 광고 안에 나타난 다양한 언어적 표현의 특성을 파악한다. - 소리와 시각적 언어가 혼용된 광고를 선택한다. - 소리를 제거하고 이미지(동영상)만 본다. - 소리와 이미지(동영상)를 함께 듣고 본 후, 차이점을 상세히 기술한다. - 커서의 움직임이나 클릭에 따라 이미지(동영상)의 변화가 있는지 살피고, 이에 대해 상세히 기술한다. ② 게임 형태의 인터넷 광고 등 다른 인터넷 광고와 차별점을 보이는 광고의 특성을 파악한다. - 인터넷 광고를 통해 제공된 게임을 실행해 본다. - 광고와 무관하면서 이와 비슷한 게임을 해본 경험을 떠올려 어떤 차이점이 있는지를 살핀다. - 광고와 무관한 게임과 게임 형태의 인터넷 광고의 제작자는 어떤 사람들이며, 무엇을 의도했을지를 상상해 본다.
시뮬레이션	인터넷 광고 기획안 짜기 * 인터넷 광고 기획자가 되어 광고 기획안을 짠다. - 상품 제작자, 기업 등으로부터 광고를 의뢰받은 상황을 가정한다. - 자신이 인터넷 광고 기획자가 되어 상품(기업) 구매의 연령, 성별 등 타겟이 될 만한 대상들에 대해 분석하는 자료를 만든다. - 인터넷 광고의 컨셉트를 구체화한다. - 수업 시간에 배운 다양한 인터넷 광고의 종류 중에서 자신이 기획한 인터넷 광고의 컨셉트에 가장 잘 맞는 형식을 선택한다. - 스토리보드를 만들어 발표하고 의견을 나눈다.
제작	학교를 홍보하는 인터넷 광고 제작하기 * 학교를 홍보하는 인터넷 광고를 제작한다. - 학교를 홍보할 수 있는 인터넷 광고의 컨셉트를 구체화한다. - 수업 시간에 배운 다양한 인터넷 광고의 종류 중에서 우리 학교를 홍보하는 컨셉트에 가장 잘 맞는 형식을 선택하고, 제작이 가능한지 충분히 검토한다. - 스토리보드를 만드는 등 구체적으로 제작 계획을 세운다. - 학교를 홍보하는 인터넷 광고를 제작한다. - 완성이 되면 학교 홈페이지에 광고를 띄워보고 반응을 조사한다.

Ⅳ. 하이퍼텍스트 이해교육의 실제

1. 현장 연구의 목적과 방법
2. 현장 연구의 실제

HyperText

현장 연구의 목적과 방법

1

1) 현장 연구의 목적과 필요성

홉킨스(D. Hopkins)에 의하면 '교실 연구(classroom research)'란 교육 이론의 여러 가지 가정들을 실천 현장에 위치 지워 테스트하기 위한 연구, 혹은 교육 현장에서 우선시되는 가치들을 이론적으로 평가하기 위한 연구로서, 교육적 실천을 향상시키기 위한 실천적 목적을 가진 연구를 의미한다(Hopkins, 1993: 1). 한편 엘리어트(J. Elliot)에 의하면 '현장 연구(action research)'란 실천(action)의 질을 높이기 위해 특정한 사회적 상황에 대해 연구하는 것으로, 그 목적은 구체적인 상황에 실천적인 판단을 내리는 것이라고 했다. 그러한 판단을 야기하는 이론이나 가정의 타당성은 사실에 대한 '과학적' 판단보다 주어진 상황에서 사람들이 실제로 행동을 하는 데 보다 도움이 될 수 있는 지식이나 기능을 발전시킬 수 있는지에 있다고 했다(Elliot, 1991: 69).

여기서 실천이란 일정한 교육적 이론의 바탕이 있는 실천을 의미하는 것이며, 따라서 현장 연구는 이론과 실천의 강한 연계를 바탕으로 이루어지는 연구라 할 수 있다. 교육 실천과 현장 연구에 대한 이러한 개념 정의를 강조하는 것은 현장 연구가 단지 교육 현장에서 일어나는 일들을 기술하고 정당화하는 연구가 아니라, 어떤 실천이든 교육에 대한 일정한 이론적 가정에 근거하여 이루어지는 것이기 때문이다. 따라서 교육 실천에 대한 평가는 그것이 근거하고 있는 교육 이론에 대한 평가이자 개선을 위한 것임을 강조하기 위한 것이다.

이런 점을 염두에 둘 때, 하이퍼텍스트 이해교육을 국어교육 내에 수용할 때 현장 연구를 수행하는 것 역시 단지 일회적으로 적용 가능한 수업 지도안을 만들어 그 보편성을 주장하려는 것이 목적이 아님을 알 수 있다. 오히려 여기서 현장 연구는 하이퍼텍스트에 대한 이론적 이해를 현장에 적용할 때 어떤 실천적 이슈들이 제기될 수 있는가에 대해 검토함으로써 하이퍼텍스트 이해교육의 이론적 근거를 보다 세밀히 검토하기 위한 것이라 고할 수 있다.

작가와 독자 간의 전통적인 구별이 사라지는 상호작용성과 동시적 의사소통, 일(一) : 다(多) 의사소통, 원본의 자유로운 복제와 수정, 이동을 가능하게 하며, 다양한 층위의 기호가 복합적인 의미 작용을 일으키는 하이퍼텍스트에 대한 이해를 국어교육에서 수용하는 것은 전통적인 의미의 작가와 독자의 개념, 문자 언어와 음성 언어를 기반으로 한 말과 글의 이해를 바탕으로 한 전통적인 읽고 쓰기의 개념 및 저작권에 대한 개념을 송두리째 뒤흔들어놓는다. 또한 빠른 속도로 생겨나고 변형되고 사라져버리는 인터넷 저작물들의 속성상 어떤 특정한 것을 정전(canon)처럼 취급하여 교육의 장에 들여오는 것 또한 불가능하게 된다. 한편 텍스트 자체의 멀티미디어적 특성은 교육 방법의 측면에도 상당한 도전이 되고 있다.

이처럼 다양한 측면에서의 교육적 도전을 고려할 때 하이퍼텍스트 이해교육은 그 이론적 가정을 현장의 구체적인 교실 장면에 적용하여 테스트해

보는 과정을 반드시 거칠 필요가 있다. 그러나 이러한 현장 연구는 각각의 개별적 적용 사례의 구체성과 특수성을 고려하되, 보다 일반적인 하이퍼텍스트 이해교육의 국면에서 보다 보편적으로 제기될 수 있는 문제적 상황을 그려내고 이에 대비할 수 있도록 하는 차원에서 이루어질 필요가 있다. 이 점에 대해서는 다음 절에서 논의할 현장 연구 부분에서 보다 자세히 살펴보도록 하겠다.

2) 현장 연구의 성격과 방법

(1) '실험적' 사례 연구(case study)

본 연구는 언어 문화 교육에서 날로 그 중요성을 더해가고 있는 하이퍼미디어, 특히 인터넷에 바탕을 둔 다양한 언어 문화 텍스트에 대한 이해교육의 내용과 방법을 구안하기 위한 연구이다. 이를 위해 앞서 제2장에서는 기존에 국어교육이 대상으로 삼아온 언어 사용 영역인 친교 영역, 정보교환적 영역, 문학 영역, 오락 영역, 설득 영역 등의 다섯 가지 영역을 기준으로 하여, 이에 가장 가깝게 조응하는 하이퍼텍스트적 언어 문화 영역을 찾아 이론적으로 살펴보고 대표적인 사례에 대한 텍스트 분석을 수행하였다. 인터넷 채팅, 인터넷 신문, 하이퍼 문학, 게임 서사, 인터넷 유머, 인터넷 광고 등 여섯 가지 장르에 대한 연구는 이러한 논리에 의해 이루어진 것이다.

이러한 이론적 탐구를 바탕으로 본 연구에서는 중등학교 국어교육 현장에 적용 가능한 하이퍼텍스트 이해교육에 대한 지도안을 설계하여 현장에 적용하고 평가하는 '실험적' 성격의 연구를 수행하였다. 이는 하이퍼텍스트 이해교육에 대한 본 연구의 이론적 이해가 교육내용 구안 및 교육방법을 설계할 때 현장에 적용 가능한 적합성과 타당성을 갖는가에 대해 검토하기 위한 것이다. 한편 이는 하이퍼텍스트 이해교육을 위한 교재 개발 및 교사 교육(직전 교육 및 연수 포함)에 대한 시사점을 도출하는 데에도 필요한 과정이라 생각되었다.

이러한 문제의식에 따라 본고에서는 제2장에서 이론적으로 검토한 하이퍼텍스트 이해교육의 여섯 가지 장르 중 두 가지 장르에 대한 현장 적용을 '사례 연구(case study)' 형식으로 수행하였다. 사례 연구란 개별적인 사례 자체에 대한 흥미와 관심에서 행해지는 질적 연구의 방법으로, 특정한 사례로부터 배울 수 있는 독특하고 복잡한 특질들에 의해 특징 지워지는데, 이로 인해 사례 연구의 가치는 연구 대상이 되는 사례의 독특성과 그것을 이해함으로써 얻어질 수 있는 인식론적 유용성에 의해 결정된다(Stake, 2000: 236). 이러한 사례 연구의 정의를 고려할 때 '실험적' 이라는 수식어를 덧붙인 이유는, 본 연구가 각각의 사례(여기서는 현장 연구에 적용되는 인터넷 장르)의 특성을 정밀하게 탐색하는 연구이기는 하지만, 각각의 사례의 독특함에 함몰되는 것이 아니라 그 사례 연구를 통해 하이퍼텍스트 이해교육 일반에 대한 함의를 도출하는 것까지를 목표로 하고 있음을 강조하려는 이유 때문이다.

(2) 질적 연구(qualitative research)

한편 본 연구를 위해 수행된 현장 연구는 하이퍼텍스트 이해교육에 대한 이론을 교육 현장에 적용해 본다는 의미에서는 '실험적' 연구라 할 수 있지만, 독립변인과 종속변인을 규정하고 이론적 가설을 설정해 실험 집단과 통제 집단을 나누어 마치 '실험실' 상황과 같은 실험을 통해 가설을 검증하는 보다 엄밀한 의미에서의 '실험 연구' 와는 확연히 구별되는 것이다.[1] 후

1) 본격적인 실험 연구의 설계와 수행 방법에 관한 자세한 내용에 대해서는 심우엽(2001: 67-100)을 참조할 것.

자와 같은 의미에서의 '실험 연구'는 실험 집단과 통제 집단에 각기 다른 변인을 투여하여 그 결과에 따라 산출되는 데이터의 '양(量)'을 측정하여 의미를 도출하는 양적 연구에 속한다. 이에 비해 본고를 위해 수행된 연구는 가설을 내세우고 실험실 상황을 설정하여 양적 데이터를 도출한 연구가 아니다. 오히려 여기서 수행한 연구는 하이퍼텍스트적 언어 문화 현상을 이해할 때 의미 있는 것으로 판단되는 장르와 그에 속하는 텍스트들의 사례를 들어 일정한 방향으로 현장 교육에 적용한 후 그 의미를 탐색해 보는 질적 연구에 해당한다.

질적 연구와 양적 연구의 중요한 차이 중 하나는 단순화와 한계 설정의 정도와 방식에 있다. 조용환(1999: 20)에 의하면, 질적 연구는 단순화와 한계 설정을 최소화하고 현상의 복잡성을 최대한 '있는 그대로' 파악하려는 입장을 취한다. 이와 달리 양적 연구는 현상의 사소하거나 예외적인 특성을 배제하고 일반적인 경향성을 확률의 논리 속에서 구명하는 입장을 취한다. 이러한 차이를 과학철학의 용어로 설명하면 질적 연구가 '발견'을 중시하는 데 비해 양적 연구는 '설득'에 치중한다고 할 수 있다(Glaser & Strauss, 1967). 앞서도 강조했듯이 본 연구에서 수행한 현장 연구는 하이퍼텍스트 이해교육에 대한 일정한 이론적 입장이 현장에 적용될 경우 발생할 수 있는 다양한 실천 상의 문제들을 점검하고, 이를 이론적 이해로 다시 송환하기 위한 것이라는 점에서 '발견'을 중시하는 연구에 속한다고 볼 수 있다.

물론 크게 보아 본 연구는 다양한 미디어의 융합을 특성으로 하이퍼미디어 시대의 언어 문화 교육이 그 내용적 대상을 하이퍼텍스트를 수용하는 방향으로 진전되어야 한다는 이론적이고 현실적인 문제의식을 설득하기 위한 연구라 할 수 있다. 그러나 본 연구에서 실시한 현장 연구가 중점을 둔 것은 하이퍼텍스트에 대한 이해교육을 특정한 이론적 바탕 위에서 설계하고 시행했을 때 일어날 수 있는 현장에서의 반응에 대해 질적으로 탐색함으로써 하이퍼텍스트 이해교육의 이론적 논의를 보다 정교하게 하고, 이를 바탕으로 다시 현장 교육에 시사하는 바를 찾으려는 것이라 할 수 있다. 이런 측면에서 본 연구는 하이퍼미디어 기반의 미디어텍스트를 언어교육의 내용으로 수용하기 위한 일종의 실험적 연구로서, 넓은 의미에서 보아 현장에서의 교육 실천을 향상시키기 위한 '현장실행 연구(action research)'에 속한다고 할 수 있다(Elliot, 1991; Hopkins, 1993).

(3) 실행 연구(action research)

제3장에서 살펴보았듯이, 본 연구에서는 학교 현장의 교사와 학생들을 대상으로 한 설문조사를 통해 하이퍼텍스트에 대한 친숙도와 교육적 기대를 탐색하는 연구도 수행한 바 있다. 이 설문조사의 결과에 따르면 대체로 교사들은 주로 정보 검색 등 '이성적' 영역과 관련한 하이퍼텍스트의 이해교육이 필요하다고 보았던 반면, 학생들은 게임과 같이 상대적으로 '감성적' 영역에 속하는 하이퍼텍스트 교육을 기대하는 것으로 나타났다.

이처럼 설문조사 결과에서 나타난 교육 주체들의 기대를 고려하여 설계된 하이퍼텍스트 이해교육을 위한 현장실행 연구에서는 첫째, 다중 서사와 비주얼 효과를 기반으로 한 디지털 서사 체험에 대한 교육, 둘째, 인터넷 유머에 대한 문화적 이해를 구안하여 시행하는 방향으로 기획되었다. 연구원들은 실험적 수업의 개략적 내용과 방향을 설계하여 연구의 협력자이자 파트너인 국어교사와 의논한 후, 담당교사가 4차시 정도의 학습지도안을 구안하여 수업을 진행하는 것을 관찰하고 분석하는 형태로 연구를 진행했다.

실제 수업에 대한 계획은 앞서 살펴본 바와 같은 여러 가지 이론적 질문들을 염두에 두면서 연구자가 수립했고, 실제 교실 수업에 적용한 지도안은 수업을 진행할 교사와의 협의를 거쳐 교사가 작성했다. 현장 수업이 실제로 진행되는 동안 학습지도안을 작성하고 실제 수업을 진행하는 것은 현장교사가 담당했고, 연구자는 수업에 대한 참여 관찰과 학생 및 지도교사와의 인터뷰, 수업 자료 및 결과물에 대한 텍스트 분석 등을 포함한 연구를 담당했다. 본 현장실행연구는 2003년 10~12월 사이에 서울 강남 지역의 중학교 1개 교, 관악 지역의 실업계 고등학교 1개 교에서 각각 4차시로 진행되었다. 자세한 내용은 각 사례에 따라 다음 절에서 기술될 것이다. 연구가 진행되는 동안 연구자는 현장교사와 연구자의 협력을 통한 현장실행 연구 모델에 따라 '계획을 위한 회의', '수업 관찰', '피드백과 토론'의 순환 구조를 지속적으로 반복하면서 현장에서 제기되는 이슈에 따라 탄력적으로 계획을 수정했다.[2)]

이러한 현장에 대한 이론적 개입을 통해 본 연구에서 의도한 것은 하이퍼텍스트 이해교육을 국어교육에서 수용하는 것이 단지 내용적 측면에서 다양한 종류의 미디어에 나타난 언어 텍스트를 수용하려는 소극적인 의미에서 벗어나도록 하기 위한 '실험적' 성격을 가져야 한다는 점이었다. 음성 언어와 문자 언어를 기반으로 한 텍스트의 의미적 자질을 식별하고 그 가치를 수용하는 데 초점을 맞추었던 기존의 관점에서 벗어나, 보다 다양한 미디어 텍스트를 커뮤니케이션의 관점에서 수용하는 것, 그리고 미디어 텍스트가 사회적 맥락 속에서 수용자와 어떤 관계에 놓이면서 의미를 생성하는가에 대해 보다 적극적으로 고려하는 방향으로 언어교육이 변화할 수 있는 가능성에 대한 실험이 되어야 한다고 본 것이다.[3)]

2) 현장 연구의 이러한 모델에 대해서는 홉킨스(Hopkins, 1993)를 참조할 것.

3) 데이비드 버킹엄은 궁극적으로 미디어 교육의 시각에서 언어와 문학 교육의 목적과 방법을 매체적 소통의 맥락 속에 위치 지워 재고할 필요가 있다고 주장한다. 자세한 논의는 버킹엄(Buckingham, 2003/2004, 156-160)을 참조할 것.

현장 연구의 실제
2

1) 디지털 서사 이해교육

(1) 연구 설계

① 하이퍼 문학 이해교육의 성격

과학 발달의 산물인 컴퓨터 기술과 인간의 하이브리드적 사고의 결합은 노드와 링크로 결합된 하이퍼텍스트라는 새로운 텍스트 형식을 만들어냈다. 하이퍼텍스트란 일반적으로 '노드들이 링크로 연결되어 네트워크 구조를 가지는 언어적·비언어적 텍스트의 총체'라고 정의된다. 따라서 하이퍼텍스트는 기존의 텍스트 구성 방식을 벗어난 새로운 텍스트 결합 방식으로 기존의 책(인쇄물)이 '닫혀 있고 완전하며 절대적 위상'을 갖는 닫힌 구조의 산물이었다면, 하이퍼텍스트는 무한히 열려 있으며 '언제나 구성되어 가는 텍스트'로 이해될 수 있다. 하이퍼텍스트의 특징인 비선형성, 양방향성, 상호작용성, 탈중심성, 개방성 등을 토대로 하이퍼 문학이라는 새로운 문학의 모습이 제시된다.

하이퍼 문학은 사이버 공간에서 이루어지는 문학 형태로 생산과 소비에서 기존의 소통 방식을 해체하고 과학의 힘을 빌려 탄생되었다. 창작의 도구였던 컴퓨터와 소통의 수단으로 활용되던 인터넷의 결합으로 정신의 산물인 '문학'의 형식과 내용의 자유로움을 확보하게 된 것이다. 독자는 노드와 링크로 작품의 내용을 자유롭게 넘나들며 작가와 독자가 결합된 작독자의 모습을 갖추게 되면서 작가적 권위는 상실되고, 비선형성이라는 하이퍼텍스트의 형식이 하이브리드적 사고와 문학적 상상력이라는 정신의 자유로운 구축을 이끌어내고 있다.

독자가 글을 읽고 작가적 입장에서 자신의 생각을 표현하는 과정은 인쇄물을 읽고 이를 이해하는 과정에서 나타나는 독자와 작가의 추상적 의견교환을 뛰어넘는 단계로, 하이퍼텍스트 이해 과정에서는 구체적인 모습으로 독자와 작가의 대화가 가능하다. 나아가 기존의 텍스트가 또 다른 텍스트를 낳고 이들이 서로 관계를 맺는 하이퍼텍스트의 상호텍스트성은 독자의 읽기 과정이 표현(창작)의 기본이 되면서 동시에 또 다른 독자의 읽기 대상이 될 수 있다.

하이퍼텍스트 형식은 개성과 다양성을 중시하며 인터넷 사용에 적극적인 청소년들에게는 익숙한 방법으로, 연상 작용에 의한 자료 정리법은 청소년들의 상상력 개발에 적극적으로 자리매김할 수 있다. 또한 작독자의 개념이 암시하듯 링크된 텍스트를 선택할 때 나름의 플롯을 구성해 나가는 작가적 능력은 이해와 표현교육의 속성을 아우르는 것으로 하이퍼 문학을 통해서만 가능한 문학교육이라 할 것이다.

주어진 작품을 읽고, 자신의 생각을 이어 쓸 수 있으며, 이를 통해 또 다른 형태의 작품이 게재되는 과정이 한 화면에서 '동시적'으로 일어나는 하이퍼 문학은 이해교육과 표현교육을 동시에 요구한다. 따라서 하이퍼 문학을 대상으로 한 가장 효과적인 교육에서는 읽기에 대한 교육과 더불어 올바른 쓰기에 대한 교육이 함께 이루어져야 한다.

② 하이퍼 문학 이해교육의 필요성

인터넷을 이용한 하이퍼 문학은 N세대에게 가장 친근한 문학 형식으로, 모니터 화면과 키보드에 의한 글쓰기에 익숙한 네트워크 세대에게는 펜으로 원고지에 자신의 의견을 적어나가는 전통적 방법의 글쓰기보다 연상 작용에 의한 자료 정리 방법을 취하는 하이퍼텍스트 형식의 문학이 더 익숙하다. 또한 선택(클릭)과 링크된 텍스트를 따라 나름의 플롯을 구성해 나가는 작가적 능력은 하이퍼 문학을 통해서만 가능한 문학교육이며, 미래지향적인 문학교육 방법이기도 하다.

인쇄된 책을 읽는 교육 방법보다는 인터넷이나 텔레비전을 활용하는 멀티미디어 활용에 더 친숙한 청소년들의 사고체계 역시 멀티미디어적이라 할 수 있다. 따라서 책 읽기 교육은 이제 다양한 사고를 추구하며 멀티미디어적 능력을 요구하는 새로운 시대 상황에 적합한 하이퍼 교육으로의 전환을 모색해야만 한다.

인터넷이나 텔레비전 활용에 적극적인 청소년들이 인쇄물을 읽는 시간보다 컴퓨터 활용, 특히 게임과 오락에 대부분의 시간을 투자하는 실태를 고려한 새로운 학교교육이 요구된다. 하루 평균 1~2시간 인터넷에 접속해 하이퍼텍스트를 경험하고 있는 데 비해 책(종이 인쇄물)을 읽는 시간은 하루 평균 1시간 미만으로, 인쇄물을 읽는 시간보다 인터넷에 접속하여 하이퍼텍스트 읽기에 더 많은 시간을 할애하고 있음을 알 수 있다. 이는 학교교육에서 하이퍼텍스트 읽기 교육이 필요함을 암시한다.

설문조사를 통해 얻어진 결과에서 보듯 폭력적 내용과 비도덕적 행위가 용납되는 게임의 내용적 요소들이 실생활에 미치는 영향을 고려할 때 하이퍼텍스트의 오락 영역(게임)에 대한 교육은 가치관 교육으로까지 확대되어야 한다. '단순한 내용'이라는 게임의 한계를 게임과 가장 유사한 문학 장르인 희곡(시나리오)에 적용하여 교육한다면 게임이 지닌 잠재된 위험 요소

(폭력성과 비윤리적 행위)를 극복하면서 더불어 효과적인 문학교육이 가능한 시너지 효과를 얻어낼 수 있다.

③ 하이퍼 문학 교육의 목적

하이퍼텍스트의 텍스트적 특징을 파악하고 하이퍼 문학이 갖는 서사 형식을 올바르게 이해하여 작독자로서의 기능이 가능하도록 한다. 독자가 플롯을 구성해 나가는 하이퍼텍스트의 독특한 서사 체험을 문학에 적용하며 하이퍼텍스트 문학을 직접 창작함으로써 올바른 이해 태도를 정착시킨다. 이를 통해 건전한 사고를 진작시키며 인간에 대한 이해와 더불어 교양을 갖춘 문화인으로 성장하게 한다.

④ 교육안

1차시는 하이퍼텍스트와 하이퍼텍스트 읽기 방법 교육이 실시되며, 2차시에는 감상을 통해 이론을 심화하고, 3차시에는 모둠 활동을 통해 이해한 하이퍼 문학을 자기화하며, 4차시에는 이를 모둠별로 발표한다. 5차시에는 하이퍼텍스트 이해교육에 대한 토론을 통해 내용을 정리한다.

가) 교육내용 체계

교육내용 범주	교육내용
하이퍼 문학 이해의 본질	하이퍼 문학의 개념, 하이퍼 문학의 특징, 하이퍼 문학의 유형, 하이퍼 문학의 기능
하이퍼 문학 이해의 원리	낱말 이해, 내용 구성, 내용 확인과 추론, 컴퓨터로 글쓰기, 내용 생성과 표현방법, 평가와 감상
하이퍼 문학 이해의 태도	동기와 흥미 유발, 습관 사회윤리와 가치 수용
하이퍼 문학과 문화	작품 속 사회·문화적 양상 이해 개인의 가치관과 사회윤리 확립

나) 교육내용

'알기–따지기–쓸모 있게 만들기–얻어내기–부추기기'의 5단계를 통한 하이퍼 문학의 이해교육은 그것의 특징들이 어떻게 교육에 적용·활용될 수 있는가를 보여준다.

1단계 '알기' 과정은 주어진 작품의 단어적 특성과 장르의 이해를 파악하는 단계로, 하이퍼 문학의 경우 노드를 통해 확인하고자 하는 단어를 클릭함으로써 즉각적인 문제 해결이 가능하다.

2단계 '따지기' 과정은 주어진 작품의 내용 비판과 감상, 인물이나 성격을 이해하거나 상상하는 과정으로, 작품에 나타난 시대, 역사, 문화, 사회적 상황 등을 살펴보고 시대적 가치와 작가의 세계관을 이해하거나 비판하면서 다양한 시각과 방법으로 작품 속 사상을 비판적 태도로 수용한다.

3단계 '쓸모 있게 만들기' 과정은 상상에서 새로운 것을 창출하여 지식과 정보를 자기화하는 단계이다. 이어질 내용을 상상하거나 작품에 대한 적극적 감상을 하기도 하고, 작품의 일부를 창조적으로 재구성하거나 이어쓰기를 통해 한 작품을 여러 장르로 표현할 수도 있다.

4단계 '얻어내기' 과정은 새로운 지혜를 얻어내는 단계로, 앞선 단계의 이해교육을 통해 얻어진 생각이나 느낌을 자기화하여 글을 통해 구체적으로 표현한다.

5단계 '부추기기' 과정은 자신의 생각을 작품으로 창작하거나 기존에 습득한 문학적 지식을 토대로 가치 있는 작품을 선별하여 읽을 수 있는 '훈련된 독자'를 꾀하는 단계이다. 자신의 의견을 문학적으로 표현하는 단계를 통해 독자는 작품을 선별할 수 있는 문학적 안목을 얻을 수 있다.

앞의 단계를 5차시로 구성하면 다음과 같다.

1차시: 하이퍼텍스트에 대한 이해

* 하이퍼텍스트란 무엇이며 하이퍼 문학이란 무엇인지 개념을 정의한다.

a. 읽기의 차이: 매체 간의 읽기의 차이(종이 인쇄물/하이퍼텍스트)를 통해 하이퍼텍스트 읽기 방법을 안다.(비선형성과 상호작용성, 작독자)

교과서 문장과 하이퍼텍스트 읽기 방법의 차이가 무엇인지를 비교한다. 하이퍼텍스트의 비선형이라는 특징을 이해시키기 위해 인터넷 포털 사이트에서 정보를 찾아보게 하여 탐색 과정을 지도로 설명하게 함으로써 하이퍼텍스트의 특징을 이해하도록 한다.

예) 당송팔대가 중 '소동파'에 대한 정보를 습득하는 경우는 통합 검색, 지식 검색, 백과사전 등을 이용하여 탐색을 시작하면서 노드와 링크를 통해 당송팔대가와 소동파에 대한 지식을 얻을 수 있게 된다. 지식 검색의 경우에는 자신의 질문에 대한 답변을 볼 수 있을 뿐만 아니라 답변에 대한 의견을 표현할 수도 있다. 이는 하이퍼텍스트의 비선형성과 상호작용성, 작독자에 대한 예라 할 수 있겠다.

b. 하이퍼텍스트의 탈중심성(작독자 개념)과 상호작용성

e-book과 하이퍼텍스트의 차이점을 이해시킴으로써 하이퍼텍스트가 노드와 링크로 이루어진 문장(텍스트)임을 알게 한다. 예를 들어 포털 사이트인 Daum의 무협소설(e-book) 혹은 개인 홈페이지의 소설(예: http://nasdae.new21.org)과 〈디지털 구보 2001〉을 비교함으로써 단순히 인터넷 상에서 이루어진 문장이나 문학이 모두 하이퍼텍스트 문학이 아님을 이해시킨다[4]. 하이퍼텍스트로 이루어진 문학은 전자책과 달리 다양한 관점과 서사 체험이 가능하며 동영상 체험도 이루어질 수 있다. 또한 독자의 의미 있는 행동(즉 클릭이라는 선택)에 의해 다양한 서사를 체험할

4) 하이퍼텍스트에 대한 정확한 개념 이해를 위해 현장 연구 수업에서는 전자책 형태의 작품과 하이퍼텍스트로 구성된 작품을 구분하는 과정을 갖는다. 그러나 본 연구에서 '하이퍼 문학'은 하이퍼텍스트 형식으로 구성된 문학작품은 물론 인터넷에서 접할 수 있는 모든 형태의 작품을 지칭하는 넓은 의미의 용어로 사용한다.

수 있다(상호작용성). 〈디지털 구보 2001〉에서 보듯 독자의 감상란을 두어 독자가 자신의 생각을 자유롭게 표현할 수 있다(작독자). 문학작품을 통해서는 이모티콘이라는 기호를 통해 감정을 표현함으로써 이모티콘이 문자 이상의 역할을 하고 있음을 파악한다(기분 좋다는 것을 ^^ 식으로 직접 표현함).

c. 하이퍼텍스트의 다연결성 혹은 개방성

하나의 포털 사이트에서 한 단어를 주고 그 단어와 관련되어 단어에 대한 관심을 일정 정도까지 확장하면서 그 과정을 적게 하여 하이퍼텍스트가 노드와 링크에 의해 무한히 가지를 쳐나갈 수 있다는 것을 알게 한다. 그러한 과정에서 동영상 체험도 가능하게 된다. 따라서 하이퍼텍스트가 문자로만 이루어진 것이 아니라 동영상, 오디오로도 구성된 것임을 알 수 있다.

2차시: 하이퍼 문학의 이해와 표현(1)

a. 멀티엔딩(1)

하이퍼텍스트 구조로 이루어진 게임은 오락적 기능과 문학의 서사 체험이 결합된 형식으로 파악될 수 있다. 따라서 게임의 문학적 측면을 국어교육에 활용할 수 있다. 초보적 단계로 하나의 이야기에 대해 멀티엔딩을 시도함으로써 하이퍼텍스트의 비선형적 구조에 의한 다양한 서사 체험을 이해하도록 한다. 뮤직비디오(Craiy David의 〈7 days〉)를 감상하며 가지를 쳐나가는 부분(터닝포인트)에 대한 이해와 멀티엔딩에 대한 이해를 갖는다.

b. 멀티엔딩(2)

하나의 줄거리를 지닌 간단한 이야기(동화)를 두세 가지 정도의 줄거리를 지닌 이야기로 만들되, 가지를 치는 부분(터닝포인트)을 갖도록 한다. 이를 위해 ① 기존의 단편소설이나 영화를 택해 터닝포인트 지도를 그려본다. 독자가 변화를 맞아도 좋다고 생각되는 내러티브의 분할 지점(4군데 정도)을 마크하고 왜 그곳이 좋은 지점이라고 생각하는지 설명한다. ② 잘 알고 있는 소설이나 이야기에서 아주 중요한 장면 하나를 골라내고, 두 가지 정도의 대조적인 스토리라인을 만들어낸다.

(참고)

- 원활하며 효과적인 수업진행을 위해 각 진행시 시간 제한을 둔다.

3차시: 하이퍼 문학의 이해와 표현(2)

- 하이퍼텍스트와 하이퍼 문학의 올바른 이해를 위해 하이퍼 문학에 대한 지식을 자기화한다. 기존의 지식을 토대로 모둠 활동(4조 정도)을 통해 공동의 작품을 만들어본다.

a. 짧은 분량의 문학(드라마 등)을 만들어본다.(분량은 A4 3장 이하 정도)

- 사건을 중심으로 한 기본 스토리를 작성한다.(간단한 기본 줄거리 작성)
- 인물을 설정하고 각각 어떠한 역할(능력)을 할 것인지를 설정한다.(등장인물은 제한을 둘 수도 그렇지 않을 수도 있다)
- 세 가지 이상의 다양한 끝맺음을 구성한다.(Mapping out)

b. 기존 문학 작품(소설이나 드라마, 동화)을 1의 방법처럼 하이퍼텍스트 작품으로 만들어본다.

c. 멀티미디어적 요소를 활용해 본다.(그림, 텍스트, 비디오 등의 동영상, 오디오 활용)

4차시: 하이퍼 문학 제작 및 평가

- 모둠 활동을 통해 창작한 작품을 발표한다.

5차시: 정리

• 정리 단계는 전체 토론을 통해 하이퍼 문학에 대한 전반적 이해를 정리하며 향후 이용에서 어떠한 태도를 지녀야 할 것인가의 의견을 소통하는 과정이다. 설문과 인터뷰로 대체 가능하다.

(2) 연구 진행

① 연구 개요

가) 연구 대상과 방법

• 주제: 하이퍼텍스트 이해와 활용에 따른 서사 체험

• 연구 기간: 11월 25일부터 12월 4일까지 4차시에 걸쳐 진행

1차시: 11월 25일 (화) 16시부터

2차시: 11월 27일 (목) 16시부터

3차시: 11월 28일 (금) 16시부터

4차시: 12월 4일 (목) 16시부터

• 연구 대상: 서울여자상업고등학교 1학년 35명

• 진행 방법: 국어교과 학습 보충시간(화·목·금 8교시)을 이용하여 4차시에 걸쳐 컴퓨터실(웹프로그래밍실)에서 진행됨.

• 설문조사: 사전 설문조사는 1차시 수업 시작 전(11월 25일)에 실시함. 사후 설문조사는 4차시 수업 후 (12월 4일)에 실시함.

• 중점 인터뷰 : 교사의 경우, 매 차시 수업 후 인터뷰를 실시했으며, 4차시(12월 4일) 후에 중점 인터뷰를 실시함. 학생의 경우 4차시 후에 실시함.

나) 연구 결과 수집 자료

• 학생 설문 자료: 사전 설문지, 사후 설문지를 통해 미디어 이용 실태

와 수업에 대한 평가를 실시함.

- 학생 수업 결과물1: 홈페이지 www.eunhana. njoyschool.net에 게재된 하이퍼 소설(창작물)
- 학생 수업 결과물2: 홈페이지 www.eunhana. njoyschool.net에 게재된 짧은 분량의 이야기 잇기
- 수업 비디오 녹화 자료(1~4차시 수업): CD-ROM으로 변환
- 학생과 교사의 중점 인터뷰 녹화 자료: CD-ROM으로 변환
- 교사의 학습 지도안 학습 자료: 홈페이지 www.eunhana. njoyschool.net

② 연구 진행 과정 특성

가) 학생과 교사의 특성

- 연구교사

서울여자상업고등학교의 최은숙 선생님(38세)은 국어 과목 담당교사로 1학년 담임을 맡고 있다. 교사 경력은 7년이며, 2002년도에 '즐거운 학교'에서 주관하는 15시간의 미디어 교육미디어 활용 교육 연수를 받은 경험이 있다. 서강대학교 교육대학원에서 상담심리를 전공했다.

- 학생

조사 대상 학생들은 실업계 학생이기 때문에 대학 진학에 대한 부담은 많지 않았다. 하지만 대입을 준비하는 학생은 130명 중 50여 명 정도이며, 중학교에서 45% 이내의 성적을 유지한 학생들로 타실업계에 비해 학습 정도는 높은 편이다. 수행평가를 공지하고 모인 학생들이기 때문에 능동적이며 열의가 있는 학생들로 구성되었다. 가정환경은 주로 상·중·하에서 하위층에 속하고 서울 지역에 고루 분포되어 있으며, 컴퓨터 운용능력은 1학년 때 홈페이지 제작 시험을 치를 정도의 높은 수준을 갖고 있었다. 타학교

에 비해 교사와 학생 간의 유대와 예절이 남다른 측면이 있어 인터넷 사용에 대한 특별한 통제(보조교사 감독)가 없이도 수업이 원만하게 진행될 수 있었다.

나) 수업 진행

* 4차시 모두 컴퓨터실(웹프로그래밍실)에서 진행되었으며, 교사의 홈페이지를 중심으로 수업이 진행됨.
([은숙이의 국어방], www.eunhana.njoyschool.net)
* 개념 정리와 수업 자료는 모두 파워포인트와 빔 프로젝트를 통해 제시됨.
* 기자재에 대한 교사의 미숙과 효율적 수업 진행을 위해 고등학교 3학년 김초희 학생(경진대회 수상 경력)을 보조원으로 하여 수업을 진행함. 학생 통제를 목적으로 한 보조교사는 참여하지 않았음.
* 수업 과정과 결과물을 수행평가 자료로 활용하기로 함.
* 수업 중 학생은 인터넷의 모든 자료를 자유롭게 사용할 수 있도록 함.
* 3차시 수업 중 조별 토론(채팅)을 통해 구성된 작품을 4차시에 발표, 감상함으로써 하이퍼텍스트 읽기 수업이 올바로 수용되었는지 확인함.
* 학생을 대상으로 1차시 수업 전과 4차시 수업 후에 각각 사전 설문지와 사후 설문지, 중점 인터뷰를 실시하였음.
* 교사를 대상으로 매 수업 후 인터뷰를 실시함.

③ 사전 설문조사[5](학생)

연구 수업 전에 학생들을 대상으로 한 사전 설문조사는 '오프라인과 온라인 상의 이용실태', '하이퍼 문학작품에 대한 이용 경험', '하이퍼 문학

5) 설문에 대한 상세한 내용과 기타 자료는 지면 관계상 생략하였다. 자세한 내용은 학술발표대회 자료집(서울대학교 국어교육연구소, 2004년 4월)을 참조할 것.

과 책(종이책)', '하이퍼 문학작품 교육경험', '게임(RPG)과 문학'으로 나누어 총 28문항으로 진행했다.[6)]

설문조사 결과에 따르면 인터넷은 청소년이 주로 접속하는 놀이터이며 자신들만의 문화를 형성하는 통로이면서 주된 정보 습득 매체 역할을 하고 있었다. 인터넷 이용 시간[7)]과 여가 활용에 대한 조사를 토대로, 온라인과 오프라인 상에서 청소년의 주된 문화 형성 공간은 인터넷인 것으로 나타났다. 따라서 청소년들이 인터넷을 통해 접할 수 있는 정보들을 효과적으로 읽어낼 수 있는 교육방법 개발이 절실하며, 그러한 측면에서 하이퍼텍스트 이해교육의 필요성이 요구된다.

학생들의 94.1%가 하이퍼 문학작품을 읽은 경험이 있는 것으로 나타났다. 그들의 대부분은 하이퍼 문학 경험을 교사보다는 친구나 가족의 권유(50%)로 이뤄진 경우가 많았으며, 인터넷 검색 도중 우연히 경험(32.4%)하기도 했다. 이는 2003년에 중·고·대학생을 대상으로 실시한 설문 결과[8)]와 유사하다. 선호하는 내용은 '사랑과 우정'에 관한 것으로, 이는 이성에 대한 애정과 동성에 대한 우정이 청소년의 주된 관심사이기 때문일 것이다. 환상적 내용을 다룬 소설은 전체의 23.3%가 선호한다고 밝혔다.

---

6) '오프라인과 온라인상의 이용실태', '하이퍼 문학작품에 대한 이용 경험', '하이퍼 문학작품 교육경험'을 제외한 '하이퍼 문학과 책(종이책)', '게임(RPG)과 문학'에 대해서는 4) 연구의 결과에서 기술하겠다.

7) 일주일 평균 인쇄물을 읽는 시간이 전체 52.9%가 2시간 미만인 데 비해 인터넷에 접속하는 시간은 평균 4시간 이상인 학생이 67.6%였다.

8) 인터넷을 이용하는 도중 우연히 하이퍼 문학을 접한 경우는 중학생 46.6%, 고등학생 39.8%, 대학생 60.2%로, 대다수 하이퍼 문학 경험이 정보 검색 중 우연히 이루어지는 것으로 나타났다. 반면 스스로 하이퍼 문학에 대한 관심을 갖고 자발적으로 문학 관련 사이트를 검색하는 경우는 중학생 15.1%, 고등학생 24.2%, 대학생 19.5%로 나타났다. 특히 중학생과 고등학생은 친구의 권유로 읽게 되는 경우가 자발적인 사이트 검색에 의해 이루어지는 것보다 높게 나타난 것으로 미루어 인터넷 이용 도중 하이퍼 문학 관련 사이트를 발견하고 이를 친구에게 권해주는 형태가 많은 것으로 예상할 수 있다. 즉 학교교육이나 사교육을 통한 하이퍼 문학 경험보다는 인터넷을 이용하는 도중 우연한 기회에 접속하여 처음 경험하게 되는 형태가 많았다. 이는 교사의 68.1%가 인터넷을 이용해 교육한 경험이 있으며, 문학작품 감상하기 수단으로 인터넷을 교육에 활용하는가라는 질문에 교사의 91.4%가 '보통', '많이', '매우 많이' 활용하고 있다고 응답한 것에 상반된 결과로, 하이퍼 문학의 효과적인 교육방법이 요구된다.

하이퍼 문학 작품을 즐겨 읽는 것은 용이한 접근도에 의한 것으로, '인터넷 사이트를 통해 쉽게 접할 수 있어서(58.1%)', '쉬운 내용이라서(19.4%)', '적은 비용이라서(16.1%)' 즐길 수 있다는 것이다. 하이퍼 문학의 가장 큰 장점은 '재밌으면서도 쉽게 접할 수 있다'는 것으로, 이는 '동일한 내용일 경우 책과 하이퍼 문학 중 어느 쪽을 선택해 읽을 것인가'라는 물음에 58.8%가 하이퍼 문학을 선택하겠다고 답변한 것과도 연관된다. 하이퍼 문학작품을 택한 대부분의 이유는 컴퓨터가 책보다 접하기 쉬우며, 음악이나 동영상 등을 통해 내용을 더 잘 이해하거나 재미를 느낄 수 있기 때문이라고 설명했다. 이는 책을 지루하게 여기는 현상과도 무관하지 않은 이유일 것이다.

하이퍼 문학 경험 형태는 전체의 53.1%가 '원전을 읽기만 하지 다른 독자들이 쓴 글은 읽지 않는다'고 대답했다. 주목할 것은 원전(53.1%) 혹은 원전과 다른 독자의 글(25%)을 '읽는 경우'는 78.1%로 대부분의 경우 하이퍼 문학작품을 접할 때 쓰기('감상문', '이어 쓰기')에 참여하는 경우는 21.9%에 그치는 것으로 나타났다. 특히 '이어 쓰기'는 책(인쇄물)과 구별되는 하이퍼 문학작품만의 특징으로, 아직까지는 표현보다 이해가 하이퍼 문학 경험의 주된 현상임을 알 수 있다.[9] 따라서 하이퍼 문학작품을 교육할 때에는 읽기에 1차적 관심을 기울여야 할 것이다.

하이퍼 문학작품을 읽고 난 후 문학적 진실성이 있다고 느꼈는지에 대한 물음에 46.9%가 '문학적 진실성이 거의 없다'고 답했다. 문학적 기법이 구사되었는지에 대한 물음에는 '많이 그렇다'(34.4%%), '보통이다'(21.9%), '거의 없다'(28.1%)고 응답해 문학적 장치가 어느 정도 나타나고 있다고

9) 하이퍼 문학작품을 읽는 독자들이 '이어 쓰기'를 경험했는가, 즉 얼마나 '표현(쓰기)'을 동반하는가에 대해 전체의 84.4%가 이어 쓰기를 하지 않는 것으로 대답했다. 이는 하이퍼 문학작품을 경험할 때 원전을 읽고 쓰기에도 참여한다고 한 답변이 전체의 21.9%였던 것과 연관된다. 두 질문의 답변을 고려할 때 하이퍼 문학작품의 주된 경험 형태는 표현보다는 이해가 중심임을 알 수 있다.

느끼는 것으로 나타났다. 그러나 문학성에 대한 질문에서는 37.5%가 '보통'이라고 대답했고, 문학성이 '거의 없다'는 답변이 34.4%에 달해 문학성 측면에서는 낮은 평가를 내렸다. 내용이 통속적인가라는 질문에는 '거의 없다'(31.3%), '보통이다'(28.1%), '많이 그렇다'(21.9%)로 답해 하이퍼 문학의 내용이 보통 수준의 통속성은 어느 정도 갖고 있다고 느끼는 것으로 나타났다. 즉 하이퍼 문학은 낮은 문학성과 문학적 진실성은 거의 없지만 보통 수준의 문학적 장치는 갖고 있으며, 내용은 그다지 통속적이지 않다고 느꼈다. 하이퍼 문학에 대한 교육 경험은 34명 중 단 한 명의 학생만이 있다고 답했다. 컴퓨터와 인터넷에 능숙하며 대부분의 시간을 인터넷 항해에 할애하고 있는 학생들의 상황을 고려할 때 교과서 외 문학 읽기의 대부분을 차지하며 쉽게 접하고 있는 하이퍼 문학에 대한 교육이 시급히 이루어져야 할 것임을 알 수 있었다.

④ 수업지도안[10)]

단원명	하이퍼텍스트 이해와 활용에 따른 서사 체험	차시	1/4
학습 목표	1. 하이퍼텍스트를 실제로 경험하고 그 특징을 이해한다. 2. 하이퍼텍스트와 일반적인 텍스트와의 차이점을 이해한다. 3. 하이퍼텍스트와 사이버 문학, e-book의 차이점을 이해한다. 4. 하이퍼텍스트의 특성을 이해한다.		
학습 단계	학 습 내 용	학습 자료	비고
도 입	• 하이퍼텍스트 수업에 활용될 사이트에 가입하기 • 사전 설문지 작성 • 학습 목표 알기	설문지	
전 개	• 검색어를 정해 인터넷을 통해 링크해 가며 자료 찾기 • 각자 접하는 텍스트들의 공통적 특징 이해하기 • 하이퍼텍스트가 무엇인지 알기	• 파워포인트 '학습 자료 1' • 사이버 문학 〈엽기적인 그녀〉	

10) 상세한 내용과 학습 자료는 2004년 학술발표대회 자료집(서울대학교 국어교육연구소)을 참고할 것.

전 개	• 하이퍼텍스트와 사이버 문학, e-book의 차이점을 이해하기	원작 • e-book '다음 무협소설'	
정 리	• 하이퍼텍스트에 관한 생각 나누기 • 하이퍼텍스트에 관한 특징을 요약하고 되짚기 • 다음 차시 안내받기		

단원명	하이퍼텍스트 이해와 활용에 따른 서사 체험	차시	2/4
학습 목표	1. 터닝포인트와 멀티엔딩을 이해한다. 2. 무한히 열려 있으며, 다양하게 구성되어 나가는 텍스트를 경험한다. 3. 독자가 플롯을 구성해 나가는 하이퍼텍스트의 독특한 서사 체험을 한다.		
학습 단계	학 습 내 용	학습 자료	비고
도 입	• 하이퍼텍스트의 특징 떠올리기 • 하이퍼텍스트에서 다양한 서사 체험이 가능함을 알기		
전 개	• 터닝포인트와 멀티엔딩에 대해 이해하기 • 터닝포인트를 정해 다양한 플롯을 창작해 멀티엔딩 만들기	• 뮤직비디오 〈7days〉 • 파워포인트 '학습 자료 2' • 플래시 애니메이션 〈백일홍〉	
정 리	• 서로의 작품 감상하기		

단원명	하이퍼텍스트 이해와 활용에 따른 서사 체험	차시	3/4
학습 목표	1. 새로운 인물 창조와 새로운 스토리 구성을 체험한다. 2. 터닝포인트를 정해 다양한 서사 체험을 하여 하이퍼텍스트 문학을 만들어본다.		
학습 단계	학 습 내 용	학습 자료	비고
도 입	• 지난 차시의 활동에 대해 정리하고 되살리기 • 3차시 수업 내용 안내받기		
전 개	• 기존에 알고 있던 이야기의 주인공이 전혀 다른 캐릭터로 바뀌었을 경우, 스토리가 어떻게 달라지는지 경험하기 • 자신이 알고 있던 유명한 이야기의 주인공 캐릭터를 새롭게 바꾸어보기 • 인물 재창조와 함께 새로운 스토리 짜기	• 텍스트 '학습 자료 3' • 파워포인트 '학습 자료 4' • 영화 포스터 〈집으로〉 • 동영상 〈명랑	

	• 조별로 정해진 새로운 스토리에서 터닝포인트를 정하고, 다양한 멀티엔딩 만들기	소녀 성공기〉 • 다양한 드라마·인물 사진 컷	
정 리	• 조별로 하이퍼텍스트 문학을 만들어오는 과제 안내받기 • 하이퍼텍스트 문학이 지녀야 하는 하이퍼텍스트의 특징 주지하기		

단원명	하이퍼텍스트 이해와 활용에 따른 서사 체험	차시	4/4
학습 목표	하이퍼텍스트 문학작품을 감상하고 읽기 능력을 고양시킨다.		
학습 단계	학 습 내 용	학습 자료	비고
도 입	• 하이퍼텍스트로 된 하이퍼 문학의 개념 이해하기 • 하이퍼 문학작품의 제작 과정을 점검하고 마무리하기		
전 개	• 각 조별로 만든 작품을 발표하고 감상하기 • 각 조별로 다른 조의 작품을 읽고 감상평 쓰기	• 각 조의 발표 자료	
정 리	• 하이퍼텍스트와 하이퍼 문학의 특징 정리하기	• 파워포인트 '학습 자료 5'	

⑤ 수업 관찰

전자우편과 우편을 통해 교사에게 하이퍼텍스트와 하이퍼 문학, 하이퍼텍스트 이해교육에 관한 현재까지 진행된 자료를 전달하여 앞으로의 연구 성격을 점검하였다. 이를 토대로 교사는 전반적인 수업 계획을 작성하였다.

1차시(11월 25일): 16시에 수업이 진행될 예정이었으나 학생들은 이미 10분 전에 착석하여 컴퓨터를 켜고 상태를 확인했으며, 수업에 활용될 교사의 홈페이지에 가입하고 있었다. 빔 프로젝트와 파워포인트, 마이크 등에 대한 모든 시설이 완비되어 있었다. 이러한 수업 태도는 4차시에 걸쳐 모두 나타났으며, 차분한 분위기에서 수업이 진행될 수 있었다.

교사는 수업 시작 전에 본 연구의 성격과 의의를 학생들에게 공지하였으며, 본격적인 연구에 앞서 연구자 역시 교단에서 연구의 성격과 인사말을 건넸다. 교사의 수업 시작 전에 사전 설문지를 작성하였는데, 연구자가 읽고 학생들은 이를 따라가면서 설문지를 작성하였다. 가끔 몇몇 학생이 수업 내용과 조금 관련 없는 사이트를 방문하기도 했으나 수업에 지장을 주지는 않았다.

1차시 수업이기 때문에 하이퍼텍스트에 대한 개괄적 이해를 파워포인트를 활용해 설명하면서 e-book과 개인 홈페이지의 문학작품,[11] 하이퍼텍스트로 이루어진 문장의 차이를 제시하였다. 수업을 정리하면서 하이퍼텍스트에 관해 가장 인상 깊은 체험이 무엇이었는지 떠올려 보고 [은숙이의 국어방]에 있는 [느낌 나누기]에 글을 올리게 했다.

2차시(11월 27일): 수업에 앞서 1차시 내용을 정리하며 하이퍼텍스트의 특징이 무엇인가를 확인하였다. 사이트의 [느낌 나누기]에 적힌 글들을 간단히 짚어가면서 특히 학습자가 독자인 동시에 작가가 될 수 있다는 점을 언급한 글을 인용하여 강조하였다.

하이퍼텍스트의 특징을 보여주는 뮤직비디오를 감상하고 이를 정리하여 보여주는 동안 학생들은 흥미를 갖고 참여하는 모습을 보였다. 뮤직비디오만을 감상하고 교사가 이를 말로 설명하는 것보다 파워포인트로 제시해 설명했기 때문에 학생들이 더욱 쉽고 재밌게 하이퍼텍스트의 특징을 이해할 수 있었다. 플래시 애니메이션인 전래동화 〈백일홍〉을 통해 터닝포인트를 설명하고, 이를 토대로 새로운 이야기를 창작해 사이트에 올리며 서로의 의견을 댓글 형식으로 답변하게 함으로써 학생들의 적극적 활동을 유도할 수 있었다. 뮤직비디오나 〈백일홍〉을 감상하면서 기술적인 문제(소리가 들리

11) 개인 홈페이지에 올려진 문학작품은 하이퍼텍스트적 속성을 지니고 있지 않으면서 단지 사이버 공간에서 읽게 되는 소설로, 인터넷을 통해 접할 수 있다는 특징을 빼고는 종이책의 읽기 방법과 크게 구별되지 않는다.

지 않았다)가 있었지만 보조원이 해결했으며, 〈백일홍〉의 경우 교사가 그림을 보며 내용을 학생들에게 설명했다. 조별 활동을 위해 7~8명이 한 조가 되도록 조를 구성하도록 했으며, 전체적인 수업 진행에는 무리가 없었다.

수업 중 감상하지 못한 다른 친구들의 작품에 대해서는 사이트를 방문해 읽어 오는 것을 과제로 내주었다. 사이트를 중심으로 수업이 진행되었기에 부족한 수업 시간을 보충할 수 있었다. 기자재의 효율적 활용이 자칫 복잡하며 산만할 수 있는 수업 진행을 충분히 조절해 주었다. 그런 점에서 보조원의 역할이 중요했다.

3차시(11월 28일): 패러디와 멀티엔딩을 통해 서사의 다양성을 경험하도록 했다. 기존에 잘 알고 있는 〈토끼와 거북이〉의 내용을 패러디로 제시하고, 학생들에게 잘 알고 있는 이야기(드라마)를 터닝포인트와 멀티엔딩을 활용해 새로운 인물과 내용으로 바꾸어 사이트에 올리도록 했다. 각 조별로 자신들의 조원이 쓴 글을 읽고 토론방을 통해 공동의 하이퍼 문학 작품을 만들도록 했다. 음악과 동영상, 각종 이미지들을 동원하여 작품을 구성할 수 있음을 공지하였다.

기존 작품을 감상하는 것에서 나아가 자신들이 흥미 있어 하는 드라마를 인터넷을 통해 검색하고 스스로 체험하면서 수업에 더 재미를 느끼고 있었다. 기존의 TV 드라마 내용을 패러디하면서 학생들이 산만해질 수도 있었으나, 정해진 시간까지 사이트 게시판에 올려야 했기 때문에 예상과 달리 순조롭게 진행될 수 있었다. 종이에 쓰고 이를 수업 후 수거해 가는 방식보다 사이트를 활용한 교육이 더욱 효과적인 방법임을 확인하였다.

4차시(12월 4일): 16시에 수업이 진행될 예정이었으나 학생들이 교사의 여러 번에 걸친 설명이 있었음에도 불구하고 하이퍼텍스트의 성격을 잘못 이해하고 있어서 두세 조가 그 현장에서 다시 과제를 수정하는 작업이 진행되어 약 30분 정도 늦게 수업이 시작되었다. 수업은 늦게 시작되었지만 학생들이 이야기를 작성하고 이를 어떻게 조합하면서 링크를 다는지 등의 내용적·기술적 측면을 모두 살펴볼 수 있었다. 네 조의 발표가 있었으며, 각 조는 약 3~4개의 링크와 동영상, 음악 등을 활용하였다.

학생들은 각 조가 준비한 하이퍼 문학을 살펴보면서 웃고 즐기는 모습을 보여주었다. 학생들의 발표가 끝나고 교사는 지금까지의 수업 내용을 정리하고 조별 작품에 대한 감상을 사이트에 올리도록 했다. 수업이 끝난 후 사전 설문지와 동일한 방법으로 사후 설문지를 작성하였다. 수업이 늦게 끝났음에도 불구하고 차분한 분위기에서 수업을 마칠 수 있었다.

(3) 연구 결과

① 학생의 수업 결과물: 교사의 홈페이지 참조

www.eunhana. njoyschool.net

② 사후 설문조사 결과[12)]

사전 설문지와 사후 설문지를 비교함으로써 수업을 통해 어떤 결과가 나타났는지를 살펴보았다. 4차시 수업 후 책(인쇄물)과 하이퍼 문학 혹은 하이퍼텍스트 문장을 읽는 데 어떠한 차이가 있는지, 수업을 통해 얻게 된 지식이나 태도 변화에 관해 기술하였다.

책(종이책)과 비교해서 하이퍼 문학의 가장 큰 특징이 무엇이라고 생각하는지에 대한 사전 설문의 경우 '전문 작가가 아니어도 작품을 발표할 수 있다'(87.9%)가 압도적으로 많았던 반면 사후 설문에서는 '링크에 의해 다양

12) 설문에 대한 상세한 내용과 기타 자료는 지면 관계상 생략하였다. 자세한 내용은 학술발표대회 자료집(서울대학교 국어교육연구소, 2004년 4월)을 참조할 것.

한 줄거리를 접할 수 있다'(29.4%)와 '책보다 더 많은 상상의 기회를 얻을 수 있다'(26.5%)는 답변이 우세했다. '이어 쓰기를 통해 나도 작가가 될 수 있다'는 항목에 대해 수업 전에는 0%였던 반면 수업 후 조사에서는 14.7%가 '그렇다'고 대답했다. 하이퍼텍스트의 특징과 하이퍼 문학의 특징이 수업을 통해 전달된 결과로 볼 수 있다.

책(종이책)과 하이퍼 문학 간에 상상력을 동원하는 데 차이가 있다고 생각하느냐에 대해서는 사전 설문에서는 전체의 58.1%가 책과 하이퍼 문학 간에는 상상력의 차이가 있다고 대답했으며, 상상력의 차이가 있다고 대답한 학생들을 대상으로 어느 것이 더 상상력을 자극하느냐에 대한 물음에는 종이책과 하이퍼 문학작품이 각각 50%로 답변했다. 그러나 사후 설문에서는 전체의 81.8%가 상상력의 차이가 있다고 답변했고, 이들의 96.3%가 하이퍼 문학이 더 상상력을 자극한다고 대답해 수업 전후 확연한 차이를 보였다.

하이퍼 문학작품들이 문학적 상상력을 키워줄 수 있다고 생각하는가에 대해 사전 설문에서는 '보통이다'(39.4%)가 가장 많았고, '전혀 없거나 거의 없다'(21.3%)는 의견도 우세했다. 반면 사후 설문에서는 전체의 61.8%가 하이퍼 문학작품은 문학적 상상력을 '많이 혹은 매우 많이 키워줄 수 있다'(91.2%)는 답변이 절대 우세했다. 하이퍼텍스트와 하이퍼 문학의 특징을 이해하는 4차시 연구 수업을 통해 하이퍼 문학이 문학적 상상력을 진작시키는 데 더 효과적이라는 변화를 보였다. 이러한 변화는 사후 설문에서 하이퍼 문학의 가장 큰 특징으로 '이어 쓰기', '다양한 결말'을 선택한 것과 연관지어 설명할 수 있다.

하이퍼 문학작품을 읽으면서 가장 중요시해야 할 것이 무엇인지에 대해서는 사전·사후 설문 모두 '얼마나 쉽고 재밌는 내용인가'가 우세했다. 그러나 사후 설문에서 '문학적 수준'과 '주제가 무엇인가'에 대한 고려가 있어야 한다는 뚜렷한 변화가 나타났다. 이러한 태도 변화는 하이퍼 문학작품 읽기에 대한 비판적 읽기 태도라고 추측할 수 있다.

책(종이책)과 하이퍼 문학작품을 읽을 때의 차이점은, 사전·사후 설문조사에서 모두 '하이퍼 문학작품은 노드와 링크에 의해 자신의 관심사를 확장시킬 수 있다' 라는 답변이 우세했다. 또한 게임과 문학의 상관성(서사적 측면)을 어떻게 이해하고 있는가에 대한 기초 조사를 위해, 특히 롤 플레잉 게임(RPG)과 문학에 대한 의견을 조사했다. 게임과 문학이 공통점을 갖는다는 의견이 사후 조사에서 더 많이 나타났으며, 그 이유로는 '줄거리, 등장인물, 사건, 배경' 등을 자세히 나열했다.

하이퍼텍스트 이해 과정을 알기 위해 어떤 방식으로 읽어나가는지를 질문했다. '제목을 먼저 읽고 관심 있는 내용을 선택한다' (67.6%)는 답변이 가장 많아 인쇄물을 읽는 방법과 유사하게 관심 있는 영역을 선택한 뒤 문장을 읽었다. 그러나 '차근차근 위에서부터 읽어 내려오거나' (8.8%), '동영상이 있는 내용에 먼저 시선이 간다' (2.9%)보다 '많은 조회 수의 내용을 읽는다' (20.6%)라고 응답한 학생이 많았다. 이는 하이퍼텍스트의 상호작용성이 반영된 독특한 하이퍼텍스트만의 읽기 방법으로, 제목을 보고 자신이 관심을 갖는 내용을 선택하는 적극적 방법에 비해 소극적 읽기 태도라 할 수 있다.

책과 하이퍼 문학 중 동일 시간 내에 어느 쪽이 더 많은 정보를 전달(표현) 또는 습득(이해)하는 데 효과적이라고 생각하는가에 대해 '표현과 이해 부분에서 하이퍼 문학이 더 많은 정보를 주고받을 수 있다' 고 했으며, 특히 하이퍼 문학은 '표현' 이 더 압도적으로 우세하게 나타나고 있다. 표현의 경우 책은 2.9%인 반면 하이퍼 문학은 97.1%가 더 많은 정보를 전달할 수 있다고 답했다. 읽기에서 책은 29.4%임에 비해 하이퍼 문학은 70.6%가 동일 시간 내에 더 많은 정보를 읽어낼 수 있다고 했다. 책을 통해 더 많은 정보를 읽어낼 수 있다고 선택한 학생들은 책이 하이퍼 문학에 비해 전달이 체계적이며 안정적이어서 집중이 가능하다고 생각하였다. 이는 하이퍼텍스트가 갖는 링크와 동영상이라는 내용적·형식적 특징이 오히려 정보에 대한 집중도를 떨어뜨린다는 견해였다. 반면 하이퍼 문학에서 더 많은 정보를 읽어낼 수 있다고 선택한 학생들은 스크롤링을 통해 화면을 빨리 넘길 수 있으며, 동영상이나 음악 등이 재미를 더해주면서 링크를 통해 좀더 빨리 많은 내용을 접할 수 있기 때문이라고 했다. 즉 책을 선택한 학생들이나 하이퍼 문학을 선택한 학생들 모두 하이퍼텍스트의 내용적·형식적 특징에 대해 얼마나 적응하느냐, 특징들을 적극적으로 활용하느냐에 따라 더 많은 정보를 이해할 수 있다고 보았다.

책의 문장과 하이퍼텍스트의 문장 중 어느 쪽이 더 읽기 수월한지에 대해서는 음악이나 동영상 등이 첨가되어 이해를 쉽게 하도록 도와주면서 링크를 통해 자신이 모르는 것을 즉각적으로 해결할 수 있기 때문에 하이퍼 문학이 책보다 훨씬 더 읽기 쉽다고 답했다. 멀티미디어에 익숙한 청소년들에게 '이해 과정'은 '보기(읽기)'와 '듣기'가 결합되어 있음을 알 수 있다.

그렇다면 효과적인 하이퍼텍스트 읽기를 위해 어떠한 능력이 가장 필요하다고 생각하는지에 대한 물음에 '하이퍼텍스트 특성에 대한 교육'(41.2%), '표현(말하기·쓰기) 교육'(26.5%), '컴퓨터 운용 능력 교육'(23.5%), '일반적인 문학 지식 교육'(5.9%) 순으로 나타났다. 무엇보다도 하이퍼텍스트란 무엇이며 어떠한 특징을 갖고 있는지에 대한 교육이 필요하다는 것으로, 이해교육과 표현교육을 실시할 때 이것이 가장 먼저 시행되어야 할 교육내용이라 할 것이다.

본 수업을 통해 하이퍼텍스트의 상호작용성을 이해하고, 자신의 생각을 작가에게 전달하거나 이어 쓰기나 감상 적기, 창작, 타인의 글(댓글)을 읽는 등의 능동적 자세를 취하게 되었다고 기술하였다[12] 그 외에도 더 많은 하이퍼 문학을 읽고 싶다는 의견도 있었다.

③ 수업에 대한 학생들의 평가[13)]

하이퍼 문학 읽기 수업이 얼마나 흥미 있었는지에 대한 물음에 전체의 76.5%가 '매우 재미있었다' 고 대답했고, '조금 재미있었다' 도 20.6%였다. 이를 통해 학생들이 4차시 수업에 대해 대부분 흥미를 가졌음을 알 수 있다. 또한 기존의 국어 시간에 학생들은 책을 통해 무언가를 얻어가는 수동적 태도를 보였다면 하이퍼텍스트 교육은 학생들이 스스로 내용을 찾고 구성해 가는, 보다 적극적인 수업이었다고 응답했다. 또한 조별 토론과 활동을 통해 자신의 상상력을 구체화하며 창의력을 발휘할 수 있는 기회였다고 도움이 된 이유를 밝혔다. 잘 알면서 사용하고 있지만 체계적으로 배우지 못했던 개념을 새롭게 알게 되었다는 것도 본 연구 수업의 성과라 할 수 있다. 하이퍼 문학 읽기 수업의 교육 방법이 효과적이었는가에 대해서는 전체의 97%가 '수업 방법이 효과적이었다' 고 대답했다. 구체적으로 어떻게 효과적이었는지 묻자 암기식의 개념 이해가 아닌 실제로 체험(컴퓨터 활용)을 통해 하이퍼텍스트가 무엇인지 알게 되었고, 토론을 통해 상상력과 창의력을 발휘하며 능동적으로 수업에 참여할 수 있었기 때문이라고 대답했다. 본 수업은 학생들의 활동을 통해 개념을 체험하고 토론과 모둠 활동(하이퍼 문학작품 만들기)을 경험하면서 하이퍼텍스트가 어떠한 특징을 갖고 있으면서 읽기는 어떻게 이루어지는가를 교육하는 데 효과적인 방법이었음을 알 수 있었다.

12) 사전에 조사한 하이퍼 문학 이용 형태의 결과를 참조하면 더욱 명확하게 드러난다. '원전을 읽기만 하지 다른 독자들이 쓴 글은 읽지 않는다' (53.1%), '원전이나 혹은 다른 독자들이 쓴 글을 읽기만 하지 '감상문' 이나 '이어 쓰기' 는 하지 않는다' (25.0%), '원전을 읽고 쓰기에도 참여한다' (21.9%), '원전은 읽지 않고 다른 독자가 쓴 글만 읽는다' (0%)

13) 설문에 대한 상세한 내용과 기타 자료는 지면 관계상 생략하였다. 자세한 내용은 학술발표대회 자료집(서울대학교 국어교육연구소, 2004년 4월)을 참조할 것.

수업 내용이나 방법, 진행 방식 등과 관련해 가장 좋았던 점이 무엇이었는지에 대해 많은 학생들이 매체(컴퓨터)를 활용한 수업 진행과 무언가를 스스로 만들어내거나 채팅을 통해 서로의 생각을 쉽게 표현하며 수업에 참여할 수 있어서 좋았다고 밝혔다. 소외됨 없이 자신의 생각을 밝히고 다른 학생들의 의견을 들을 수 있었던 것도 효과적인 수업을 이끌어가는 데 도움이 되었다. 일반 교실에서 모둠 토론과 활동을 통해 자신의 의견을 밝히거나 또는 몇몇 타인의 의견을 청취할 수도 있지만, 컴퓨터를 활용한 하이퍼텍스트 이해 수업에서는 모든 학생들의 의견이 시공간의 제약 없이 소통 가능하기에 적극적인 수업 참여가 가능함을 알 수 있었다. 반면 나빴던 점은 수업 진행시 특별한 통제가 없었기에 수업에 집중하지 못하고 다른 인터넷 사이트를 열어보거나 그 유혹을 이겨내기 어려웠다는 의견이 많았다. 또한 가장 문제시된 것은 기계적 문제로, 컴퓨터 운용에 능숙한 조교를 활용했음에도 불구하고 마이크 결함이나 인터넷 에러, 컴퓨터 고장 등이 원활한 수업 진행에 방해가 되었다. 기자재 문제는 하이퍼텍스트 교육을 실행할 때 가장 먼저 해결해야 할 문제라 여겨진다.

④ 학생 심층 인터뷰[14)]

컴퓨터를 활용해 진행한다는 것부터 학생들에게는 이 수업이 새로움으로 다가왔으며, 평소 관심을 갖고 즐겨 하던 내용을 수업 시간에 배운다는 것에서 적극적인 참여 자세를 보였다. 특히 4차시에 발표했던 하이퍼 문학은 학생들의 흥미와 요구를 잘 반영한 결과였다. 1차시 수업의 경우 '하이퍼텍스트'라는 낯선 용어로 이해에 어려움이 있었지만, 2~3차시 수업을 통해

14) 연구 수업에 참여한 학생 중 4명을 선정하여 12월 4일 심층 면접을 실시하였다. 상세한 내용과 기타 자료는 지면 관계상 생략하였다. 자세한 내용은 학술발표대회 자료집(서울대학교 국어교육연구소, 2004년 4월)을 참조할 것.

자신들이 인터넷을 통해 자주 접한 내용들을 익히고 마지막에 결과물(하이퍼 문학)을 만들면서 '오락(재미)'을 '수업'으로 전환시키는 활동은 학생들에게 적극적인 수업 태도를 갖게 만들었다. 하이퍼 문학을 만들면서 서로 토론하고 자료를 수집하며 자신의 생각을 표현하는 과정에서 가장 적극성을 보였다. 만족도의 70~80%는 하이퍼텍스트가 무엇인가에 대한 기본 개념 설명이 충분히 되지 못해 나타난 결과로 분석된다.

하이퍼텍스트 교육에서 컴퓨터 사용에 대한 통제와 컴퓨터 운용 능력은 학생의 가장 기본적 소양으로, 이에 대한 해결이 선행되어야 원활한 수업 진행이 이루어질 수 있다. 4차시 수업이기 때문에 하이퍼텍스트에 대한 전반적인 이해와 감상, 제작, 발표가 모두 이루어지기에는 시간이 짧았으나, 본 연구에 참여한 학생들은 컴퓨터에 대한 어느 정도의 운용 능력이 있기에 수업 진행이 가능했다. 또한 짧은 시간에 이루어진 수업임에도 불구하고 늘 접하며 관심 있는 분야였기 때문에 학생들의 자발적인 참여로 원활한 수업이 진행될 수 있었다. 스스로 찾아가는 수업이라는 의미에서 학생들의 참여도가 높았으며, 시·소설·희곡 등 장르 전반에 걸쳐 응용될 수 있다는 응답도 하이퍼텍스트 이해교육의 다양한 적용 가능성을 엿보게 한다.

하이퍼텍스트에 대한 개념 정리와 토론, 감상 등을 통해 학생들은 하이퍼텍스트와 종이책 읽기에 여러 차이가 있다고 답변했다. 즉 하이퍼텍스트의 다연결성에 의해 자신의 관심을 즉각적으로 진전시킬 수 있으면서 박학다식이 가능하다는 것, 동영상을 통해 손쉬운 이해가 이루어질 수 있다고 했다. 또한 하이퍼 소설의 경우 클릭을 통해 읽기가 이루어지기 때문에 지루함이 덜하고 의지에 따라 많은 줄거리를 접할 수 있으면서 서사와 이미지를 함께 체험할 수 있기 때문에 지루함을 줄일 수 있다고 대답했다. 학생들이 하이퍼텍스트의 특징(비선형성, 다연결성, 개방성 등)에 의한 독특한 텍스트 읽기, 나아가 서사 체험이 이루어지고 있다는 것을 알고 있었다.

⑤ 교사 심층 인터뷰[15)]

연구 수업에 대해 교사는 '다양한 형태로 많은 지식을 제공'하며 '흥미 유발'을 통해 학생들에게 '주체적이며 능동적인 참여'를 가능하게 하는 수업이었다고 평가했다. 이는 각 차시에서 학생들이 교사의 지시에 따라 작성하는 문장이나 글짓기, 과제물 등에서 잘 나타났다. 기존 교실에서는 노트에 자신의 감상을 적고, 이를 제출하거나 수업 시간에 몇 명 소수의 학생들이 의견을 발표하는 것에 그쳤다면 본 수업에서는 이를 인터넷 게시판에 올리고 교사와 학생 모두 소외되는 부분 없이 수업에 참여할 수 있었다. 컴퓨터를 활용한 하이퍼텍스트 이해교육은 다양한 자료의 활용이 가능하기에 미디어 교육의 측면에서도 의미를 갖는다고 답했다. 나아가 학생들이 많은 시간을 할애해 접하고 있는 인터넷 문화에 대한 비판적 시각을 함양하는 데도 효과적인 수업임을 확인했다.

진행 방식에서 교사는 다양한 자료들을 제시하며 학생들에게 학습동기를 유발시킬 수 있어서 좋았다는 긍정적 태도를 보였다. 학생들은 교사의 제시뿐만 아니라 과제를 위해 인터넷을 항해하며 자신에게 맞는 내용을 구하기 위해 끊임없이 읽기를 계속해야 했는데, 그러한 과정에서 학생들은 흥미를 느끼며 적극적인 수업 태도를 나타냈다. 그러나 기계적 측면에서 원활한 수업 진행을 위해 보조원을 두었고, 이를 위해 컴퓨터 사용에 대한 교사의 재교육(인터넷 사용 능력, 하이퍼텍스트에 대한 개념 정립, 홈페이지 제작과 운영 등)이 필요함을 언급했다.

대면 토론과 채팅을 활용한 토론에서는 학생과 교사가 상이한 태도를 보였다. 학생을 대상으로 한 심층 면접에서 진행 방식이 채팅을 통한 토론이

15) 12월 4일 연구 수업에 참여한 최은숙 선생님과 4차시 수업 후 연구 수업 진행 전반에 대한 심층 면접을 실시했다. 상세한 내용과 기타 자료는 지면 관계상 생략하였다. 학술발표대회 자료집(서울대학교 국어교육연구소, 2004년 4월)을 참조할 것.

서로 얼굴을 보고 진행되는 대면 토론보다 '재미없다'고 평가했으나, 교사는 오히려 채팅 갈무리를 통해 모든 조의 토론 과정을 살펴보고 지도할 수 있으며 학생의 측면에서도 소외됨 없이 자신의 의견을 주장할 수 있어 효과적인 방법이라고 평가했다.

교사는 하이퍼텍스트 이해교육은 지식을 점검하는 수업이나 논설문, 문학 감상에 적용되면 좀더 효과적인 수업 진행이 이루어질 수 있을 것이라 답했다. 이러한 수업이 기존 교과의 한 단원으로 편성될 경우 학생들 스스로 자료를 찾고 표현하며, 창의력 계발에도 기여할 것이라고 제안했다.

본 연구 수업은 교사와 5개월간의 대화를 거치면서 준비되었다. 초기에는 하이퍼텍스트의 낯선 개념과 과도한 학교 업무로 인해 난색을 표명하기도 했지만 학생들에게 가장 친숙한 매체이며 내용이라는 점에서 교사가 관심을 나타냈다. 무엇보다도 연구 수업을 통해 학생들의 상상력과 창의력 계발, 종합적인 사고 능력 고양, 적극적인 수업 참여를 유도할 수 있어서 좋았다는 긍정적 평가를 내렸다.

(4) 연구의 시사점

하이퍼텍스트 이해교육은 정보화 시대에 국어교육이 담당해야 할 새로운 영역으로, 본 연구는 하이퍼텍스트에 대한 능동적인 읽기 태도를 통해 넘쳐나는 정보 자료들을 비판적으로 이해하고 주체적으로 수용함으로써 유용한 정보를 선별해 내는 식별력을 고양시키는 수업 방법 수립을 목적으로 한다.

하이퍼텍스트는 다음과 같은 사항에서 읽기 교육 개념에 변화를 불러왔다. 첫째, 독자와 작가의 명백한 구분이 사라지면서 하이퍼텍스트의 독자는 작가로서 기능할 수 있기에 읽기 교육 역시 단순한 이해교육의 영역에서만 한정되지 않는다. 즉 표현교육과 이해교육이 함께 논의될 수 있다. 둘째, 하이퍼텍스트는 다양한 언어로 구성된 기호적 복합체로 하이퍼텍스트 읽기를 통해 종합적인 형태의 예술적 체험도 가능하다. 셋째, 하이퍼링크를 통해 다양한 내용과 형태의 디지털 서사를 체험할 수 있다. 링크를 통해 각기 다른 서사를 체험할 수도 있으며, 문자가 아닌 그림을 통한 서사 체험도 가능하다.

본 연구를 통해 다음과 같은 결론을 내릴 수 있다.

첫째, 하이퍼텍스트 이해교육은 표현교육과 이해교육이 동시에 이루어진다. 이는 하이퍼텍스트의 독자는 생산자/소비자로서의 독자이기에 읽기와 쓰기가 분리될 수 없기 때문이다. 따라서 본 연구를 수행할 때 기존 작품을 패러디하거나 다른 사람의 작품에 감상이나 의견을 첨부하고, 새로운 하이퍼 문학을 창작하는 표현교육을 시도하여 효과적인 이해교육이 이루어질 수 있었다.

둘째, 하이퍼텍스트 읽기 교육은 문학 감상에 적절한 방법이다. 하이퍼텍스트는 다양한 층위를 지닌 복합적인 기호체계이기 때문에 문자, 영상, 음악 등을 동원해 시각적·청각적 이미지를 환기시키는 데 효과적이다.

셋째, 하이퍼텍스트 읽기가 목적을 잃고 표류하며 잡다한 지식을 제공하는 교육이 되지 않도록 해야 한다. 기존 책의 경우 쪽(page)의 넘김에 의해 읽기가 이루어졌지만, 디지털 문서는 스크롤링과 링크를 통한 이동이 이루어지기 때문에 자료에 대한 집중도가 떨어지게 된다. 이는 손으로 넘기는 행동의 부재와 화면을 통한 읽기에 의한 시각적 문제와도 관련된다. 따라서 하이퍼텍스트 읽기가 방향성을 잃고 표류하는, 목적을 상실한 읽기가 되지 않도록 교육해야 한다.

넷째, 하이퍼텍스트 서사 체험을 통해 상상력과 창의력을 고양시킬 수 있다. 하이퍼텍스트는 링크를 통해 독자마다 각기 다른 서사를 구성해 나갈 수 있으며, 어떠한 선택을 했는지에 따라 독특한 서사가 구성될 수 있다. 따라서 '만들어지는' 서사를 통해 독자는 끊임없이 상상력을 동원하고 새롭게 구성하는 창의력을 함양시키는 데 효과적이다.

다섯째, 여가 시간의 대부분을 인터넷 사용에 할애하는 현 실정을 고려할 때 하이퍼텍스트 이해교육은 가장 시급한 국어교육으로, 하이퍼미디어에 대한 교재와 교구에 대한 끊임없는 연구를 통해 실생활과 유리되지 않는 구체적이면서 실제적인 국어교육이 이루어져야 할 것이다. 나아가 다양한 매체를 활용한 수업을 지향해야 할 것이다. 이는 단순히 수업 방법의 다각화가 아닌 흥미진작을 통해 학생의 참여도를 높이면서 수업 효과를 높이는 방안일 것이다.

여섯째, 하이퍼텍스트 교육의 원활한 진행을 위해 교육환경이 개선되어야 한다. 기자재 확보는 하이퍼미디어 교육에 가장 기본적인 충분조건으로 교사 역시 기자재 운용에 대한 정보를 습득하고 있어야 한다. 따라서 국어 관련 홈페이지를 운영할 수 있으면서 컴퓨터에 대한 기본 지식을 갖출 수 있는 교사를 위한 재교육이 필요하다.

2) 인터넷 유머 이해교육

(1) 연구 설계

① 인터넷 유머 이해교육의 성격: 멀티리터러시와 하이퍼텍스트적 속성의 이해

유머는 메시지를 생산하는 발신자와 이를 해독하는 송신자가 특정한 정보, 배경지식, 정서 그리고 세계에 대한 인식과 관점을 공유하는 방식에 따라 그 성공과 실패 여부가 판가름되는 매우 섬세한 사회적 상호작용이자 의사소통 행위이다. 이 과정에서 유머는 특정한 인물이나 대상 혹은 사건

에 대한 정보와 정서를 함축적인 방식으로 표현함으로써 상대방을 설득하거나 일정한 분위기를 조성하게 된다.

미디어 환경의 발달로 인해 이제 유머는 구전이나 인쇄매체를 통해 유포되는 방식에만 한정되지 않고 컴퓨터를 기반으로 한 인터넷 환경, 즉 사이버 공간을 통해 활발히 유통되고 있다. 인터넷 유머는 문자, 그림, 그래픽, 소리, 말, 영상, 애니메이션 등 다양한 표현방식의 복합적 작용에 의해 의미를 발생시킨다. 따라서 이를 이해하는 데에는 인쇄매체를 기반으로 한 문식성을 넘어선 복합적 기호 해독 능력인 '멀티리터러시(multiliteracies)'의 학습이 요구된다.

멀티리터러시란 언어, 시각, 음성, 몸짓, 공간적 의미와 같은 다양한 의미를 비롯해 이들의 복합적 작용에 의해 생산되는 멀티모드적 의미 패턴 등 여섯 가지 의미 요소를 이해하고 디자인할 수 있는 새로운 리터러시 교육을 의미하는 것으로(New London Group, 1996; 정현선, 2002; 최인자, 2002), 사회적 삶에서 일어나는 다양한 의미 작용에 능동적·비판적으로 참여할 수 있는 능력을 의미한다. 인터넷 유머는 이러한 멀티리터러시를 학습하는 데 매우 흥미로운 문화적 텍스트가 될 수 있다.

한편 인터넷을 통해 유포되는 유머는 하이퍼텍스트로 구현되어 하이퍼링크를 통해 순식간에 수많은 이들에게 퍼져나가는데, 이와 같은 디지털 기술의 특성으로 인해 인쇄매체와는 비교할 수 없을 만큼 빠른 속도로 사회의 구석구석에 퍼져나가면서 폭발적인 반응을 불러일으키기도 한다. 더욱이 하이퍼텍스트는 원본 텍스트의 복제·이동·수정이 자유로우며, 원칙적으로 누구나 쉽게 텍스트 생산·수용·유통에 참여할 수 있도록 하는 상호작용적 속성을 지니고 있다(배식한, 2000; Landow, 2001). 이러한 매체적 특성은 인터넷 유머의 존재 조건의 하나로서, 인쇄매체를 기반으로 한 의사소통 모델과는 전혀 다른 저자와 독자를 만들어내는데, 이는 텍스트 생산과 유통에 참여하는 과정에서 고려해야 할 정보윤리의 새로운 문제들을 제기한다.

인터넷 유머에 대해 찰나의 재미만을 추구하는 가벼운 우스갯소리에 불과한 것으로 간주하는 이들도 있을 수 있다. 그러나 지금까지 살펴본 바와 같이 유머는 그 자체로 매우 섬세하게 해석되어야 할 복합적 의사소통의 텍스트이다. 뿐만 아니라 최근 우리 사회에서 활발히 논의되고 있는 다양한 형태의 인터넷 정치 패러디를 통해서도 볼 수 있는 바와 같이, 우리 사회의 주요 의제를 설정하고 여론을 형성해 가는 데 매우 중요한 정보와 가치를 함축적으로 담고 있는 경우가 많다. 따라서 학생들에게 인터넷 유머의 의미 작용에 대해 올바로 이해하고 판단할 수 있는 능력을 길러주는 것은 비판적이고 창의적인 의사소통의 메커니즘과 방법을 다루는 국어과 교육의 중요한 학습 내용이 될 수 있다.

② 연구 설계의 실제

하이퍼링크를 통해 공유되는 인터넷 유머의 텍스트적 속성이 어떤 것이며, 그것이 생성하는 의미는 어떻게 공유되는가에 대한 이해를 이끌어내는 일종의 문화교육 방안을 설계하고자 했다.[16] 한편 학습 내용의 측면에서는 지식에 대한 학습자의 개인적 맥락 및 사회적 맥락화를 중시하고, 학습 방법의 측면에서는 협동 학습 및 프로젝트 기반 학습을 통해 학습자가 스스로 지식을 자기화할 수 있도록 하는 학생 중심의 사회구성주의적 교육 원리를 바탕으로 한 학습 과정을 설계하고자 했다(Oldfather et al, 1999).

이러한 연구는 앞으로 본격화되어야 할 매체 언어 교육의 교육 과정 및 교수–학습 방법의 설계와 교재 개발에서 고려해야 할 여러 가지 이론적,

16) 문화 교육으로서의 미디어 교육의 이론적 맥락에 대해서는 정현선(2004)을 참조할 것.

현실적 이슈들을 시험해 보기 위한 일종의 소규모 파일럿 연구(pilot study)의 성격을 갖는다고 할 수 있다. 이를 위해 본 연구는 청소년들의 미디어 문화에 대한 관심을 바탕으로 기호학 및 미디어 리터러시에 대한 공부 등 매체 언어 교육을 위해 자기 학습을 해온 한 중학교 교사와 함께 '사례 연구(case study)'의 성격으로 진행했다.

연구 방법론의 측면에서 볼 때 본 연구는 가설을 수립하고 이를 입증하기 위해 실험을 하거나 대규모 설문조사를 통해 어떤 성향이나 태도의 대체적인 경향을 측정하는 양적 연구가 아니라, 연구 문제를 탐구할 수 있는 한 가지 사례를 깊이 있게 들여다보고 그 맥락을 '두껍게 기술(thick description)'하는 사례 연구이자 질적 연구에 해당한다(Geertz, 1973). 본래 사례 연구는 어떤 특정한 사례, 예를 들어 특정한 어린이, 병원, 수업, 학교, 지역사회 등에 대한 연구를 통해 보다 일반적인 원리를 도출하고자 하는 것으로, 실제 상황에 있는 실제 사람들의 독특한 사례를 통해 보다 추상적인 이론이나 원리를 선명히 이해하기 위한 목적으로 행해진다(Cohen et al, 2000). 비록 소규모, 단기간의 현장 연구였지만 하이퍼텍스트 이해교육의 목표, 내용 및 방법에 대한 이론을 적용해 볼 수 있었다는 점에서 이 연구 또한 사례 연구의 한 형태로 볼 수 있다.

연구 방법의 측면에서는 1차년도에 행해진 교사와 학생들의 인터넷 이용 실태에 대한 설문조사를 본 연구의 대상인 교사와 학생들에게 적용해 보는 보완적 성격의 소규모 설문조사, 수업에 관한 참여 관찰, 수업 전후 교사 및 학생들과의 인터뷰(개별 및 포커스 그룹 인터뷰), 핸드아웃 등 수업 자료(인터넷 유머 텍스트 포함), 학생들의 학습 결과물 등의 각종 문서 취합 등 트라이앵귤레이션(triangulation)을 위한 여러 가지 연구 방법을 동원했다(Cohen et al, 2000.)(부록 2 참조). 이처럼 수업 시간에 쓰인 언어와 이미지 텍스트 및 교사와 학생들의 인터뷰 자료에 대해서는 담론의 중층성에 초점을 맞추어 해석하는 담론 분석의 방법을 적용하였다(Wood et al, 2000).

③ 연구 문제의 설정

본 현장 연구는 본격적인 질적 연구라기보다는 하이퍼텍스트 이해 교육의 내용 구안을 위한 '실험적' 수업의 성격을 더 강하게 갖고 있다. 따라서 적어도 한 학기 정도 이상의 장기간에 걸친 수업 기획 및 이에 대한 지속적 참여 관찰과 인터뷰를 통해 교육의 이론적 이슈를 탐구하는 본격적인 현장 연구는 아니다. 그러나 이러한 한계에도 불구하고 연구자는 단기간이나마 학생들과의 수업을 통해 하이퍼텍스트 이해 교육에 대한 아이디어를 시험해 볼 수 있는 기회를 빌어 다음과 같은 이론적 질문들을 탐구하고자 했다.

첫째, 인터넷 유머라는 문화 현상을 이해하는 데(마치 문학교육에서와 같이) 일종의 '정전'과 같은 '기념비적' 텍스트의 교육이 포함되어야 하는가? 예를 들어 '마시마로', '졸라맨', '지하철도 999'와 같이 인터넷 '엽기' 유머에 관한 한 '기념비적'이라 할 수 있는 텍스트들을 통해 인터넷 유머를 이해하는 것은 얼마나 효과적이며 의미 있는 일인가? 만약 이러한 교육이 필요하다면 어떤 식으로 접근하는 것이 학생들의 비판적 미디어 문화 이해를 위해 좋은 방법인가?

둘째, '엽기'라는 말이 인터넷 유머를 광범위하게 통칭하는 범주적 용어로 여전히 통용되고 있지만 애초의 의미는 상당히 퇴색한 것은 아닌가? 학생들은 '엽기'라는 개념에 대한 사회적 의미를 어떻게 이해하고 있는가? 엽기적인 것과 그렇지 않은 것을 학생들은 구별할 수 있는가? 이는 학생들에게 의미 있는 구분인가? 인터넷 유머를 이해할 때 '엽기'라는 말은 얼마나 중요한 것인가?

셋째, 유머의 원리와 같은 의미 작용의 원리를 학생들에게 이해시키는 것이 과연 필요한가? 혹시 이는 학생들이 이미 경험적으로 알고 있는 지식을 확인시켜 주는 것에 지나지 않는 것은 아닌가? 유머 텍스트의 의미 작용 원리가 자칫 고루한 지식 교육으로 전락하지 않도록 하는, 즉 학생들에게 보다 '능동적' 지식 활동에 참여시키는 교육활동에는 어떤 내용을 다루어야 하는가?

넷째, 유머는 시의성이 매우 중요한 장르이다. 인터넷 유머 현상에 대한 문화적 이해를 위해 교사가 마련한 교육안은 학생들이 최근에 경험하고 있는 유머 현상과의 연계를 이끌어내기에 얼마나 유연하게 조직되었는가? 학생들의 보다 능동적인 해석과 참여를 불러일으킬 수 있는 수업을 위해 고려해야 할 수업 자료로서의 텍스트 선정 원칙은 어떠해야 하는가?

다섯째, 인터넷 유머는 하이퍼텍스트의 여러 가지 특성을 이해하는 데 얼마나 비중 있는, 혹은 적합한 장르인가? 이 점에 대해 학생들은 어떻게 반응하는가?

여섯째, 인터넷 문화와 소통 현상에 대해 다루는 국어 수업의 의미를 학생들은 어떻게 받아들이는가? 그리고 교사는 이러한 수업의 의미를 어떻게 받아들이는가? 이러한 교사와 학생들의 반응과 인식은 국어교육에 어떤 시사점을 주는가?

일곱째, 하이퍼텍스트 이해에 대한 접근법이 언어 사용에 관한 기존의 국어교육의 접근법 및 TV, 영화, 비디오 등의 '올드、미디어'를 중심으로 한 미디어 교육 접근법에 대해 어떠한 도전을 던지는가?

(2) 연구 진행

① 연구 개요

현장 연구 기간은 2003년 10월 26일~11월 23일로, 수업은 목요일 2교시(주 1회, 1회당 45분)에 이루어졌으며, 전체 도입을 제외한 총 4차시 수업으로 진행되었다. 수업이 모두 끝난 후에는 학생 전체에게 미디어 사용 현황 및 수업 평가에 대한 설문조사를 실시했고, 심층 인터뷰를 위해 학생들을 선택하는 데에는 수업 내용을 촬영한 동영상 기록 및 학생들이 수업 시간에 작성해 제출한 학습지 대답 내용, 교사의 추천 등을 종합적으로 고려하되, 수업 시간에 적극적인 태도를 보인 학생들, 관심은 있는 것 같으나 적극적인 태도를 보이지 않은 학생들, 교사에게 수업에 대해 할 말이 있는 듯한 눈치를 보인 학생들, 남학생과 여학생의 비율 등의 요인을 추가로 고려했다. 이렇게 해서 선택된 학생 5명과 함께 심층 인터뷰를 50분가량 진행했다. 교사와의 인터뷰도 학생들과의 심층 인터뷰가 끝난 후에 공강 시간을 활용해 약 50분가량 진행했다.

수업은 서울 언주중학교 2학년 국어 재량활동 시간에 이루어졌으며, 참여한 학생 수는 1개 반, 총 35명이었다. 연구에 참여한 교사는 연구자와 논의한 수업 계획안을 바탕으로 월요일에 같은 학년, 다른 반 재량활동 시간에 미리 시범적으로 실시해 본 후 이를 보완해서 목요일 수업에 적용하는 방식으로 진행했다. 전반적으로 볼 때, 이번 수업에 참여한 2학년 학생들의 경우 연구에 참여한 교사가 주 1회만 교과 재량 수업을 함께 하고 있어 주 4시간을 가르치는 3학년 국어 과목 참여 학생들에 비해 친밀도가 다소 부족한 상태였다. 다행히 미디어 수업을 통해 학생들과 교사 간의 문화적 유대 관계가 더욱 높아지는 긍정적인 경험을 할 수 있었다. 교과 재량활동 시간에 연구가 이루어져 학습 내용을 자유롭게 시도할 수 있는 장점은 있었지만, 한편으로는 평가로 이어지지 않는 재량활동의 특성상 수행평가와 연결되지 않아 차시가 진행될수록 점차 기말고사 기간이 가까워지자 학생들의 집중도와 관심도가 떨어지는 단점이 있었다.

연구에 참여한 K교사는 22년 경력의 국어교사로, 전국 국어교사모임 매체연구부 및 서울·경기 국어교사모임에서 활동하면서 꾸준히 자기 발전을 모색해 온 동시에 미디어 교육에 대한 이론적 지식과 경험을 쌓아온 교사였다. 매체연구부 활동을 통해 〈미디어 리터러시〉(스가야 아키코, 2001),

〈대중문화의 이해〉(김창남, 2003) 등을 강독했고, 미디어 교육 관련 각종 심포지엄, 워크숍, 전시회 등에 참여했으며, 미디어 관련 연수로는 '미디어와 청소년 문화'(매비우스 주최, 16강좌, 총 32시간), ICT 활용교육, 영상/플래시/홈페이지 제작 연수를 받았고, 그 외에 학생 중심 수업을 위해 '토론하는 국어 교사 되기' 및 '동화 문학' 연수 등을 받았다.

K교사는 가장 중요한 미디어는 '사람'이라는 생각을 가지고, 학생들과 자녀들이 학교 밖에서 경험하는 미디어 문화를 이해하고 교실 안으로 끌어들이려는 관심에서 미디어 교육을 시작하게 되었다. 연구자와는 2003년 9월 초에 연구자가 '고문'으로 활동하고 있는 매체연구부 연구 모임을 통해 만나게 되었다. 국어교육연구소의 연구에 대한 참여를 통해 미디어 교육에 대한 실험을 본격화하고자 하고 싶어했던 K교사의 관심과 미디어 교육에 대해 어느 정도 안목이 있는 국어교사와 함께 실험을 하고 싶었던 연구자의 소망이 조화를 이루면서 공동으로 연구를 시작하게 되었다.

연구 결과 수집된 자료로는 다음과 같은 것이 있다.

A. 학생 설문 자료: 미디어 이용 실태 및 수업에 대한 평가
B. 학생 수업 결과물: 학습지, 수업 소감
C. 수업(도입 및 1~4차시) 녹화 동영상 자료: CD-ROM으로 변환
D. 교사의 학습 지도안 및 학습 자료
E. 교사 인터뷰 녹화자료: CD-ROM으로 변환
F. 학생 5인 FGI(focus group interview) 녹화 동영상 자료: CD-ROM으로 변환
G. 교사와 연구자 간 연구 협의를 위해 주고받은 이메일들

② 현장 연구 수업지도안

다음은 도입 단계를 제외한 총 4차시로 진행된 인터넷 유머 이해 수업의 지도안이다.

1) 도입 및 4차시 수업 계획

차시	제재	주요학습내용 및 활동	준비물	비고
0	인터넷 '엽기' 유머의 도입	유머의 즐거움 맛보기, 설문조사	설문지, 스티커	
1	유머의 원리 1	부조화 이론	유머 자료, 학습지	
2	유머의 원리 2	패러디의 원리	유머 자료, 학습지	모둠활동
3	유머의 원리 3	우열의 원리, 하이퍼텍스트	유머 자료, 전지, 사인펜	모둠활동
4	하이퍼텍스트	하이퍼텍스트 이해 (종합 정리)	설문지	모둠활동

2) 수업 지도안[17]

〈도입〉

학습 목표	1. 유머에 대한 인식 및 인터넷 상의 유머 (1) 유머의 즐거움을 맛본다.	0/4차시
	(2) 자신이 유머에 대해 어떻게 인식하는지 코믹송을 들으며 설문에 응한다.	2~4
준비물	설문 적힌 전지, 빨간색·파란색 스티커, 우유송, 숫자송, 당근송 등	
과정	교수-학습 활동	비고
도입	〈흥미 유발 및 학습 동기 고취〉 * 한바탕 배꼽 잡고 웃어본 일이 있는가? * 왜 그것이 자신이 재미있다고 생각하는지 말해보기. (교사가 자신의 경험을 들려주기)	
	– 학생들의 인터넷 '유머' 인식도 조사: 설문지는 전지 형태로 교실	

17) 전체적인 수업 내용을 기획한 것은 연구자이지만, 지도안 자체는 K교사가 작성한 것이다. K교사는 연구자가 세운 애초의 기획과 이를 바탕으로 준비된 각종 학습 자료를 중학교 2학년 학생들이 이해할 수 있는 수준과 차시별 배치 및 진도를 고려하여 지도안을 작성했다. 이 과정에서 연구자와 K교사는 수업을 기획하고 마무리 짓는 전체 8주에 걸친 기간 동안 주 2회 이상의 전화 통화, 이메일, 주 1회 회의 등을 통해 의견을 조율하고 수업에 대해 논의했다.

전개	벽 곳곳에 게시하고, 자신의 의견을 표시하되 친구들의 의견이나 상황도 살펴보게 한다. – 설문에 응하며 앉거나 선 학생들이 인터넷에서 유행하는 유머 플래시 애니메이션인 각종 코믹송을 듣는다. – 이때 학생들의 반응을 살피고 자유롭게 의견을 개진할 수 있는 수업 분위기를 조성한다. – 설문 내용: (아이들의 현주소를 알고자 조사함) 1. 여러분이 아는 유머는 어떻게 알게 된 것인가? 2. 인터넷에서 유머나 엽기 사이트에 들어가는 횟수는? 3. 들어가 본 사이트를 표시해 보면? 4. 엽기(유머)에서 무엇이 재미있나? 5. 엽기(유머) 사이트에 대한 반응은? 6. 기억나는 유머를 직접 써주세요. 7. 유머(엽기) 사이트에서 얻는 효과는?	
정리	〈활동의 의미 찾기〉 – 우리가 어떤 유머에 대해 웃음으로 반응하고 또 어떤 유머에 대해 불쾌감을 느끼는지에 대해 알아보는 기회를 앞으로 4주간 갖게 될 것임을 예고한다. – 오늘 본 인터넷 상의 코믹송들이 왜 재미있으며, 어떤 부분이 집중하게 만드는지 생각해 본다.	

〈1차시〉

학습 목표	1. 유머의 원리를 찾는다. (1) 웃음이 우리가 인식하는 여러 요소의 부조화로 인해 생겨난다는 것을 안다.	1/4차시 2~4
준비물	개인용 설문지, 다양한 종류의 인터넷 유머 자료	
과정	교수-학습 활동	비고
도입	〈흥미 유발 및 학습 동기 고취〉 * 도입에서 설문조사한 결과를 간단히 제시한다. * 항목별로 추가 질문을 통해 유머에 관심을 갖게 한다. * 만유인력의 법칙을 알면, 사과가 떨어지는 것도 유심히 보게 된다. 유머의 원리를 알면, 유머도 더 자세히 보게 될 것이다.	
	웃음을 유발하는 원인을 알도록 다음 자료를 제시한다. (1) 문자 언어로만 된 유머: 선생님을 황당하게 하는 시험 답안 (2) 문자와 이미지가 함께 있는 유머: 초등학생 기초학력 진단평가	

전개	'엽기' 시험 답안 – (1)과 (2)는 양면으로 인쇄하여 나눠주고, (2)는 화면을 통해 시험 답안지를 직접 보여준다. (3) '엽기' 플래시 애니메이션: 영상, 텍스트, 사운드가 함께 있는 유머 예) 마시마로, 졸라맨 에피소드 –줄거리 및 재미있는(없는)부분과 그렇게 생각하는 이유를 학습지에 쓰도록 한다. 나) 부조화의 원리 이해: 유머를 만드는 요소들 사이에서 빚어지는 부조화(영상과 사운드의 부조화 등)와 수용자의 기대와 유머가 전해주는 내용 사이에서 비롯된 부조화 때문에 웃게 되는 원리를 말한다.	
정리	〈활동의 의미 찾기〉 – 왜 '마시마로'나 '졸라맨' 또는 '엽기' 시험 답안과 같은 유머 자료들을 공부하는가? 단순히 웃음을 유발하기 위해 만들어진 것이라는 생각에서 한 걸음 더 나아가 사회·문화적 의미를 생각해 보자. – 차시 예고: 다음 시간에 패러디를 통해 웃음을 유발하는 엽기 자료를 볼 것을 예고한다. – 개인적으로 더 하고 싶은 얘기는 '언주중학교 유머공부방' (www.freechal.com)에 들어가 게시판에 올리도록 권장한다.	

〈2차시〉

학습 목표	1. 유머의 원리를 찾을 수 있다. (1) 웃음이 발생하는 원리의 하나로 패러디를 알 수 있다.	2/4차시 2~4
준비물	〈엽기적인 그녀〉 관련 장면, '지하철도 999', '매트릭스 오브 홀맨' 1 & 2, 홀맨 광고들, 〈매트릭스〉 관련 장면, 모둠 활동용 전지, 사인펜	
과정	교수–학습 활동	비고
도입	〈흥미 유발 및 학습 동기 고취〉 * 일상생활 속의 패러디를 찾아본다. * '언주중학교 유머공부방'을 사이트에서 직접 보여준다.	
	* 패러디란? 명작이나 잘 알려진 작품에서 원본과 유사한 부분을 남기되 변형을 하여 재미를 준 예술 작품 * 패러디의 원리 이해를 이해하기 위해 '엽기적인 그녀'와 '지하철도 999'를 비교하여 본다. – 개인별 질문지를 내준다. (1) 이 유머를 다른 사람에게 알려주고 싶나요? 그 이유는요?	

전개	(2) 이와 같은 유머를 전에 본 적이 있었나요? * 홀맨 광고들, '매트릭스' 관련 장면을 보여주고, '매트릭스 오브 홀맨' 1&2를 비교하게 한다. - 내용과 원리 이해 정도를 묻기 위해 다음의 질문지를 준다. 1. '매트릭스 오브 홀맨' 에서 - O, X 문제 A. 얼굴 없는 둥근 캐릭터 이름은 홀맨이다. B. 홀맨과 블랙홀은 네오를 끝까지 구출했다. C. 홀맨이 "우리 것은 잘 터지는데 네오 것은 왜 그래?"라는 대사를 한다. D. 화면 중, 꽃을 든 남자 옆엔 '고객의 상식에서 배우겠습니다.' 라는 문구가 적혀 있다. 2. 위 플래시에서 어떤 점이 재미있나요? - 모둠활동을 통해 자기와 친구들의 반응을 알아차리고, 관심 있게 생활 주변의 인터넷 문화의 특성을 살피도록 한다.	모둠별 토론
정리	〈활동의 의미 찾기〉 - 우리 모두가 다 보고 재미있어 해서가 아니라 이런 엽기 플래시들이 계속 생겨나고 퍼지고 있다는 것 자체가 중요한 문화 현상이기 때문에 주목하는 것이라는 점에 대해 다시 짚어준다. 특히 '매트릭스 오브 홀맨' 이 패러디하고 있는 것이 '019 LG 텔레콤' 의 광고라는 것, 그래서 에피소드 1에서 하필이면 네오가 '고객의 상식에서 배우겠습니다' 라는 포스터가 붙어 있는 벽을 통과하지 못하는 것이 재미를 더해주는 것이고, 이는 LG텔레콤의 여전히 형편 없는 서비스' 에 대한 비판으로 읽힐 수 있다. - 그런데 에피소드2에서는 그 벽을 통과하지 못하는 사람들이 '악당' 들이고 홀맨과 네오 등은 통과하기 때문에 이 패러디는 LG텔레콤에 대한 비판이라 아니라 간접 광고로 읽힐 수 있다는 점, 이런 모호함이 있다는 점에 대해 정리해 준다. 〈차시 예고〉 다음 시간에는 본격적으로 비판 정신을 가진 패러디인 '오인용' 을 감상한다.	

〈3차시〉

학습 목표	1. 유머의 원리를 찾을 수 있다. (1) 웃음이 발생하는 원리 가운데 우열의 원리가 있음을 찾을 수 있다.	3/4차시 2~4
준비물	'오인용', 전지, 사인펜, 지식in의 '안티 문희준' 질문 답변, 〈주간 동아〉 (2003. 8. 26) 문희준 관련 기사 일부	

<table>
<tr><th>과정</th><th>교수-학습 활동</th><th>비고</th></tr>
<tr><td>도입</td><td>〈흥미 유발 및 학습 동기 고취〉
* 나에게 웃음을 유발하는 유머가 다른 사람에게는 불쾌한 유머일 수도 있다.
* 공통된 문화와 인식이 있을 때 유머를 나눌 수 있지만, 사람의 지역이나 성별, 나이 등에 따라 재미를 느끼는 정도가 달라질 수 있다.
* 비판 의식이 상당히 강한 엽기 유머도 있다.</td><td></td></tr>
<tr><td>전개</td><td>* 엽기 유머의 정의를 내려보자.(학생들에게 말해보게 한다.)
* 유머의 원리를 지금까지 본 자료 중에 구체적인 예를 들어 설명하고 모둠별로 이해한 바를 전지에 기록하게 한다.(예시를 보여준다.)
- 졸라맨의 목소리와 캐릭터의 모습에서 오는 불일치
- 출제한 교사가 기대한 답과 학생들의 맹랑하고 엽기적인 답안의 차이
- 문자 '로딩중'을 '노딩중'이라 표현한 것
- '오인용'의 무뇌충과 문희준의 얼굴 모습이 닮은 점
- 네오가 벽을 넘지 못한 점
* '오인용' 중 '연예인 지옥'을 함께 감상한다.
* 모둠별로 전지와 사인펜을 주고 다음의 활동을 하게 한다.
(1) '엽기'의 정의를 내려보자.
(2) 유머 원리를 보여주는 구체적인 예를 들어보자.
(3) 문희준이 안티 카페 멤버 75명과 제작팀 '오인용'을 고소한 자료와 안티 문희준에 대한 지식in의 질문과 답변 자료를 읽고 각자 답글을 적어보자.</td><td>모둠별
토론활동</td></tr>
<tr><td>정리</td><td>〈활동의 의미 찾기〉
- 본격적으로 비판 정신을 가진 패러디인 '오인용'이 우리 사회에 퍼지는 이유는, 하이퍼텍스트의 속성과도 관련이 있다. 눈덩이처럼 불어나는 자료는 원고지나 신문이 가질 수 없는 영향력을 갖고 있다.
〈차시 예고〉
- 다음 시간에는 이런 인터넷 언어의 속성을 본격적으로 배워 보도록 하자.</td><td></td></tr>
</table>

〈4차시〉

<table>
<tr><td rowspan="2">학습
목표</td><td>1. 유머와 엽기의 개념을 말할 수 있다.</td><td>4/4차시</td></tr>
<tr><td>2. 하이퍼텍스트의 특징을 말할 수 있다.</td><td>2~4</td></tr>
<tr><td>준비물</td><td>요점 정리한 학습지</td><td></td></tr>
</table>

과정	교수-학습 활동	비고
도입	〈흥미 유발 및 학습 동기 고취〉 - 수업하면서 학생들이 보였던 반응들을 정리하여 나눠주고, 그간 배운 것들을 환기시키며 중요한 개념과 원리들을 되짚어본다.	
전개	〈1~4차시 공부한 내용 정리〉 A. 도입 - 유머 수용자로서의 나의 경험과 인터넷 (1) 각자 최근에 가장 재미있게 생각한 유머는 무엇인가, 그 유머는 어디서 알게 되었는가, 그 유머에 대한 자신의 반응은 어떤 것이었는가, 그 유머를 누구에게 전달했나(on/off-line), 평상시에 인터넷을 통해 유머를 어떻게 얻고 있는가. (2) 자신이 별로 유쾌하지 않았던 유머인데 다른 사람들은 재미있어 했던 유머가 있었는가, 있었다면 어떤 것인가, 그 유머는 어디서 알게 되었는가, 그 유머에 대한 자신의 반응은 어떤 것인가. B. 유머 텍스트를 통한 의미 생산자와 수용자 간의 '공유' - 협동 원리 (1) 부조화 이론 - 협동 원리와 협동 원리의 깨짐에 대한 이해 유머가 듣는 이의 웃음을 자아내기 위해서는 말하는 이와 듣는 이 사이에 공유하는 맥락이 있되, 그 맥락에 대해 상식적으로 기대되는 언어 행위자들 간의 규범적 '협동 원리'의 위비에 바탕을 둔 문화적 일탈이 일어나야 한다. (2) 유머는 말하는 이와 듣는 이 간에 공유하는 맥락이 중요하다. 유머의 작용에는 세계에 대한 지식의 암시가 포함된다. (3) 새로운 유머가 인터넷을 통해 네티즌 사이에 공유되면서 또 다른 맥락을 만든다는 점을 이해한다. C. 유머 텍스트의 의미 작용 (1) 유머의 의미 작용(문자 언어, 시각 언어 등)과 맥락의 관계에 대해 이해한다. (2) 패러디의 요소를 가진 인터넷 상의 유머(텍스트, 동영상)를 모아서 그것이 패러디하고 있는 장르와 스타일을 살펴본다. 패러디를 위해 과장되거나 왜곡된 장르와 스타일은 무엇이며, 이러한 과장과 왜곡을 통한 패러디가 다양한 그룹의 수용자 층에게 어떻게 다가가는지, 그 목적과 효과를 살펴본다. D. 유머의 사회성 - 기호의 재현과 '우열 이론' (1) 여러 다른 사회 그룹들 간의 지위 차이 및 고정관념에 근거한 유머들을 이해한다. (2) 우열 이론: 유머는 서로 다른 사회적 그룹들 간의 지위 차이를 보여준다. * 파워가 덜한 그룹이 웃음의 표적이 된다. 어떤 의미에서든 열등	

전개	한 것으로 간주되는 그룹을 표적으로 삼는 유머의 예를 모아 보고, 이것이 당시의 사회상을 어떻게 보여주는지 이해한다. E. 터부에 대한 유머 (1) 유머에는 사회적 터부에 대한 유머들이 있다. (2) 몇 가지 유머의 예를 보여주면서 이것들이 학생들 자신에게 웃음을 유발하는지, 혹은 기분 나쁘게 하는지, 혹은 신경질 나게 하는지 반응을 알아본다. 왜 그런지 설명해 보고, 어떤 것이 가장 재미있고 또 어떤 것이 가장 기분 나쁜지 이야기해 본다. F. 유머가 '매개되는' 소통 기제로서의 인터넷에 대한 이해 (1) 인터넷이라는 매체에서 유머가 어떤 의미를 갖는가에 대한 이해 (2) 유머라는 일종의 '정서적 정보'가 어떻게 공유되는지에 대한 이해	
정리	유머 수업이 아이들의 격찬과 호흥 속에 수업이 이루어졌다. 인터넷 유머라는 장르를 사례로 인터넷 문화에 대한 관점을 가지고 스스로 지식을 구성해 가도록 도와주고, 다음 시간에 포커스 그룹 인터뷰를 실시함을 알려준다.	

(3) 연구 결과

① 학생들의 미디어 이용 실태

우선 설문을 통해 조사한 학생들의 미디어 이용 실태는 인터넷의 경우 매일 사용하는 학생들이 50%, 일주일에 3~4회 사용하는 학생들이 31.3%로, 전체의 81.3%가 일주일에 3~4회 이상 인터넷을 사용하고 있는 것으로 나타났다(부록 3 참조). 수업에 참여한 학생들이 강남 지역에 거주하는 학생들로 대부분의 시간을 학교와 학원에서 보내고 있는 것으로 짐작되는데, 실제로 FGI에 응한 5명의 학생들은 하루 평균 여가 시간이 모두 3~4시간에 불과하다고 응답했다. 이를 고려할 때 학생들의 여가 시간에서 인터넷 사용이 차지하는 비중은 매우 크다고 하겠다. 이는 TV 시청 및 음악감상과 더불어 가장 큰 비중이다.

한편 최근에 발표된 한국인터넷정보센터의 통계에 따르면, 2003년 7월 현재 만 6~19세에 해당하는 한국 어린이와 청소년들의 인터넷 이용률은 무려 91.3%

에 달하는데, 이는 40대의 50.8%, 50대의 23.2%에 비해 크게 앞서는 것으로 세대 간 미디어 문화의 격차가 매우 크다는 사실을 잘 보여주고 있다(한국인터넷정보센터, 2004). 이는 최근 발표된 미국 UCLA의 커뮤니케이션정책연구소의 인터넷 이용자 현황에 대한 12개 국 비교 연구 결과와도 일치하는 것이다. 이 연구소에서는 16~24세, 25~44세, 45~64세로 나누어 세대 간 격차를 조사했는데, 한국의 경우 95.1%/49.5%/11.5%로 세대 간 격차가 매우 큰 것으로 나타났다. 이는 미국의 90.8%/74.5%/67.3%, 일본의 80.6%/63.0%/22.2%, 독일의 59.6%/55/6%/31.6%와 비교할 때 상당히 큰 차이가 나는 것인데, 사실 이 연구 자료가 다른 나라의 경우는 2002~2003년에 수집된 데 비해 한국의 경우는 2001년의 자료를 근거로 한 것이라는 점을 고려하면 지난 2년간 인터넷 사용에서 세대 간 격차가 거의 좁혀지지 않은 것으로 볼 수 있다(UCLA, 2004).

한편 한국 가정의 PC 보급률은 1999년 51.8%에서 2002년에는 78.6%로 급속히 증가했으며, PC 보유 가구 중 89.3%가 인터넷 사용이 가능한 것으로 보고 되었다(차성란 외, 2003). 그리고 앞서 소개한 UCLA의 세계 인터넷 사용 비교 연구에 따르면 한국은 정보 부자와 정보 빈자 간의 격차가 세계에서 가장 낮은 나라이며(소득 수준이 가장 낮은 그룹의 경우 46.4%, 소득 수준이 가장 높은 그룹의 경우 73.6% 이용), 인터넷 상의 정보에 대한 신뢰도는 가장 높은 나라이다(69.7%). 이를 통해 짐작하건대, 앞서도 언급한 바와 같이 학교와 학원 공부 시간 이외의 개인적 여가 시간이 매우 부족한 한국 학생들의 일반적 특성을 고려할 때 인터넷과의 접촉은 학생들에게 가장 중요한 외부 세계에 대한 정보원이자 여가를 위한 문화매체라는 점을 알 수 있다. 따라서 이에 대한 올바른 판단을 할 수 있도록 도와주는 교육이 매우 절실하다.

② 수업에 대한 학생들의 평가

인터넷 엽기 수업이 재미있었느냐는 질문에 58.9%가 '조금 재미있었다'와 '아주 재미있었다' 고 응답했다.[18] 재미있었다는 이유에 대해서는 전반적으로 '다른 친구들이 어떤 사이트에 가는지, 어떤 생각을 하는지 알 수 있어서' 라고 대답한 학생들이 상당히 많았는데, 이는 수업 시간에 연구자가 직접 학생들에게 질문했을 때나 포커스 그룹 인터뷰에 응한 학생들에게 질문했을 때에도 같은 대답이 나왔다. 이는 인터넷에서 벌어지는 다양한 소통 현상에 대해 동료 학생들과 함께 그 의미를 따져보고 대화하며 이해할 수 있는 기회를 수업을 통해 얻고 싶은 강한 욕망을 반영하는 것으로 해석된다.

유머에 대해 잘 알게 되었느냐는 질문에 38.2%가 '충분히 그렇다' 는 대답을 했으나, '유머에 대해 배우기에는 내용이 좀 부족했다' 는 대답이 11.8%, '잘 모르겠다' 는 대답이 35.3% 등으로 나타났다. 이는 주 1회, 45분씩으로 배정된 재량활동 시간을 통해서는 충분히 많은 내용을 소화할 수 없었던 점에 대한 지적으로 보이며, 이에 대해서는 연구자나 수업에 참여한 교사 역시 동감할 수 있었다.

엽기 수업이 유머를 이해하는 데 도움이 되었느냐는 질문에 대해서는 51.4%가 '도움이 되었다' 고 대답했으나, '그저 그랬다' 는 대답도 31.4%나 되었다. 그리고 인터넷에 대한 이해에 유머 수업이 도움이 되었느냐는 질문에 대해서는 50%가 '그렇다' 는 대답을 했는데, '잘 모르겠다' 는 대답도 23.3%나 차지했다. 또한 인터넷 엽기 수업이 인터넷을 이해하는 데 도움이 되었느냐는 질문에 대해서는 43.3%가 '그렇다' 는 대답을 했고, '그저 그랬

18) 학생들의 수업 평가에 관한 구체적인 통계 자료는 지면 관계상 생략하였다. 자세한 내용은 정현선(2004)의 '인터넷 엽기 유머 이해의 국어교육적 수용에 관한 연구'(〈국어교육연구〉 제13집. 서울대학교 국어교육연구소, 226-232)를 참조할 것.

다' 는 대답도 36.7%였다. 플래시 애니메이션에 대한 관심은 상대적으로 컸으나 유머 자체에 대한 관심이 저조했던 것이 이유였던 듯하다. 한편 이는 평가로 연결되지 않는 국어 재량활동 시간에 이루어진 수업의 맥락 속에서 수업 후반부로 갈수록 학생들이 기말고사 준비에 마음을 빼앗기게 되면서 수업에 집중하지 못했던 사실도 크게 작용했다. 이와 관련하여 수업 내용의 흐름상 수업 전반부에 집중적으로 다루어졌던 유머가 인터넷 매체의 특성과 관련하여 보다 복잡한 해석과 논쟁을 불러일으키는 '쓸 수 있는 텍스트(writerly text)' 라기보다는 '읽을 수 있는 텍스트(readerly text)' 였던 점 역시, 인터넷 현상에 대한 이해에 크게 도움이 되지 못한 수업으로 여겨진 데 한몫 한 듯하다. 이 점에 대해서는 뒤에서 좀더 자세히 논의하도록 하겠다.

수업이 효과적이었는지에 대한 질문에서는 60% 정도의 학생이 '효과적이었다' 고 대답했다. 그리고 앞으로 인터넷과 관련된 문화 현상에 대해 더 배울 필요가 있다고 보느냐는 질문에 대해서는 54.5%가 '그렇다' 고 대답했고, 부정적인 대답은 14.3%에 그쳤다. 앞으로 배우고 싶은 인터넷 장르에 대해서는 '플래시 애니메이션과 동영상' 이 30.0%로 가장 많았고, '인터넷 정보나 지식 검색' 이 23.3%, '사이버 커뮤니티 및 카페 문화와 온라인 게임' 이 각각 16.7%, '사이버 문학/팬픽 문화' 는 상대적으로 저조한 3.3%를 기록했다. 인터넷의 다양한 측면을 포함하여 텔레비전, 라디오, 영화 등 다양한 미디어 수업이 필요하다고 생각하느냐는 질문에 대해서는 55.9%가 '그렇다', '매우 그렇다' 고 대답했다.

미디어에 대해 배우고 싶은 방식으로는 '미디어 교육만을 위한 새로운 과목이 생겨야 한다' 는 주장과 '재량활동에서 배우면 된다' 는 주장이 각각 34.4%로 압도적이었다. 재량활동에는 교과 재량활동이 포함된다는 점에서 국어 재량활동 시간에 미디어에 대한 교육이 이루어지는 것에 대해 학생들이 대체로 긍정적으로 생각하는 것으로 볼 수 있다. 한편 포커스 그룹 인터뷰에 응한 학생들은 국어, 사회, 도덕, 미술 등 관련 교과목의 재량활동 시간에서 미디어에 대한 학습 내용이 다루어지기를 바란다고 했는데, 그럼에도 불구하고 독립적인 미디어 과목이 반드시 생겨 체계적인 미디어 교육이 실시되기를 원하고 있었다.

학생들의 반응을 전체적으로 고려할 때, 미디어 자체에 대한 학생들의 학습 욕구는 상당히 크다고 할 수 있으나, 인터넷을 이해하는 데 유머가 가장 좋은 학습 제재는 아닐 수 있다고 생각하는 듯했다. 이는 본 연구가 연구원들 간의 역할 분담을 통해 연구의 전체 틀을 갖추되, 국어교육의 학습 영역인 '정보적 영역', '오락 영역', '문학 영역'을 인터넷에 그대로 적용한 애초의 연구 계획 자체에 대한 문제제기로 볼 수 있을 듯하다. 인터넷 자체의 특수한 매체와 장르적 특성을 살리는 교육을 강조하려는 기획은 애초에 있었지만, 실제로는 연구원 간 역할 분담을 통해 기존의 국어교육 학습 영역을 섭렵해야 한다는 강박관념이 강했던 탓에 인터넷을 통해 '오락적 언어 사용'의 특성을 가르쳐야 한다는 '매체 활용'의 측면도 있었는데, 학생들은 바로 이 점을 지적하고 있는 것 같았다.

이는 궁극적으로 미디어를 활용한 언어와 문학의 교육을 뜻하는 '미디어를 통한 국어교육'과, 언어와 문학의 매체적 존재 조건을 다중문식성 및 기호의 의미 작용 차원으로 끌어올리는 '미디어 교육으로서의 국어교육'이라는 개념 간의 생산적 긴장에 관한 문제이다. 이러한 긴장은 의미 작용의 기제인 '기호'로서의 언어를 새롭게 규정하는, 즉 국어교육을 의사소통 교육이라는 보다 넓은 의미에서 재개념화하는 진지한 논의를 요구한다. 인터넷 자체의 매체적 특성과 장르적 특성을 살리는 방향으로 교육이 이루어지는 것이 하이퍼텍스트 이해교육의 본질에 더욱 근접하는 길이라 할 때, 이를 국어교육에서 어떻게 수용할 것인가에 대해서는 앞으로 보다 깊고 활발한 논의가 필요할 것이다.

③ 수업에 대한 교사의 평가

이번 현장 연구에 함께 참여한 K교사는 '가장 중요한 미디어는 사람'이라는 소신을 갖고, 미디어 수업의 가장 큰 목표를 학생들의 미디어 문화에 대한 이해에 두고 있었다. 시를 가르치거나 어떤 다른 장르의 글을 가르칠 때에도 국어 수업을 통해 '사람들의 삶을 넉넉하고 아름답게 해주는 길이 있을 것'으로 믿는다는 K교사가 미디어 교육에 관심을 갖게 된 것은 '인터넷과 텔레비전 속에서 살고 있는' 아이들의 관심사를 이해하기 위해서이다. 미디어 교육과 관련해 지금까지 받은 교육은 영상 제작, 플래시 제작 연수 등을 포함해 매우 다양한데, 본인이 이러한 매체를 통해 영상물을 제작할 수 있을 정도는 아니고 다만 아이들이 수행평가 등 표현 활동을 할 때 이러한 매체를 활용할 수 있도록 허용하고 있다고 했다.

사후 인터뷰에서 연구자는 K교사에게 수업 전반에 대한 평가와 관련하여 국어 재량 수업의 맥락에서 이루어진 인터넷 유머 수업이 과연 얼마나 국어 수업에 근접한지에 대해 물었는데, 이에 대해 K교사는 '모든 표현과 언어 현상은 국어 수업의 대상'이라고 생각한다며, 활자가 아닌 매체에 의한 표현과 언어 현상도 국어 수업의 대상이 되어야 한다고 말했다. "요즘 같은 컬러 위주의 시대에 국어 책도 바뀌었는데, 그런 자료를 이용하지 않는 것이 오히려 이상해요"라면서, 오히려 이러한 내용은 '반드시' 국어 교과에서 짚어주어야 할 내용이라고 생각한다고 강조했다.

한편 이러한 수업이 미디어 교육적으로 어떤 의미를 갖는다고 보느냐는 다소 초점을 달리한 질문에 대해서도 학생들의 삶에서 인터넷이 차지하는 비중이 큰 만큼 이를 학생들이 재미있어 하는 유머를 통해 접근한 것이 좋았다고 평가했다. 특히 스웨덴이나 덴마크 같은 경우에는 50세 이상이 20대 미만보다 인터넷을 더 많이 사용하는 데 비해, 우리나라는 10대의 인터넷 이용이 압도적으로 더 큰 비중을 차지한다는 점에서, 아이들이 '놀면서'

생활감각과 언어감각을 익힐 수 있도록 유머를 다루는 것이 좋다고 말했다.

수업에서 가장 좋았던 점에 대해서는 '아이들이 알고 있는 것을 쉽게 내놓을 수 있었던 것' 을 꼽았는데, 아쉬운 점은 풍유나 멋과 같은 우리의 전통적인 해학이 느껴지는, 좀더 '고상' 하고 따뜻한 유머를 다루어서 아이들에게 좋은 영향을 미칠 수 있었더라면 좋았을 것 같다고 했다. 그러나 학교 수업의 고정된 틀, 국어 수업의 고정된 틀을 깼다는 점이 좋았다고 했다. '이렇게 좀 자유롭게 해도 되는구나' , 그런 것을 알게 된 것이 가장 좋았다고 꼽았다. 어쨌든 아이들이 관심 있어 하고 좋아하는 분야를 다루니까 '자기들을 표현' 하더라면서, 그리고 '내 친구들이 무슨 생각을 하고 학교 밖에서는 무엇에 관심을 두고 생활하는가' 를 궁금해하더라면서, 이것을 짚어본 것이 좋았다고 했다. 선수 학습이 지나친 탓도 있겠지만, 아무리 좋은 내용이라도 교과서 내용은 아이들이 좀 시들하게 생각하는 경향이 있다면서, 인터넷 유머 수업을 통해 아이들이 정말 '신나게' 자신을 표현하는 모습을 본 것이 아주 좋았다고 했다.

아이들이 이 수업을 한 이후 특정 연예인에 대한 비난으로 가득한 '오인용' 과 같은 유머에 대해 비판적 거리를 두고 보게 되었을지에 대해 어떻게 생각하느냐는 질문에는 아이들이 그 부분을 너무나 많이 생각했을 것 같다고 했는데, 왜냐하면 유머 텍스트를 주면서 굳이 비판적으로 읽으라고 하지는 않았지만 학습지 등을 통해서 '줄거리가 무엇인가' , '왜 재미있다고 보는가' , ' 다른 사람들에게 소개해 주고 싶은가' 등을 끊임없이 질문했기 때문에, 이런 질문을 한 것만으로도 아이들에게 '상당한 도전이 되었을 것' 이라 생각한다고 대답했다. '그냥 보면 안 된다는 이야기라고 받아들였을 것' 이라는 것이다. 단지 체계가 좀 없었다면 수업의 자료나 방법이 체계 없었던 것은 아니고, 인터넷 유머에 대해 아이들이 얼마나 알고 있는지 잘 몰랐기 때문에 체계가 없다고 느꼈을 것이라고 했다.

다시 말해 인터넷에 대해 자기 나름대로 비판적으로 이해하고 있었던 아이들에게는 다른 아이들의 생각을 들어볼 기회를 제공해 주고, 서로 이야기를 나눌 수 있게 해주는 것이 필요했다. 이런 것을 접해보지 못한 아이들에게는 기본적인 정보와 지식부터 주는 시간이 되어야 했는데, 아이들의 지식과 경험의 정도 차이에 따른 체계적인 수업은 되지 못했다. 그러면서 '비판적 거리는 앞으로 신경을 별로 안 써도 될 것 같다' 고 했다. 왜냐하면 아이들이 '태어나서부터 계속 듣는 이야기가 선악과 관계된 것' 이라고 보는데, '비판적 거리라는 것은 마치 비행기가 이륙할 때처럼(조금 배우고 조금 비판하고 이런 식으로 정비를 해나가는 것이 아니라) 어떤 수준이 되면 비행기가 갑자기 수직상승하는 것처럼 되는 것' 이라면서, 어렸을 때에는 친구들이 생각하는 것을 듣게 하는 것이 더 낫지 않을까 한다고 말했다. 오히려 '비판적으로 읽어야 한다' 는 강박관념이 더 짐이 된다는 것이다. 그리고 아이들 안에 이미 다양성이 있기 때문에 그것을 느낀 대로 이야기할 수 있는 대화의 장을 마련해 주는 것이 더 필요하다고 했다. 이는 토론 수업의 중요성을 지적한 것인데, 아이들에게 완성된 어떤 것을 보여줄 필요는 없고 작은 것이라도 자기들이 만든 것을 보여주는 것이 좋겠다는 뜻이다. 아이들에게 자기들이 즐기는 인터넷에 대해 조사해서 발표하게 했으면 더 좋았을 것이라고도 했다. 학습 목표조차 아이들과 함께 찾는 것이 더 의미 있다고 했다.

④ 연구자의 평가

전반적으로 볼 때 이번 연구 수업에서 확인한 것은 미디어에 나타난 언어 문화 현상을 이해하기 위해 반드시 살펴보아야 할 일종의 '정전' 과 같은 텍스트의 교육은 필요하지 않다는 것이었다. 이는 '모든 미디어 텍스트는 가르칠 만한 가치가 있다' 는 미디어 교육의 가장 큰 원리를 확인한 셈인데,

의미를 해석해야 할 '정전'으로서의 텍스트를 선정하는 것이 아니라 탐구할 문제가 분명한 '사례 연구' 대상으로서 텍스트를 선정하고 분석할 필요가 있다는 것이다(Buckingham, 2004). 예를 들어 이번 연구 수업에서 다룬 '마시마로', '졸라맨', '지하철도 999'와 같은 플래시 애니메이션 역사상 '기념비적'인 텍스트들 역시 단지 재미있는 유머 현상을 설명하기 위한 텍스트로서가 아니라 플래시 애니메이션의 본격적인 도래 속에서 캐릭터 머천다이징, 상호텍스트성, 2000년 이후의 일련의 '엽기' 현상을 주도한 대표적 사례들로서 보다 매체적 관점에서 탐구되어야 한다고 본다.

이러한 사례로서 설명되지 못하고 기존의 국어교육 학습 영역에 따른 '오락적' 영역에 속하는 유머 텍스트의 하나로 '마시마로'나 '졸라맨'을 소개할 경우, 한때는 재미있었지만 현재로서는 시의성이 떨어지는 재미없는 텍스트가 될 뿐이다. 한편 사례 연구는 교사의 일방적인 강의보다는 학생들 스스로 조사하고 발표하고 토론하는 수업을 통해 이루어지는 것이 보다 효과적이라고 본다. 교사는 먼저 탐구할 문제를 학생들에게 꺼내놓고 왜 그 문제가 공부할 만한 문제인지를 학생들에게 납득시키는 가운데 학생들 스스로 찾아내는 문제에도 유연성을 갖고 대할 필요가 있을 것이다.

둘째, '엽기'라는 말이 인터넷 유머를 광범위하게 통칭하는 범주적 용어로 여전히 통용되고 있지만 애초의 의미는 상당히 퇴색한 것은 아닐까? 학생들은 '엽기'라는 개념에 대한 사회적 의미를 어떻게 이해하고 있는가? 엽기적인 것과 그렇지 않은 것을 학생들은 구별할 수 있는가? 이는 학생들에게 의미 있는 구분인가? 이런 질문에 대해서는 실제로 학생들뿐 아니라 인터넷 상의 '엽기' 사이트마저도 '엽기'라는 말을 이제는 '유머'의 동의어 정도로 사용하는 경향이 있음을 확인할 수 있었다. 따라서 이 역시 학생들에게 엽기 사이트를 찾아 그 사이트에 올라와 있는 다양한 플래시 애니메이션과 유머 텍스트의 특성에 대해 조사해서 발표하도록 하는 것이 좋은 학습 방법일 것으로 본다.

셋째, 유머의 원리와 같은 문화 현상의 '원리'를 학생들에게 이해시키는 것이 과연 필요한가? 학생들이 이미 경험적으로 알고 있는 지식을 확인시켜 주는 것에 지나지 않는 것은 아닌가? 만약 그렇다면 새로운 텍스트를 생산하기 위한 '능동적' 지식으로 전환될 계기가 없는 상황에서는 이런 원리의 이해가 지루한 지식 교육에 지나지 않는 것은 아닌가? 이 문제는 첫 번째 질문과도 관련된 것인데, 하이퍼텍스트의 특성상 이해와 표현이 분리될 수 없다는 점에서, 단지 수동적으로 특정한 텍스트의 표현 원리를 분석해 보기보다는 그러한 텍스트를 생산할 수 있는, 혹은 그와는 다른 텍스트를 생산할 수 있는 능력을 길러주는 표현 내지 제작 교육과 연계하여 표현적 특성의 이해를 교육할 필요가 있음을 제기하고 싶다.

넷째, 유머는 시의성이 매우 중요한 장르이다. 인터넷 유머 현상에 대한 문화적 이해를 위해 교사가 마련한 교육안은 학생들이 최근에 경험하고 있는 유머 현상과의 연계를 이끌어내기에 얼마나 유연하게 조직되었는가? 연구 수업을 하는 과정에서 학생들이 작성한 학습지나 수업 이후 받아본 평가 설문 및 인터뷰에서 학생들이 했던 많은 반응 중에는 '마시마로'나 '졸라맨'과 같은 텍스트를 이미 '스무 번도 넘게 보아서 지겹다'거나 학생들의 표현대로 '100% 중복'된 것이라 흥미를 갖기 어려웠다는 대답이 많았다. 이에 비해 얼마 전 인터넷에서 유행한 '초등학생 엽기 답안'과 같은 것에 학생들이 아주 흥미롭게 반응했고, 또한 '숫자송'과 같은 각종 코믹송도 아주 큰 반응을 보였다. 한편 '오인용'에 대한 관심이나 '문희준 어록', 혹은 '팥죽송'에 대한 학생들의 관심은 시의성 측면에서 유효한 것으로, 오히려 이들이 갖고 있는 관심 속에서 탐구할 만한 문제, 예를 들어 인터넷 상의 정보에 대한 신뢰성 판단과 '댓글 달기 문화'에 대해 학습하는 것이 더 흥미로웠을 것이라 본다. 이 역시 인터넷 유머라는 소재의 제약에 한정되지 말고 이를 기반으로 정보에 대한 판단 문제를 다룰 수 있는 유연성이 필요하다고 생각된다.

다섯째, 인터넷 유머는 하이퍼텍스트의 여러 특성을 이해하는 데 얼마나 적합한 장르인가? 이 점에 대해 학생들은 어떻게 반응하는가? 실제로 인터넷 유머는 그 자체로 독립적으로 가르치기에는 지나치게 흥미 위주로 수업이 진행될 위험이 큰 문화 현상이라고 생각된다. 오히려 앞서 제기했던 것과 같이 유머 자체보다는 하이퍼텍스트적 특성을 잘 살려 상호텍스트성, 캐릭터 머천다이징 등에서의 의미 작용 측면을 살피는 것이 더 중요한 것이 아닌가 생각된다.

여섯째, 이러한 수업의 의미를 학생들은 어디에서 찾는가? 교사는 어떤 점에서 이 수업의 의미를 찾는가? 그것은 국어교육적으로 어떤 의미가 있는가? 이 점은 매우 중요한 것인데, 학생들은 자신이 인터넷을 통해 접한 텍스트들에 대해 동료 학생들과 교사의 생각을 듣고 자신의 생각을 나눌 수 있는 기회를 갖는 것에 큰 의미를 두고 있었다. 다른 학생들은 잘 아는 것 같은데 자신만 특정한 문화로부터 소외되어 있다고 생각했던 학생들의 경우에는 이 수업을 통해 새로운 문화를 접하고 이에 대한 다른 사람들의 반응을 알 수 있는 기회가 되기도 했다.

다만 학생들은 교사가 '학생 중심 수업'에 지나치게 방점을 둔 나머지 교사 자신의 생각에 대해서는 솔직히 대화를 나누지 않고 학생들에게만 발언을 시키는 것이 '자연스러운' 대화의 규칙을 어기는 것이 아닌가 하는 문제제기를 했다. 교사의 경우에는 학생들의 관심사에 대해 알 수 있게 된 점, 예를 들어 어떤 학생은 여가 시간에 무엇을 하며 보내는지, 어떤 인터넷 사이트에 자주 가는지 알게 되면서 학생들과 어떤 이야기를 나눌 수 있을지 소통의 경로를 발견하게 되었다는 점을 가장 큰 의미로 보았는데, 정작 학생들은 교사에 대해 새롭게 알게 된 점이 없다는 점이 아쉬운 듯했다.

"우리가 인터넷 하는 것을 어른들이 나쁘게 본다는 것, 다 알아요.", "솔직히 어떻게 생각하는지 말해줬으면 좋겠어요.", "우리는 세대 간의 대화를 원해요"라는 학생들의 말은 그런 점에서 귀담아 들을 필요가 있다고 본다.

일곱째, 하이퍼텍스트 이해교육은 기존의 국어교육과 미디어 교육의 접근법에 대해 어떠한 도전을 던지는가? 지금까지 논의한 바를 종합해 볼 때 하이퍼텍스트 이해교육의 핵심은 미디어 텍스트 자체(편의상 '1차 텍스트'라고 부르기로 한다.)에 대한 특정한 해석('2차 텍스트'라고 부르기로 한다.)을 이끌어내는 것에 있다기보다는, 교실 내의 다양한 학생들이 이미 생성하고 있는 2차 텍스트들, 인터넷 상에 이미 생성되어 있는 2차 텍스트를 수업 안으로 끌어들여 이들 간의 대화를 통해 일종의 '3차 텍스트'를 만들어내는 것이 아닐까 한다.

2차 텍스트, 3차 텍스트가 반드시 언어나 문자로만 표현되어야 하는 것은 아닐 것이다. 중요한 것은 텍스트의 표현 형식보다는 다양성·다성성·개방성 등을 적어도 이론적으로는 표방하고 있는 하이퍼텍스트에 대한 이해를 얼마나 다양하게 열어놓으면서 다양한 이해들 간의 대화를 가능하게 할 것인가에 있다. 이 점에 바로 교육적인 기획이 핵심적으로 자리해야 할 것으로 본다.

어쩌면 하이퍼미디어 시대의 언어 문화 교육은 정전을 수립하고 이에 대한 해석 방법을 고안하는 것이 아니라, 함께 탐구할 문제를 찾고 그 문제를 균형 잡힌 시각으로 탐구해 나갈 수 있는 방법, 즉 미디어 수업의 모형을 만드는 일이 아닐까 한다. 특히 미디어 시간은 학생들의 미디어 문화로부터 출발해야 하는 만큼 처음에는 여러 가지 다양한 '문제적' 미디어 현상들을 살펴보면서, 그 속에서 함께 탐구할 만한 학습 목표를 찾아내는 과정이 1단계로서 반드시 필요한 것 같다. 예를 들면 우리 같은 경우 문희준 어록에 대해 어떻게 믿을 만한 정보와 그렇지 않은 정보 여부의 판단 기준, 이런 것에 대해 찾아보는 것을 학습 목표로 잡을 수 있을 것이다. 그리고 학습이 어느 정도 진전된 후 그것을 어떻게 평가할 것인지에 대한 기준까지도 학생들과 함께 합의할 필요가 있을 것이다.

(4) 연구의 시사점: '쓸 수 있는 텍스트'를 통한 자기 성찰적 미디어 교육

지금까지의 전통적인 국어교육에서는 언어를 매개로 하여 언어라는 매체에 대해 다루어왔다. 그러나 다매체·다문화 시대의 의사소통의 새로운 조건을 고려한 국어교육은 이제 교수 내용이나 교수 방법 모든 측면에서 다양성을 추구하고 언어 기호의 매체적·사회적 존재 조건을 고려할 것을 요구받고 있다. 이제는 학생들에게 다양한 매체의 속성을 알고 다양한 모드로 소통할 수 있는 소양을 길러주는 것이 국어교육의 목표가 되어야 한다는 것이다.

소규모, 단기간에 걸친 것이라는 한계는 있으나 연구자는 인터넷 엽기 유머라는 문화적 소통 현상에 대한 현장 사례 연구를 통해 하이퍼텍스트 이해교육의 이론을 시험해 볼 수 있었다. 이를 바탕으로 디지털 시대 의사소통 교육을 위한 국어교육의 내용에는 대중매체의 의사소통, 특히 그 중에서도 인터넷으로 대표되는 뉴미디어의 소통 방식에 대한 이해가 포함되어야 함을 확인할 수 있었다. 특히 원본의 자유로운 복제·이동·수정이 가능한 디지털 매체에서의 의사소통에서는 정보윤리가 매우 중요하다.

개인으로서는 큰 의미 없이 어떤 글에 대한 답글을 달거나 재미있다고 생각되는 이미지를 다른 곳에 옮긴 것일 뿐인데, 이러한 행위 자체가 사이버 공간에는 그대로 기록되어 남을 뿐 아니라 또 다른 복제와 이동의 대상이 되기 때문이다. 즉 자신도 모르는 사이에 눈덩이처럼 불어나는 텍스트 생산과 여론 형성에 참여하게 될 수 있는 것이 디지털의 속성이다. 이런 측면을 고려할 때 언어의 매체적 존재 조건을 고려한 의사소통 메커니즘의 이해가 국어교육에서 반드시 필요하며, 이는 디지털 미디어의 정보윤리 문제와도 연관되는 것임을 알 수 있다.

좀더 구체적으로 어떤 텍스트를 수업 자료로 선택하는 것이 좋은가에 대한 질문을 탐색해 볼 필요가 있는데, 이에 대해 연구자는 역사적으로 기념비적인 역할을 한 텍스트를 선정하는 것보다는 수용자/학생들의 복합적 의미 작용을 불러일으킬 수 있는 '문제적' 텍스트를 선택하는 것이 중요하다는 점을 강조하고자 한다. 사실 이는 너무 정답이 '뻔히' 들여다보이는 텍스트가 학생들의 지적 흥미를 자극하지 못한다는 현실적 문제도 고려한 것이지만, 그보다는 학생들이 궁극적으로 얻어야 할 '비판적 미디어 이해'란 어떤 것이며 이를 어떻게 성취하도록 할 것인가에 대한 인식론적이면서도 방법론적인 문제를 고려한 것이기도 하다.

앞서 살펴본 바와 같이 중층적 담론이 반영하는 복합적 의미의 유머 텍스트는 보는 이에게 스스로 터져 나오는 웃음과 그 웃음 뒤로 어딘지 불편하게 느껴지는 감정 간의 거리를 응시하도록 만든다. 스스로를 웃게 만드는 텍스트 상의 의미 작용 메커니즘은 무엇인가, 그럼에도 불구하고 그 터져나오는 웃음이 어딘지 불편하게 느껴지는 이유는 무엇인가, 이러한 질문을 통해 수용자 자신의 개인적·사회적 인식과 경험, 정서에 대해 성찰해 보는 기회를 가짐으로써 미디어 텍스트로부터 비판적 거리를 유지할 수 있기 때문이다. 이처럼 복합적인 의미를 생성하는 텍스트가 수용자 자신의 의식과 정서를 성찰하게 한다는 점을 강조해 '수용자 중심적 유머'라 부름으로써, 텍스트 상에서의 의미 작용을 중심으로 하여 비교적 단순하게 웃음을 자아내는 '텍스트 중심적 유머'와 구분하고자 한다. 이는 바르트(Barthes, 1970)가 말한 '쓸 수 있는 텍스트(writerly text)'라 할 수 있으며, '읽을 수 있는 텍스트(readerly text)'와 대조되는 것이다.

다른 말로 하자면, '텍스트 중심적 유머'란 텍스트 자체에 의해 의미가 어느 정도 제한되는 것인 데 비해, '수용자 중심적 유머'는 유머 텍스트의 수용자가 지닌 의식과 정서가 텍스트 의미 구성에 보다 적극적으로 개입하는 경우라 할 수 있다. '쓸 수 있는 텍스트'에 해당되는 유머는 '읽을 수 있는 텍스트'에 비해 텍스트의 의미 생성 기반이 되는 배경지식이나 사회적 맥락에 관련된 담론 자체가 매우 중층적이며, 따라서 수용자에게 복합적인 반응과 해석을 하도록 만든다. 이런 점에서 '쓸 수 있는 텍스트'는 수용자를 편안하기보다는 불편하게 만드는 텍스트이며, 문화 텍스트에 대한 비판적 사고와 자기 성찰적인 수용 태도를 갖도록 할 수 있는 텍스트이다.

따라서 학생들에게 미디어 텍스트에 대한 비판적 거리를 갖도록 하는 미디어 교육의 목표를 위해서는 '쓸 수 있는 텍스트'를 학습 대상으로 삼을 필요가 있다고 본다. 이는 텍스트 상에 나타난 이미지나 이야기 자체의 윤리적·미학적 자질을 근거로 하여 '좋은 텍스트'와 '나쁜 텍스트'를 구분하는 방식과는 전혀 다른 구분법으로, 오히려 교사와 학생들이 수업을 통해 논쟁과 대화를 할 수 있는 여지를 갖고 있는 텍스트와 그렇지 않고 '뻔한' 반응을 기대하게 하는 텍스트를 구분하는 것이다. 이런 점에서 학습 공동체 내의 대화를 촉발할 수 있는 여지를 가진 '쓸 수 있는 텍스트'가 미디어 교육의 주요 제재가 되어야 한다고 보는 것이다.

실제 교실 수업의 장면에서 '읽을 수 있는 텍스트'는 학생들에게나 교사에게 복합적인 사고를 자극하지 못하며, 따라서 교실 내 '학습 공동체'가 함께 탐구해야 할 연구 문제를 마련해 주지 못한다. 이런 경우 텍스트 해석은 마치 정해진 정답을 찾기 위해 교사와 학생이 의례적으로 주고받는 질문과 대답 속에 실리게 되는 내용이 되고 만다. 이런 점에서 볼 때 비록 인터넷 '엽기' 문화를 촉발한 '엽기' 토끼 마시마로를 유머의 원리 차원에서 학습하려 하는 경우, 이 텍스트와 관련된 담론의 층위가 학습 공동체 내의

대화를 촉발하기에는 그다지 두텁지 않기 때문에 '읽을 수 있는 텍스트'가 되고 만다.[19)]

반면에 '쓸 수 있는 텍스트'는 교사와 학생들에게 텍스트의 의미 구성에 관련된 중층적 담론들에 주목하도록 만든다. 따라서 이러한 중층적 담론들을 탐색하는 조사와 대화의 과정에서 학생들은 스스로의 복합적이고 모순적인 반응과 해석을 응시하고 성찰할 수 있다. 이처럼 복합적인 의미 작용에 대해 대화를 나누는 가운데, 학생들은 비판적이고 능동적인 의미 생산자이자 인터넷 문화에 대한 참여자가 될 수 있는 것이다. 그러나 '쓸 수 있는 텍스트'가 그 자체로 수용자의 비판적 사고와 자기 성찰적 수용 태도를 갖게 하는 것은 아니다. 수용자가 이러한 태도를 가질 수 있도록 하는 것은 바로 교육의 역할이다. 바로 이 점에서 학습 목표와 교육내용 그리고 이를 실현할 수 있는 효과적인 방법을 구안하는 교사의 역할이 중요해짐을 알 수 있다.

하이퍼미디어 시대의 언어 문화 교육을 논의하면서도 여전히 많은 부분에서 우리의 상상력은 아날로그적인 한계를 갖고 있는 듯하다. 디지털 시대의 언어 문화는 문자 언어에만 한정되지 않아야 함을 이론적으로는 수긍하면서도, 여전히 국어교육의 영역 속에서 인터넷 교육을 상상할 때에는 문자 언어, 음성 언어 장르와 영역 구분이 먼저 떠오르는 경향이 있다. 그러나 이러한 아날로그적 방식은 하이퍼링크를 따라 이질적인 장르마저도 쉽게 오가는, 어떤 특정한 표현 형식에도 한정되어 있지 않은 하이퍼텍스트들을 이해하는 데에는 장애가 된다. 열린 하이퍼텍스트의 링크를 닫아버리는 일이 되기 때문이다.

19) 그러나 같은 제재라 할지라도 마시마로를 캐릭터 머천다이징이라는 차원에서 '상호텍스트성'과 '상업성'이라는 주제를 탐구하기 위한 문화 텍스트로서 학습하는 경우라면 마시마로는 중층적 담론을 반영하는 '쓸 수 있는 텍스트'가 될 수 있다.

한편 이러한 하이퍼텍스트에 대한 이해를 위해 컴퓨터실에서 수업을 하려고 생각할 때면 학생들 사이를, 그리고 학생들과 교사 사이를 가로막고 있는 커다란 컴퓨터 모니터가 수업을 방해할 것에 대한 두려움이 앞선다. 학생들에게 컴퓨터를 준다는 것은 '지겹게 느껴질 것 같은' 수업으로부터 벗어나 채팅 룸으로, 인터넷 서핑을 위해, 혹은 게임 사이트로 학생들이 하나 둘씩 스크린 상에서 사라져버려도 좋다고 허용하는 것을 뜻한다는 괜한 두려움 때문이다. 그러나 어쩌면 정작 더 큰 문제는 학생들이 공부할 만한 문제라고 느낄 질문들을 마련하고 그 질문을 탐구하기 위해 찾아봐야 할 자료들에 대한 힌트를 주는 것에 대한 자신 없음이 아닐까? 너무나 '재미있는 것'이 많은 세상에서 아이들의 관심을 학습에 붙잡아두기 위해서는 우리가 학생들에게 탐구하도록 호기심을 자극하는 질문 자체가 신선하고 흥미로운 것이어야 한다. 그리고 그 질문에 대한 답을 모색하는 과정에서 학생들은 능동적으로 생각하고 몸을 움직일 수 있어야 한다.

기존의 국어교육 틀을 그대로 유지하면서 미디어를 첨가하는 것이 아니라, 일상의 문화, 대중문화에 대한 비판적 이해와 참여 능력으로서의 문화적 능력의 함양을 중심으로 한 문화교육으로서의 하이퍼텍스트 이해교육이 필요하다. 그것은 '멀티리터러시' 차원에서, 미디어 융합의 차원에서 의미작용에 동원되는 다양한 표현 모드가 작용하는 커뮤니케이션 현상과 그 사회적 맥락 속에서의 2차, 3차 텍스트를 형성하도록 참여하게 하는 교육이며, 그 자체로 의미의 웹(web)을 만들어가는 하이퍼텍스트적 의미 생성의 교육이다. 그리고 이러한 웹(web)을 만들어가는 데 지금까지의 국어교육적 방법들이 매우 큰 도움이 된다.

그러한 교육에는 해석해야 할 정전이나 터득해야 할 고정된 문화적 원리가 존재하는 것이 아니라 '테크놀로지를 매개로 소통하는 공동체 안에서 지성·감각·정서를 통해 현실의 중요 문제들을 인식하고 거기에 관여할 수 있는 능력'을 기르는 것이 중요하다(Gurak, 2002). 그것은 무엇이 이슈이며 학습할 가치가 있는 문제인가를 합의하고 함께 탐구하는 해석과 대화의 문화를 만들어가는 교육이다.

V. 결론 및 전망

1. 하이퍼텍스트 이해교육의 국어교육적 수용
2. 하이퍼텍스트 이해교육의 문화교육적 수용

1 하이퍼텍스트 이해교육의 국어교육적 수용

1) 학습 내용 측면에서 본 하이퍼텍스트 이해교육

하이퍼텍스트 이해교육은 하이퍼텍스트의 기본 성질에 대한 기본적인 개념 정립에서부터 하이퍼텍스트를 어떻게 읽고 활용하는가의 텍스트 활용 방법, 하이퍼텍스트를 구성하는 문자 언어·음성 언어·동영상 등에 대한 상호작용성 이해와 더불어 사회·문화 전반에 대한 기본적인 이해를 바탕으로 이루어져야 한다.

첫째, 하이퍼텍스트 이해교육은 기존 텍스트와 구별되는 하이퍼텍스트의 비선형성·양방향성·다연결성·개방성·작독자 등의 개념 설명이 우선되어야 한다. 이미 잘 알고 사용하고 있음에도 불구하고 기본 개념에 대한 이해가 충분하지 못할 경우 하이퍼텍스트 교육은 효율적으로 이루어질 수 없다.

둘째, 하이퍼텍스트는 기존 텍스트의 선형성을 탈피했다는 비선형성과 다연결성에 의해 무한한 정보 공유가 가능하다. 사회·문화·예술 전반에 걸친 다양한 지식뿐만 아니라 경제나 과학과 관련된 정보를 습득하고 활용할 수 있다. 또한 문자 언어, 음성 언어, 동영상 등으로 이루어진 텍스트의 독특한 구성 형식에 의해 하이퍼텍스트 이해교육의 내용 구성은 범위를 한정할 수 없다.

셋째, 하이퍼텍스트 이해교육은 국어 지식을 확인하거나 채팅에서의 토론을 통해 의견을 나누며, 문학작품을 감상하는 데 효과적인 교육방법이 될 수 있다. 인터넷에 구축된 문법 사이트 등을 통해 올바른 문법 사용을 확인하거나, 한 가지 주제를 정해 찬반 토론을 나누면서 인터넷 정보 읽기를 통해 자신의 주장을 뒷받침할 근거를 세우는 것도 하이퍼텍스트 이해교육에서만 가능한 교육내용이다. 인터넷 정보를 활용한 토론 교육과 유머 읽기를 통해 은유적으로 사회를 읽어내는 유머 읽기는 사회에 대한 자신의 시각을 확립하는 가치관 교육으로 자리매김할 수 있다.

2) 교육방법 측면에서 본 하이퍼텍스트 이해교육

교육방법론적인 측면에서 하이퍼텍스트 이해교육이 종이로 구성된 기존 텍스트 이해교육보다 뛰어난 점은 무엇일까? 하이퍼텍스트의 비선형성, 양방향성, 다연결성, 개방성 그리고 독자 개념의 변화(작독자) 등은 읽기 교육의 변화를 불러왔다. 즉 다양한 정보 습득과 활용, 일방적인 교육방법의 변화가 그것이다.

첫째, 하이퍼텍스트 이해교육은 정보의 비판적 읽기 교육이 되어야 할 것이다. 인터넷은 미래를 이끌어가는 중심 매스미디어의 하나로 부각되었고, 다양한 정보의 홍수 속에서 얼마나 빠르고 정확하게 원하는 정보를 얻어낼 것인가는 정보사회의 필수 능력으로 요구되고 있다. 인터넷 운용이 일반화된 디지털 정보사회에서 상황에 적확한 유용한 정보를 읽고 선별하여 효율적으로 활용할 수 있는 능력은 사회적 동물로서 정보를 공유하고 창의적인 구성원으로 제 역할을 훌륭히 수행할 수 있다는 것을 의미한다.

따라서 하이퍼텍스트 이해교육은 원활한 일상생활을 위한 교육뿐만 아니라 진취적이며 창조적인 구성원이 되기 위한 교육이 될 것이다.

둘째, 하이퍼텍스트 이해교육은 응용 교육이 되어야 한다. 하이퍼텍스트 이해교육 과정에서 교사와 학생은 수업 활동을 통해 백과사전식 지식 획득뿐만 아니라 관련 정보들을 읽고 분류하여 다양한 학습 자료로 활용할 수 있다. 그러한 과정에서 표현교육의 가능성을 견지하고 있는데, 예를 들어 '어린왕자' 라는 단어는 '나이가 어린 왕자' 라는 단순한 국어사전식 지식에서부터 생텍쥐베리에 대한 이해와 더불어 작품 〈어린왕자〉에 대한 패러디까지 가능한 표현교육으로 확장될 수 있다. 디지털 서사 체험이나 채팅의 경우 표현교육이 동반될 때 가장 효과적인 이해교육이 이루어질 수 있다.

셋째, 하이퍼텍스트 이해교육은 다양한 형태의 언어 읽기를 요구한다. 이는 하이퍼텍스트가 문자 언어, 음성 언어, 동영상으로 구성될 수 있으며 서로 영향을 주고받으면서 독자와 상호작용을 갖는다는 구성적인 측면의 특징과도 연관된다. 인터넷 신문 읽기, 디지털 서사 체험, 유머 읽기, 광고 이해 등은 바로 여러 언어들로 이루어진 텍스트에 대한 이해로, 하이퍼텍스트 이해교육에서는 다른 형태로 표현되는 언어 간의 상호작용을 올바로 읽어내는 교육방법이 요구된다. 예를 들어 시를 감상할 때 음악과 동영상이 적절히 활용된다면 보다 풍부한 이해 과정을 경험할 수 있다.

넷째, 하이퍼텍스트의 양방향성에 의해 하이퍼텍스트 이해교육은 양방향 교육을 가능하게 한다. 기존의 교육방법은 획일적인 일방통행으로 학생은 교과서의 구성 방법과 차례에 따라 정해진 내용의 범주를 크게 벗어날 수 없었다. 반면 하이퍼텍스트 이해교육은 전자우편과 게시판 댓글, 대화방 채팅 등을 통해 학생이 자신의 의견을 교사에게 전달할 수 있으며, 교사는 학생 개개인별로 지도할 수 있게 되었다. 갈무리를 통한 토론 지도는 대량적인 기존 교실 환경의 단점을 극복하는 좋은 방법으로 제시될 수 있다.

3) 교육평가 측면에서 본 하이퍼텍스트 이해교육

사회 패러다임의 변화에 따라 교육은 '지식 습득'에서 '지식 활용'으로 중심점이 이동하게 된다. 강숙희(2002: 17)는 농경사회가 물질을 사용하는 단순 기능을 요구했던 반면 산업사회 이후엔 기존 지식이나 기술을 습득하는 것이 강조되었고, 20세기 후반 디지털 혁명 이후에는 어떤 지식을 어떻게 동원하여 문제를 해결할 수 있는지에 관한 논리적이면서 비판적인 지식을 보다 중요시하게 되었다고 설명한다. 이는 새로운 지식의 창출보다는 문제해결력과 창의력을 요구하는 교육이 중요해졌다는 것을 의미한다.

따라서 과거에는 교사 중심의 일방적인 지식 전달이 교육방법의 핵심이었다면 디지털 혁명 이후 사회에서의 교육은 이미 생성된 지식과 정보를 자신에게 맞게 수집·가공·활용되어 새로운 지식과 정보 창출에 얼마나 기여했는가가 중심이 되어야 한다. 그러한 의미에서 교육평가 역시 기존 지식 습득의 확인보다는 지식과 정보를 얼마나 잘 활용하여 문제를 창조적으로 해결하는 창의적인 문제 해결력을 함양했는가를 평가해야 할 것이다. 그러한 과정을 통해 학생들은 자신에게 주어진 지식을 수동적으로 소비하기보다는 적극적인 참여와 활용을 통해 새로운 의미를 창출해 낼 수 있는 주체적이며 능동적인 문제해결력을 지닌 지식의 생산자/소비자가 될 수 있을 것이다.

2 하이퍼텍스트 이해교육의 문화교육적 수용

1) 디지털 시대 문화교육의 측면에서 본 하이퍼텍스트 이해교육

오늘날 어린이와 청소년들의 언어 문화는 디지털카메라·인터넷·핸드폰 등으로 대표되는 각종 디지털 미디어의 보급 및 이로 인한 소통 방식의 변화를 간과하고는 온전히 이해할 수 없게 되었다. 하이퍼텍스트 이해교육 역시 디지털 미디어 교육이라는 보다 광범위한 맥락에서 교육의 장에 수용될 필요가 있다.

디지털 미디어는 문자 텍스트·사운드·이미지·동영상 등 다양한 형태의 정보로 이루어진 메시지 혹은 서비스가 하나의 미디어를 통해 제공되는 멀티미디어적 특성을 지니는 것으로(Monaco, 1999: 171), 이처럼 다양한 정보의 처리를 위해 디지털 압축·전송·복원 기술을 사용한다. 양방향성·다대다(多對多) 소통, 무한대에 가까운 커뮤니케이션 채널의 양적 확산 및 네트워크화, 다양한 형태의 정보 통합화 등을 특징으로 하는 디지털 커뮤니케이션은 신문·텔레비전·라디오 등과 같은 기존의 대중매체, 즉 '올드 미디어'의 일방적 소통 방식과는 근본적으로 다른 것으로 간주된다(Tyner,

1998; 윤준수, 1998).

새로운 미디어와 관련된 문화교육의 담론은 어린이·청소년과 미디어의 관계에 대한 과거 지향적 성향의 '보호주의적' 담론과 미래 지향적 성향의 '낙관주의적' 담론으로 대립하고 있다(Buckingham, 2000/2004: 78-83; 정현선, 2004). 한편에는 전자매체의 발달에 따라 어린이들이 인쇄매체로부터 멀어져가고 있다는 위기의식(Postman, 1983)을 바탕으로, 어린이들의 삶에 미치는 테크놀로지 전체의 영향에 대한 지극히 염세적인 설명(Postman, 1992/2001)이 존재한다.[1] 이때는 디지털 미디어의 교육적 가능성이 아니라 오락매체 기능에 초점이 맞추어지는데, 예를 들어 인터넷과 컴퓨터 게임의 유해성과 위험성에 대한 우려를 바탕으로 한 유해정보 차단, 정보 감시, 인터넷 중독 예방 차원의 교육 등(청소년보호위원회, 2003)은 이러한 담론의 연장선상에 있는 것으로 볼 수 있다. 성차별적 고정관념이나 부정적 역할 모델, 인터넷 포르노 사이트, 언어 파괴 등의 부정적 영향에 대한 우려가 정보통신 윤리에 대한 보수주의적 접근으로 이어지고 있는 것이다.

한편 이와는 정반대로 'N세대론'으로 대표되는 낙관주의적 담론도 존재한다. 여기서는 디지털 미디어를, 인쇄매체 및 텔레비전과 같은 '올드 미디어'의 선형적 사고방식의 한계를 뛰어넘어 새로운 학습형태를 가져오는 것으로 간주하며, 이러한 새로운 접근법에 대해 가장 반응을 잘하는 이들이 어린이들이라고 본다(Tapscott, 1998/1999; 권성호, 2002). 이런 유토피아적 사고는 컴퓨터가 우리 모두를 작가 혹은 예술가로 만든다는 식의 논의로 이어지는데, 이는 디지털 미디어의 기술적 특성으로 인한 가능성을 어린이들의 세대적 특성으로 곧바로 연관짓는 것, 즉 어린이·청소년과 미디

1) 이러한 담론에는 인쇄매체 기반의 리터러시가 인간성 순화의 효과가 있는 것으로, 영상 이미지가 지배적인 전자매체는 비이성적인 감각 위주의 경험을 조장하는 것으로 간주하는 문자중심주의와 이성중심주의적 사고가 내재되어 있다.

어 기술 간의 관계를 즉각적 · 직접적 · 자동적인 과정으로 설명하는 데서 생겨난다. 인터넷과 같은 새로운 미디어는 민주적이고 참여적인 의사소통을 보장하며, 이러한 참여적 미디어에 대해 N세대는 자동적인 친화력을 갖고 있다는 식의 논의(최혜실, 2003a ; 황상민, 2004)가 그 대표적인 예이다.

그런데 이처럼 양극화된 논의는 어린이·청소년이 디지털 미디어를 현실세계에서 접하면서 생겨나는 여러 가지 문제 혹은 흥미로운 양상들의 복합적 측면을 특정한 시각에서 단순화해 버림으로써 생산적인 교육적 개입의 가능성을 차단해 버린다. 그러나 최근 미국에서 이루어진 인터넷 사용자의 12개 국 비교 연구 결과에 따르면, 인터넷 사용의 급격한 증가에도 불구하고 인터넷 사용자들의 주당 평균 독서 시간과 사교 시간은 비사용자들에 비해 대체로 더 많은 것으로 드러났다.[2] 이와 관련하여 버킹엄(Buckingham)은 인쇄매체와 전자매체 간의 대립에 대한 시각, 예를 들어 텔레비전 시청이 책 읽기의 자리를 앗아가버렸다는 인식은 매우 모호하고 근거가 없는 것이라고 주장한다(Buckingham, 2000/2004: 70). 텔레비전은 만화책 읽기나 라디오 청취와 같은 '기능적으로 비슷한' 행위를 대체한 것이지, 독서 행위 자체를 대체한 것은 아니라는 점을 많은 연구들이 입증하고 있다.

한편 새로운 테크놀로지와 어린이·청소년 간의 관계를 자동적이고 자연스러운 것으로 보는 낙관주의적 담론은 사회적 계층, 성, 인종, 부모의 교

2) UCLA 커뮤니케이션 정책센터(Center for Communication Policy)의 보고서 〈디지털 미래에 대한 조사(Surverying the Digital Future)〉(UCLA, 2003)에 따르면, 인터넷 사용자와 비사용자의 주당 평균 독서 시간은 칠레(4.3/3.4), 독일(2.3/2.5), 헝가리(5.6/3.2), 일본(2.6/1.6), 한국(1.9/1.2), 싱가포르(6.3/2.1), 스웨덴(5.0/3.9), 미국(4.7/5.4) 등으로, 독일과 미국을 제외하고는 대체로 인터넷 사용자의 독서 시간이 더 높은 것으로 나타났다. 또한 인터넷 사용자와 비사용자 간의 주당 평균 사교 시간을 비교한 결과, 영국(11.7/10.0), 독일(12.6/12.3), 헝가리(10.8/5.0), 한국(9.4/7.5), 일본(10.5/7.4), 싱가포르(11.3/7.1), 스웨덴(10.5/8.9), 타이완(23.0/18.1), 미국(8.4/8.2) 등으로 인터넷 사용자의 사교 시간이 비사용자에 비해 월등히 높은 것으로 나타났다. 이처럼 인터넷 사용이 독서 감퇴, 사교성 결여 등과 같은 부정적 결과를 초래할 것이라는 사회적 우려와는 정반대의 결과가 나타난 것은 인터넷이 독서를 대체하는 것이 아니며, 인터넷 사용 자체도 사회적 행위 가운데 하나임을 보여주는 것이라 하겠다.

육 수준과 관심의 정도 등으로 인한 문화자본의 불균등한 분배를 간과한다. 이처럼 교육을 문화로 환원시켜 버리는 논리는 개별 학생들의 기술 친화 정도 간의 차이를 무시함으로써 학교교육의 역할을 소홀히 한다는 점(Tapscott, 1998/1999)에서 문제가 있다.

이런 점을 고려할 때 하이퍼텍스트 이해교육 역시 어린이·청소년과 디지털 미디어의 관계에 대한 논의와 마찬가지로, 보호주의나 낙관주의와 같은 단순한 이분법을 넘어 의사소통의 새로운 기술 발전으로 인해 리터러시 개념 자체가 변화하고 있는 상황에 대해 인정하고, 보다 생산적인 논의로 나아갈 필요가 있음을 알 수 있다.

2) 디지털 '생비자'를 위한 미디어 리터러시 교육과 하이퍼텍스트 이해교육

앞서 논의한 바와 같이 극단적인 형태의 낙관주의적 담론으로 흐를 가능성에 대해서는 경계해야겠지만, 디지털 미디어의 등장이 정보 이용자로서만이 아니라 정보의 창조자, 제공자로서의 어린이와 청소년들의 능력 배양에 대한 관심을 촉발시킨 것은 사실이다. 신문이나 방송과 같은 전통적인 대중매체의 경우에는 일반인들이 생산자로서 접근하는 것 자체가 거의 불가능했던 데 비해, 디지털카메라·인터넷 등과 같은 디지털 미디어의 경우에는 상대적으로 가격이 저렴하고 조작법을 배우기가 쉬워 일반인들의 접근성이 커졌기 때문이다.

이처럼 디지털 미디어는 미디어 자체에 대한 접근 가능성의 증대에 따라 소비자(독자)와 생산자(작가) 간의 엄격한 구분을 허물어뜨렸다. 최근의 미디어 교육이 직접 영상물이나 웹사이트를 제작하고, 이를 바탕으로 미디어의 내적 원리를 이해하는 데 초점을 맞추게 된 것(안정임, 2002)도 이와 같은 디지털 미디어의 접근성 증대에 힘입은 바 크다. 이에 따라 이제 미디어 리터러시 교육은 단지 미디어의 수용자로서가 아니라 생산자 및 유통자로서의 어린이와 청소년의 능력을 기르는 데 관심을 갖게 되었다.

한편 디지털 미디어의 소통적 특성 가운데 하나인 '하이퍼텍스트'는 열린 텍스트 구조를 특징으로 한다는 점에서, 독자나 관객이 텍스트의 의미 생산에 적극적으로 개입하여 텍스트 자체를 변형하거나 새롭게 창조할 수 있도록 허용한다. 테오도르 넬슨(Theodor Nelson)에 의해 1960년대에 생성된 용어인 하이퍼텍스트는 전자매체에 의해 생산되는 텍스트의 형태로서 '비연속적 글쓰기', 즉 곳곳에서 갈라지며 독자들에게 선택을 허용하고 양방향 의사소통이 가능하며, 컴퓨터 스크린 상에서 가장 잘 읽히는 텍스트인 '비선형적 텍스트'이다(Landow, 1997/2001: 14). 하이퍼텍스트로 씌어진 문학을 읽는 독자는 텍스트 상에서 자신이 원하는 독서 방법을 선택할 수 있고, 다른 사람들이 쓴 텍스트를 인용해서 자신의 텍스트 일부로 삼을 수 있으며, 다른 사람들이 쓴 텍스트와 자신이 쓴 텍스트를 링크로 연결해 놓을 수 있다는 점에서 작가의 고유 역할을 일부 담당할 수도 있는데, 이런 점에서 독자 겸 작가, 즉 '작독자(Wreader, reader-as-author)'로 일컬어지기도 한다(류현주, 2000: 143-145).

물론 하이퍼텍스트의 독자가 곧바로 저자가 된다는 생각은 과장된 기대에 불과하다. 그럼에도 불구하고 더 이상 완결된 텍스트가 독자에게 일방적으로 주어지는 것이 아니라는 사실은, 텍스트들이 서로 연합되어 있는 네트워크에서 자기만의 읽기 과정을 구성하는 보다 적극적인 역할을 독자들에게 부여한다(유현주, 2003: 29-33). 이제 비선형적으로 네트워크되어 있는 텍스트들 사이를 자유롭게 이동하는 디지털 독자들은, 글이 씌어진 본래의 의도와는 완전히 독립적인 방식으로 텍스트를 읽을 수 있게 되었고, 따라서 애초에 텍스트를 생산한 이의 의도와 맥락은 쉽게 무시될 수도 있게 되었다(배식한, 2000: 35).

그런데 이처럼 '웹'이라는 비선형적 텍스트의 네트워크 안에 위치 지워진 디지털 '생비자'는 보다 적극적인 의미 생산자로서의 독자가 되는 데서 더 나아가, 스스로 미디어 텍스트를 생산하고 유통시킬 수 있는 수단까지 갖게 되었다. 이와 같은 생비자의 '권한 부여(empowerment)'에 기여한 기술에는 디지털카메라·플래시 애니메이션·포토샵 등과 같이 영상 이미지 생산에 소용되는 하드웨어 및 소프트웨어, 그리고 초고속인터넷 망의 보급이 포함된다. 모든 정보를 0과 1의 신호로 바꾸는 디지털 기술은 다양한 미디어의 '융합(convergence)'을 특징으로 한다. 이에 따라 디지털 생비자는 문자·소리·이미지·동영상·애니메이션 등 다양한 방식의 기호와 의미 패턴이 복합적이고 중층적으로 결합되는 '멀티모드 텍스트(multimodal text)'(Kress & Van Leeuwen, 2001)의 생산 능력을 갖게 되었다. 이러한 변화는 문자 언어와 음성 언어 그리고 인쇄매체를 기반으로 한 기존의 리터러시 교육에 엄청난 도전을 야기하고 있다.

이와 관련하여, 최근 1~2년 사이에 급속도로 대중화된 '블로그(blog)'[3]는 개인의 일지·감상·논평 등을 시간 흐름에 따라 자유롭게 웹에 '띄우는(posting)' 것으로, 복잡한 컴퓨터 기술을 습득하지 않고도 누구나 쉽게 자신만의 사이버 공간을 가질 수 있도록 한다. '1인 미디어의 혁명'으로까지 불리는 블로그는 하나의 네트워크에서 수많은 사람들이 세계에 대한 경험을 공유할 수 있다는 인터넷의 특성을 가장 잘 구현한 것으로 평가받고 있다. 한편 하이퍼텍스트적으로 구성된 본격적인 하이퍼 문학의 범주에는 들지 못하지만, 인터넷이라는 하이퍼미디어 공간에서 비제도적으로 생산된 인터넷 소설들이 성공하고 있는 것은 작가와 독자 간의 경계가 허물어지고

3) '웹(web)'과 '로그(log)'의 합성어.

있음을 잘 보여준다. 하이퍼텍스트는 이처럼 이전의 미디어 기술에 비해 누구나 '작가'가 될 수 있도록 표현과 출판의 방식을 민주화한 것이다.

이른바 '뉴런던 그룹(The New London Group)'에 의해 촉발된 문제의식인 '멀티리터러시 교육(multiliteracies pedagogy)'의 기획은 이처럼 텍스트의 의미 조직 패턴, 커뮤니케이션 경로 및 이를 통해 생산·유통되는 문화적 가치가 다양해진 시대의 리터러시 교육이 어린이와 청소년을 미래사회의 능동적 '디자이너'이자 사회적 변화의 참여자로서 길러내기 위해 근본적으로 변화해야 함을 천명한 것이었다(New London Group, 1996). 디지털 미디어의 본격적인 도래로 인해 이제 우리가 교실에서 만나는 어린이와 청소년들은 스스로의 일상적 삶에서 다양한 언어 및 기호의 복합적 의미 패턴으로 이루어진 정보적·미적 텍스트를 다양하게 수용·생산·유통시키고 있다. 이런 맥락에서 볼 때, 학교에서 리터러시 교육을 일차적으로 담당하고 있는 국어교육에서도 이제 멀티리터러시 교육의 필요성이라는 의제를 본격적으로 논의할 필요가 있는 것으로 보인다.

한편 이러한 도전은 텔레비전이나 신문, 영화 등 디지털 미디어와는 사뭇 다른 소통 방식을 지닌 '올드 미디어'에 초점을 맞추었던 기존의 미디어 교육 모델에도 상당한 도전이 되고 있다. 이러한 도전은 지금까지 논의한 '생비자'의 출현에 관련된 문제뿐 아니라, 디지털 미디어가 수용자에게 제공하는 '가상현실(virtual reality)'의 체험, 즉 현실보다 더 현실적인 체험을 포함한다. 특히 후자는 디지털 미디어의 특징으로 일컬어지는 이성과 감성의 융합이 정보적 텍스트와 미적 텍스트 간의 구분, 그리고 정보 취득과 미적 체험 간의 명확한 구분을 흐려놓는다는 점에서, 궁극적으로는 텍스트를 통한 현실 인식에 대한 근본적인 재고를 요구하는 것으로 받아들여지고 있다.

3) 가상현실 체험을 통한 정체성 구성

디지털 미디어 수용자의 텍스트 체험에 관한 가장 흥미로운 논의 중 하나는 컴퓨터 게임을 통해 사람들이 "텍스트뿐 아니라 자신까지 창조한다" (Tuckle, 1995/2003: 12)는 것, 즉 게임 속 사회적 상호작용을 통하여 새로운 자아를 구축한다는 것이다. 이러한 논의는 디지털 미디어의 시뮬레이션 효과와 관련된 것인데, 특히 어린이와 청소년의 가상공간에 대한 지나친 몰입이나 중독이 현실과 가상현실의 구분을 가로막는 심리적·정신적 '장애' 상태를 초래할 수 있다는 우려를 낳기도 한다. 실제로 가상현실 공간에서의 이야기 전개상 필요한 '사이버 머니'를 구하기 위해 현실 공간에서 구매 행위가 벌어지고, 이러한 행위가 현실에서의 사기 등 범죄 행위로까지 이어지는 심각한 사회적 문제로 대두되면서 '사이버 중독'과 같은 의학적 담론이 등장하게 된 것이 그 예라 할 수 있다.[4] 이러한 부정적 시각에 바탕을 둔 미디어 교육은 인터넷의 기본적인 사용법과 인터넷 유해정보로부터 자신을 보호하는 훈련법과 같은 정보통신 윤리교육에 초점을 맞추는 경향이 있다(안정임, 2002a).

이와는 달리, 가상현실에 대한 수용자의 몰입에 대해 디지털 미디어가 인간의 감성에 작용하는 새로움 자체에 주목하는 견해도 존재한다. 시각적·본능적·즉각적·감성적·직관적·총체적으로 열정과 관련되어 있는 '더운 의사소통(hot communication)'에 관련된 우뇌가, 이성적·분석적·논리적·개념적·추상적 영역을 담당하는 좌뇌에 비해 상대적으로 더 발달되어 있는 이른바 '영상세대'의 특성과 관련되어 있다는 시각은 그 대표적인 예이다

4) 이러한 언론 보도의 대표적 사례는 '중독자인가, 마니아인가', 〈시사저널〉 제633호, 2001. 12. 13일자 기사; '아동 경찰서 출입 "온라인 게임"이 주범', 〈문화일보〉 2003년 11월 8일자 기사 등을 들 수 있다.

(정근원, 1993; 최혜실, 2003b). 한편 이처럼 디지털적 감성을 특정한 연령대의 고유한 특성으로 국한하지 않고 인간의 존재 자체에 변화를 가져오는 것으로 파악하는 논의도 있다. 이러한 시각에서는 디지털이 단순한 '테크닉의 논리'가 아니라 감성 융합을 가능하게 하는 '센소러지(sensology)', 즉 '감성의 로직(the logic of sense)'을 가져오며, 나아가 '나눔의 로직(the logic of share)'으로 나아가게 한다고 주장한다(정진홍, 2001: 144-146). 디지털은 단순히 '0과 1의 조합'이 아니라 '느낌·감각·감성의 융합'을 가져오며, 아날로그와 대립하기보다는 오히려 아날로그적 요소와 결합함으로써 새로운 가치를 발생시킨다는 것이다. 일종의 '디지털 존재론'이라 할 만한 이와 같은 논의들은 사실상 명확한 근거가 없는 신념에 가까운 것이지만, 그럼에도 불구하고 디지털 미디어에 대한 수용자의 체험이 지닌 질적 차별성에 주목하게 한다는 점에서 의미가 있다.

텍스트의 의미를 구성하는 수용의 과정에서 독자/관객/수용자가 현실의 의미를 스스로 구성하게 되고, 이를 통해 새로운 정체성을 형성하게 된다는 것은 구성주의 의사소통이론, 수용미학, 문화연구, 문학교육론 등에서 폭넓게 논의되어 왔다. 특히 문학적 텍스트의 수용 과정에서 일어나는 현실에 대한 상상적·허구적 체험은 삶의 새로운 지평을 열어가는 데 도움을 준다는 생각은 미적 교육의 일환인 문학교육의 대전제와도 같은 것이다.

이런 관점에서 볼 때 문학예술의 과제는 '있는 현실'의 '재현(representation)'이 아니라 '없는 현실'을 비로소 있게 하는 '현시(presentation)'에 있으며, "작품의 진리는 현실의 정직한 증언이 아니라 없는 현실을 만드는 창조의 힘에 있다"는 주장(진중권, 2004)에 주목할 필요가 있다.

미디어에 의해 구성되는 가상현실이 특히 문제로 제기되는 것은 오늘날 세계에 대한 인식과 체험이 주로 미디어를 통해 이루어지고 있다는 점, 그런데 이제는 미디어도 마치 예술과 같이 더 이상 현실을 재현하지 않고, '없는 현실', 즉 가상현실을 만들어내려고 한다는 사실과 관련된다. 그러나 어쩌면 정말로 중요한 문제는 미디어 수용자들이 현실과 가상현실을 실제로 구분하는가 그렇지 못한가에 있는 것이 아니라[5], 실제 현실보다 더 현실같이 느껴지는 가상현실의 체험이 과연 수용자들에게 어떤 인식과 감성을 불러일으키는가에 있는 것이 아닌가 한다. 이는 우리가 문학이나 영화 속에 나오는 사랑 이야기가 실제 현실 속의 사랑과는 사뭇 다른 '상상의 산물'임을 잘 알면서도, 정서적으로는 매우 현실감 있는 체험을 하게 되는 '정서적 사실주의(emotional realism)'(Ang, 1985)의 존재를 통해서도 알 수 있다. 오히려 더욱 중요한 것은 '없는 현실'의 창조란 '있는 현실'의 조작일 수도 있다는 점에서, 우리가 체험하는 현실이 과연 누구의 시각에서 어떠한 의도로, 누구의 이해관계에 봉사하기 위해 구성된 현실인가에 대해 반성적으로 질문하는 것이라 본다.

지금까지 디지털 미디어는 생산자와 소비자의 명확한 구분을 무너뜨리는 한편 복합적 기호 작용을 통한 멀티모드 패턴의 텍스트 생산을 누구나 쉽게 할 수 있게 한다는 점에서, 또한 감성적 논리가 강한 가상현실의 체험을 강화한다는 점에서 새로운 소통 능력을 필요로 하게 되었음을 논의하였다. 비록 디지털 미디어의 확산으로 인해 전통적인 리터러시 교육에 대해 여러 가지 도전이 제기되고 있는 것은 사실이다. 그러나 언어와 문학을 중심으로 한 소통 능력의 교육을 담당해 온 국어교육이 디지털 미디어에 의해 생산되는 정보적 텍스트와 미적 텍스트의 수용과 생산에 대한 교육에서도 여전히 중심적 위치를 차지할 수밖에 없다.

5) 어린이들이 일정한 발달 단계에 도달하면 미디어에 나타난 이미지가 현실의 실제와는 다른 것임을 알게 된다는 발달심리학적 연구가 이를 입증한다. 자세한 내용은 Buckingham(2000/2003)의 제6장 '패러다임의 변화'를 참조할 것.

그러나 이는 기존의 국어교육에서 논의되어 온 리터러시의 재개념화(박인기, 2002; 최인자, 2002; 정현선, 2004)를 수반해야 하는 것으로, 보다 풍부한 학계의 이론적 논의와 더불어 현장 실천을 통한 검증이 필요하다고 하겠다. 이는 앞으로의 연구 과제로 남아 있다.

부록

1. 하이퍼텍스트 이용 실태 조사 설문지
2. 하이퍼텍스트 이해교육 실태 조사
3. 인터넷 신문 사전 설문지
4. 인터넷 신문 사후 설문지
5. 하이퍼 문학 교사 정리
6. 하이퍼 문학 사전 설문
7. 하이퍼 문학 사후 설문
8. 인터넷 유머 학생용 설문지
9. 인터넷 유머 교사용 설문지
10. 인터넷 유머 각 차시별 학습지 및 학습자료

HyperText

〈부록 – 1〉 하이퍼텍스트 이용 실태 조사 설문지

ID	

청소년의 하이퍼텍스트 이용 실태 조사

이 설문은 서울대학교 국어교육연구소에서 실시하고 있는 '하이퍼텍스트의 이해교육 연구'를 위한 조사 차원에서 작성된 것입니다. 우리나라 청소년들의 하이퍼텍스트 이용 실태를 조사하고, 하이퍼텍스트의 이해교육의 필요성을 알아보는 데 그 목적이 있습니다. 각 설문 항목에 대한 정답은 없으며, 여러분의 응답 내용은 외부로 유출되지 않을 것입니다. 또한 설문 결과는 연구 이외의 다른 목적으로 사용하지 않을 것입니다.

2003년 5월

서울대학교 국어교육연구소

1. 인터넷에서 다음을 어느 정도 사용하십니까?

	전혀 이용하지 않는다	거의 이용하지 않는다	보통이다	많이 이용한다	매우 많이 이용한다
(1) 이메일	①	②	③	④	⑤
(2) 정보 검색	①	②	③	④	⑤
(3) 인터넷 뉴스	①	②	③	④	⑤
(4) 쇼핑	①	②	③	④	⑤
(5) 오락·게임	①	②	③	④	⑤
(6) 커뮤니티	①	②	③	④	⑤
(7) 메신저·채팅	①	②	③	④	⑤

2. 인터넷 이용시 첫 화면 중에서 가장 먼저 읽는 위치는 어디입니까?

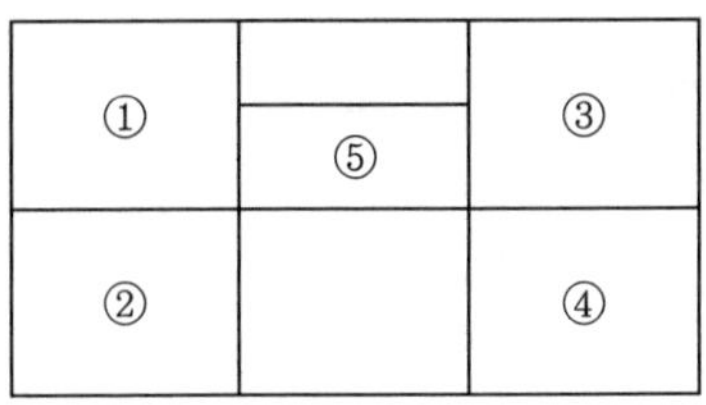

3. 인터넷 포털 사이트(다음, 네이버, 야후 등)의 초기 화면에서 두 번째 화면으로 넘어가게 되는 주된 이유는?

① 더 자세한 정보를 얻고 싶어서

② 제목이 눈에 띄어서

③ 동영상이 눈길을 끌어서

④ 경품에 대한 관심 때문에

⑤ 기타 ____________

4. 다음 순서 중 자신의 인터넷 화면 읽기 순서와 가장 가까운 것을 고르시오.

① 전체 구조를 먼저 본 다음 세부 항목으로 들어간다.

② 관심 있는 제목을 먼저 본 다음 세부 항목으로 들어간다.

③ 사진이나 그림을 먼저 본 다음 세부 항목으로 들어간다.

④ 검색 창에서 검색 후 세부 항목으로 들어간다.

⑤ 순서 없이 본다.

5. 인터넷 신문에서 댓글(인터넷 독자 의견란)을 읽은 적이 있는가? (없다면 6번으로, 있다면 5-1번으로 가시오.)

전혀 없다	거의 없다	보통이다	많이 있다	매우 많이 있다
①	②	③	④	⑤

5-1. 다음 중 인터넷 신문에서 먼저 읽는 것을 고르시오.

① 헤드라인(표제)이나 개요를 먼저 본다.

② 사진이나 그림을 먼저 본다.

5-2. 인터넷 신문에서 관심 있게 읽는 부분을 하나만 고르시오.

① 정치 ② 경제 ③ 사회 ④ 문화 ⑤ 연예·오락 ⑥ 스포츠

⑦ 기타 ____________

5-3. 인터넷 신문 기사에 대한 댓글(인터넷 독자 의견란)을 읽었을 때 느낌은?

	전혀 그렇지 않다	거의 그렇지 않다	보통이다	많이 그렇다	매우 많이 그렇다
(1) 욕설 등 비어가 많다.	①	②	③	④	⑤
(2) 토론이나 주장이 재미있다.	①	②	③	④	⑤
(3) 비논리적이다.	①	②	③	④	⑤
(4) 다른 사람의 다양한 의견을 알 수 있다.	①	②	③	④	⑤
(5) 나와 생각이 같은 주장이 있어 좋다.	①	②	③	④	⑤

5-4. 인터넷 신문 기사를 읽고 댓글(독자 의견란)을 쓸 때 어떤 방식으로 글을 씁니까?

	전혀 그렇지 않다	거의 그렇지 않다	보통이다	많이 그렇다	매우 많이 그렇다
(1) 비어·속어를 섞어 쓴다.	①	②	③	④	⑤
(2) 인터넷 파급 효과를 생각하며 쓴다.	①	②	③	④	⑤
(3) 감정을 절제하여 쓴다.	①	②	③	④	⑤
(4) 훈계조로 쓴다.	①	②	③	④	⑤
(5) 논리적으로 의견을 밝힌다.	①	②	③	④	⑤

6. 원하는 인터넷 정보를 찾다가 목적과는 다른 사이트나 정보를 보고 시간을 허비했다고 생각한 적이 있는가?

전혀 그렇지 않다	거의 그렇지 않다	보통이다	많이 그렇다	매우 많이 그렇다
①	②	③	④	⑤

7. 다음의 정보를 어느 정도 믿을 만하다고 생각하십니까?

	전혀 믿지 않는다	거의 믿지 않는다	보통이다	많이 믿는다	매우 많이 믿는다
(1) 공공기관의 홈페이지 정보	①	②	③	④	⑤
(2) 사설기관 홈페이지 정보	①	②	③	④	⑤
(3) 개인 홈페이지 정보	①	②	③	④	⑤
(4) 양이 많은 홈페이지 정보	①	②	③	④	⑤
(5) 치밀하게 구성된 홈페이지 정보	①	②	③	④	⑤

8. 인터넷의 정보와 책의 정보를 어느 정도 믿을 만하다고 생각하십니까?

	전혀 믿지 않는다	거의 믿지 않는다	보통이다	많이 믿는다	매우 많이 믿는다
(1) 인터넷 정보	①	②	③	④	⑤
(2) 책 정보	①	②	③	④	⑤

9. 하루 평균 컴퓨터 게임을 즐기는 시간은 얼마나 됩니까?

① 1시간 미만　　② 1~2시간

③ 2~3시간　　④ 3시간 초과

10. 생활 경험 중 게임 내용(폭력)과 동일화된 행동을 한 경험이 있습니까?

전혀 없다	거의 없다	보통이다	많이 있다	매우 많이 있다
①	②	③	④	⑤

11. 롤 플레잉 게임(Role Playing Game) 중에서 어떤 종류의 게임을 선호하십니까?

① 전쟁 이야기　　② 역사 이야기　　③ 사랑 이야기

④ 스포츠　　⑤ 모험 이야기

12. 게임에서 아이템 구매를 위한 비도덕적 행위를 해도 괜찮다고 생각하십니까?

① 성장도를 위해서는 비도덕적인 행위도 용납될 수 있다.

② 아이템 획득을 위한 비도덕적인 행위는 지양되어야 한다.

③ 현실사회가 아닌 온라인 상의 행위이기 때문에 비도덕적 행위에 대한 윤리의식을 느끼지 않는다.

④ 관심 없다.

13. 게임의 윤리가 생활의 윤리에 영향을 미친다고 생각하십니까?

전혀 그렇지 않다	거의 그렇지 않다	보통이다	많이 그렇다	매우 많이 그렇다
①	②	③	④	⑤

14. 개선해야 할 게임의 내용은 무엇이라고 생각하십니까?(한 가지만 선택)

① 뚜렷한 선인과 악인의 구조

② 캐릭터의 영웅적 설정

③ 남녀 차별

④ 권선징악의 구조

⑤ 게임 내용(소재)의 단순함(전쟁 이야기 위주)

※ <u>시사토론방에 참여한 경험이 없다면 19번으로, 참여한 경험이 있다면 15번으로 가시오.</u>

15. 시사토론방 '주제가 있는 토론방' 에 참가하여 의견을 올린 적이 있으면 얼마나 자주 의견을 올립니까? (예: 야간 자습 혹은 0교시 폐지 등)

① 한 번도 없다.

② 하루에 한 번 정도

③ 2~3일에 한 번 정도

④ 일주일에 한 번 정도

⑤ 한 달에 한 번 정도

16. 시사토론방에 참가하는 주요 목적은 무엇입니까?(한 가지만 선택)

① 다른 이들의 의견을 관찰하기 위해서

② 나의 의견을 펼치기 위해서

③ 주제에 대해 더 자세히 알기 위해서

④ 인터넷 검색하다가 우연히(목적 없음)

17. 시사토론방에서 글 쓸 때의 특징을 고르시오.

	전혀 그렇지 않다	거의 그렇지 않다	보통이다	많이 그렇다	매우 많이 그렇다
(1) 논리적으로 전개한다.	①	②	③	④	⑤
(2) 감정을 절제한다.	①	②	③	④	⑤
(3) 상대방 감정을 고려한다.	①	②	③	④	⑤
(4) 욕설이나 비방을 한다.	①	②	③	④	⑤
(5) 감정기호(이모티콘) 등 시각 언어를 사용한다.	①	②	③	④	⑤

18. 시사토론방에 참가하여 나와 반대되는 의견을 개진하는 사람에 대해 어떻게 반응합니까?

① 나와 다르므로 무관심하다.

② 상대가 옳지 않다는 것을 논리적으로 일깨워준다.

③ 욕설이나 감정으로 강력하게 대응한다.

④ 나와 의견은 다르지만 타당하면 수용한다.

19. 인터넷 광고와 신문 광고, 텔레비전 광고에 대한 신뢰도(믿음)를 묻는 문항입니다. 각각에 대해 답해주세요.

	전혀 믿지 않는다	거의 믿지 않는다	보통이다	많이 믿는다	매우 많이 믿는다
(1) 인터넷 광고	①	②	③	④	⑤
(2) 신문 광고	①	②	③	④	⑤
(3) 텔레비전 광고	①	②	③	④	⑤

20. 인터넷 광고를 클릭하는 가장 큰 이유는?(한 가지만 선택)

① 음악이 재미있어서

② 화상이나 이미지가 재미있어서

③ 경품이나 게임이 있어서

④ 물건에 대한 정보가 흥미로워서

⑤ 기타 ____________

21. 인터넷 유머를 즐겨 보는 가장 큰 이유는?(한 가지만 선택)

① 인터넷 유머는 최신판이기 때문에

② 말로 표현할 수 없는 것까지 인터넷에 올라와 있기 때문에

③ 야한 유머가 많아서

④ 동영상도 함께 볼 수 있어서

⑤ 기타 ____________

22. 인터넷 유머에 대해 어떻게 생각하십니까?

	전혀 그렇지 않다	거의 그렇지 않다	보통이다	많이 그렇다	매우 많이 그렇다
(1) 야한 유머가 많다.	①	②	③	④	⑤
(2) 은어·속어·비어·욕설이 많다.	①	②	③	④	⑤

23. 사이버 문학을 접해 본 적이 있습니까?(* 없다면 40번 질문으로, 있다면 24번으로 가시오.)

	전혀 없다	거의 없다	보통이다	많이 있다	매우 많이 있다
(1) 시	①	②	③	④	⑤
(2) 소설	①	②	③	④	⑤
(3) 수필	①	②	③	④	⑤
(4) 희곡	①	②	③	④	⑤

24. 사이버 문학을 처음 접한 경로는 무엇입니까?

① 학교 교사의 권유로

② 사교육 교사의 권유로

③ 친구의 권유로

④ 인터넷 이용 도중에 우연히

⑤ 자발적인 사이트 검색으로

25. 책과 비교하여 사이버 문학의 가장 큰 특징이 무엇이라고 생각합니까?

① 누구나 이어 쓰기가 가능한 미완성 문학이다.

② 누가 창작했는지 작가가 불분명하다.

③ 이어 쓰기를 통해 작가로 참여할 수 있다.

④ 소설을 읽고 이를 시의 형태로 이어 쓸 수 있다.

⑤ 전문작가가 아니어도 작품을 발표(게재)할 수 있다.

26. 사이버 문학의 가장 큰 장점은 무엇이라고 생각합니까?

① 인터넷 사이트를 통해 쉽게 읽을 수 있다.

② 감정표출이 여과 없이 표현된다.

③ 직접 창작에 참여할 기회가 있어 좋다.

④ 내용을 이해하기 쉽다.

⑤ 재미있다.

⑥ 기타 ____________

27. 사이버 문학에 대한 교육을 접한 경험이 있습니까?(* 없다면 29번으로, 있다면 28번으로 가시오.)

전혀 없다	거의 없다	보통이다	많이 있다	매우 많이 있다
①	②	③	④	⑤

28. 사이버 문학에 대한 교육을 경험했다면, 주로 무엇을 통해 이루어졌습니까?

① 국어 교과서에 명시되어서

② 수업 활동 중 교사의 지도가 있어서

③ 인터넷을 이용하면서 우연히

④ 국어 교과서의 자습서나 기타 학습자료를 통해서

※ 사이버 시를 읽어보았다면 29번으로, 읽어본 경험이 없다면 31번으로 가시오.

29. 사이버 시를 접한 경험이 있다면, 어떤 형태로 이용합니까?

① 원전을 읽기만 한다.

② 원전을 읽고 창작에 참여한다.

③ 독자들이 참여하여 창작된 시만 읽는다.

④ 작품에 대한 토론방에 참석한다.

⑤ 원전이나 혹은 독자들이 쓴 시를 읽기만 하지 창작이나 토론방에 참여하지 않는다.

30. 사이버 시를 접한 경험이 있다면, 사이버 시를 읽은 후 느낌은?

	전혀 그렇지 않다	거의 그렇지 않다	보통이다	많이 그렇다	매우 많이 그렇다
(1) 내용이 진지하지 않고 가볍다.	①	②	③	④	⑤
(2) 진실성이 결여되어 있다.	①	②	③	④	⑤
(3) 문학적인 기법 수준이 낮다.	①	②	③	④	⑤
(4) 유치한 내용이다.	①	②	③	④	⑤
(5) 문학성이 높다.	①	②	③	④	⑤

31. 사이버 시를 접한 경험한 적이 없다면 그 이유는?

① 사이트 주소를 몰라서

② 사이버 시가 무엇인지 몰라서

③ 사이버 시에 대한 교육을 받지 않아서

④ 시험에 나오지 않아서

⑤ 작가가 유명한 사람이 아닐 것 같아서

※ 사이버 소설을 읽어보았다면 32번으로, 읽어본 경험이 없다면 40번 질문으로 가시오.

32. 사이버 소설을 접한 경험이 있다면, 어떤 형태로 이용합니까?

① 원전을 읽기만 한다.

② 원전을 읽고 창작에 참여한다.

③ 독자들이 참여하여 창작된 소설만 읽는다.

④ 작품에 대한 토론방에 참석한다.

⑤ 원전이나 혹은 독자들이 쓴 소설을 읽기만 하지 창작이나 토론방에 참여하지 않는다.

33. 사이버 소설을 읽은 후 느낌을 하나만 든다면?

① 내용이 진지하지 않고 가벼운 것 같다.

② 진실성이 결여되어 있다.

③ 문학적인 기법 수준이 낮다.

④ 유치한 내용이다.

⑤ 문학성이 높다.

34. 사이버 소설을 읽는다면 다음 중 선호하는 장르는 무엇입니까?

① 무협 소설

② 연애 소설

③ 판타지 소설

④ 팬픽

⑤ 순수문학

35. 사이버 소설을 즐기는 이유는 무엇입니까?

① 유익해서

② 재미있어서

③ 최신판을 접할 수 있어서

④ 감정표출이 여과 없이 이루어지기 때문에

⑤ 내용이 윤리적 제약을 받지 않기 때문에

36. 사이버 소설이 재미있다면 구체적인 이유는 무엇입니까?

① 여과 없이 성적인 표현을 할 수 있어서

② 언제나 착한 사람이 이겨서

③ 환상적인 요소가 많아서

④ 내용 파악이 쉬워서

⑤ 황당한 내용이 많아서

37. 사이버 소설을 읽고 '이어 쓰기'를 해본 경험이 있습니까?

전혀 없다	거의 없다	보통이다	많이 있다	매우 많이 있다
①	②	③	④	⑤

38. 인터넷 소설을 창작하는 데 크게 기여하는 사람은 누구라고 생각하십니까?

① 인터넷 소설을 처음으로 구성한 원작가

② 이어 쓰기에 참여하는 독자

39. 사이버 문학이 문학적 상상력을 키워줄 수 있다고 생각합니까?

전혀 없다	거의 없다	보통이다	많이 그렇다	매우 많이 그렇다
①	②	③	④	⑤

39-1. 상상력을 키워 줄 수 있다면 그 이유는 무엇입니까?

① 이어 쓰기를 통해서 새로운 창작물을 만들어낼 수 있기 때문에

② 소설 책은 한 작가의 결과물이지만, 사이버 소설은 여러 사람이 공동 작업으로 이루어진 것이기 때문에

③ 사이버 소설의 여러 가지 결말을 접할 수 있어서

④ 상상을 쉽게 글로 표현하고 생각의 첨삭이 쉬워서

⑤ 음악이나 동영상을 사용하거나 표현되어 있어서

40. 사이버 소설 읽기를 경험한 적이 없다면 이유는 무엇입니까?

① 사이트 주소를 몰라서

② 사이버 소설이 무엇인지 몰라서

③ 사이버 소설에 대한 교육을 받지 않아서

④ 시험에 나오지 않아서

⑤ 작가가 유명한 사람이 아닐 것 같아서

◎ 마지막으로 개인적인 질문을 몇 가지 드리겠습니다.

• 성별은? ① 남자 ② 여자

• 연령은? (만 세)

• 소속 학교 ① 중학교 ② 고등학교 ③ 대학교

• 소속 학년 ① 1학년 ② 2학년 ③ 3학년 ④ 4학년

• 인터넷을 하루 평균 몇 시간 정도 접속하십니까?

① 1시간 미만 ② 1~2시간 ③ 2~3시간 ④ 3~4시간 ⑤ 4시간 초과

• 인쇄물(신문, 잡지, 소설책 등)을 하루 평균 몇 시간 정도 읽습니까?

① 1시간 미만 ② 1~2시간 ③ 2~3시간 ④ 3~4시간 ⑤ 4시간 초과

◆ 설문에 협조해 주셔서 고맙습니다. ◆

ID	

교사의 하이퍼텍스트 이용 실태 조사

이 설문은 서울대학교 국어교육연구소에서 실시하고 있는 '하이퍼텍스트의 이해교육 연구'를 위한 조사 차원에서 작성된 것입니다. 우리나라 청소년들의 하이퍼텍스트 이용 실태를 조사하고, 하이퍼텍스트의 이해교육의 필요성을 알아보는 데 그 목적이 있습니다. 이 설문은 별도로 진행되는 청소년의 하이퍼텍스트 이용 실태 조사와 짝을 이루어 교사들의 인터넷 이용 교육 실태를 알아보고 인터넷 이해교육 방안을 모색하기 위한 것입니다.

각 설문 항목에 대한 정답은 없으며, 여러분의 응답 내용은 외부로 유출되지 않을 것입니다. 또한 설문 결과는 연구 이외의 다른 목적으로 사용하지 않을 것입니다. 감사합니다.

2003년 5월

서울대학교 국어교육연구소

1. 교사 자신의 인터넷 활용 능력이 어느 정도라고 생각하십니까?

	전혀 그렇지 않다	거의 그렇지 않다	보통이다	많이 그렇다	매우 많이 그렇다
(1) 이메일 정도만 체크한다.	①	②	③	④	⑤
(2) 인터넷 정보를 탐색하는 데 무리가 없다.	①	②	③	④	⑤
(3) 커뮤니티나 홈페이지를 운영할 정도이다.	①	②	③	④	⑤
(4) 수업 시간에 인터넷을 활용한 수업을 한다.	①	②	③	④	⑤

2. 인터넷을 이용하여 교육한 경험이 있습니까? (* 없다면 14번, 있다면 3번으로 가시오)

전혀 없다	거의 없다	보통이다	많이 있다	매우 많이 있다
①	②	③	④	⑤

3. 인터넷을 이용하여 교육한 경험이 있다면, 주로 어떤 부분에서 인터넷을 이용하여 교육합니까?

① 말하기

② 듣기

③ 읽기

④ 쓰기

⑤ 문학

4. 인터넷을 어떤 방식으로 교육에 활용하십니까?

	전혀 그렇지 않다	거의 그렇지 않다	보통이다	많이 그렇다	매우 많이 그렇다
(1) 의견 주장하기 수단으로 활용	①	②	③	④	⑤
(2) 토론방을 통해 설득하기 수단으로 활용	①	②	③	④	⑤
(3) 문학작품 감상하기 수단으로 활용	①	②	③	④	⑤
(4) 인터넷을 정보 검색 도구로 활용	①	②	③	④	⑤
(5) 이어 쓰기나 작품 발표 등 창작 공간으로 활용	①	②	③	④	⑤

5. 선생님은 인터넷을 이용한 교육 교수 자료가 있습니까?

전혀 없다	거의 없다	보통이다	많이 있다	매우 많이 있다
①	②	③	④	⑤

6. 인터넷을 교육에 활용하고 있다면 이유는 무엇입니까?

	전혀 그렇지 않다	거의 그렇지 않다	보통이다	많이 그렇다	매우 많이 그렇다
(1) 최신의 정보를 다룰 수 있어서	①	②	③	④	⑤
(2) 학생들의 관심과 흥미를 끌 수 있어서	①	②	③	④	⑤
(3) 다양한 교육 자료를 접할 수 있어서	①	②	③	④	⑤

(4) 수업 내용이 풍부해져서	①	②	③	④	⑤
(5) 다양한 방법으로 수업할 수 있어서	①	②	③	④	⑤
(6) 많은 정보를 쉽게 얻을 수 있어서	①	②	③	④	⑤

7. 인터넷을 이용하여 교육할 때 부정적인 면이 있다면 이유는 무엇입니까?

	전혀 그렇지 않다	거의 그렇지 않다	보통이다	많이 그렇다	매우 많이 그렇다
(1) 정보를 신뢰할 수 없다.	①	②	③	④	⑤
(2) 자극적인 표현이 많다.	①	②	③	④	⑤
(3) 비교육적인 내용이 많다.	①	②	③	④	⑤
(4) 인터넷을 활용하기 어렵다.	①	②	③	④	⑤
(5) 시간이 없다.	①	②	③	④	⑤

8. 인터넷을 교육 교재로 활용한다면 그 방법은 어떠합니까?

	전혀 그렇지 않다	거의 그렇지 않다	보통이다	많이 그렇다	매우 많이 그렇다
(1) 해당 사이트를 알려 준 뒤 숙제를 내준다.	①	②	③	④	⑤
(2) 인터넷에서 정보를	①	②	③	④	⑤

출력하여 수업 시간에 활용한다.					
(3) 실시간으로 인터넷의 정보를 찾아가면서 수업한다.	①	②	③	④	⑤
(4) 학생들이 인터넷 정보를 발표하도록 수업을 진행한다.	①	②	③	④	⑤
(5) 참고 자료로만 언급해 준다.	①	②	③	④	⑤

9. 인터넷을 이용하여 교재로 사용한 경험이 있다면 다음의 분야를 어느 정도 이용하십니까?

	전혀 이용하지 않는다	거의 이용하지 않는다	보통이다	많이 이용한다	매우 많이 이용한다
(1) 정보 검색	①	②	③	④	⑤
(2) 인터넷 신문	①	②	③	④	⑤
(3) 인터넷 광고	①	②	③	④	⑤
(4) 사이버 문학	①	②	③	④	⑤
(5) 유머	①	②	③	④	⑤
(6) 게임	①	②	③	④	⑤
(7) 토론 게시판	①	②	③	④	⑤

10. 커뮤니티나 홈페이지를 구성하여 수업에 활용하고 있습니까?

전혀 없다	거의 없다	보통이다	많이 활용한다	매우 많이 활용한다
①	②	③	④	⑤

11. 커뮤니티나 홈페이지를 구성하여 수업에 활용하는 가장 큰 장점은 무엇이라고 생각하십니까?

	전혀 그렇지 않다	거의 그렇지 않다	보통이다	많이 그렇다	매우 많이 그렇다
(1) 수업 내용을 풍부하게 할 수 있다.	①	②	③	④	⑤
(2) 학생들의 수업 참여도를 높일 수 있다.	①	②	③	④	⑤
(3) 학생들에게 다양한 의견에 접할 수 있는 기회를 준다.	①	②	③	④	⑤
(4) 직접 얼굴을 대고 하기 힘든 말이 오갈 수 있다.	①	②	③	④	⑤
(5) 교사와 학생 간의 친밀도를 높일 수 있다.	①	②	③	④	⑤

12. 학생들에게 네티즌으로서 글 쓰는 방법을 가르친 적이 있습니까?

전혀 없다	거의 없다	보통이다	많이 있다	매우 많이 있다
①	②	③	④	⑤

12-1. 가르친 적이 있다면 교육내용을 구체적으로 서술해 주세요.

(   )

13. 학생들에게 인터넷 정보를 이해하는 방법을 가르친 적이 있습니까?

전혀 없다	거의 없다	보통이다	많이 있다	매우 많이 있다
①	②	③	④	⑤

13-1. 가르친 적이 있다면 교육내용을 구체적으로 서술해 주세요.

(   )

13-2. 학생들에게 인터넷 정보 이용(수용)을 어떻게 가르치고 계십니까?

	전혀 그렇지 않다	거의 그렇지 않다	보통이다	많이 그렇다	매우 많이 그렇다
(1) 인터넷 정보를 비판적으로 이해(수용)하도록 가르친다.	①	②	③	④	⑤
(2) 인터넷 정보를 창조적으로 활용하도록 가르친다.	①	②	③	④	⑤
(3) 인터넷의 긍정적인 측면을 부각하여 가르친다.	①	②	③	④	⑤
(4) 인터넷의 부정적인 측면을 부각하여 가르친다.	①	②	③	④	⑤

13-3. 수업 진행에 도움이 되는 좋은 인터넷 사이트를 소개해 주세요.

(   )

14. 인터넷을 이용하여 교육한 경험이 없다면, 그 이유는 무엇입니까?

	전혀 그렇지 않다	거의 그렇지 않다	보통이다	많이 그렇다	매우 많이 그렇다
(1) 구체적인 인터넷 교육 안내가 없어서	①	②	③	④	⑤
(2) 수업 진행이 산만해져서	①	②	③	④	⑤
(3) 적합한 인터넷 사이트를 찾기 어려워서	①	②	③	④	⑤
(4) 인터넷 정보를 교육 내용으로 전환하기 어려워서	①	②	③	④	⑤
(5) 비교육적인 내용이 많아서	①	②	③	④	⑤

15. 인터넷에 하루 몇 시간 정도 접속하십니까?

① 1시간 미만 ② 1~2시간 ③ 2~3시간 ④ 3~4시간 ⑤ 4시간 초과

◎ 마지막으로 개인적인 질문을 몇 가지 드리겠습니다.

- 교육경력: (만 년)
- 나이:
- 성별: ① 남자 ② 여자

◆ 설문에 협조해 주셔서 대단히 감사합니다. ◆

〈**부록 – 2**〉 하이퍼텍스트 이해교육 실태 조사

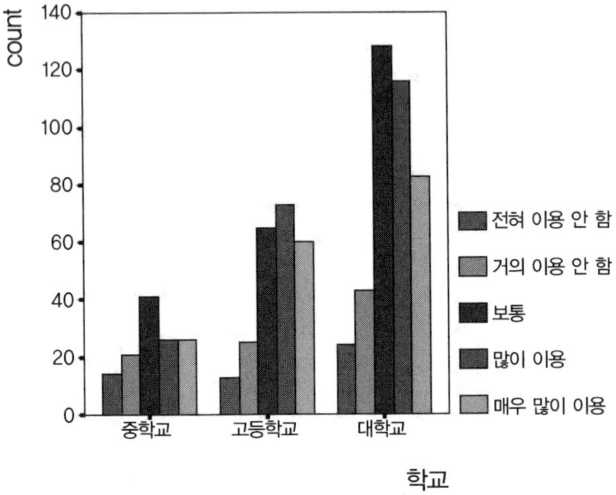

〈그림 1: 커뮤니티 이용률〉

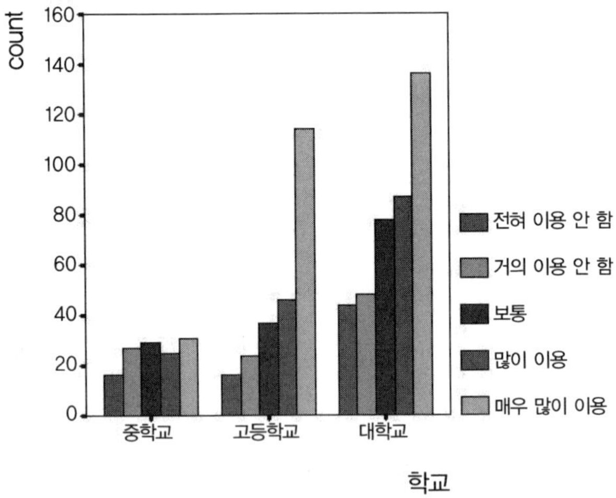

〈그림 2: 메신저·채팅 이용률〉

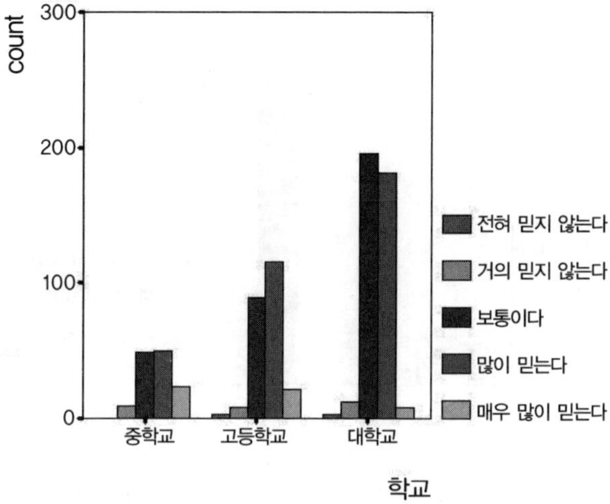

〈그림 3: 인터넷 정보 신뢰도〉

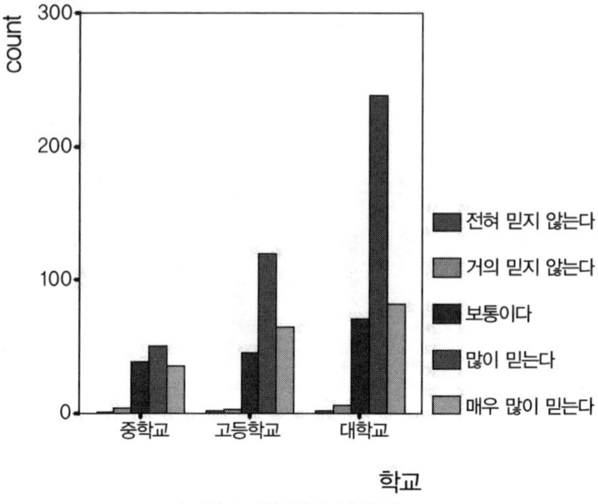

〈그림 4: 책 정보 신뢰도〉

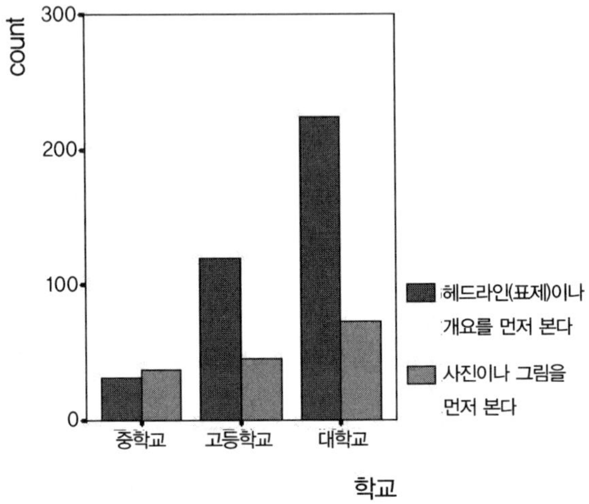

〈그림 5: 표제 및 시각 요소 선호도 조사〉

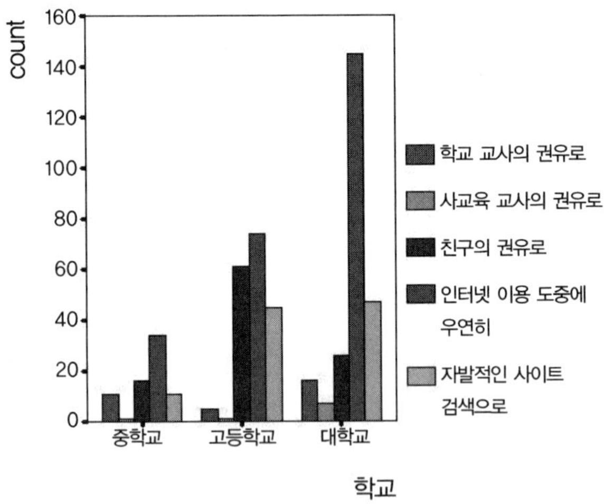

〈그림 6: 사이버 문학을 접한 경로〉

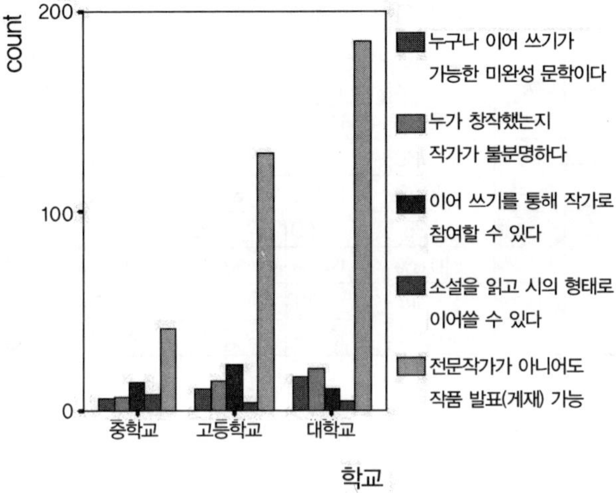

〈그림 7: 사이버 문학의 특징에 대한 청소년들의 생각〉

〈표 1: 메신저·채팅 이용률〉

			전혀 이용 안 함	거의 이용 안 함	보통	많이 이용	매우 많이 이용	Total
학교	중학교	Count	16	27	29	25	31	128
		%	12.5%	21.1%	22.7%	19.5%	24.2%	100.0%
	고등학교	Count	16	24	37	46	114	237
		%	6.8%	10.1%	15.6%	19.4%	48.1%	100.0%
	대학교	Count	44	48	78	87	136	393
		%	11.2%	12.2%	19.8%	22.1%	34.6%	100.0%
Total		Count	76	99	144	158	281	758
		%	10.0%	13.1%	19.0%	20.8%	37.1%	100.0%

〈표 2: 댓글 읽기 경험〉

			전혀 없다	거의 없다	보통이다	많이 있다	매우 많이 있다	Total
학교	중학교	Count	42	13	27	17	15	114
		%	36.8%	11.4%	23.7%	14.9%	13.2%	100.0%
	고등학교	Count	38	36	69	62	23	228
		%	16.7%	15.8%	30.3%	27.2%	10.1%	100.0%
	대학교	Count	38	69	133	96	22	358
		%	10.6%	19.3%	37.2%	26.8%	6.1%	100.0%
Total		Count	118	118	229	175	60	700
		%	16.9%	16.9%	32.7%	25.0%	8.6%	100.0%

〈표 3: 인터넷 신문의 관심면〉

			정치	경제	사회	문화	연예·오락	스포츠	기타	Total
학교	중학교	Count	2	1	3	3	40	18	3	70
		%	2.9%	1.4%	4.3%	4.3%	57.1%	25.7%	4.3%	100.0%
	고등학교	Count	2	3	15	12	116	18	4	170
		%	1.2%	1.8%	8.8%	7.1%	68.2%	10.6%	2.4%	100.0%
	대학교	Count	8	7	48	32	149	41	5	290
		%	2.8%	2.4%	16.6%	11.0%	51.4%	14.1%	1.7%	100.0%
Total		Count	12	11	66	47	305	77	12	530
		%	2.3%	2.1%	12.5%	8.9%	57.5%	14.5%	2.3%	100.0%

<표 4: 청소년들이 생각하는 사이버 문학의 장점>

			인터넷 사이트를 통해 쉽게 읽을 수 있다	감정 표출이 여과 없이 표현된다	직접 창작에 참여할 기회가 있어 좋다	내용을 이해하기 쉽다	재미있다	기타	Total
학교	중학교	Count	24	2	24	5	14	6	75
		%	32.0%	2.7%	32.0%	6.7%	18.7%	8.0%	100.0%
	고등학교	Count	64	21	56	8	33	2	184
		%	34.8%	11.4%	30.4%	4.3%	17.9%	1.1%	100.0%
	대학교	Count	83	27	94	10	18	5	237
		%	35.0%	11.4%	39.7%	4.2%	7.6%	2.1%	100.0%
Total		Count	171	50	174	23	65	13	496
		%	34.5%	10.1%	35.1%	4.6%	13.1%	2.6%	100.0%

<표 5: 청소년들이 사이버 소설을 읽은 후의 느낌>

			내용이 진지하지 않고 가벼운 것 같다	진실성이 결여되어 있다	문학적인 기법 수준이 낮다	유치한 내용이다	문학성이 높다	Total
학교	중학교	Count	20	19	9	5	9	62
		%	32.3%	30.6%	14.5%	8.1%	14.5%	100.0%
	고등학교	Count	47	30	22	26	33	158
		%	29.7%	19.0%	13.9%	16.5%	20.9%	100.0%
	대학교	Count	94	20	36	30	14	194
		%	48.5%	10.3%	18.6%	15.5%	7.2%	100.0%
Total		Count	161	69	67	61	56	414
		%	38.9%	16.7%	16.2%	14.7%	13.5%	100.0%

〈표 6: 인터넷 게임 활용 빈도〉

			전혀 이용 안 함	거의 이용 안 함	보통	많이 이용	매우 많이 이용	Total
학교	중학교	Count	6	7	18	31	67	129
		%	4.7%	5.4%	14.0%	24.0%	51.9%	100.0%
	고등학교	Count	34	43	63	40	56	236
		%	14.4%	18.2%	26.7%	16.9%	23.7%	100.0%
	대학교	Count	64	85	90	81	70	390
		%	16.4%	21.8%	23.1%	20.8%	17.9%	100.0%
Total		Count	104	135	171	152	193	755
		%	13.8%	17.9%	22.6%	20.1%	25.6%	100.0%

〈표 7: 청소년들이 생각하는 개선해야 할 게임의 내용〉

			뚜렷한 선인과 악인의 구조	캐릭터의 영웅적 설정	남녀 차별	권선징악의 구조	게임 내용의 단순함	Total
학교	중학교	Count	26	34	15	12	41	114
		%	20.3%	26.6%	11.7%	9.4%	32.0%	100.0%
	고등학교	Count	39	38	39	26	89	228
		%	16.9%	16.5%	16.9%	11.3%	38.5%	100.0%
	대학교	Count	56	59	46	27	205	358
		%	14.2%	15.0%	11.7%	6.9%	52.2%	100.0%
Total		Count	121	131	100	65	335	700
		%	16.1%	17.4%	13.3%	8.6%	44.5%	100.0%

〈표 8: 시사 토론방 참여도〉

			한 번도 없다	하루에 한 번 정도	2~3일에 한 번 정도	일주일에 한 번 정도	한 달에 한 번 정도	Total
학교	중학교	Count	43	5	3	10	11	72
		%	59.7%	6.9%	4.2%	13.9%	15.3%	100.0%
	고등학교	Count	57	7	5	15	31	115
		%	49.6%	6.1%	4.3%	13.0%	27.0%	100.0%
	대학교	Count	60	7	5	21	35	128
		%	46.9%	5.5%	3.9%	16.4%	27.3%	100.0%
Total		Count	160	19	13	46	77	315
		%	50.8%	6.0%	4.1%	14.6%	24.4%	100.0%

〈표 9: 시사 토론방 참여 목적〉

			다른 이들의 의견을 관찰하기 위해서	나의 의견을 펼치기 위해서	주제에 대해 더 자세히 알기 위해서	인터넷 검색하다가 우연히(목적 없음)	Total
학교	중학교	Count	7	10	2	13	29
		%	24.1%	34.5%	6.9%	34.5%	100.0%
	고등학교	Count	13	13	15	15	56
		%	23.2%	23.2%	26.8%	26.8%	100.0%
	대학교	Count	18	15	21	12	66
		%	23.7%	22.7%	31.8%	18.2%	100.0%
Total		Count	38	38	38	37	151
		%	25.2%	25.2%	25.2%	24.5%	100.0%

〈표 10: 시사토론방 참여 상대방에 대한 생각〉

			나와 다르므로 무관심하다	상대가 옳지 않다는 것을 논리적으로 일깨워준다	욕설이나 감정으로 강력하게 대응한다	나와 의견은 다르지만 타당하면 수용한다	Total
학교	중학교	Count	5	9	3	13	30
		%	16.7%	30.0%	10.0%	43.3%	100.0%
	고등학교	Count	5	17	1	35	58
		%	8.6%	29.3%	1.7%	60.3%	100.0%
	대학교	Count	4	13	3	47	67
		%	6.0%	19.4%	4.5%	70.1%	100.0%
Total		Count	14	39	7	95	155
		%	9.0%	25.2%	4.5%	61.3%	100.0%

〈표 11: 인터넷 광고 신뢰도〉

			전혀 믿지 않는다	거의 믿지 않는다	보통이다	많이 믿는다	매우 많이 믿는다	Total
학교	중학교	Count	14	34	52	24	6	130
		%	10.8%	26.2%	40.0%	18.5%	4.6%	100.0%
	고등학교	Count	13	90	99	23	4	229
		%	5.7%	39.3%	43.2%	10.0%	1.7%	100.0%
	대학교	Count	29	170	171	22	2	394
		%	7.4%	43.1%	43.4%	5.6%	.5%	100.0%
Total		Count	56	294	322	69	12	753
		%	7.4%	39.0%	42.8%	9.2%	1.6%	100.0%

〈표 12: 인터넷 광고 클릭 이유〉

			음악이 재미 있어서	화상이나 이미지가 재미 있어서	경품이나 게임이 있어서	물건에 대한 정보가 흥미로워서	기타	Total
학교	중학교	Count	20	20	37	32	20	129
		%	15.5%	15.5%	28.7%	24.8%	15.5%	100.0%
	고등학교	Count	17	63	36	86	33	235
		%	7.2%	26.8%	15.3%	36.6%	14.0%	100.0%
	대학교	Count	9	97	78	167	48	399
		%	2.3%	24.3%	19.5%	41.9%	12.0%	100.0%
Total		Count	46	180	151	285	101	763
		%	6.0%	23.6%	19.8%	37.4%	13.2%	100.0%

〈**부록 - 3**〉 인터넷 신문 사전 설문지

ID	

청소년 인터넷 신문 이용 실태 조사

이 설문은 서울대학교 국어교육연구소에서 실시하고 있는 '하이퍼미디어와 언어문화교육 연구'의 일부입니다. 이 연구는 우리나라 청소년들의 인터넷 이용 실태와 인터넷 상에서의 의사소통 방식과 양상을 조사하여 인터넷에서의 표현교육의 내용과 방법을 마련하기 위한 것입니다.

이 설문 내용은 여러분의 인터넷 이용에 대한 간단한 기초 조사와 전자게시판의 이용과 태도에 관한 것입니다.

각 설문에 대한 정답은 없으며, 여러분의 응답 내용은 외부로 유출되지 않을 것입니다. 또한 설문 결과는 연구 이외의 다른 목적을 위해서 사용하지 않을 것을 약속드립니다. 여러분의 성의 있는 응답은 국어교육 발전에 중요한 밑거름이 될 것입니다. 따라서 각 설문에 솔직하고 진지하게 대답해 주십시오. 그리고 설문을 잘 읽으시고, 설문의 주의사항에 따라 답변해 주십시오.

2003년 12월

서울대학교 국어교육연구소

* 다양한 미디어(매체) 이용에 관한 질문입니다.

1. 여러분은 다음의 매체를 얼마나 자주 이용하십니까? (주의: 1-2에서 1-9까지의 활동들은 실생활에서, 즉 오프라인에서 하는 것들을 말합니다. 예를 들면, 음악감상의 경우 인터넷을 통해서 음악을 듣는 것은 해당되지 않습니다. 답지에 해당하는 내용이 없을 때는 기타란에 직접 써주십시오.)

	매일	일주일에 3~4회	일주일에 1~2회	한 달에 3~4회	한 달에 1~2회	기타
1-1. 인터넷 이용	(1)	(2)	(3)	(4)	(5)	________
1-2. 텔레비전 시청	(1)	(2)	(3)	(4)	(5)	________
1-3. 신문 읽기	(1)	(2)	(3)	(4)	(5)	________
1-4. 라디오 청취	(1)	(2)	(3)	(4)	(5)	________
1-5. 독서	(1)	(2)	(3)	(4)	(5)	________
1-6. 음악감상	(1)	(2)	(3)	(4)	(5)	________
1-7. DVD나 비디오 감상	(1)	(2)	(3)	(4)	(5)	________
1-8. 영화감상(극장)	(1)	(2)	(3)	(4)	(5)	________
1-9. 잡지 읽기	(1)	(2)	(3)	(4)	(5)	________

2. 다음의 활동들을 얼마나 많이 이용하십니까? 각 활동들의 특성에 따라 일 단위, 주 단위, 월 단위를 선택하여 대답해 주십시오.

*다음의 활동들은 하루 평균 얼마나 이용하십니까?

2-1. 인터넷 이용 ____________ 시간 ____________ 분

2-2. 텔레비전 시청 ____________ 시간 ____________ 분

2-3. 신문 읽기 ____________ 시간 ____________ 분

*다음의 활동들은 일주일 평균 얼마나 이용하십니까?

2-4. 라디오 청취 ____________ 시간 ____________ 분

2-5. 독서 ____________ 시간 ____________ 분

2-6. 음악감상 ____________ 시간 ____________ 분

*다음의 활동들은 한 달 평균 얼마나 이용하십니까?

2-7. DVD나 비디오 감상 ____________ 시간 ____________ 분

2-8. 영화감상(극장) ____________ 시간 ____________ 분

2-9. 잡지 읽기 ____________ 시간 ____________ 분

3. 다음의 인터넷의 여러 서비스들을 하루 평균 얼마 정도 이용하십니까?

3-1. 정보 검색 ____________ 시간 ____________ 분

3-2. 전자우편 ____________ 시간 ____________ 분

3-3. 전자게시판 ____________ 시간 ____________ 분

3-4. 채팅이나 메신저 ____________ 시간 ____________ 분

3-5. 게임 ____________ 시간 ____________ 분

3-6. 동호회(커뮤니티) 활동 ____________ 시간 ____________ 분

3-7. 영화 및 동영상, 음악감상 ____________ 시간 ____________ 분

3-8. 사이버 문학 감상 ____________ 시간 ____________ 분

3-9. 인터넷 신문 및 잡지 ____________ 시간 ____________ 분

3-10. 온라인 학습(강의 수강) ____________ 시간 ____________ 분

4. 여러분의 인터넷 이용에 대해 가정에서의 반응은 어떠합니까? 즉 부모님의 태도는 어떻습니까?

(1) 매우 부정적이다 (2) 부정적이다 (3) 보통이다

(4) 긍정적이다　　　　　(5) 매우 긍정적이다

5. 인터넷이 여러분의 삶에서 차지하는 중요성을 비율로 나타내면 어느 정도입니까? 예를 들어 컴퓨터가 자신의 생활에서 차지하는 중요성이 50%라면 이렇게 표시해 주십시오.

〈예〉 50%

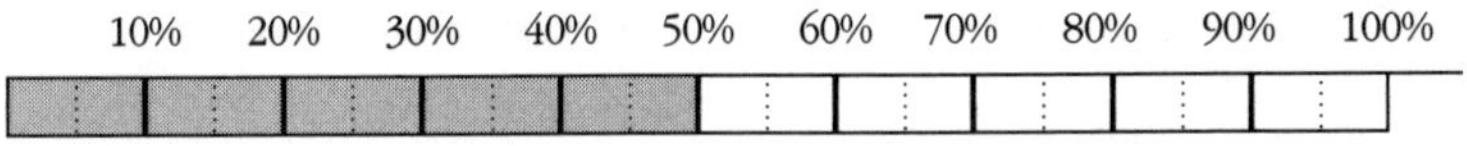

〈여러분의 경우〉

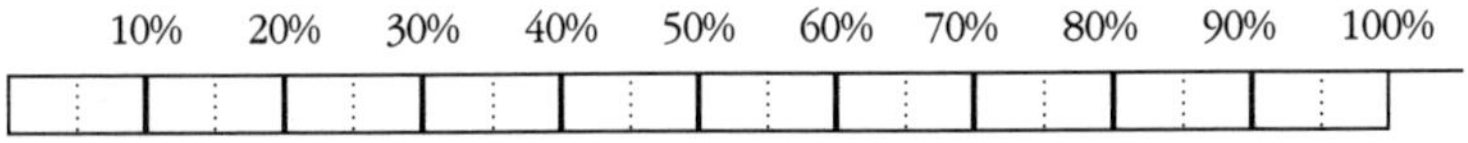

6. 일주일 동안 인터넷을 이용하지 못한다면 여러분은 어떠한 반응을 보일까요?(주의: 하나만 선택하여 주십시오.)

□ 1) 아무런 불편함을 느끼지 못한다.

□ 2) 조금 답답하기는 하지만 별 문제는 없다고 생각한다.

□ 3) 짜증이 나며 가끔 화를 내기도 한다.

□ 4) 마음이 불안하여 다른 일을 하지 못한다.

□ 5) 기타 ______________________________

* 다음은 인터넷 신문 이용 경험에 관한 질문입니다.

7. 인터넷 신문을 이용합니까?

□ ① 매일　　□ ② 2~3일에 한 번　　□ ③ 일주일에 한 번 정도

□ ④ 한 달에 2~3번　　□ ⑤ 이용하지 않는다

8. 인터넷 신문을 이용한다면 여러분은 어떤 인터넷 사이트를 자주 이용합니까?

1) 온라인 뉴스 전문 업체 인터넷 신문

□ ① 오마이뉴스 □ ② 프레시안 □ ③ 이데일리

□ ④ 아이뉴스 □ ⑤ 기타 (____________)

2) 포털 사이트 뉴스 서비스

□ ⑥ 네이트 [nate.com] □ ⑦ 네이버 [naver.com]

□ ⑧ 다음 [daum.com] □ ⑨ 야후 [yahoo.com]

□ ⑩ 엠파스 [empas.com] □ ⑪ 알타비스타 [altavista.com]

□ ⑫ 기타 (____________)

3) 신문사 인터넷 사이트

□ ⑬ 조인스 [joins.com] □ ⑭ 동아닷컴 [donga.com]

□ ⑮ 인터넷 한겨레 [hani.co.kr] □ ⑯ 조선닷컴 [chosun.com]

□ ⑰ 문화일보 [munwha.com] □ ⑱ 각종 스포츠지

□ ⑲ 각종 경제지 □ ⑳ 기타 (____________)

9. 인터넷 신문에서 어떤 정보를 가장 자주 이용합니까?

□ ① 정치 □ ② 사회

□ ③ 경제 □ ④ 사설·칼럼

□ ⑤ 국제 □ ⑥ IT

□ ⑦ 스포츠 □ ⑧ 방송·연예

□ ⑨ 문화 □ ⑩ 시사·만평

□ ⑪ 기타 (____________)

10. 인터넷 신문을 볼 때 화면에 제공된 관련 기사 링크를 통해 보다 심도 있는 정보를 탐색하십니까?

전혀 하지 않는다	거의 하지 않는다	보통이다	많이 한다	매우 많이 한다
①	②	③	④	⑤

11. 인터넷 신문을 볼 때 광고 관련 링크를 하십니까?

전혀 하지 않는다	거의 하지 않는다	보통이다	많이 한다	매우 많이 한다
①	②	③	④	⑤

12. 인터넷 신문의 종이 신문만큼 정보를 신뢰하십니까?

전혀 신뢰하지 않는다	거의 신뢰하지 않는다	보통이다	많이 신뢰한다	매우 많이 신뢰한다
①	②	③	④	⑤

* 다음은 서술식으로 답변하는 질문입니다. 성의 있게 답변해 주십시오.

13. 인터넷 신문 이용시 문제가 있다면 가장 큰 문제라고 생각하는 점은 무엇입니까?

14. 인터넷 신문과 종이 신문의 다른 점은 무엇이라고 생각합니까? 글의 내용이나 글의 길이, 글을 작성하는 과정 등에서 어떤 차이점이 나는지 본인의 생각과 의견을 적어 주십시오.

* 다음은 인터넷과 관련한 교육에 대한 경험입니다.

15. 학교에서 인터넷 신문에 대해 배운 적이 있습니까?

□ 1) 있다 □ 2) 없다(16번으로 가시오.)

15-1. 있다면 어떤 과목에서 배웠습니까?

□ 1) 국어 □ 2) 윤리 □ 3) 사회 □ 4) 기타

15-2. 그것이 인터넷에서의 언어 사용 방식에 얼마나 도움이 되었습니까?

전혀 도움이 않는다	거의 도움이 않는다	보통이다	많이 도움이 된다	매우 많이 도움이 된다
①	②	③	④	⑤

16. 인터넷 신문에 대해 배울 의향이 있습니까?

전혀 없다	거의 없다	보통이다	많이 있다	매우 많이 있다
①	②	③	④	⑤

16-1. 인터넷에서의 효과적인 표현방식에 대해서 배운다면 다음 영역 중 어느 영역을 배우고 싶습니까?(가장 배우고 싶은 것 하나만을 선택해 주십시오.)

□ ① 홈페이지 글쓰기 □ ② 전자편지 쓰기

□ ③ 게시판 글쓰기 □ ④ 채팅이나 메신저에서의 대화

□ ⑤ 사이버 문학 쓰기 □ ⑥ 인터넷 신문

□ ⑦ 기타 ____________________

◎ 마지막으로 개인적인 질문을 몇 가지 드리겠습니다.

• 성별 : □ 1) 남자 □ 2) 여자

• 이메일 주소: ______________________________________

◆수고하셨습니다. 여러분의 성의 있는 답변에 감사드립니다. ◆

ID	

청소년 인터넷 신문 이용 실태 조사

이 설문은 서울대학교 국어교육연구소에서 실시하고 있는 '하이퍼미디어와 언어문화교육 연구'의 일부입니다. 이 연구는 우리나라 청소년들의 인터넷 이용 실태와 인터넷 상의 의사소통 방식과 양상을 조사하여 인터넷 교육의 내용과 방법을 마련하기 위한 것입니다.

이 설문의 내용은 여러분이 지난 10월에 받은 전자게시판 글쓰기 수업에 대해 여러분의 생각과 의견을 묻는 것입니다.

각 설문에 대한 정답은 없으며, 여러분의 응답 내용은 외부로 유출되지 않을 것입니다. 또한 설문 결과는 연구 이외의 다른 목적을 위해서 사용하지 않을 것을 약속드립니다. 여러분의 성의 있는 응답은 국어교육 발전에 중요한 밑거름이 될 것입니다. 따라서 각 설문에 솔직하고 진지하게 대답해 주십시오. 그리고 설문을 잘 읽으시고, 설문의 주의사항에 따라 답변해 주십시오.

2003년 12월

서울대학교 국어교육연구소

＊ 여러분이 받은 인터넷 신문 수업에 관련된 질문입니다.

1. 인터넷 신문 수업은 재미있었습니까?

너무 재미없었다	별로 재미없었다	그저 그랬다	조금 재미있었다	매우 재미있었다
①	②	③	④	⑤

1-1. 그 이유가 무엇인지 구체적으로 써주십시오.

2. 인터넷 신문 수업은 여러분에게 도움이 되었습니까?

전혀 도움이 되지 않았다	거의 도움이 되지 않았다	그저 그랬다	조금 도움이 되었다	매우 도움이 되었다
①	②	③	④	⑤

2-1. 그 이유가 무엇인지 구체적으로 써주십시오.

3. 인터넷 신문 수업의 교육내용에 대해서 전체적으로 판단해 보았을 때 여러분의 의견은 어떠합니까?

□ 1) 인터넷 신문을 배울 수 있는 충분한 내용이었다.

□ 2) 인터넷 신문을 배우기에 내용이 좀 부족했다.

□ 3) 인터넷 신문을 배우기에 적합한 내용이 아니었다.

□ 4) 잘 모르겠다.

□ 5) 기타 ______________________________

3-1. 인터넷 신문 수업의 교육내용 중에서 여러분에게 가장 도움이 된 것은 무엇입니까?

4. 인터넷 신문 수업의 교육 방법에 대해서 어떻게 생각합니까?

전혀 효과적이지 않았다	별로 효과적이지 않았다	그저 그랬다	약간 효과적이었다	매우 효과적이었다
①	②	③	④	⑤

4-1. 그 이유가 무엇인지 구체적으로 써주십시오.

5. 수업 내용이나 방법, 진행 방식 등과 관련해 가장 좋았던 점에 대해 써주십시오.

5-1. 수업 내용이나 방법, 진행 방식 등과 관련해 가장 나빴던 점에 대해 써주십시오.

6. 수업을 받은 후 인터넷 신문과 관련해 새로 알게 된 사실이 있다면 무엇인지 구체적으로 써주십시오.

7. 인터넷 신문을 이용한다면 아래의 사이트 중 어느 것을 이용하십니까?

(1) 뉴스 서비스 전문 업체 (예: 오마이뉴스, 프레시안, 아이뉴스 24시 등)

(2) 포털 사이트 전문 업체 (예; 네이트, 네이버, 다음, 야후, 엠파스, MSN 등)

(3) 신문사 출자 인터넷 신문 (예; 조인스, 동아, 조선, 한겨레, 문화, 각종 스포츠 등)

8. 인터넷 신문에서 특정 기사를 읽고 그 기사에 대해 정보를 더 얻고 싶어 관련 링크를 클릭한 적이 있습니까?

전혀 없다	거의 없다	보통이다	많이 있다	매우 많이 있다
①	②	③	④	⑤

9. 인터넷 신문에서 특정 기사를 읽고 그 기사에 대해 다른 사람들이 어떻게 생각하는지를 알기 위해 독자 의견란을 이용한 적이 있습니까?

전혀 없다	거의 없다	보통이다	많이 있다	매우 많이 있다
①	②	③	④	⑤

10. 인터넷 신문에서 특정 기사를 읽고 그 기사에 관해 타 신문사는 어떻게 보도하고 있는지를 알기 위해 다른 인터넷 신문과 비교해 본 적이 있습니까?

전혀 없다	거의 없다	보통이다	많이 있다	매우 많이 있다
①	②	③	④	⑤

10-1. 만약 비교해 본다면 어떤 부문에서 자주 비교합니까?

□ ① 정치 □ ② 사회 □ ③ 경제 □ ④ 사설·칼럼 □ ⑤ 국제

□ ⑥ IT □ ⑦ 스포츠 □ ⑧ 방송·연예 □ ⑨ 문화 □ ⑩ 시사·만평

□ ⑪ 기타 (____________________)

11. 인터넷 신문에서 정치, 사회, 경제, 사설·칼럼, 국제, IT, 스포츠, 방송·연예, 문화, 시사 만평 등 얼마나 다양한 섹션을 주기적으로 보십니까?

① 1~2개 ② 3~4개 ③ 5~6개 ④ 6개 이상

12. 인터넷 신문의 보도 기사를 믿지 못할 때가 있습니까?

전혀 없다	거의 없다	보통이다	많이 있다	매우 많이 있다
①	②	③	④	⑤

12-1. 인터넷 신문 기사가 믿기 어렵다면 그 이유는?

① 기사가 급히 작성되었기 때문에

② 인터넷 신문을 작성하는 기자나 편집자들에 대한 신뢰성이 없기 때문에

③ 인터넷 신문은 전자 화면이기 때문에

④ 인터넷 신문은 흥미 위주이기 때문에

12-2. 인터넷 신문 기사가 믿기 어려울 때 나는,

① 종이 신문과 비교해 본다.

② 텔레비전과 비교해 본다.

③ 친구나 타인에게 물어본다.

④ 관련 정보를 찾기 위해 서적을 본다.

13. 인터넷 신문 기사는 심층적이라고 생각하십니까?

전혀 그렇지 않다	거의 그렇지 않다	보통이다	많이 그렇다	매우 많이 그렇다
①	②	③	④	⑤

14. 인터넷 신문에 대해서 배우는 수업뿐만 아니라 텔레비전, 라디오 등 다양한 미디어에 대한 수업은 어떤 방식으로 진행되는 것이 바람직하다고 생각합니까?

□ 1) 누구나 다 배우는 필수 과목의 일부로서 배우면 된다(예: 국어).

□ 2) 기존 선택 과목의 일부로 배우면 된다(예: 국어생활, 작문 등).

□ 3) 미디어 교육만을 위한 새로운 필수 과목이 생겨야 한다.

□ 4) 미디어 교육만을 위한 새로운 선택 과목이 생겨야 한다.

□ 5) 특별활동에서 배우면 된다. □ 6) 재량활동에서 배우면 된다

□ 7) 기타 ____________________

※ 수고하셨습니다. 여러분의 성의 있는 답변에 감사드립니다. 마지막으로 여러분의 개인 신상 정보에 대해 간단히 묻고자 합니다. 이 정보는 설문조사 결과의 해석에만 사용할 것을 약속드립니다.

- 성별: □ 1) 남자 □ 2) 여자
- 이메일 주소: ____________________

하이퍼텍스트 이해교육 현장 연구 수업

서울여자상업고등학교

국어과 교사 최은숙

주　　제	하이퍼텍스트 이해와 활용에 따른 서사 체험
연구 기간	2003. 11. 25~12. 6
연구 대상	서울여자상업고등학교 1학년 국어 학습 자원자 35명
연구 방법	국어 교과 학습 보충 시간(화, 목, 금 8교시 PM 4:00~4:50)을 이용하여 4회에 걸쳐 실시
학습 장소	서울여자상업고등학교 웹프로그래밍실

〈교수 활동〉

단원명	하이퍼텍스트 이해와 활용에 따른 서사 체험	차시	1/4
학습 목표	1. 하이퍼텍스트를 실제로 경험하고 그 특징을 이해한다. 2. 하이퍼텍스트와 일반적인 텍스트와의 차이점을 이해한다. 3. 하이퍼텍스트와 사이버 문학, e-book의 차이점을 이해한다. 4. 하이퍼텍스트의 특성을 이해한다.		
학습 단계	학 습 내 용	학습자료	비고
도 입	• 하이퍼텍스트 수업에 활용될 사이트에 가입하기 • 사전 설문지 작성 • 학습 목표 알기	설문지	
전 개	• 검색어를 정해 인터넷을 통해 링크해 가며 자료 찾기 • 각자 찾아가는 과정에서 접하는 텍스트들의 공통적 특징 이해하기 • 하이퍼텍스트가 무엇인지 알기 • 하이퍼텍스트와 사이버 문학, e-book의 차이점을 이해하기	• 파워포인트 〈학습자료 1〉 • 사이버 문학 [엽기적인 그녀] 원작 • e-book [다음 무협소설]	
정 리	• 하이퍼텍스트에 관한 생각 나누기 • 하이퍼텍스트에 관한 특징 요약하고 되짚기 • 다음 차시 안내받기		

I. 도입

1. 학습 활동에 필요한 사이트 [은숙이의 국어방]에 가입하게 한다.

– 위 사이트는 인터넷 상에서 수업 안내를 받고 학습자료를 열람할 수 있으며, 개별학습 및 조별학습의 기록을 할 수 있는 공간이 있어, 이 공간을 통해 학습자는 학습 안내를 받는 동시에 학습자 상호간에 의사 교류와 표현의 장이 될 수 있도록 한다.

2. 설문지를 나누어주고 작성하게 한다.

– 생소한 하이퍼텍스트에 관한 흥미를 유발하게 하고, 사전 준비도를 점

검한다.

3. 동기 유발을 위한 질문을 한다.

(1) 여러분이 생활에서 학습에 가장 많이 쓰는 도구는 무엇인가? (컴퓨터)

(2) 여러분을 무슨 세대라 부르는가? N세대, 무슨 뜻인가? (Network 세대)

(3) N세대에게 가장 친근한 매체는 무엇인가? (컴퓨터, 인터넷)

(4) 여러분의 글쓰기는 대부분 어디에서 이루어지는가? (모니터 화면과 키보드)

(5) 최근에 글 읽기가 어디에서 많이 이루어지는가? (인터넷)

4. 학습 진행 방법을 안내하고 학습 목표를 제시한다.

(1) 수업이 모두 인터넷에서 이루어진다.

(2) 총 4차시 수업의 학습 목표는 하이퍼텍스트의 특징을 이해하고 활용하여 그에 따른 다양한 서사 체험을 하는 것이다.

(3) 본 차시에서는 하이퍼텍스트의 특징을 이해하는 것이다.

Ⅱ. 전개

1. 검색어를 정해 인터넷을 통해 링크해 가며 자료를 찾게 한다.

〈학습 활동〉 '어린왕자' 에 대해 인터넷 상에서 검색하기

(1) 본인의 흥미에 따라 다양한 경로로 무엇이든 검색이 가능함을 주지시킨다.

(2) 어떠한 형태의 자료들을 접하게 되는지를 관심 갖게 한다.

2. 하이퍼텍스트의 특징을 잘 보여주는 자료들을 보여준다.

(1) '어린왕자'와 관련된 다양한 자료들을 검색한다.

1) 계속하여 네트워크로 연결된 관련 자료들을 링크하며 다양하게 텍스트를 열어간다.

2) 그림으로 되어 있는 텍스트들을 주목하여 보여준다.

3) 텍스트에서 음악이 함께 나오도록 하여 들려준다.

4) 방명록 등에 글을 남기는 장면을 보여준다.

(2) 일반적으로 대하는 텍스트(종이 인쇄물: 잡지, 신문, 책 등)와 어떤 차이점이 있는지 질문하고 대답을 정리한다.

1) 인터넷을 통해 보는 자료들은 독자의 의미 있는 행동(클릭)을 통해 다양하게 체험(다양성)할 수 있다.

2) 정해진 방향으로만 제한된 텍스트나 정보를 얻는 것이 아니라 비선형적으로 경험(비선형성)하게 된다.

3) 노드와 링크를 통해 무한히 가지쳐 나갈 수 있다. (다연결성)

4) 다양한 매체와 결합되어 동영상·오디오 등 음악과 미술의 경계가 허물어지고 수용될 수 있다. (무경계성, 개방성)

5) 읽기뿐 아니라 독자가 직접 쓰기를 통해 텍스트에 참여할 수 있으므로 독자가 단순한 감상자가 아닌 적극적 참여자 및 작가가 될 수 있다. (작독자, 양방향성, 상호작용성)

3. 하이퍼텍스트의 개념과 특징을 이해하게 한다.

(1) 하이퍼텍스트의 개념과 특징을 요약·정리해 준다.

(파워포인트 〈학습자료 1〉 제시)

다연결성, 비선형성	무경계성, 개방성
독자의 의미 있는 행동(클릭)을 통해 다양한 체험이 가능 노드와 링크를 통해 무한히 가지쳐 나갈 수 있음 정해진 방향으로만 제한된 텍스트나 정보를 얻는 것이 아니라 비선형적으로 경험	다양한 매체와 결합되어 있다. 동영상·오디오 등 음악과 미술의 경계가 허물어지고 수용될 수 있음

작독자, 양방향성, 상호작용성	하이퍼텍스트만의 특징
단순한 감상자일 뿐만 아니라 작품이나 텍스트에 참여할 수 있음	단순히 인터넷 상에서 이루어진 문장이나 문학이라 하여 모두 하이퍼텍스트나 하이퍼 문학이 아니며, 하이퍼텍스트는 독자의 노드와 링크에 의해 다양한 관점과 서사를 체험할 수 있는 것

하이퍼텍스트란
노드들이 링크로 연결되어 네트워크 구조를 가지는 언어적·비언어적 텍스트의 총체

4. 하이퍼텍스트와 사이버 문학, e-book의 차이점을 이해시킨다.

(1) 사이버 문학의 한 종류인 [엽기적인 그녀](http://nasdae. new21.org)을 감상하고 그 특징을 살펴보게 한다.

1) 사이버 문학은 복제가 가능하다.

2) 사이버 문학에서는 특정 작가가 중요시되지 않는다.

3) 사이버 문학에서는 이모티콘으로 문장 곳곳에서 즉각적인 감정을 표현한다.

(2) e-book의 한 종류인 [다음 무협소설](http://murim.daum.net/oncomic/nocharge.asp)을 보여주며 그 특징을 살펴보게 한다.

1) 기존의 일반 문서를 사이버 상에서 볼 수 있도록 편집시켜 놓은 것일 뿐이다. (손으로 페이지를 넘기는 것처럼 클릭하면 페이

지가 넘어가는 등)

2) 기존 문서의 특징과 크게 다르지 않음을 확인시킨다.

(3) 하이퍼텍스트와 사이버 문학, e-book의 차이점을 질문하고 정리해 준다.

1) 사이버 문학이나 e-book 텍스트는 노드와 링크로 연결되어 있지 않다.

2) 다양한 매체(동영상, 음악 등)와 결합되어 있지 않다.

3) 단순히 인터넷 상에서 이루어진 문장이나 문학이라 하여 모두 하이퍼텍스트나 하이퍼 문학이 아니며, 하이퍼텍스트는 독자의 노드와 링크에 의해 다양한 관점과 서사를 체험할 수 있는 것이라는 점에서 사이버 문학과 e-book과는 다르다.

Ⅲ. 정리

1. 하이퍼텍스트의 특징에 관해 생각을 나누게 한다.

(1) 하이퍼텍스트에 관해 가장 인상 깊은 체험이 무엇이었는지 떠올려 보고 [은숙이의 국어방]에 있는 [느낌 나누기]에 글을 올리게 한다.

〈학습 활동〉 하이퍼텍스트에 관한 생각을 [은숙이의 국어방]에 올리기

(2) 서로의 글을 읽어보게 하여 학습한 내용을 강화시킨다.

2. 파워포인트 〈학습자료 1〉을 다시 한 번 보여주며 정리한다.

3. 다음 차시 내용을 안내한다.

(1) 하이퍼텍스트를 더 구체적으로 경험하며 그에 따른 서사 체험을

하게 됨을 안내한다.

〈교수 활동〉

단원명	하이퍼텍스트 이해와 활용에 따른 서사 체험	차시	2/4
학습 목표	1. 터닝포인트와 멀티엔딩을 이해한다. 2. 무한히 열려 있으며, 다양하게 구성되어 나가는 텍스트를 경험한다. 3. 독자가 플롯을 구성해 나가는 하이퍼텍스트의 독특한 서사 체험을 한다.		
학습 단계	학 습 내 용	학습자료	비고
도 입	• 하이퍼텍스트의 특징 떠올리기 • 하이퍼텍스트에서 다양한 서사 체험이 가능함을 알기		
전 개	• 터닝포인트와 멀티엔딩에 대해 이해하기 • 터닝포인트를 정해 다양한 플롯을 창작해 멀티엔딩 만들기	• 뮤직비디오 [7days] • 파워포인트 〈학습자료 2〉 • 플래시 애니메이션 [백일홍]	
정 리	• 서로의 작품 감상하기		

Ⅰ. 도입

1. 컴퓨터를 켜서 [은숙이의 국어방]에 접속하게 한다.

2. 하이퍼텍스트의 특징을 떠올리게 한다.
   (1) 1차시 수업에서 배운 하이퍼텍스트의 특징 중 가장 기억나는 것이 무엇인지 질문한다.
   - 비선형성, 다연결성, 멀티미디어적, 무경계성, 개방성, 양방향성, 상호작용성, 텍스트의 자유로운 형식 등

   (2) 학습자 자신의 행위(클릭, 선택적 인식)에 따라 다양한 경로로 다른 텍스트와 연결되고, 다른 정보나 이야기를 접하게 된다는 점을 강

조하여 능동적인 참여가 이루어지는 텍스트임을 상기시킨다.

(3) 1차시 수업에서 나누었던 하이퍼텍스트에 대한 [느낌 나누기]에 올린 글을 토대로 학습자가 인상 깊게 기억하는 하이퍼텍스트의 특징이 무엇이었는지 언급한다.

(4) [느낌 나누기]의 글 중에서 학습자가 독자인 동시에 작가가 될 수 있다는 점을 언급한 글을 인용하여 강조한다.

3. 하이퍼텍스트에서는 다양한 서사 체험이 가능함을 알게 한다.

(1) 새로운 이야기의 참여자가 될 수 있는 '팬픽', '드라마 번외편' 등을 예로 든다.

(2) 학습자의 참여로 인해 이야기는 다양한 스토리로 재창작됨을 이해시킨다.

(3) 하이퍼텍스트는 무한히 열려 있고, 다양하게 구성되어 가는 텍스트임을 강조한다.

4. 이번 차시에서는 열린 텍스트, 구성해 가는 텍스트인 하이퍼텍스트에서 플롯을 구성해 나가는 서사 체험을 하게 됨을 알린다.

Ⅱ. 전개

1. 뮤직비디오 [7-days]를 감상하게 한다.

- www.craigdavid.com/craigdavid.html

(1) 기억나는 장면을 떠올리게 한다. (파워포인트 〈학습자료 2〉 제시)

(2) 각각의 장면에서 이야기의 결말을 다르게 만드는 지점이 어디인지 짚어보게 한다.

(3) 위 장면에서 줄거리를 다르게 만드는 지점이 터닝포인트임을 알린다.

(4) 터닝포인트에서 다른 스토리가 짜여져 다양한 결말이 나는 것을 멀티엔딩이라 함을 알린다.

(5) 하이퍼텍스트에서는 다양한 서사 체험과 멀티엔딩이 가능함을 확인시킨다.

〈학습자료 2〉

2. 플래시로 만들어진 전래동화 [백일홍]을 감상하게 한다.

(http://kr.kids.yahoo.com/storybook/lg/lg03/)

(1) 사건을 정리하게 한다.

① 바다괴물이 살고 있음

② 성질이 사나워 마을 사람들을 괴롭힘

③ 바다괴물에게 바칠 재물로 마을 처녀 몽실이 뽑힘

④ 젊은이가 나타나 몽실이 대신 자신이 바다괴물에게 가서 싸워서 이기면 흰 돛을, 지면 붉은 돛을 하고 돌아올 것을 약속하고 떠남

⑤ 몽실이 기도하며 젊은이를 기다림

⑥ 젊은이가 바다괴물과 99일 동안 싸워 이김

⑦ 바다괴물이 피를 쏟으며 죽음

⑧ 바다괴물의 피로 흰 돛이 붉게 물듦

⑨ 100일째 되던 날 배가 돌아옴

⑩ 몽실이 붉은 돛을 보고 충격으로 쓰러져 죽음

⑪ 그 자리에서 백일홍이 피어남

(2) 각자 자신이 이야기를 바꾸길 원하는 지점을 터닝포인트로 정하게 한다.

(3) [은숙이의 국어방]에서 그 터닝포인트 지점의 코너에 들어가 새로운 이야기를 구성하여 올리게 한다.

〈학습 활동〉 터닝포인트를 정해 새로운 이야기를 창작하여 [은숙이의 국어방]에 올리기

(4) 다른 사람의 플롯을 읽고 느낀 점을 댓글 달아 표현하게 한다.

〈학습 활동〉 다른 사람의 플롯을 읽고 댓글 달기

Ⅲ. 정리

1. [백일홍]에서 학습자들이 짜놓은 다양한 스토리들 중 몇 작품을 선정해 감상한다.

2. 다양한 서사 체험을 하게 되었음을 상기시킨다.

3. 다음 차시까지 읽지 못한 나머지 작품들도 감상해 오도록 한다.

4. 조를 구성해 오도록 한다. (한 조는 7~8명으로 구성)

〈교수 활동〉

단원명	하이퍼텍스트 이해와 활용에 따른 서사 체험	차시	3/4
학습 목표	1. 새로운 인물 창조와 새로운 스토리 구성을 체험한다. 2. 터닝포인트를 정해 다양한 서사 체험을 하여 하이퍼텍스트 문학을 만들어 본다.		
학습 단계	학 습 내 용	학습자료	비고
도 입	• 지난 차시의 활동에 대해 정리하고 되살리기 • 3차시 수업 내용 안내받기		
전 개	• 기존에 알고 있던 이야기의 주인공이 전혀 다른 캐릭터로 바뀌었을 경우, 스토리가 어떻게 달라지는지 경험하기 • 자신이 알고 있던 유명한 이야기의 주인공들의 캐릭터를 새롭게 바꾸어보기 • 인물 재창조와 함께 새로운 스토리 짜기 • 조별로 정해진 새로운 스토리에서 터닝포인트를 정하고 다양한 멀티엔딩 만들기	• 텍스트 〈학습자료 3〉 • 파워포인트 〈학습자료 4〉 • 영화포스터 [집으로] • 동영상 [명랑소녀 성공기] • 다양한 드라마 인물 사진 컷	
정 리	• 조별로 하이퍼텍스트 문학을 만들어오는 과제 안내받기 • 하이퍼 문학이 지녀야 하는 하이퍼텍스트의 특징 주지하기		

Ⅰ. 도입

1. 지난 1, 2차시 수업 내용에 대해 환기시킨다.
   (1) 1차시에서 하이퍼텍스트의 특징과 읽기 방식의 특성에 대해 학습했다.
   (2) 이러한 하이퍼텍스트가 훌륭한 읽기 자료로 활용될 수 있다.
   (3) 2차시에서는 하이퍼텍스트 문학 요소인 멀티엔딩 스토리를 짜보았고, 서로의 작품을 읽어보았다.

2. 이번 차시 수업 내용을 소개한다.
   (1) 이번 수업에는 주로 설정된 인물의 캐릭터 자체를 바꾸어보고, 그 것으로부터 새로운 이야기들을 구성하도록 한다.

Ⅱ. 전개

1. [신 토끼와 거북이] 이야기를 선택하여 읽어보게 한다. (텍스트 〈학습자료 3〉 제시)

〈학습자료 3〉 토끼가 사랑한 거북이

옛날 옛날에 토끼와 거북이가 살았더래요.
거북이는 모르고 있었지만 토끼는 거북이를 사랑했답니다.
누구에게도 알리지 않은 토끼의 소중한 마음이었죠.
어느 날 토끼는 거북이의 모습에 가슴이 아팠습니다.
거북이는 느린 자신에 대해 자책하고 있었거든요.
너무나 느리고 굼뜬 자신에 대해서요.
토끼는 거북이를 사랑했습니다.
거북이에게 자신감을 주고 싶었습니다.

어떻게든...
"어이~느림보 거북아! 나랑 경주해 보지 않을래? 너 따위는 내 상대가 절대 될 수 없지만 말야~ 어때?"
"토끼야! 내가 비록 느리지만, 경주를 하겠어. 빠른 것만이 최고가 아니라는 걸 보여주겠어!"
토끼는 기뻤습니다. 바보같이...

경주가 시작되었습니다.
저 높은 언덕 꼭대기까지의 경주였습니다.
물론...
거북이는 토끼를 따라잡을 수 없었습니다.
토끼는 어느새 저만치 앞서가고 있었죠.
거북이가 쫓아올까? 포기하지 않고 쫓아올까?
앞서가는 토끼는 달리면서도 거북이만을 생각했습니다.
어느새 너무나 차이가 나버렸습니다.
토끼는 거북이를 기다리기로 했습니다.
그러나 무작정 기다릴 수는 없었죠.
토끼는 길가에 누워 자는 척을 했습니다.
그리고는...거북이가 다가와 자신을 깨워주기를 바랬습니다.
그래서 함께 달리기를 원했습니다.
둘이서...
그러나... 그 다음은 아시겠죠?
거북이는 길가에 잠든 토끼를 추월해서 경주에 이겼답니다.
그렇지만 모르시겠죠...
잠든 척 누워 있던 토끼의 눈물을...
경주가 끝나고... 거북이는 근면과 성실의 상징이 되었습니다.
반면 토끼는 자만과 방심의 낙인이 찍혀버렸죠.

그렇지만 토끼는 그 비난을 감수했습니다.
그렇게 해서라도...
거북이가 자신감을 회복하는 모습을 보고 싶었으니까요.

옛날 옛날에 토끼와 거북이가 살았더래요.
거북이는 모르고 있었지만 토끼는 거북이를 사랑했답니다.
그리고... 그건
토끼 혼자만의 아픔이었습니다.

(1) 이야기가 어떤 내용으로 바뀌어 있는지 말하게 한다.

〈학습 활동〉 텍스트를 잘 보고 바뀐 내용 점검하기

(2) 새로운 줄거리의 [신 토끼와 거북이] 이야기를 그림으로 재구성해 보여준다. (파워포인트 〈학습자료 4〉 제시)

〈학습자료 4〉

(3) 이미 알고 있던 토끼를 전혀 다른 캐릭터, 즉 거북이를 남몰래 사랑한 토끼로 바꾼다면 교만이 주제였던 이야기가 가슴 저리고 낭만적인 이야기로 바뀌게 됨을 보여준다.

2. 유명한 영화의 포스트와 그 원작 포스트를 패러디한 포스트를 보여준다.

(1) 영화 [집으로] 포스터 원작과 패러디한 포스터를 보여준다.

(2) TV 드라마였던 [명랑소녀 성공기]를 패러디한 동영상을 보여준다.

(http://www2.nblood.com/cardswf_new/parody/sexy/nara2.swf)

(3) 드라마 인물들이 재창조되고 동시에 사건이 뒤바뀌며 새로운 줄거리가 짜여짐을 보여준다.

3. 학습자가 상상하기 좋도록 인기 드라마의 극중 인물들 사진 컷을 보여준다.

(http://www.njoyschool.co.kr/common/main.asp [은숙이의 국어방]의 [수업 안내 및 자료])

(1) 음악과 함께 사진을 보여주며 극중 이름을 다함께 불러보도록 한다.

(2) 만약 이 인물들이 다른 캐릭터로 바뀔 수 있다면 어떠하며 그 인물에게서 연상되는 것은 무엇인지 상상하게 한다. 예를 들면, 상두를 철학적 인물로 상상한다면 그에게서 하이에나의 느낌이 난다든지, 낭만적 상두라면 그에게서 김춘수의 '꽃'이라는 시가 생각난다든지, 해피형 인물 상두라면 글을 훌륭한 의사로 둔갑시키거나, 비극적 인물로 만든다면 그의 성격을 아주 치밀하고 냉정한 인간으로 바꾼다든지 등등, 그들에게서 떠오르는 무엇이든 떠올리게 한다.

(3) 연상되는 글, 그림, 음악 등 내용들을 [은숙이의 국어방]에 있는 [인물 재창조]란에 올리게 한다. 쓸 때는 제목 앞에 [O조-차상두에 대하여]라고 쓰고 제목은 자유롭게 쓰게 한다.

〈학습 활동〉 드라마 인물을 재창조하여 [은숙이의 국어방]에 올리기

4. 조별로 공동의 작품을 만들어본다.

(1) 각자 자신의 조에 해당하는 구성원들의 글을 읽게 한다.

(2) 각자 상상해 보았던 인물들 중 대표적인 인물을 뽑아 스토리를 짜게 한다.

(3) 그 스토리에서 터닝포인트를 정해 크게 철학형, 비극형, 낭만형, 엽기형, 해피형 등 서로 매우 다른 이야기로 3가지 이상 꾸며보게 한다. 비극형, 엽기형, 해피형 이런 식으로 선택해도 좋고, 비극형 1, 2, 3형으로 해도 된다.

(4) 조별 토론을 거치되 조장이 모임 대화방에 들어가 자기 조 토론을 위한 방을 하나 만들고, 그곳에서 토론을 벌인 뒤 반드시 갈무리하여 그 내용을 저장하여 모임 토론방에 올려놓도록 한다.

〈학습 활동〉 조별로 공동의 하이퍼 문학 작품 만들기

Ⅲ. 정리

1. 조별로 하이퍼텍스트 문학작품으로 만드는 과제를 안내한다.

(1) 새롭게 구성한 이야기와 그 이야기에서 시도한 멀티엔딩 스토리를 하이퍼텍스트 작품으로 꾸며온다. 조별로 작업하되 [은숙이의 국어방]에 있는 [모임 자료실]에 그 자료들을 모아서 서로 활용하도록 한다.

2. 하이퍼텍스트 문학작품의 특징을 이해시킨다.

(1) 하이퍼 소설은 하이퍼텍스트처럼 작가가 정한 페이지에 의해서가 아닌 독자의 취향대로 링크하며 선택하여 읽을 수 있어야 한다. 그래서 읽는 주체에 따라 다양한 내용을 경험할 수 있어야 하며, 작품에 관한 모든 결과와 판단은 독자의 몫이 되도록 한다.

(2) 작가와 독자의 경계가 허물어지고 조원 여러 명이 읽으며 동시에 함께 플롯을 만들어 가는 열린 텍스트가 되어야 한다.

(3) 음악이나 동영상, 이미지들이 더해지면서 멀티미디어적 문학작품 읽기가 되도록 한다.

〈교수 활동〉

단원명	하이퍼텍스트 이해와 활용에 따른 서사 체험	차시	1/4
학습 목표	1. 하이퍼텍스트 문학작품을 감상하고 읽기 능력을 고양시킨다.		
학습 단계	학 습 내 용	학습자료	비고
도 입	• 하이퍼텍스트로 된 하이퍼문학의 개념을 이해하기 • 하이퍼 문학 작품 제작의 과정을 점검하고 마무리하기		
전 개	• 각 조별로 만든 작품을 발표하고 감상하기 • 각 조별로 다른 조의 작품을 읽고 감상의 평 쓰기	• 각 조의 발표 자료	
정 리	• 하이퍼텍스트와 하이퍼 문학의 특징 정리하기	• 파워포인트 〈학습자료 5〉	

Ⅰ. 도입

1. 하이퍼텍스트로 만든 문학작품을 하이퍼 문학이라 함을 알린다.

2. 각 조별 하이퍼 문학 제작을 마무리하게 한다.

Ⅱ. 전개

1. 각 조별로 제작한 작품을 발표하고 감상하도록 한다.

2. 감상 후 느낌을 나누고 평을 쓰도록 한다.

(1) 하이퍼 문학의 특징이 잘 나타나 있는지 살펴보게 한다.

1) 양방향성, 비선형성, 통합성 등의 개념을 상기시킨다.

2) 기존의 텍스트와 달리 다층적이고 복잡한 사고 과정을 요하는 능동적인 읽기임을 확인시킨다.

3) 다양한 매체들(그림, 사진, 음악, 동영상 등)이 사용되었는지 살펴보게 한다.

4) 읽기 행위가 곧 쓰기 행위로 이어져 새로운 창조를 위한 읽기 행위가 되었는지 확인시킨다.

(2) 다른 조의 작품에 대한 감상의 평을 각조의 자료실에 올리게 한다.

〈학습 활동〉 조별 작품을 진지하게 감상·평가하여 [은숙이의 국어방]에 올리기

Ⅲ. 정리

1. 하이퍼텍스트와 하이퍼 문학의 읽기 특징에 대해 정리한다.(파워포인트 〈학습자료 5〉 제시)

(1) 하이퍼텍스트를 보다 능동적으로 읽고 감상하기 위해 무분별하게 텍스트에 빠져들기보다 주체적이고 합리적으로 정보를 가려 이해해야 한다.

(2) 읽기 과정에서 독자는 더 이상 독자로 머물지 않고 창작자로서 이야기에 개입해 스스로 서사 체험을 시도한다.

(3) 하이퍼텍스트 읽기는 멀티미디어적이어서 모든 감각을 총동원하여 정보를 받아들이며 활용한다.

(4) 읽기를 통해 동시에 타인과의 의사소통과 교류가 이루어지므로 건강하게 사회적 교류를 할 수 있도록 노력한다.

(5) 하이퍼텍스트와 하이퍼 문학의 읽기는 단순한 지식, 정보의 탐색으로 그치는 것이 아니라 재창조의 사고 능력 향상을 가져온다.

〈학습자료 5〉

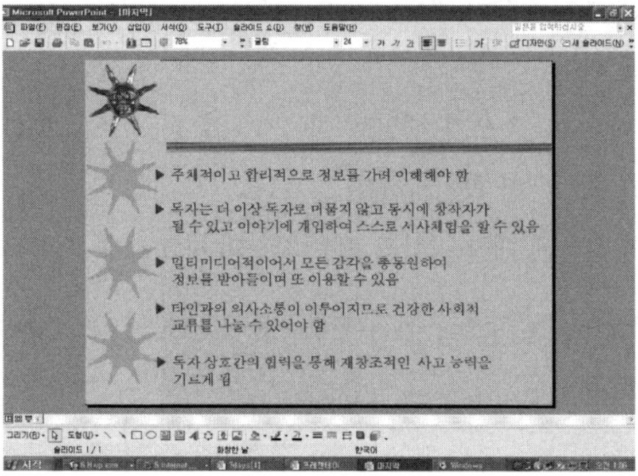

〈부록 – 6〉 하이퍼 문학 사전 설문

ID	

청소년의 하이퍼 문학 이용 실태 조사

이 설문은 서울대학교 국어교육연구소에서 실시하고 있는 '하이퍼미디어와 언어문화교육 연구'의 일부입니다.

이 연구는 우리나라 청소년들의 인터넷 이용 실태와 인터넷 상에서의 의사소통 방식과 양상을 조사하여 인터넷에서의 이해교육의 내용과 방법을 마련하기 위한 것입니다.

각 설문에 대한 정답은 없으며, 여러분의 응답 내용은 외부로 유출되지 않을 것입니다. 또한 설문 결과는 연구 이외의 다른 목적을 위해서는 사용하지 않을 것을 약속드립니다.

여러분의 성의 있는 응답은 국어교육의 발전에 중요한 밑거름이 될 것입니다. 설문을 잘 읽고, 설문의 주의사항에 따라 답변해 주십시오.

2003년 11월

서울대학교 국어교육연구소

＊ 오프라인과 온라인 상에서의 이용에 관한 질문입니다.

1. 인쇄물(신문, 잡지, 소설책 등)을 일주일 평균 몇 시간 정도 읽습니까?

① 1시간 미만 ② 1시간 이상~2시간 미만

③ 2시간 이상~3시간 미만 ④ 3시간 이상~4시간 미만

⑤ 4시간 이상(　　시간)

2. 인터넷을 일주일 평균 몇 시간 정도 접속하십니까?

① 1시간 미만 ② 1시간 이상~2시간 미만

③ 2시간 이상~3시간 미만 ④ 3시간 이상~4시간 미만

⑤ 4시간 이상(　　시간)

3. 여가 시간에는 주로 무엇을 합니까?

1) 책 읽기

2) 인터넷 항해

3) 스포츠 활동

4) 취미생활(예: 십자수 등)

5) 기타(　　　　　　　　　)

본 설문지에서 '사이버 문학작품' 은 넓은 의미로 사이버 공간인 인터넷을 통해 접할 수 있는 모든 작품을 이르는 것입니다. 예) 엽기적인 그녀, 그놈은 멋있었다, 포털 사이트의 각종 소설, 문학 관련 사이트에 올려진 작품, 개인 홈페이지에 올려진 작품 등

＊ 사이버 문학작품에 대한 이용 경험에 대한 질문입니다.

4. 사이버 문학작품을 읽은 경험이 있습니까 ?

① 있다(5번으로 가시오) ② 없다(12번으로 가시오)

5. 사이버 문학작품을 읽은 경험이 있다면, 어떻게 처음 접하게 되었습니까?

① 학교 교사의 권유로 ② 사교육 교사의 권유로

③ 친구나 가족의 권유로 ④ 인터넷 이용 도중에 우연히

⑤ 스스로 문학 관련 사이트를 찾아서

6. 사이버 문학작품을 읽을 때 선호하는 내용은 무엇입니까?

① 사랑과 우정

② 환상(판타지)

③ 무협

④ 모험이나 스포츠

⑤ 연예인(팬픽)

7. 사이버 문학작품 읽기를 즐긴다면, 왜 즐겨 읽고 있습니까?

① 인터넷 사이트를 통해 쉽게 읽을 수 있어서

② 감정 표출이 여과 없이 직접적으로 표현되어서

③ 읽고 난 뒤 내 생각을 적을 수 있어서

④ 내용이 이해하기 쉬워서

⑤ 적은 비용으로 읽을 수 있어서

8. 사이버 문학작품을 접한 경험이 있다면, 어떤 형태로 이용합니까?

① 원전을 읽기만 하지 다른 독자들이 쓴 글은 읽지 않는다(원전만 읽는다).

② 원전은 읽지 않고 다른 독자가 쓴 글('이어 쓰기' 나 '감상문')만 읽는다.

③ 원전을 읽고 쓰기에도 참여한다(예를 들어 '이어 쓰기' 나 '감상 적기' 등을 한다).

④ 원전이나 혹은 다른 독자들이 쓴 글을 읽기만 하지 '감상문' 이나 '이어 쓰기' 는 하지 않는다.

⑤ 기타(   )

9. 사이버 문학작품을 읽고 난 후의 느낌은 어떻습니까?

	전혀 없다	거의 없다	보통이다	많이 그렇다	매우 많이 그렇다
1) 문학적 진실성 (개연성) 유무(有無)	①	②	③	④	⑤
2) 문학적 기법(은유, 직유 등) 구사 유무	①	②	③	④	⑤
3) 문학성 유무	①	②	③	④	⑤
4) 통속적인 내용	①	②	③	④	⑤

10. 사이버 문학작품을 읽으면서 가장 중요시하는 것은 무엇입니까?

① 얼마나 쉽고 재미있는 내용인가

② 주제가 무엇인가

③ 문학적 기법(은유나 직유 등)이 사용되었는가

④ 문학적 수준이 있는 작품인가

⑤ 작가가 누구인가

11. 사이버 문학작품을 읽고 '이어 쓰기'를 해본 경험이 있습니까?

① 있다

② 없다

12. 사이버 문학작품들이 문학적 상상력을 키워줄 수 있다고 생각합니까?

전혀 없다	거의 없다	보통이다	많이 있다	매우 많이 있다
①	②	③	④	⑤

13. 상상력을 키워줄 수 있다면 그 이유는 무엇입니까?

① 이어 쓰기를 통해 새로운 창작물을 만들어 낼 수 있기 때문에

② 책(종이책)은 한 작가의 결과물이지만 사이버 문학은 여러 사람의 공동작업으로 이루어진 것이기 때문에

③ 사이버 문학은 다양한 결말을 접할 수 있어서

④ 사이버 문학은 자판을 이용하기 때문에 종이에 표현할 때보다 상상한 것을 쉽게 글로 표현하고 생각의 첨삭이 쉬워서

⑤ 음악이나 동영상을 접할 수 있어서

14. 사이버 문학 읽기를 경험한 적이 <u>없다면</u> 그 이유는 무엇입니까? (사이버 문학작품을 한 번도 읽지 못한 경우만 답하시오)

① 사이트 주소를 몰라서

② 사이버 문학이 무엇인지 몰라서

③ 사이버 문학에 대한 교육을 받지 않아서

④ 시험에 나오지 않아서

⑤ 사이버 문학은 그 내용에 대한 믿음이 생기지 않아서

15. 사이버 문학 중 기억에 남는 작품은 무엇이며 그 이유는?

작품명과 이유 :

* 사이버 문학과 책(종이책)에 대한 질문입니다.

16. 책(종이책)과 비교하여 사이버 문학의 가장 큰 특징이 무엇이라고 생각합니까?

① 전문 작가가 아니어도 작품을 발표(게재)할 수 있다.

② '이어 쓰기' 를 통해 나도 작가가 될 수 있다

③ '감상 적기' 를 통해 내 생각을 작가에게 전달할 수 있다.

④ 링크에 의해 다양한 줄거리를 접할 수 있다.

⑤ 책보다 더 많은 상상의 기회를 얻을 수 있다.

17. A와 B를 각각 구분할 수 있습니까?

A. 전자책(e-book) // B. 하이퍼텍스트로 이루어진 문학

① 있다(있다면 어떻게 구분됩니까?)

② 없다

18. 책(종이책)과 사이버 문학작품 읽기의 차이점이 있다고 생각합니까?

① 있다(19번으로) ② 없다(20번으로)

19. 책(종이책)과 사이버 문학 읽기 상의 차이점이 있다고 생각한다면, 무엇이라고 생각합니까?(가장 그렇다고 생각되는 것 하나만 고르시오.)

① 인터넷에서 볼 수 있는 글(문학작품)들은 노드와 링크에 의해 내 관심을 즉시 확장시켜 볼 수 있지만, 책(종이책)은 즉각적이기가 쉽지 않다.

② 책(종이책)의 작가는 신뢰가 가지만, 인터넷에서 접할 수 있는 작품의 작가는 신뢰

성이 떨어진다.

③ 책(종이책)을 읽을 경우에는 작가에게 내 생각을 즉시 전달할 수 없지만, 인터넷에서 접할 수 있는 작품의 경우는 작가에게 내 감상을 즉시 전달할 수 있다.

④ 책(종이책)을 읽을 경우와 인터넷에서 접할 수 있는 작품을 읽을 경우 상상력을 자극시키는 것이 다르다.

⑤ 기타 ( )

20. 책(종이책)과 사이버 문학 간에 상상력을 동원하는 데 차이가 있다고 생각합니까?

① 있다

(있다면 어느 것이 더 상상력을 자극한다고 생각합니까? 종이책 사이버 문학작품)

② 없다

* 사이버 문학작품에 대한 교육 경험에 대한 질문입니다.

21. 사이버 문학작품에 대한 교육을 접한 경험이 있습니까?

① 있다(22번으로)

② 없다(24번으로)

22. 사이버 문학작품에 대한 교육을 경험했다면, 주로 무엇을 통해 이루어졌습니까?

① 국어 교과서에 명시되어서

② 수업 활동 중 학교 교사의 지도가 있어서

③ 인터넷을 이용하면서 우연히

④ 국어 교과서의 자습서나 기타 학습자료를 통해서

⑤ 기타 ( )

23. 사이버 문학작품에 대한 교육을 경험했다면, 어떤 영역에 대한 교육이었습니까?

① 작품을 올바르게 읽고 이해하는 방법에 대해

② 작품을 쓰는 방법에 대해

③ 기타 (   )

* 게임(RPG)과 문학에 대한 질문입니다. 게임은 주로 롤 플레잉 게임(Role Playing Game)으로 리니지, 라그하임, 미르의 전설, 천상비, 라그나로크, A3 등을 생각하시면 됩니다.

24. 게임과 문학과의 공통점이 있다고 생각합니까?

① 있다(25번으로)

② 없다(26번으로)

25. 게임과 문학과의 공통점이 있다면 무엇이라고 생각합니까?

예) 등장인물이 있다. 줄거리가 있다 등

(   )

26. 게임과 가장 유사한 문학 장르는 무엇이라고 생각합니까?

① 시

② 희곡

③ 소설

④ 수필

27-1. 게임과 유사한 문학 장르를 (26번 답)이라고 선택한 이유가 무엇입니까?

이 유:

28. 하이퍼텍스트(hypertext)가 무슨 뜻인지 알고 있습니까?

① 알고 있다(뜻:)

② 모른다

* 마지막으로 개인적인 질문 몇 가지 드리겠습니다.

□ 성별은? ① 남자 ② 여자

□ 소속 학교 ① 중학교 ② 고등학교 ③ 대학교

□ 소속 학년 ① 1학년 ② 2학년 ③ 3학년 ④ 4학년

ID	

청소년의 하이퍼 문학 교육 실태 조사

이 설문은 서울대학교 국어교육연구소에서 실시하고 있는 '하이퍼미디어와 언어문화교육 연구'의 일부입니다.

이 연구는 우리나라 청소년들의 인터넷 이용 실태와 인터넷 상에서의 의사소통 방식과 양상을 조사하여 인터넷에서의 이해교육의 내용과 방법을 마련하기 위한 것입니다.

이 설문의 내용은 여러분이 지난 11월에 받은 하이퍼 문학에 대한 여러분의 생각과 의견을 묻는 것입니다.

각 설문에 대한 정답은 없으며, 여러분의 응답 내용은 외부로 유출되지 않을 것입니다. 또한 설문 결과는 연구 이외의 다른 목적을 위해서는 사용하지 않을 것을 약속드립니다.

여러분의 성의 있는 응답은 국어교육의 발전에 중요한 밑거름이 될 것입니다. 설문을 잘 읽고, 설문의 주의사항에 따라 답변해 주십시오.

2003년 12월

서울대학교 국어교육연구소

본 설문지에서 '사이버 문학'은 하이퍼 문학과 e-book의 형태를 포함하는 것으로 사이버 공간에서 이루어진 문학이라는 의미로 사용됩니다. 하이퍼 문학은 하이퍼텍스트로 이루어진 문학으로 e-book과는 구분하여 사용합니다.

* 여러분이 받은 하이퍼 문학 읽기 수업에 관련된 질문입니다.

1. 하이퍼 문학 읽기 수업이 재미있었습니까?

너무 재미없었다	별로 재미없었다	보통이다	조금 재미있었다	매우 재미있었다
①	②	③	④	⑤

2. 하이퍼 문학 읽기 수업이 여러분에게 도움이 되었습니까?

① 도움이 됐다(3번으로)

② 도움이 안 됐다(4번으로)

3. 수업이 도움 되었다면 가장 도움이 된 내용은 무엇입니까?

( )

4. 수업이 도움 되지 않았다면 그 이유는 무엇입니까?

(이유:)

5. 하이퍼 문학 읽기 수업의 교육 방법에 대해서 어떻게 생각합니까?

너무 재미없었다	별로 재미없었다	보통이다	조금 재미있었다	매우 재미있었다
①	②	③	④	

5-1. 그 이유는 무엇 때문인지 구체적으로 써주십시오.

6. 수업 내용이나 방법, 진행 방식 등과 관련해 <u>가장 좋았던 점</u>에 대해 써주십시오.

7. 수업 내용이나 방법, 진행 방식 등과 관련해 <u>가장 나빴던 점</u>에 대해 써주십시오.

8. 문학 영역에서의 하이퍼텍스트 읽기 수업의 교육내용에 대해서 전체적으로 판단해 보았을 때 여러분 의견은 어떠합니까?

① 사이버 문학 읽기를 배울 수 있는 충분한 내용이었다.

② 사이버 문학 읽기를 배우기에 내용이 좀 부족했다.

③ 사이버 문학 읽기를 배우기에 적합한 내용이 아니었다.

④ 잘 모르겠다.

⑤ 기타 ______________________________

9. 사이버 문학작품들이 문학적 상상력을 키워줄 수 있다고 생각합니까?

전혀 없다	거의 없다	보통이다	많이 그렇다	매우 많이 그렇다
①	②	③	④	⑤

10. 상상력을 키워줄 수 있다면 이유는 무엇입니까?

① 이어 쓰기를 통해 새로운 창작물을 만들어낼 수 있기 때문에

② 책(종이책)은 한 작가의 결과물이지만 사이버 문학은 여러 사람의 공동작업으로 이루어진 것이기 때문에

③ 사이버 문학은 다양한 결말을 접할 수 있어서(다양한 서사 체험이 가능)

④ 사이버 문학은 자판을 이용하기 때문에 종이에 표현할 때보다 상상을 쉽게 글로 표현하고 생각의 첨삭이 쉬워서

⑤ 음악이나 동영상을 사용할 수 있어서

11. 수업을 받고 난 후, 사이버 문학작품을 읽으면서 가장 중요시해야 할 것은 무엇이라고 생각합니까?

① 얼마나 쉽고 재미있는 내용인가

② 주제가 무엇인가

③ 문학적 기법(은유나 직유 등)이 사용되었는가

④ 문학적 수준이 있는 작품인가

⑤ 작가가 누구인가

12. 책(종이책)과 비교하여 사이버 문학의 가장 큰 특징이 무엇이라고 생각합니까?

① 전문 작가가 아니어도 작품을 발표(게재)할 수도 있다.

② '이어 쓰기' 를 통해 나도 작가가 될 수 있다.

③ '감상 적기' 를 통해 내 생각을 작가에게 전달할 수 있다.

④ 링크에 의해 다양한 줄거리를 접할 수 있다.

⑤ 책보다 더 많은 상상의 기회를 얻을 수 있다.

13. 하이퍼텍스트(hypertext)가 무슨 뜻입니까?

① 알고 있다(뜻:)

② 모른다

14. A와 B를 각각 구분할 수 있습니까?

A. 전자책(e-book) // B. 하이퍼텍스트로 이루어진 문학

① 있다

(있다면 어떻게 구분됩니까?)

② 없다

15. 책(종이책)과 사이버 문학작품 읽기의 차이점이 있다고 생각합니까?

① 있다(16번으로)

② 없다(17번으로)

16. 책(종이책)과 사이버 문학 읽기의 차이점이 있다고 생각한다면, 무엇이라고 생각합니까? (가장 그렇다고 생각되는 것 하나만 고르시오.)

① 인터넷에서 볼 수 있는 글(문학작품)들은 노드와 링크에 의해 내 관심을 즉시 확장시켜볼 수 있지만, 책(종이책)은 즉각적이기가 쉽지 않다.

② 책(종이책)의 작가는 신뢰가 가지만, 인터넷에서 접할 수 있는 작품의 작가는 신뢰성이 떨어진다.

③ 책(종이책)을 읽을 경우에는 작가에게 내 생각을 즉시 전달할 수 없지만, 인터넷에서 접할 수 있는 작품의 경우는 작가에게 내 감상을 즉시 전달할 수 있다.

④ 책(종이책)을 읽을 경우와 인터넷에서 접할 수 있는 작품을 읽을 경우 상상력을 자극시키는 것이 다르다.

⑤ 기타 (   )

17. 어떤 방식으로 책(종이책, 신문 등)의 문장을 읽습니까?

① 전체적으로 제목을 먼저 보고 관심 있는 내용을 선택해 읽는다.

② 화면의 맨 위에서부터 차근차근 제목과 내용을 읽어 내려온다.

③ 그림이나 사진이 있는 내용에 먼저 시선이 간다.

④ 기타 (   )

18. 어떤 방식으로 하이퍼텍스트를 읽습니까?

① 조회 수가 많은 내용을 먼저 읽는다.

② 전체적으로 제목을 먼저 보고 관심 있는 내용을 선택해 읽는다.

③ 화면의 맨 위에서부터 차근차근 제목과 내용을 읽어 내려온다.

④ 그림이나 동영상이 있는 내용에 먼저 시선이 간다.

⑤ 기타 (   )

19. 효과적인 하이퍼텍스트 이해(사이버 문학 읽기를 포함)를 위해 무엇이 가장 필요하다고 생각합니까?

① 컴퓨터 운용 능력 교육

② 일반적인 문학적 지식 교육

③ 표현(말하기, 쓰기) 교육

④ 하이퍼텍스트 특성에 대한 교육

⑤ 기타(   )

20. 동일 시간 내에 책(종이책)과 사이버 문학 중 어느 쪽이 더 많은 정보를 전달할 수 있다고 생각합니까?

① 책(종이책)

② 사이버 문학

21. 동일 시간 내에 책(종이책)과 사이버 문학 중 어느 쪽을 더 많이 읽을 수 있습니까?

① 책(종이책) (이유:)

② 사이버 문학 (이유:)

22. 책(종이책)과 사이버 문학 간에 상상력을 동원하는 데 차이가 있다고 생각합니까?

① 있다

(있다면 어느 것이 더 상상력을 자극한다고 생각합니까? 종이책 인터넷 작품)

② 없다

23. 책(종이책)과 사이버 문학 중 어느 쪽이 더 작가와 독자 간의 대화가 가능하다고 생각합니까?

① 책(종이책)

② 사이버 문학

24. 동일한 작품으로 구성된 책(종이책)과 사이버 문학이 있다면, 어느 쪽을 선택해서 읽겠습니까?

① 책(종이책) (이유:)

② 사이버 문학 (이유:)

25. 책(종이책)의 글과 하이퍼텍스트로 구성된 문장 중 어느 쪽이 더 읽기 수월합니까?

① 책(종이책) (이유:)

② 하이퍼텍스트 (이유:)

26. 전자책(e-book)과 하이퍼 문학 중 어느 쪽이 더 다양한 서사 체험을 가능하게 한다고 생각합니까?

① 전자책(e-book)

② 하이퍼 문학

27. 26번 답에 대한 이유는 무엇입니까? 즉 어떤 점 때문에 전자책 혹은 하이퍼 문학이

더 다양한 서사 체험을 가능하게 만든다고 생각합니까?

(이유:)

28. 게임과 문학과의 공통점이 있다면 무엇이라고 생각합니까?

( )

29. 게임과 가장 유사한 문학 장르는 무엇이라고 생각합니까?

① 시

② 희곡

③ 소설

④ 수필

30. 본 수업을 받은 후 새로 알게 된 사실이나 지식이 있다면 무엇인지 구체적으로 써주십시오.

( )

31. 본 수업을 받은 후, 사이버 문학 읽기와 관련해서 여러분의 행동에 어떤 변화가 생겼습니까? 즉 여러분이 사이버 문학작품을 읽을 때 과거와 달라진 점은 무엇입니까?

( )

♣ 다음은 인터넷(뉴미디어)과 관련된 교육에 대한 질문입니다.

32. 여러분의 학업이나 또는 사회에 나갔을 때를 대비하여 이러한 수업, 즉 인터넷의 다양한 의사소통 방식이나 표현방식을 배울 필요성이 있다고 생각합니까?

① 있다

② 없다

③ 모르겠다

33. 앞으로 이러한 수업, 즉 인터넷의 의사소통 방식(읽고 쓰기)에 대해 계속해서 더 배우고 싶습니까?

34. 인터넷에서의 효과적인 읽기 방법에 대해서 계속해서 더 배우고 싶다면 다음 중 어떤 내용을 가장 배우고 싶습니까?(주의: 33번에서 '전혀 없다' 를 선택한 학생은 답하지 마십시오. 가장 배우고 싶은 것 하나만을 선택하여 주십시오.)

① 친교 영역(채팅, 전자편지) 읽기

② 오락 영역(유머) 읽기

③ 문학 영역(사이버 문학) 읽기

④ 정보교환적 영역(인터넷 신문) 읽기

⑤ 설득 영역(인터넷 광고) 읽기

⑥ 기타 ______________________________

35. 이러한 내용과 방식의 수업이 잘 되려면 아래에 제시한 각각의 영역에서 어떤 개선 방안이 필요할까요? (현재의 교육환경과 비교해서)

35-1. 학생

35-2. 교사

35-3. 수업 내용

35-4. 수업 방식

35-5. 수업 환경

35-6. 기타

36. 인터넷의 다양한 이해방식에 대해서 배우는 수업뿐만 아니라 텔레비전, 라디오 등 다양한 미디어에 대한 수업은 어떤 방식으로 진행되는 것이 바람직하다고 생각합니까?

① 누구나 다 배우는 필수 과목의 일부로서 배우면 된다(예: 국어).

② 기존의 선택 과목의 일부로서 배우면 된다(예: 국어생활, 작문 등).

③ 미디어 교육만을 위한 새로운 필수 과목이 생겨야 한다.

④ 미디어 교육만을 위한 새로운 선택 과목이 생겨야 한다.

⑤ 특별활동에서 배우면 된다.

⑥ 재량활동에서 배우면 된다.

⑦ 기타 ____

※ 수고하셨습니다. 여러분의 성의 있는 답변에 감사드립니다. 마지막으로 여러분의 개인 신상 정보에 대해 간단히 묻고자 합니다. 이 정보는 설문조사 결과의 해석에만 사용할 것을 약속드립니다.

- 학교　　□ 중학교　　□ 고등학교
- 학년　　□ 1학년　　□ 2학년　　□ 3학년
- 성별　　□ 남자　　□ 여자
- 이메일 주소 ________________________________

교사용

1. 하이퍼텍스트의 서사 체험 수업이 국어교육적으로 어떤 의미가 있었다고 보십니까?

   (주제, 학습자료, 학습 방법 등)

   : 어떤 점에서 그렇습니까?

2. 하이퍼텍스트의 서사 체험 수업이 미디어 교육적으로 어떤 의미가 있었다고 생각하십니까? (주제, 학습자료, 학습 방법 등)

   : 어떤 점에서 그렇습니까?

3. 수업에 대해 내용적으로 평가한다면?

   1) 인터넷 문화(하이퍼텍스트의 개념, 서사 특징, 사이버 문학 등 포함)를 비판적으로 이해하는 데 얼마나 도움이 되었다고 보십니까?

      : 어떤 점에서 그렇습니까?

      : 이것은 국어교육적 측면에서 어떤 의미가 있다고 보십니까?

      : 이것은 미디어 교육적으로 어떤 의미가 있다고 보십니까?

4. 수업에 대해 방법적 측면에서 평가한다면?

   1) 진행 방식에서 좋았던 점은 어떤 점이라고 보십니까?

      (모둠 활동, 토론, 강의, 이야기 만들기 등)

      : 어떤 점에서 그렇습니까?

   2) 어떤 점이 아쉬웠습니까?

      : 어떤 점에서 그렇습니까?

5. 이번 수업이 하이퍼텍스트 이해교육에 얼마나 효과적이었다고 생각하십니까?

: 어떤 점에서 그렇습니까?

6. 하이퍼텍스트 이해교육을 위한 하이퍼텍스트의 서사 체험 수업을 국어교육연구소와 함께 기획하고 수행하시면서 전반적으로 느끼신 점을 말씀해 주십시오.

: 좋았던 점은 어떤 것이라고 보십니까?

: 개선해야 할 점은 어떤 것이라고 생각합니까?

7. 앞으로 국어 시간에 인터넷 관련 문화를 가르칠 기회가 있다면 어떤 점에 대해 어떻게 가르치고 싶습니까?

8. 하이퍼텍스트 이해교육 및 미디어 교육을 국어교육 안에 포함시키기 위해 교사에게 필요한 지식과 기술은 무엇이라고 보십니까? 어떤 교사 교육이 필요하다고 생각하십니까?

9. 덧붙이고 싶은 말씀이 있으면 해주십시오.

학생용

1. 여가 시간은 보통 무얼 하면서 보내나요?

2. 하루 평균 인터넷 사용 시간은 얼마나 되나요?

3. 인터넷에서 주로 무엇을 하나요? (자주 가는 사이트는?)

4. 국어 시간에 하이퍼텍스트의 서사 체험에 대해 공부한 것에 대해 어떻게 생각하나요?

5. 다음에도 이러한 내용과 관련된 수업이 실시된다면 참여하고 싶습니까?

6. 다음에 인터넷에 대해 공부할 기회가 있다면 어떤 분야를 다루었으면 좋겠습니까?

7. 수업 중 가장 기억에 남는 것은 무엇입니까?

8. 수업에 대해 전반적으로 평가하면 어떠합니까?

1) 내용적인 측면에서,

(1) 하이퍼텍스트의 서사를 이해하는 데 얼마나 도움이 되었습니까?

(2) 사이버 문학을 포함한 인터넷 문화를 이해하는 데 얼마나 도움이 되었습니까?

2) 방법적인 측면에서,

(1) 진행 방식에서 좋았던 점은 무엇인가요?

(모둠 활동, 토론, 강의, 작품 감상 등)

(2) 아쉬웠던 점이나 혹은 달라지면 더 좋았을 것은 무엇인가요?

9. 국어 시간에 사이버 문학을 포함한 인터넷과 관련된 것을 배우는 것에 대해 어떻게 생각합니까? 또한 무엇을 다루어야 한다고 생각합니까?

10. 앞으로 인터넷에 대해 공부할 기회가 있다면 어떤 점을 어떻게 배우고 싶습니까?

11. 덧붙이고 싶은 말이 있으면 해주세요.

ID	

청소년의 하이퍼텍스트 이용 실태 조사

이 설문은 서울대학교 국어교육연구소에서 실시하고 있는 '하이퍼텍스트 이해교육 연구'를 위한 조사 차원에서 작성된 것입니다. 우리나라 청소년들의 하이퍼텍스트 이용 실태를 조사하고, 하이퍼텍스트의 이해교육의 필요성을 알아보는 데 그 목적이 있습니다. 각 설문 항목에 대한 정답은 없으며, 여러분의 응답 내용은 외부로 유출되지 않을 것입니다. 또한 설문 결과는 연구 이외의 다른 목적으로 사용하지 않을 것입니다.

2003년 5월

서울대학교 국어교육연구소

1. 인터넷에서 다음을 어느 정도 사용하십니까?

	전혀 이용하지 않는다	거의 이용하지 않는다	보통이다	많이 이용한다	매우 많이 이용한다
(1) 이메일	①	②	③	④	⑤
(2) 정보 검색	①	②	③	④	⑤
(3) 인터넷 뉴스	①	②	③	④	⑤
(4) 쇼핑	①	②	③	④	⑤
(5) 오락·게임	①	②	③	④	⑤
(6) 커뮤니티	①	②	③	④	⑤
(7) 메신저·채팅	①	②	③	④	⑤

2. 인터넷 이용시 첫 화면 중에서 가장 먼저 읽는 위치는 어디입니까?

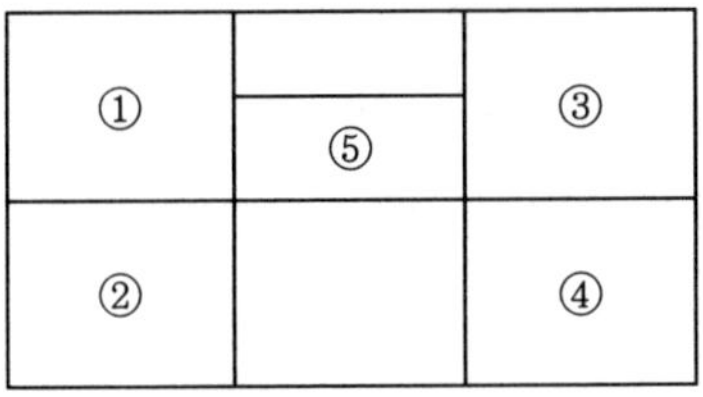

3. 인터넷 포털 사이트(다음, 네이버, 야후 등)의 초기 화면에서 두 번째 화면으로 넘어가게 되는 주된 이유는?

① 더 자세한 정보를 얻고 싶어서

② 제목이 눈에 띄어서

③ 동영상이 눈길을 끌어서

④ 경품에 대한 관심 때문에

⑤ 기타 ____________

4. 다음 순서 중 자신의 인터넷 화면 읽기 순서와 가장 가까운 것을 고르시오.

① 전체 구조를 먼저 본 다음 세부 항목으로 들어간다.

② 관심 있는 제목을 먼저 본 다음 세부 항목으로 들어간다.

③ 사진이나 그림을 먼저 본 다음 세부 항목으로 들어간다.

④ 검색 창에서 검색 후 세부 항목으로 들어간다.

⑤ 순서 없이 본다.

5. 인터넷 신문에서 댓글(인터넷 독자 의견란)을 읽은 적이 있는가? <u>(없다면 6번으로, 있다면 5-1번으로 가시오.)</u>

전혀 없다	거의 없다	보통이다	많이 있다	매우 많이 있다
①	②	③	④	⑤

5-1. 다음 중 인터넷 신문에서 먼저 읽는 것을 고르시오.

① 헤드라인(표제)이나 개요를 먼저 본다.

② 사진이나 그림을 먼저 본다.

5-2. 인터넷 신문에서 관심 있게 읽는 부분을 하나만 고르시오.

① 정치 ② 경제 ③ 사회 ④ 문화 ⑤ 연예·오락 ⑥ 스포츠

⑦ 기타 ____________

5-3. 인터넷 신문 기사에 대한 댓글(인터넷 독자 의견란)을 읽었을 때 느낌은?

	전혀 그렇지 않다	거의 그렇지 않다	보통이다	많이 그렇다	매우많이 그렇다
(1) 욕설 등 비어가 많다.	①	②	③	④	⑤
(2) 토론이나 주장이 재미있다.	①	②	③	④	⑤
(3) 비논리적이다.	①	②	③	④	⑤
(4) 다른 사람의 다양한 의견을 알 수 있다.	①	②	③	④	⑤
(5) 나와 생각이 같은 주장이 있어 좋다.	①	②	③	④	⑤

5-4. 인터넷 신문 기사를 읽고 댓글(독자 의견란)을 쓸 때 어떤 방식으로 글을 씁니까?

	전혀 그렇지 않다	거의 그렇지 않다	보통이다	많이 그렇다	매우 많이 그렇다
(1) 비어·속어를 섞어 쓴다.	①	②	③	④	⑤
(2) 인터넷 파급 효과를 생각하며 쓴다.	①	②	③	④	⑤
(3) 감정을 절제하여 쓴다.	①	②	③	④	⑤
(4) 훈계조로 쓴다.	①	②	③	④	⑤
(5) 논리적으로 의견을 밝힌다.	①	②	③	④	⑤

6. 원하는 인터넷 정보를 찾다가 목적과는 다른 사이트나 정보를 보고 시간을 허비했다고 생각한 적이 있는가?

전혀 그렇지 않다	거의 그렇지 않다	보통이다	많이 그렇다	매우 많이 그렇다
①	②	③	④	⑤

7. 다음의 정보를 어느 정도 믿을 만하다고 생각하십니까?

	전혀 믿지 않는다	거의 믿지 않는다	보통이다	많이 믿는다	매우많이 믿는다
(1) 공공기관의 홈페이지 정보	①	②	③	④	⑤
(2) 사설기관 홈페이지 정보	①	②	③	④	⑤
(3) 개인 홈페이지 정보	①	②	③	④	⑤
(4) 양이 많은 홈페이지 정보	①	②	③	④	⑤
(5) 치밀하게 구성된 홈페이지 정보	①	②	③	④	⑤

8. 인터넷의 정보와 책의 정보를 어느 정도 믿을 만하다고 생각하십니까?

	전혀 믿지 않는다	거의 믿지 않는다	보통이다	많이 믿는다	매우많이 믿는다
(1) 인터넷 정보	①	②	③	④	⑤
(2) 책 정보	①	②	③	④	⑤

9. 하루 평균 컴퓨터 게임을 즐기는 시간은 얼마나 됩니까?

① 1시간 미만 ② 1-2시간

③ 2-3시간 ④ 3시간 초과

10. 생활 경험 중 게임 내용(폭력)과 동일화된 행동을 한 경험이 있습니까?

전혀 없다	거의 없다	보통이다	많이 있다	매우 많이 있다
①	②	③	④	⑤

11. 롤 플레잉 게임(Role playing game) 중에서 어떤 종류의 게임을 선호하십니까?

① 전쟁 이야기 ② 역사 이야기 ③ 사랑 이야기

④ 스포츠 ⑤ 모험 이야기

12. 게임에서 아이템 구매를 위한 비도덕적 행위를 해도 괜찮다고 생각하십니까?

① 성장도를 위해서는 비도덕적인 행위도 용납될 수 있다.

② 아이템 획득을 위한 비도덕적인 행위는 지양되어야 한다.

③ 현실사회가 아닌 온라인상의 행위이기 때문에 비도덕적 행위에 대한 윤리의식을 느끼지 않는다.

④ 관심 없다.

13. 게임의 윤리가 생활의 윤리에 영향을 미친다고 생각하십니까?

전혀 그렇지 않다	거의 그렇지 않다	보통이다	많이 그렇다	매우 많이 그렇다
①	②	③	④	⑤

14. 개선해야 할 게임의 내용은 무엇이라고 생각하십니까?(한 가지만 선택)

① 뚜렷한 선인과 악인의 구조

② 캐릭터의 영웅적 설정

③ 남녀 차별

④ 권선징악의 구조

⑤ 게임 내용(소재)의 단순함(전쟁이야기 위주)

※ 시사토론방에 참여한 경험이 없다면 19번으로, 참여한 경험이 있다면 15번으로 가시오.

15. 시사토론방 '주제가 있는 토론방' 에 참가하여 의견을 올린 적이 있으면 얼마나 자주 의견을 올립니까? (예: 야간 자습 혹은 0교시 폐지 등)

① 한 번도 없다.

② 하루에 한 번 정도

③ 2-3일에 한 번 정도

④ 1주에 한 번 정도

⑤ 한 달에 한 번 정도

16. 시사토론방에 참가하는 주요 목적은 무엇입니까?(한 가지만 선택)

① 다른 이들의 의견을 관찰하기 위해서

② 나의 의견을 펼치기 위해서

③ 주제에 대해 더 자세히 알기 위해서

④ 인터넷 검색하다가 우연히(목적 없음)

17. 시사토론방에서는 글 쓸 때 특징을 고르시오.

	전혀 그렇지 않다	거의 그렇지 않다	보통이다	많이 그렇다	매우많이 그렇다
(1) 논리적으로 전개한다.	①	②	③	④	⑤
(2) 감정을 절제한다. 고려한다.	①	②	③	④	⑤
(3) 상대방 감정을	①	②	③	④	⑤
(4) 욕설이나 비방을 한다	①	②	③	④	⑤
(5) 감정기호(이모티콘) 등 시각 언어를 사용한다.	①	②	③	④	⑤

18. 시사토론방에 참가하여 나와 반대되는 의견을 개진하는 사람에 대해 어떻게 반응합니까?

① 나와 다르므로 무관심하다

② 상대가 옳지 않다는 것을 논리적으로 일깨워 준다.

③ 욕설이나 감정으로 강력하게 대응한다.

④ 나와 의견은 다르지만 타당하면 수용한다

19. 인터넷 광고와 신문 광고, 텔레비전 광고에 대한 신뢰도(믿음)를 묻는 문항입니다. 각각에 대해 답해 주세요.

	전혀 믿지 않는다	거의 믿지 않는다	보통이다	많이 믿는다	매우 많이 믿는다
(1) 인터넷 광고	①	②	③	④	⑤
(2) 신문 광고	①	②	③	④	⑤
(3) 텔레비전 광고	①	②	③	④	⑤

20. 인터넷 광고를 클릭하는 가장 큰 이유는?(한 가지만 선택)

① 음악이 재미있어서

② 화상이나 이미지가 재미있어서

③ 경품이나 게임이 있어서

④ 물건에 대한 정보가 흥미로워서

⑤ 기타 ____________

21. 인터넷 유머를 즐겨보는 가장 큰 이유는?(한 가지만 선택)

① 인터넷의 유머는 최신판이기 때문에

② 말로 표현할 수 없는 것까지 인터넷에 올라와 있기 때문에

③ 야한 유머가 많아서

④ 동영상도 함께 볼 수 있어서

⑤ 기타 ____________

22. 인터넷의 유머에 대해 어떻게 생각하십니까?

	전혀 그렇지 않다	거의 그렇지 않다	보통이다	많이 그렇다	매우많이 그렇다
(1) 야한 유머가 많다.	①	②	③	④	⑤
(2) 은어, 속어, 비어, 욕설이 많다	①	②	③	④	⑤

23. 사이버 문학을 접해 본 적이 있습니까?(* 없다면 40번 질문으로, 있다면 24번으로 가시오.)

	전혀 없다	거의 없다	보통 이다	많이 있다	매우많이 있다
(1) 시	①	②	③	④	⑤
(2) 소설	①	②	③	④	⑤
(3) 수필	①	②	③	④	⑤
(4) 희곡	①	②	③	④	⑤

24. 사이버 문학을 처음 접한 경로는 무엇입니까?

① 학교 교사의 권유로

② 사교육 교사의 권유로

③ 친구의 권유로

④ 인터넷 이용 도중에 우연히

⑤ 자발적인 사이트 검색으로

25. 책과 비교하여 사이버 문학의 가장 큰 특징이 무엇이라고 생각합니까?

① 누구나 이어쓰기가 가능한 미완성 문학이다.

② 누가 창작했는지 작가가 불분명하다.

③ 이어 쓰기를 통해 작가로 참여할 수 있다.

④ 소설을 읽고 이를 시의 형태로 이어 쓸 수 있다.

⑤ 전문작가가 아니어도 작품을 발표(게재)할 수 있다.

26. 사이버 문학의 가장 큰 장점은 무엇이라고 생각합니까?

① 인터넷 사이트를 통해 쉽게 읽을 수 있다.

② 감정표출이 여과없이 표현된다.

③ 직접 창작에 참여할 기회가 있어 좋다.

④ 내용을 이해하기 쉽다.

⑤ 재미있다.

⑥ 기타 ____________

27. 사이버 문학에 대한 교육을 접한 경험이 있습니까?(＊없다면 29번으로, 있다면 28번으로 가시오.)

전혀 없다	거의 없다	보통이다	많이 있다	매우 많이 있다
①	②	③	④	⑤

28. 사이버 문학에 대한 교육을 경험했다면, 주로 무엇을 통해 이루어졌습니까?

① 국어교과서에 명시되어서

② 수업 활동 중 교사의 지도가 있어서

③ 인터넷을 이용하면서 우연히

④ 국어 교과서의 자습서나 기타 학습자료를 통해서

※ 사이버 시를 읽어보았다면 29번으로, 읽어본 경험이 없다면 31번으로 가시오.

29. 사이버 시를 접한 <u>경험이 있다면,</u> 어떤 형태로 이용합니까?

① 원전을 읽기만 한다.

② 원전을 읽고 창작에 참여한다.

③ 독자들이 참여하여 창작된 시만 읽는다.

④ 작품에 대한 토론방에 참석한다.

⑤ 원전이나 혹은 독자들이 쓴 시를 읽기만 하지 창작이나 토론방에 참여하지 않는다.

30. 사이버 시를 접한 <u>경험이 있다면,</u> 사이버 시를 읽은 후 느낌은?

	전혀 그렇지 않다	거의 그렇지 않다	보통이다	많이 그렇다	매우 많이 그렇다
(1) 내용이 진지하지 않고 가볍다.	①	②	③	④	⑤
(2) 진실성이 결여되어 있다.	①	②	③	④	⑤
(3) 문학적인 기법 수준이 낮다.	①	②	③	④	⑤
(4) 유치한 내용이다.	①	②	③	④	⑤
(5) 문학성이 높다.	①	②	③	④	⑤

31. 사이버 시를 접한 경험한 적이 <u>없다면</u> 그 이유는?

① 사이트 주소를 몰라서

② 사이버 시가 무엇인지 몰라서

③ 사이버 시에 대한 교육을 받지 않아서

④ 시험에 나오지 않아서

⑤ 작가가 유명한 사람이 아닐 것 같아서

※ 사이버 소설을 읽어보았다면 32번으로, 읽어본 경험이 없다면 40번 질문으로 가시오.

32. 사이버 소설을 접한 경험이 있다면, 어떤 형태로 이용합니까?

① 원전을 읽기만 한다.

② 원전을 읽고 창작에 참여한다.

③ 독자들이 참여하여 창작된 소설만 읽는다.

④ 작품에 대한 토론방에 참석한다.

⑤ 원전이나 혹은 독자들이 쓴 소설을 읽기만 하지 창작이나 토론방에 참여하진 않는다.

33. 사이버 소설을 읽은 후 느낌을 하나만 든다면?

① 내용이 진지하지 않고 가벼운 것 같다.

② 진실성이 결여되어 있다.

③ 문학적인 기법 수준이 낮다.

④ 유치한 내용이다.

⑤ 문학성이 높다.

34. 사이버 소설을 읽는다면 다음 중 선호하는 장르는 무엇입니까?

① 무협 소설

② 연애 소설

③ 판타지 소설

④ 팬픽

⑤ 순수문학

35. 사이버 소설을 즐기는 이유는 무엇입니까?

① 유익해서

② 재미있어서

③ 최신판을 접할 수 있어서

④ 감정표출이 여과없이 이루어지기 때문에

⑤ 내용에 있어 윤리적 제약을 받지 않기 때문에

36. 사이버 소설이 재미있다면 구체적인 이유는 무엇입니까?

① 여과없이 성적인 표현을 할 수 있어서

② 언제나 착한 사람이 이겨서

③ 환상적인 요소가 많아서

④ 내용 파악이 쉬워서

⑤ 황당한 내용이 많아서

37. 사이버 소설을 읽고 '이어쓰기'를 해 본 경험이 있습니까?

전혀 없다	거의 없다	보통이다	많이 있다	매우 많이 있다
①	②	③	④	⑤

38. 인터넷 소설을 창작하는 데 크게 기여하는 사람은 누구라고 생각하십니까?

① 인터넷 소설을 처음으로 구성한 원작가

② 이어쓰기에 참여하는 독자

39. 사이버 문학이 문학적 상상력을 키워줄 수 있다고 생각합니까?

전혀 없다	거의 없다	보통이다	많이 그렇다	매우 많이 그렇다
①	②	③	④	⑤

39-1. 상상력을 키워 줄 수 있다면 이유는 무엇입니까?

① 이어쓰기를 통해서 새로운 창작물을 만들어 낼 수 있기 때문에

② 소설 책은 한 작가의 결과물이지만 사이버 소설은 여러 사람의 공동 작업으로 이루어진 것이기 때문에

③ 사이버 소설의 여러 가지 결말을 접할 수 있어서

④ 상상을 쉽게 글로 표현하고 생각의 첨삭이 쉬워서

⑤ 음악이나 동영상을 사용하거나 표현되어 있어서

40. 사이버 소설 읽기를 경험한 적이 없다면 이유는 무엇입니까?

① 사이트 주소를 몰라서

② 사이버 소설이 무엇인지 몰라서

③ 사이버 소설에 대한 교육을 받지 않아서

④ 시험에 나오지 않아서

⑤ 작가가 유명한 사람이 아닐 것 같아서

◎ 마지막으로 개인적인 질문 몇 가지 드리겠습니다.

• 성별은? ① 남자 ② 여자

• 연령은? (만 세)

• 소속 학교 ① 중학교 ② 고등학교 ③ 대학교

• 소속 학년 ① 1학년 ② 2학년 ③ 3학년 ④ 4학년

• 인터넷을 하루 평균 몇 시간 정도 접속하십니까?

① 1시간 미만 ② 1-2시간 ③ 2-3시간 ④ 3-4시간 ⑤ 4시간 초과

• 인쇄물(신문, 잡지, 소설책 등)을 하루 평균 몇 시간 정도 읽습니까?

① 1시간 미만 ② 1-2시간 ③ 2-3시간 ④ 3-4시간 ⑤ 4시간 초과

◆ 설문에 협조해 주셔서 고맙습니다 ◆

ID	

교사의 하이퍼텍스트 이용 실태 조사

이 설문은 서울대학교 국어교육연구소에서 실시하고 있는 '하이퍼텍스트 이해교육 연구'를 위한 조사 차원에서 작성된 것입니다. 우리나라 청소년들의 하이퍼텍스트 이용 실태를 조사하고 하이퍼텍스트의 이해교육의 필요성을 알아보는데 그 목적이 있습니다. 이 설문은 별도로 진행되는 청소년의 하이퍼텍스트 이용 실태 조사와 짝을 이루어 교사들의 인터넷 이용 교육 실태를 알아보고 인터넷 이해교육 방안을 모색하기 위한 것입니다.

각 설문항목에 대한 정답은 없으며, 여러분의 응답 내용은 외부로 유출되지 않을 것입니다. 또한 설문 결과는 연구 이외의 다른 목적으로 사용하지 않을 것입니다. 감사합니다.

2003년 5월

서울대학교 국어교육연구소

1. 교사 자신의 인터넷 활용 능력이 어느 정도라고 생각하십니까?

	전혀 그렇지 않다	거의 그렇지 않다	보통이다	많이 그렇다	매우 많이 그렇다
(1) 이메일 정도만 체크한다.	①	②	③	④	⑤
(2) 인터넷 정보를 탐색하는 데 무리가 없다	①	②	③	④	⑤
(3) 커뮤니티나 홈페이지를 운영할 정도이다.	①	②	③	④	⑤
(4) 수업시간에 인터넷을 활용한 수업을 한다.	①	②	③	④	⑤

2. 인터넷을 이용하여 교육한 경험이 있습니까? (* 없다면 14번, 있다면 3번으로 가시오)

전혀 없다	거의 없다	보통이다	많이 있다	매우 많이 있다
①	②	③	④	⑤

3. 인터넷을 이용하여 교육한 경험이 있다면, 주로 어떤 부분에서 인터넷을 이용하여 교육합니까?

① 말하기

② 듣기

③ 읽기

④ 쓰기

⑤ 문학

4. 인터넷을 어떤 방식으로 교육에 활용하십니까?

	전혀 그렇지 않다	거의 그렇지 않다	보통이다	많이 그렇다	매우 많이 그렇다
(1) 의견 주장하기 수단으로 활용	①	②	③	④	⑤
(2) 토론방을 통해 설득하기 수단으로 활용	①	②	③	④	⑤
(3) 문학작품 감상하기 수단으로 활용	①	②	③	④	⑤
(4) 인터넷을 정보 검색 도구로 활용	①	②	③	④	⑤
(5) 이어 쓰기나 작품 발표 등 창작 공간으로 활용	①	②	③	④	⑤

5. 선생님은 인터넷을 이용한 교육 교수 자료가 있습니까?

전혀 없다	거의 없다	보통이다	많이 있다	매우 많이 있다
①	②	③	④	⑤

6. 인터넷을 교육에 활용하고 있다면 이유는 무엇입니까?

	전혀 그렇지 않다	거의 그렇지 않다	보통이다	많이 그렇다	매우 많이 그렇다
(1) 최신의 정보를 다룰 수 있어서	①	②	③	④	⑤
(2) 학생들의 관심과 흥미를 끌 수 있어서	①	②	③	④	⑤
(3) 다양한 교육 자료를 접할 수 있어서	①	②	③	④	⑤

(4) 수업 내용이 풍부해져서	①	②	③	④	⑤
(5) 다양한 방법으로 수업 할 수 있어서	①	②	③	④	⑤
(6) 많은 정보를 쉽게 얻을 수 있어서	①	②	③	④	⑤

7. 인터넷을 이용하여 교육할 때 부정적인 면이 있다면 이유는 무엇입니까?

	전혀 그렇지 않다	거의 그렇지 않다	보통이다	많이 그렇다	매우 많이 그렇다
(1) 정보를 신뢰할 수 없다.	①	②	③	④	⑤
(2) 자극적인 표현이 많다.	①	②	③	④	⑤
(3) 비교육적인 내용이 많다.	①	②	③	④	⑤
(4) 인터넷을 활용하기 어렵다.	①	②	③	④	⑤
(5) 시간이 없다.	①	②	③	④	⑤

8. 인터넷을 교육 교재로 활용한다면 그 방법은 어떠합니까?

	전혀 그렇지 않다	거의 그렇지 않다	보통이다	많이 그렇다	매우 많이 그렇다
(1) 해당 사이트를 알려 준 뒤 숙제를 내준다.	①	②	③	④	⑤
(2) 인터넷에서 정보를 출력하여 수업 시간에	①	②	③	④	⑤

활용한다.					
(3) 실시간으로 인터넷의 정보를 찾아가면서 수업한다.	①	②	③	④	⑤
(4) 학생들이 인터넷 정보를 발표하도록 수업을 진행한다.	①	②	③	④	⑤
(5) 참고자료로만 언급해 준다.	①	②	③	④	⑤

9. 인터넷을 이용하여 교재로 사용한 경험이 있다면 다음의 분야를 어느 정도 이용하십니까?

	전혀 이용하지 않는다	거의 이용하지 않는다	보통이다	많이 이용한다	매우 많이 이용한다
(1) 정보 검색	①	②	③	④	⑤
(2) 인터넷 신문	①	②	③	④	⑤
(3) 인터넷 광고	①	②	③	④	⑤
(4) 사이버 문학	①	②	③	④	⑤
(5) 유머	①	②	③	④	⑤
(6) 게임	①	②	③	④	⑤
(7) 토론 게시판	①	②	③	④	⑤

10. 커뮤니티나 홈페이지를 구성하여 수업에 활용하고 있습니까?

전혀 없다	거의 없다	보통이다	많이 활용한다	매우 많이 활용한다
①	②	③	④	⑤

11. 커뮤니티나 홈페이지를 구성하여 수업에 활용하는 가장 큰 장점은 무엇이라고 생각하십니까?

	전혀 그렇지 않다	거의 그렇지 않다	보통이다	많이 그렇다	매우 많이 그렇다
(1) 수업 내용을 풍부하게 할 수 있다.	①	②	③	④	⑤
(2) 학생들의 수업 참여도를 높일 수 있다.	①	②	③	④	⑤
(3) 학생들에게 다양한 의견에 접할 수 있는 기회를 준다.	①	②	③	④	⑤
(4) 직접 얼굴을 대고 하기 힘든 말이 오갈 수 있다.	①	②	③	④	⑤
(5) 교사와 학생 간의 친밀도를 높일 수 있다.	①	②	③	④	⑤

12. 학생들에게 네티즌으로서 글쓰는 방법을 가르친 적이 있습니까?

전혀 없다	거의 없다	보통이다	많이 있다	매우 많이 있다
①	②	③	④	⑤

12-1. 가르친 적이 있다면 교육내용을 구체적으로 서술해 주세요.

(   )

13. 학생들에게 인터넷의 정보를 이해하는 방법을 가르친 적이 있습니까?

전혀 없다	거의 없다	보통이다	많이 있다	매우 많이 있다
①	②	③	④	⑤

13-1. 가르친 적이 있다면 교육내용을 구체적으로 서술해 주세요.

(   )

13-2. 학생들이 인터넷 정보 이용(수용)을 어떻게 가르치고 계십니까?

	전혀 그렇지 않다	거의 그렇지 않다	보통이다	많이 그렇다	매우 많이 그렇다
(1) 인터넷 정보를 비판적으로 이해(수용)하도록 가르친다.	①	②	③	④	⑤
(2) 인터넷 정보를 창조적으로 활용하도록 가르친다.	①	②	③	④	⑤
(3) 인터넷의 긍정적인 측면을 부각하여 가르친다.	①	②	③	④	⑤
(4) 인터넷의 부정적인 측면을 부각하여 가르친다.	①	②	③	④	⑤

13-3. 수업 진행에 도움이 되는 좋은 인터넷 사이트를 소개해 주세요.

(   )

14. 인터넷을 이용하여 교육한 경험이 없다면, 그 이유는 무엇입니까?

	전혀 그렇지 않다	거의 그렇지 않다	보통이다	많이 그렇다	매우 많이 그렇다
(1) 구체적인 인터넷 교육 안내가 없어서	①	②	③	④	⑤
(2) 수업 진행이 산만해져서	①	②	③	④	⑤
(3) 적합한 인터넷 사이트를 찾기 어려워서	①	②	③	④	⑤
(4) 인터넷 정보를 교육 내용으로 전환하기 어려워서	①	②	③	④	⑤
(5) 비교육적인 내용이 많아서	①	②	③	④	⑤

15. 인터넷을 하루에 몇 시간 정도 접속하십니까?

① 1시간 미만 ② 1~2시간 ③ 2~3시간 ④ 3~4시간 ⑤ 4시간 초과

◎ 마지막으로 개인적인 질문을 몇 가지 드리겠습니다.

- 교육경력: (만 년)
- 나이:
- 성별: ① 남자 ② 여자

◆ 설문에 협조해 주셔서 대단히 감사합니다. ◆

ID	

도입을 위한 설문: 인터넷 유머와 나

1) 여러분이 아는 재미있는 말, 또는 유머의 출처는?

① 친구에게, 형(언니)한테 들었다.

② 책(만화)에서 보았다.

③ 인터넷에서 보았다.

④ 영화나 비디오에서 봤다.

⑤ TV에서 보았다.

2) 인터넷 사이트 중 유머나 엽기 사이트에 들어가는 횟수는?

① 들어가 보지 않았다.

② 어쩌다 한 번

③ 거의 날마다

④ 일주일에 2~3번

⑤ 유행하는 유머가 뜰 때

3) 들어가 본 유머 및 엽기 사이트는?(2개 이상 표시해도 됨)

① 오인용

② babookorea.net

③ todayhumor.co.kr

④ 엽기하우스

⑤ 엽혹진 등 기타

4) 엽기나 유머 사이트를 보며 느끼는 감정은?

① 재미있다.

② 정말 팬이다.

③ 통쾌하다.

④ 그저 그렇다.

⑤ 못 봐주겠다.

5) 어떤 부분에서 재미를 느끼는가? (2개 이상 표시 가능함)

① 사진이나 사진 합성 부분

② 영상이나 캐릭터

③ 음악, 음향

④ 언어로 된 내용

⑤ 기타: (   )

6) 기억나는 유머를 직접 써주세요.

7) 유머를 찾아서 즐기는 동안 어떤 효과를 얻는가?

① 상상력, 나아가 창의력이 길러진다.

② 웃을 수 있다.

③ 현실과 사회를 보는 안목이 길러진다.

④ 화제(얘깃거리)를 얻는다.

⑤ 유행어를 알고 사용한다.

◆ 제1차시 학습자료(도입에서 실시한 설문조사 내용 정리)

지난 주에 여러분들이 실시한 설문조사 내용을 보고하고, 간단한 질문을 몇 가지 드립니다.

1. 유머의 출처 – 1위: 인터넷(남 13, 여 13), 2위: 사람(남 12, 여 4). 그 다음이 TV, 만화, 영화 순이었다.

   (1) 유머를 전해주는 친구 같은 사람은 어디에서 그 유머를 알게 되었을까?

   (2) 인터넷에서 유머를 알게 되는 방법은 어떤 것인가요? (   )

      ㉠ 유머 전문 사이트 직접 방문

      ㉡ 자주 가는 동호회나 카페의 유머 사이트

      ㉢ 자주 가는 동호회나 카페의 게시판

   (3) TV는 주로 어떤 프로그램을 봅니까?

2. 인터넷 유머 사이트에 들어가는 횟수 – 어쩌다 한번 들어간다(남 12, 여 10명)가 대부분이며, 거의 매일 들어가는 여학생 3명, 일주일에 2~3번은 남녀 각 1명. 안 들어가 본 사람이 남 2명, 여 1명으로 나타났다.

   (1) 최근 유행하는 유머나 엽기 이미지를 어떻게 압니까?

   (2) 유머나 엽기 사이트엔 왜 가나요?

   (3) 심심할 때 하는 일은?

3. 들어가 본 사이트 조사에서는 오인용(남 13, 여 14)이 으뜸. 엽기하우스에 남 6, 여 3명으로 버금감. 엽기 혹은 진실 등이 8명, 그 외 바부코리아, 투데이유머 순이었다.

   (1) '오인용'은 어떻게 알게 되었나요?

(2) '엽기하우스' 는 어떻게 알게 되었나요?

4. 엽기에서 무엇이 재미있나? – 캐릭터나 영상(남 15, 여 11)이 즐거움의 가장 큰 요소. 사진 7명, 말 5명, 음악(음향) 3명, 기타는 1명이었다.

(1) 어떤 사진이 재미있었나요?

(2) 어떤 캐릭터나 영상이 재미있었나요?

(3) 어떤 말이 재미있었나요?

(4) 어떤 음악(음향)이 재미있었나요?

(5) 위의 요소 이외에 재미있었던 부분은 무엇인가요?

5. 유머에 대한 반응 –

정말 '팬' 인 친구가 남 3, 여 2명. '재미있다' 는 반응이 남 6, 여 11명. '그저 그렇다' 가 남 12, 여 3명이고, '통쾌하다' 와 '못 봐주겠다' 가 똑같이 남 2명, 여 1명이었습니다. 그런데 이와 관련하여 유머 사이트에서 얻는 효과는 아래와 같은 결과를 나타냈다.

웃을 수 있다(남 8, 여 12). 상상력 또는 창의력이 길러진다(남 4, 여 0).
현실과 사회를 더 알게 된다(남 2, 여 0). 화제를 얻는다(남 6, 여 3).
유행하는 말을 알고 사용한다(남 4, 여 1). 기타(남 2, 여 0)

(1) 사이트에 가지 않지만 개별적인 유머를 알고 즐기는 경우에, 엽기 사이트와 엽기

유머, 이미지를 구별해야 할까요?

(2) 통쾌하다고 생각하는 유머는?

(3) 그저 그렇다고 느낀 이유는?

(4) 못 봐주겠다고 느낀 이유는?

(5) 유머에 대한 반응과 효과 면에서 나타나는 남녀의 차이는 어디서 비롯되었을까요? 유머의 내용과 크게 관계가 있는지 아니면 다른 이유 때문일까요?

6. 재미있게 본 유머는?(자세히 기록하세요.)

7. 남들은 재미있어 하는데 나는 재미없었던 유머는?

8. 남들은 재미없어 하는데 나는 재미있었던 유머는?

9. 내가(자신이) 유행시킨 유머가 있으면 적어봅시다.

◆ 제1차시 학습지

⁂ 우리는 다음과 같은 유머 자료를 보았습니다.

가. 선생님을 황당하게 하는 답 – 언어

나. 초등학생 학력 진단 평가 답안 – 언어 † 사진(그림)

다. 마시마로, 졸라맨 – 언어 † 소리 †영상

– 위의 자료를 생각하며 다음 질문에 답해주세요.

1. '초등학생 시험 답안' 과 '황당한 답' 에서

(1) 무엇이 재미있나요?

(2) 가장 재미있는 것은 어느 것인가요?

(3) 이 답안을 쓴 초등학생도 재미있다고 생각했을까요?

(4) 혹시 재미없는 사람은 왜 재미가 없었나요?

2. '마시마로' 에서

(1) 줄거리를 생각나는 대로 쓰시오.

*에피소드 ①:

*에피소드 ②:

*에피소드 ⑤:

(2) 무엇이 재미있나요?

(3) 왜 재미있는지 장면을 들어 설명해 보세요.

(4) 재미없는 사람은 왜 그런지 알려주세요.

3. '졸라맨' 에서

(1) 줄거리를 생각나는 대로 쓰시오.

*1탄 2부:

*2탄 6부:

*3탄 1부:

(2) 무엇이 재미있나요?

(3) 졸라맨의 목소리에 대해 느낀 점을 쓰시오.

(4) 재미있는 사람은 왜 재미있는지, 재미없는 사람은 왜 그런지 알려주세요.

– 사랑하는 여러분, 우리가 언제 재미있다고 여기는지 어떤 공통된 원리 같은 게 발견이 되었나요? 저는 여러분이 충분히 찾아냈을 거라고 생각해요. 잘 답해주어서 고마워요.

권영미샘

◆ 제2차시 학습지

1. 매트릭스 오브 홀맨에서 – O, X 문제

   1) 얼굴 없는 둥근 캐릭터 이름은 홀맨이다.

   2) 홀맨과 블랙홀은 네오를 끝까지 구출했다.

   3) 매트릭스 오브 홀맨에 “우리 것은 잘 터지는데 네오 것은 왜 그래?”라는 대사가 나온다.

   4) 화면 중 꽃을 든 남자 옆엔 ‘고객의 상식에서 배우겠습니다.’라는 문구가 적혀 있다.

2. 위 플래시에서 어떤 점이 재미있나요?

3. 웃을 때 왜 웃었나요?

4. 지하철도 999에서

   1) 이것을 보고 다른 사람에게 알려주고 싶나요?

   2) 이런 식의 유머를 본 적이 있나요? 그렇다면 어떤 것인가요?

◆ 제3차시 학습자료

A. 문희준 관련 기사: "잘난 척하는 너 '무뇌충'"

http://news.naver.com/news_read.php?office=goodday&article_id=47280

[굿데이] [연예] 2003-01-02 17:51:00

'무뇌충을 아십니까?'

최근 네티즌 사이에서 '무뇌충' 이라는 단어가 급속히 회자되고 있다.

'무뇌충(無腦蟲)' 은 네티즌이 그룹 HOT 출신 가수 '문희준' 을 일컫는 별칭으로 말 그대로 '뇌가 없는 벌레' 를 뜻한다. 국어사전에 없는 한자 조합형 단어로 최근에는 그 뜻이 '아무 생각 없이 말하거나 실력도 없으면서 잘난 척만 하는 사람' 으로 사용되고 있다. 문희준 안티팬들이 '문희준' 의 이름을 '문희중', '무늬중', '무늬충' 등으로 변형해서 부르다 '무뇌충' 으로 굳혀 부르면서 탄생한 새로운 단어다.

문희준이 무뇌충으로 비난받는 큰 이유는 자칭 로커라며 김경호와 함께 한국 록을 이끌어가겠다고 한 것이 안티팬의 귀에 거슬린 것이다. 이들은 댄스음악을 하다 록으로 전공을 바꾼 지 1개월밖에 안 돼 '절 로커로 불러달라' 고 하다니 어이없다며 반감을 드러냈다.

안티팬에서 나온 무뇌충은 일반 네티즌에게도 퍼지면서 급기야 검색 사이트 네이버에서는 그 유래를 정리할 정도가 됐다. 그뿐만 아니라 무뇌충의 어록까지 소개됐다. "저를 연예인이라 부르지 말아달라. 아티스트의 길을 걷기로 했다.", "하루에 오이 세 개 먹었다. 록이 원래 배고픈 음악이잖아요.", "이제 얼굴이 아니라 음악으로 승부하겠다." 등이 네티즌이 뽑은 황당 어록이다.

무뇌충 패러디 이미지도 만들어지고 있다. 특히 2002년 '아햏햏' 이라는 인터넷 신조어를 유행시킨 디지털카메라 커뮤니티 '김유식의 디씨인사이드' 사이에서 활발하다. 대부분 영화 포스터에 문희준의 엽기적인 얼굴 표정을 패러디해 잘난 척하는 무뇌충을 꾸짖고 있다. 영화 〈결혼은 미친 짓이다〉를 패러디한 '뇌충은 미친 놈이다', 드라마 〈야인시대〉의 격투 장면을 패러디한 '얻어터지는 무뇌충' 등 다양하다.

문희준에 대한 반감에서 나온 무뇌충은 이제 문희준만을 타깃으로 하지 않는다. 아는 것 없으면서 잘난 척하는 사람들을 일컫는 말로 굳어지면서 타깃이 확대되고 있다. 축구선수 이천수와 가수 비가 새로운 무뇌충으로 떠오르고 있다. "자기만 잘난 줄 안다.", "본업보다는 다른 일에 더 열심이다." 등이 무뇌충의 면모를 갖추고 있다는 것이다.

권오용 기자 bandy@hot.co.kr

B. 문희준 어록 관련 지식in 검색

203641 일명 '무뇌충 어록' 으로 통하는 문희준 씨의 정확한 어록을 알고 싶습니다.
joyful38 조회: 4444 답변: 2
답변이 완료된 질문입니다.(2003-08-10 01:21 작성)

무뇌충이라는 예명으로 더 많이 불리는 문희준 씨가 발언했던 말들을 알고 싶습니다.
하루에 오이를 세 개만 먹었다.
7옥타브를 넘나드는 목소리를 가졌다.
오케스트라와의 협연을 세계 최초로 시도했다.(이거 진짜면..미친거죠..스코피온스, 메탈리카가 오래전에 했었죠.)

LINKINPARK의 음악을 최초로 한국에 들여왔다.(린킨팍은 멤버 중 한 명이 제미교포 3세인데다가 데뷔 초부터 엄청난 주목을 받은 그룹입니다. 이것도 사실이면 정말 가증스러운 거죠.)

메탈리카는 데스메탈의 황제다.

등등..

이런 많은 말들이 떠돌던데요..

망언이라는 소리도 있고..

정확히 문희준 씨가 어떤 말들을 했는지 알고 싶네요.

아!!그리고 정말 팔 어쩌구해서 군대 안 간 건가요?

하긴..맨날 무대에서 팔 불구처럼 축 늘어뜨리고 있긴 하데요..

질문자가 선택한 답변

문제제기 (1)

sexyhyory38 (2003-08-10 01:23 작성)

무뇌충은 견괄절 탈구라는 병으로 군면제 받았습니다.

한마디로 어깨병신이란 소리죠.

이게 무뇌충 망언록입니다. 몇 개 더 추가된 게 있을 겁니다. '망언록' 으로 검색해 보아요.

1. 락음악으로 돌아왔습니다

   (락이라고 하면서 락의 가장 기초인 기타리프조차 없는 것을 들고 나왔냐?)

2. 락을 하면서 많이 외로웠습니다.

   (그래서…나이트에서 행패부리다…벌금먹었냐?)

3. 음악의 선율이 아닌 내면의 고독을 담기 위해 애썼습니다.

(내면의 고독을 표현하기 위해 온갖 오락프로그램에서 개인기 했구나...ㅡ.,ㅡ)

4. 상품이 아니라 작품을 만들기 위해 애썼습니다.

(작품이라는 게 1~3가지 멜로디만 반복하는 곡을 내놓았냐?)

5. 저를 연예인이라 부르지 말아주세요. 저는 아티스트의 길을 걷기로 했습니다.

(개인기부터 안 하면 말이라도 안 하지...ㅡ.,ㅡ)

6. 왜 외국 앨범을 듣고 따라다녀야 돼요? 우리가 앞서가면 안 되나요?

(따른 사람이 하면 명언이 되지만 니가 하니까 망언이 되었다)

7. 맘에 드는 세션 찾기가 힘들었습니다.

(니랑 세션할 사람이 있겠냐? 해도 니가 돈이 되니까 세션한 거야..ㅡ.,ㅡ)

8. 하루에 오이 세 개 먹었어요. 락이 원래 배고픈 음악이잖아요.

(김종서는 무명시절 아침에 담배꽁초를 줍는 것에서부터 시작하였을 정도로 가난한 락 뮤지션으로 생활했고, 서태지도 라면이 주식이다시피한 생활을 하였다)

9. 레드 제플린이 누구예요?

(축구선수 이런 말을 했다고 생각하라… "펠레가 누구예요?")

10. 데쓰메틀의 화ㅇ제(이게 금지단어군-_-) 메탈리카를 존경합니다

(이것도 이렇게 생각하라 "프랑스의 아트싸커의 주인공 호나우두를 존경합니다.")

11. 다른 가수는 어떤지 몰라도 나의 경우에는 곡을 만들기 전 노래를 듣지 않기 때문에 표절이 있을 수 없다.

(니 음악이 락이라는 주장의 근원부터 궁금하다)

12. 내 음악과 타 가수의 락이 비슷하게 들리는 이유는 공포영화에서 사람을 놀라게 하는 공통적인 코드가 있는 이치와 마찬가지이다.

(아항~ 림프 비스킷이랑 korn의 음악 스타일이 비슷하게 느껴지디?)

13. 김경호 씨, 함께 한국의 락을 이끌어나갑시다.

(이것 역시 이렇게 생각하라… "이민성 씨 함께 한국축구를 이끌어 나갑시다.")

14. 헤비메탈은 락과 힙합을 섞어놓은 것입니다.

(이렇게 이해하자. 역사가 왈 "고려는 임꺽정과 이제마가 함께 만든 나라입니다.")

15. 락과 클래식의 차이는 리듬이 있고 없고입니다.

(이건 말도 하기 싫다.)

16. 외국에서도 저처럼 이런 음악을 추구하는 사람은 없어요.

(니가 추구한다는 락&오케스트라, 이미 스콜피온스와 메탈리카도 했다…ㅡ.,ㅡ)

17. 저처럼 두 가지의 음악을, 락과 클래식을 정통으로 이해하고
그런 음악을 추구하는 사람은 없더라구요.

(니가 언제 클래식과 락을 했다고..ㅡ.,ㅡ)

18. 스태틱X라는 그룹이 있어요. 저랑 그 사람들이랑 생각이 똑같아요.

(이렇게 이해하자 차(티코)왈 "차 중에 페라리라는 차가 있어요. 그 차랑 나랑 속력이 비슷해요.")

19. 스태틱 엑스라는 그룹은요, 락와 테크노를 접목시킨 밴드예요. 저랑 추구하는 음악이 똑같죠.

(언제는 락&오케스트라 추구한다며..ㅡ.,ㅡ)

20. 라디오 프로그램에서 "이제 락의 종류에 대해서 좀 말씀드릴게요. 락에는 기타, 베이스, 드럼이 있는데 꼭 이 세 가지 소스만을 고집해서 밴드를 해야겠다 이걸 얼터너티브 메탈이라고 하고요. 거기서 좀 다른 걸 해보고 싶다..키보드를 넣는 걸 프로그레시브 메탈이라고 해요."

(그렇다! 송대관도 프로그레시브 메탈을 할수있는 것이다!!)

21. Linkin park 이 그룹은 저보다 음악경력은 짧지만 음악을 잘 이해하고 있어요.

(Linkin park 이 그룹의 태동은 1996년으로 시작한다..ㅡ.,ㅡ)

22. 제가 우리나라에 Linkin park 알렸어요.

(한마디만 하겠다. 세계 최고의 권위의 상 44회 그래미에서 베스트 하드록상을 먹은 넘들이 Linkin park이다…즉 이미 웬만한 락팬들은 개나 소나 다 알고 있었다는 사실)

23. 표절 운운하는 사람은 인터넷 뒤에 숨어서 이 문제를 이야기할 것이 아니라 자신의

신분을 당당히 밝히고 공개적으로 대화를 나눴으면 한다.

(이렇게 이해하자. "나보고 똥차라고 부르는 사람은 뒤에 숨어서 이 문제를 이야기할 것이 아니라 당신이 가지고 있는 벤츠와 확실하게 비교해서 나랑 대화를 나눴으면 한다.")

24. 네티즌 여러분들은 저의 모습보다 저의 음악을 좋아하시는 것 같아요.

(니 얼굴..—.,— 할말없다..)

25. 제가 원래 완벽주의자잖아요.

(이런…백색 오크 같은 자식 !)

26. 라디오 프로그램에서

문: 저랑 김동률 씨랑 닮은 점이 하나 있어요.

김: 네?

문: 같은 싱어송라이터라는 점.

27. 옛날 문희준이 하던 라디오에서 강성연, 이승환 나왔을 때 문희준이 한 말.

문: 반가워요~ 음악인들끼리 만나서

28. 수영: 문희준 씨에게 있어서 음악은 무엇이라고 생각하세요?

희준: 음악은… 음… 제가 태어난 이유.

29. 나의 음악의 기반은 록에 있다.

(그래서 HOT 시절부터 그 짓했냐? —_—)

30. 나의 외모보다는 음악적 열정을 닮았으면 좋겠다.

(뮤플에서 문희준 닮은 사람 3명이 문희준을 흉내내자)

31. 립싱크도 기술이에요.

(뮤플에서 문희준의 붕어짓에 다른 가수가 강하게 항의하자…)

32. 진행자: 아… 그렇군요~ 음… 1집 때는 연주자들이 없었다고들 하던데…

문: 그건 말이죠~ 그때는 시작하기 전에 맘에 드는 연주자들을 찾지 못했었구요… 2집 활동하기 전에 오디션을 통해서 제가 직접 연주자들을 골랐지요…

진행자: 흠… 그럼 작사 작곡 이외에도 모든 것을 본인이… 하시나 보죠?

문: 뮤지션이라면 그 정도 능력은 있어야죠. (특유의 웃음) 하하하!!!

33. 저는 아티스트입니다. 앞으로도 지금 제가 하고 있는 장르의 락으로 계속해서 활동 할 생각입니다. 여러분들도 많이 지켜봐주시고 성원해 주셨으면 해요.

(니가 하고 있는 것은 ROCK가 아니라 LOCK다!!!)

34. 음악 말고 다른 생각 전혀 안 할 수 있는 날이 왔으면 좋겠어요.

(그래! 제발 정신차리고 음악에 집중해라!)

35. 음악은 제 삶의 목적이자 원동력인 거 같아요.

(망말만 안 하면 암말 안 한다..ㅡ.,ㅡ)

36. 태어날 때 전 마치 음악을 하기 위해 나온 거 같아요.

(그렇다 넌 태어날 때부터 ROCK가 아닌 LOCK를 위해 태어난 것이다!)

37. 제 음악을 이해 못하거나 듣지 않는 사람들은 안 들어도 좋아요.

(제발 너부터 ROCK에 대해 제대로 이해하렴..ㅡ.,ㅡ)

38. 그만큼 제 음악에 대한 고집이 있고 소신 있게 음악하고 싶거든요.

(소신대로 LOCK을 밀고 나가라..ㅡ.,ㅡ)

39. 그만큼 제 음악에 자신이 있단 말이죠.

(어떤 면에서..ㅡ.,ㅡ 도대체..ㅡ.,ㅡ)

40. 제 음악이 너무 폭발적이라 좀 신기했을 거예요.

(난 너에게 좋은 소리가 단 한 개도 안 들리는게 더 경이롭더라..ㅡ,ㅡ)

41. 남들에게 존경받는 뮤지션이 되고 싶어요.

(남들에게 비난받는 뮤지션은 이미 되었다 넌!!)

42. 예전부터 제 노래에서 기타가 안 들어간 적이 없었어요.

(키보드 소리로 착각한 거 아니냐..ㅡ.,ㅡ)

답변들

문희준 씨 팬입니다, 문제제기 (1)

sunju5516 (2003-08-10 20:19 작성)

질문자님께서 써놓은 말들 중에 오해가 있는 말들이 있는 것 같아 몇 자 적어봅니다,

먼저 '오이를 하루에 세 개만 먹었다' 라는 말은,
문희준 씨가 2집 나오기 전에 다이어트를 하셨는데, 그때 오이 다이어트를 하시면서 하루에 오이 3개씩 먹으면서 다이어트를 했다는 말씀을 하셨죠. 뭐가 잘못했다는 건지 잘 모르겠네요.

그리고 7옥타브 얘기는 팬인 저로서도 어이없는 말씀이시네요;
문희준 씨가 고음을 조금 사용하긴 하셨어도 7옥타브라뇨;
그 얘기는 한 기자가 기사를 쓸 때 내건 타이틀이 커져서, 안티분들께 퍼진 거라고 들었어요.

또, 오케스트라와의 협연을 세계 최초로 시도했다라는 말도 잘못 이해하신 것 같은데,
이 얘기는 국내에서 록엔오케스트라라는 장르를 전문적으로 시도하는 밴드가 없다고 말씀하셨던 걸로 알고 있는데, 제가 잘못 알고 있는 거라면 지적주세요.

그리고 요즘 떠들고 있는 말들 중에, 아니 위에 답변자님께서 남겨주셨다시피,
저 망언록에 보면, 문희준 씨가 농담으로 던진 말이 많네요. 적어도 그 앞뒤 상황을 잘 짚어보시고 비판을 하셔도 비판을 하셔야지, 앞뒤 딱 잘라놓고 문희준이 한 말이에요, 이러면 어쩌잔 말입니까;

정말 어이가 없네요.

그리고 제가 들어보지도 못한 말들이 있는데,

증거물은 있으신지 궁금하네요.

그럼 좋은 답변이 되었길 바래요, 좋은 하루되시구요.

앞으로도 문희준 씨에 대해 많은 관심 부탁드릴게요.

지식in 의견 의견 쓰기

[기타] joyful38 (2003-08-11 23:07)

증거물이요? 제가 거의 다 직접 들었습니다. 문희준이 농담으로 한 말이라구요? 그놈은 그런 농담이 그렇게 쉽게 나온답디까? 솔직히..미친 거죠..

[기타] joyful38 (2003-08-11 23:08)

그런 말이 농담이라면..솔직히 할말이 없습니다. 문희준 씨는..앞으로 조용히 음악을 하던가..이상한 소리만 안 한다면 안티세력이 많이 줄어들 겁니다.

[기타] ricebugbug (2003-08-11 23:36)

빠순이 ㅋㅋㅋ

[기타] chhskyzzang (2003-08-13 11:34)

빠순이가 왜 저런데다가 답변을 하냐.. ;;

[기타] funnyshs (2003-08-13 21:18)

푸하하 오랜만에 배꼽이 나의 곁을 떠나갔다.

[기타] jhlovegrll (2003-08-19 20:21)

ㅋ저망언들은 농담으로 했든 제정신으로 했든 둘다 욕먹을 짓들ㅋㅋㅋ

[기타] jhlovegrll (2003-08-19 20:21)

진짜 문희준 노래만 나오면 바로 채널 돌려버림, 진짜진짜 싫소이다!!!!

[기타] joyful38 (2003-08-26 11:25)

문희준 혼자선 안 되겠으니깐 jtl이랑 강타 끌어들여서 다시 할라나 보지? 어처구니가 없네..문희준? 이름 바꾸선 앨범 안 내냐? 무뇌충으로

[기타] jongchane (2003-08-26 20:15)

서태지는 먹을 것이 없어서 라면을 주식으로 한 거고, 무뇌중은 다이어트 땜시 아니오?? 두 경우가 같소???___+

[기타] fakeattack (2003-10-01 03:50)

본 자가 생각하기로는 적어도 방송에서 한건 진짜인거같소 -_-; 허참(연예인아니오).....어디서 저런 자신감이 붙었는지 그 근원이 당최 어디서 나오는 것인지 궁굼하오...팬층도 거의 10대이면서.....같은 싱어송라이터라니ㅠ_ㅠ뮤지션이라니ㅠ0ㅠ 너무하오........벼는 익을수록 고개를 숙인다던데 -_-;어디 안드로메다 성운에 떠있는 별과 비교를......대감들 이건 아니지 않소?

안티는 아니지만 심기가 편치 않구료 -_-

[동의하기] linkinpark01 (2003-10-17 21:46)

그리워요~그리워요~

이거 완전히 개그...

[다른의견] dmension (2003-10-19 00:36)

락음악과 클래식의 결합이 장난인가

클래식에 한 일가견 있다는 잉베이조차도 근래 들어서야

오케스트라와 협연한 몇 장의 앨범내고

그것마저도 욕먹는 판에…

문희준은 애초에 너무 말을 가볍게 한다.

제발 정신차리고 겸손해지길 바란다.

[내용추가] klt1004 (2003-11-01 05:33)

문희준 어록의 진실성 여부를 놓고 왈가왈부하는 문군의 팬들에게 묻습니다,,,락음악을 들어보나요,,,,

락 음악에 대해 얼마나 알고 계십니까 문군은 락을 모독했습니다,,,그가 락을 한다는 건 핑클이 알엔비 가수라고 우기는 거와 신화가 힙합가수 라고 우기는 거입니다,,

아셨나요,,

◆ 제4차시 학습자료

하이퍼텍스트(hypertext): 컴퓨터 사용자에게 비선형적인 방식으로 정보를 항해할 수 있도록 하는 포맷 방식으로, 텍스트만으로 된 형식도 있고, '텍스트-이미지-사운드' 가 함께 포맷된 형식도 있다. 백과사전에서 한 단어를 찾으면 관련된 단어들이 소개되어 있는 것을 연상할 수 있는데, 컴퓨터 상에서는 관련된 단어들이 바로 링크되어 또 다른 텍스트로 넘어가게 된다.

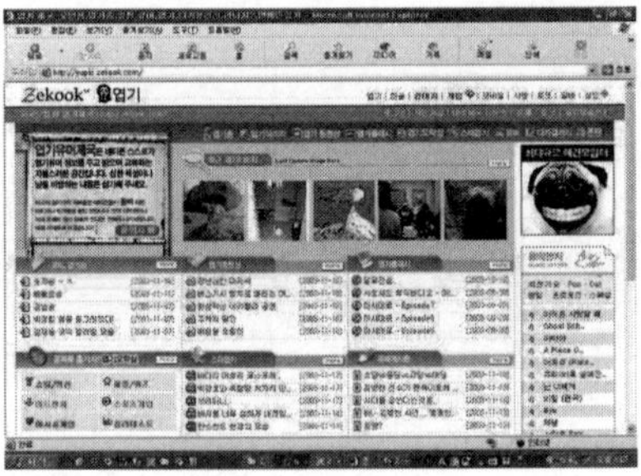

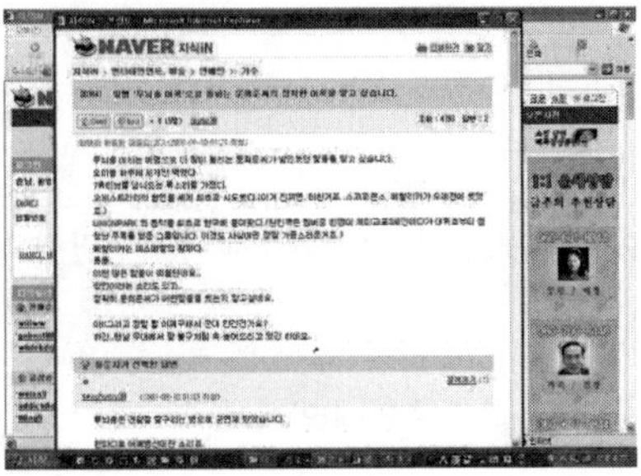

유머(humor): 사람을 웃거나 미소짓게 만드는 것. 유머가 제대로 작용하기 위해서는 유머를 말하는 사람과 듣는 사람 사이에 공유하고 있는 지식과 맥락이 있어야 한다. 그 지식과 맥락에서 나올 수 있는 기대가 일치하지 않을 때, 그렇지만 그 불일치가 다른 방식으로 '말이 될 때' 듣는 이에게서 웃음을 자아내게 된다. (불일치 이론) 유머는 웃음의 대상이 되는 사람에 대해 말하는 사람과 듣는 사람이 우위에 있을 때 일종의 비웃음의 작용으로 생겨나기도 하고(우열론), 기존의 스타일에 대해 모방하되 있는 이를 풍자하기 위해 약간의 변화를 가해 모방하는 패러디로 나타나기도 한다. 패러디는 적극적인 비판의 정신을 가질 때도 있다.

엽기(grotesque): 원래는 '기괴함' 을 뜻하는 말로, 인터넷에서 찾아볼 수 있는 '허무하고', '어이없는' 그리고 다소 '지저분하고', '괴기스러운' 이미지 혹은 동영상으로 된 유머를 뜻하는 말이 되었다.

〈사후 인터뷰 질문지〉

A. 포커스 그룹 인터뷰 (학생)

1. 인터넷 엽기 유머 수업에서 가장 기억에 남는 것은 무엇인가요?
   - 왜 그런가요?

2. 인터넷 엽기 유머 수업에 대해 전반적으로 평가한다면?

가. 내용적인 측면에 있어서

(1) 유머 (유머 일반, 엽기 유머)를 이해하는 데 얼마나 도움이 되었나요?

- 그 이유는?

(2) 인터넷 문화(엽기 문화, 하이퍼텍 , 댓글 문화)를 이해하는 데 얼마나 도움이 되었나요?

- 그 이유는?

나. 방법적인 측면에 있어서

(1) 진행 방식에서 좋았던 점은 무엇인가요?

(설문조사, 학습지, 모듬 활동, 토론, 강의)

- 그 이유는?

(2) 아쉬웠던 점은 무엇인가요? (어떤 점이 달라지면 더 좋을까요?)

- 그 이유는?

3. 인터넷 유머 중 '문희준/무뇌충'과 관련된 어록, 엽기 이미지, 오인용 동영상 등을 다룬 부분에 대한 생각은?

– 수업을 통해 이런 현상에 대해 다시 생각하게 된 점이 있다면 어떤 것인가요?

– 어떤 부분이 아쉬웠나요?

4. 국어 시간에 인터넷에 대해 배우는 것을 어떻게 생각하나요?

– 무엇을 다루어야 한다고 보나요?

5. 앞으로 인터넷에 대해 공부할 기회가 있다면 어떤 점에 대해 어떻게 배우고 싶은가요?

6. 덧붙이고 싶은 말이 있으면 해주세요.

B. 교사 인터뷰 사후 질문지

1. 인터넷 엽기 유머 수업은 국어교육적으로 어떤 의미가 있었다고 보십니까? (주제, 학습자료, 학습 방법 등)

– 어떤 점에서 그렇습니까?

2. 인터넷 엽기 유머 수업은 미디어 교육적으로 어떤 의미가 있었다고 보십니까? (주제, 학습자료, 학습 방법 등)

– 어떤 점에서 그렇습니까?

3. 수업에 대해 내용적으로 평가한다면?

(1) 유머(유머 일반, 엽기 유머)를 (비판적으로) 이해하는 데 얼마나 도움이 되었다고 보십니까?

- 어떤 점에서 그렇습니까?

- 이것은 국어교육적으로 어떤 의미가 있다고 보십니까?

- 이것은 미디어 교육적으로 어떤 의미가 있다고 보십니까?

(2) 인터넷 문화(엽기 문화, 하이퍼텍스트 개념, 댓글 문화)를 (비판적으로) 이해하는 데 얼마나 도움이 되었다고 보십니까?

- 어떤 점에서 그렇습니까?

- 이것은 국어교육적으로 어떤 의미가 있다고 보십니까?

- 이것은 미디어 교육적으로 어떤 의미가 있다고 보십니까?

4. 수업에 대해 방법적 측면에서 평가한다면?

(1) 진행 방식에서 좋았던 점은 어떤 점이라고 보십니까?

(설문 조사, 학습지, 모듬 활동, 토론, 강의)

- 어떤 점에서 그렇습니까?

(2) 어떤 점이 아쉬웠습니까?

- 어떤 점에서 그렇습니까?

5. 인터넷 유머 수업 중 특히 '문희준/무뇌충'과 관련된 어록, 엽기 이미지, 오인용 동영상 등에 대해, 아이들이 이런 현상에 대한 학습을 통해 미디어에 대해 보다 비판적인 이해를 했다고 생각하십니까?

- 어떤 점에서 그렇습니까?

참고문헌

교육부(1997), 제7차 국어과 교육과정.

강내희(2000), 『신자유주의와 문화』, 문학과학사.

강명옥·박경희(1998), 「커뮤니케이션 표현 방법으로서의 유머에 관하여」, 『한국 디자인 포름』 3(1), 한국 비주얼디자인학회.

강미은(2000), 「인터넷과 기존매체 이용의 상호 관계에 관한 연구」, 『방송연구』, 여름호.

강상현·채백(2002), 『대중 매체의 이해와 활용』, 한나래.

강숙희(2002), 『인터넷과 수업』, 교육과학사.

구니야스 도쿠마루(2000), 『디지털 혁명과 매스미디어』, 김재봉 역, 나남출판.

구본관(2001), 「컴퓨터 통신 대화명의 조어 방식에 대한 연구」, 『텍스트언어학』 10, 텍스트언어학회.

구자순(1999), 「사이버스페이스에서 성 정체성과 의사 소통 형태」, 한국방송학회 봄 정기학술대회.

구현정(2000), 『대화의 기법』, 경진문화사.

국어교육연구소(2003), 「하이퍼미디어 시대의 언어문화교육 연구 중간보고서」, 서울대학교 국어교육연구소.

국제어문학회(2002), 『디지털 시대의 언어와 문학연구』, 국학자료원.

권병수(1997), 「상호작용적 텍스트의 사용과정에 관한 연구」, 서울대학교 석사학위 논문.

권성호(2002), 「디지털 시대의 교육, 정보, 방송의 관계모색」, 『교육정보방송연구』 8(3).

권순희(2001a), 「컴퓨터 통신 대화의 언어적 특성 고찰」, 『국어교육』 105, 한국국어교육연구회.

______(2001b), 「대화지도를 위한 청자지향적 관점의 표현 연구」, 서울대학교 박사학위 논문.

______(2002), 「하이퍼텍스트를 통한 읽기 교육 개념의 재설정」, 학술진흥재단 2000년 선정 중점연구소 2단계 지원 사업, 제1차 콜로퀴엄 자료집, 서울대학교 국어교육연구소.

______(2003), 「인터넷 신문 수용자의 이해반응에 대한 텍스트 분석」, 서울대학교 국

어교육연구소 전국학술발표대회.
______(2004), 『국어학과 국어교육』, 한국문화사.
권연진(2000), 「컴퓨터 통신 언어의 유형별 실태 및 바람직한 방안」, 『언어과학』 7-2, 한국언어학회.
권혁남 외(1998), 「뉴미디어와 일상생활」, 『한국방송학보』 10, 한국방송학회.
김대행(1998), 「매체언어와 국어교육」, 한국국어교육연구회 봄 학술발표대회.
김도남(2001), 「상호텍스트성에 기반한 읽기 지도를 위한 전제」, 『한국어문교육』 10(1), 한국교원대학교 한국어문교육연구소.
김동환·이동영·염은열·서유경(2000), 『매체언어와 국어교육』, 서울대학교 국어교육연구소.
김명순(2000), 「구성주의와 읽기 교육의 방향」, 『청람어문교육학』 22집.
______(2001), 「읽기 교수 학습에서 과제의 구안 원리」, 『국어교육학 연구』 13집.
김선우(2002), 「인터넷 중독 실태와 영향 요인에 관한 연구」, 서울대 석사학위 논문.
김설(1997), 『게임 오버 수로바이러스』, 문학과지성사.
김성기 역(1994), 『뉴미디어의 철학』, 민음사.
김성헌·김인철(2001), 「컴퓨터 매개 커뮤니케이션의 의의와 미래」, 『커뮤니케이션학 연구』 9호, 한국커뮤니케이션학회.
김양은(2000), 「매체 발달에 따른 리터러시 개념의 변화」, 『언론연구』 10집, 중앙대학교 언론연구소.
김원섭·윤관식(2001), 「컴퓨터 매개 커뮤니케이션에서 이모티콘 활용의 가능성 탐색」, 『직업교육연구』 20-2, 한국직업교육학회.
김유정·조수선(2000), 「새로운 매체, 새로운 젠더 논의」, 『사이버커뮤니케이션학보』 5, 사이버커뮤니케이션학보.
______(2003), 「온라인 신문에 대한 이용자 인식 연구: 연장지와 대안지의 상의성 논의」, 『한국언론학보』 47호.
김윤덕·김민기·권오성(2001), 「컴퓨터 채팅이 아동들의 언어생활에 미치는 영향 분석」, 한국정보교육학회 하계 학술발표 논문집 6-2.
김인숙(2003), 『온라인 커뮤니케이션』, 민음사.
김재국(2001), 『사이버리즘과 사이버소설』, 국학자료원.
______(2002), 『디지털시대의 대중소설론』, 예림기획.

김정희(1996), 「대인 커뮤니케이션 채널로서의 컴퓨터 매개 커뮤니케이션」, 서울대 석사학위 논문.
김종혁(2002), 『게임 시나리오 개론』, 사이버출판사.
김종회·신범순·최혜실 편저(2001), 『사이버문학의 이해』, 집문당.
김창남(2003), 『대중문화의 이해』, 한울.
김창배(1999), 『21C 게임 패러다임』, 지원미디어.
김창원(2000), 「국어 표현의 문화와 반문화」, 『국어 표현·이해교육』, 집문당.
김채환(2000), 『디지털과 미디어』, 이진출판사.
김태철(2002), 「게임서사의 서사문학적 의의」, 『다매체 문화와 사이버 소설』, 최병우 외, 푸른사상.
김혁조(1992), 「컴퓨터 커뮤니케이션에 관한 후기구조주의적 접근」, 고려대 석사학위 논문.
김현주(1995), 「컴퓨터 통신의 매체적 특성에 관한 연구」, 『한국언론학보』 34.
김희수(1995), 「하이퍼텍스트 학습 상황에서 메타인지, 인지오류, 인지오류 감지 및 하이퍼텍스트 구조가 저작체계 학습에 미치는 효과」, 『교육공학연구』 11(1), 한국교육공학회.
南宮 良錫(2002), 「중국어 채팅언어의 사회언어학적 연구」, 『중국어문논총』 22.
남신(2002), 「웹기반 읽기 교육 연구」, 전남대 석사학위 논문.
남혜경(1999), 「담론적 언론 기능 부활의 가능성-웹진」, 『연세 커뮤니케이션즈』 10, 연세대학교 언론홍보대학원.
노병성(2001), 「인터넷 광고의 종류와 변천」, 『인터넷과 광고』, 이현우 편, 한울 아카데미.
다니엘 리페·스테판래시·프래드릭 피코(2001), 『미디어 내용분석 방법론』, 배현석 역, 커뮤니케이션북스.
라도삼(1997), 「가상공간의 담론체계와 하이퍼텍스트」, 『언론연구』 6(1), 중앙대학교 언론연구소.
레스터 P. M.(1997), 『비주얼커뮤니케이션』, 금동호·김성민 역, 나남출판.
로버트 제이콥슨 편(2002), 『정보디자인』, 장동훈, 김미정 역, 안그라픽스.
류현주(2000), 『하이퍼텍스트문학』, 김영사 .
맹명관(1998), 「광고의 신(新)병기 유머를 분석한다」, 『연세커뮤니케이션즈』 8, 연세대학교.

민덕기·민경임(2001), 「게임에서 무엇을 배울까?」, 『청주교육대학교 논문집』 38, 청주교육대학교.

민현식(2003), 「국어문화사의 내용 체계화에 대한 연구」, 『국어교육』 110, 한국국어교육연구학회.

박금자(2001), 『인터넷미디어 읽기』, 커뮤니케이션북스.

박기순(1997), 「가상공간에서의 인간 커뮤니케이션」, 『한국커뮤니케이션학』 5, 한국커뮤니케이션학회.

______(1998), 『대인커뮤니케이션』, 세영사.

박동근(2002), 「통신언어의 유형에 따른 언어학적 기능 연구」, 『한말연구』 10, 한말연구학회.

박민석(2000), 「망가진 낙원과 훼손된 신체」, 『엽기야, 얼른 지나가라』, 문학사상.

박상우(2000), 『게임, 세계를 혁명하는 힘』, 씨앤씨미디어.

박성봉(1999), 『대중예술의 미학』, 동연.

박성봉 편역(2000), 『대중예술의 이론들』, 동연.

박수경(2003), 『구성주의 미디어 교육의 효과와 교육적 의의에 관한 연구: 능동성, 다양성, 비판력을 중심으로 』, 서강대 언론대학원 석사학위 논문.

박수자(2001), 『읽기 지도의 이해』, 서울대학교출판부.

박여성(2001), 「미디어폴리스 시대의 텍스트과학」, 『한국 텍스트과학의 제과제』, 역락.

박영원(1996), 「광고 크리에이티브 요소로서의 유머와 그 시각적 적용에 관한 연구」, 『광고학연구』 7-2, 한국광고학회.

______(2000), 「웹사이트 커뮤니케이션에서의 디자인 유머효과의 활용 가능성에 관한 연구」, 『광고학연구』 11-2, 한국광고학회.

박인기(2000), 『국어교육과 미디어텍스트』, 삼지원.

______(2001), 「사이버문학과 문학교육」, 『문학과 교육』 15호, 문학과 교육연구회.

______(2002), 「문화적 문식성의 국어교육적 재개념화」, 『국어교육학연구』 제15집, 국어교육학회.

박종민(2003), 「휴대전화, 인터넷, 텔레비전의 미디어 속성 차이와 이용동기 요인 연구」, 『한국언론학보』 47.

박희정 외(2002), 「온라인 채팅에서 아바타의 도입이 매체에 대한 사용자의 인지에 미치는 영향」, 『경영정보학연구』 12-4호.
배식한(2000), 『인터넷, 하이퍼텍스트 그리고 책의 종말』, 책세상.
배진한(1995), 「컴퓨터 매개 커뮤니케이션이 대인 커뮤니케이션 채널 및 정보 이용에 미치는 영향」, 서울대 석사학위 논문.
백욱인(2001a), 『디지털이 세상을 바꾼다』, 문학과 지성사.
______(2001b), 「디지털 시대의 지식과 교육」, 『사이버교육의 이해』, 한국교육개발원.
사이버문화연구소(2001), 『Cyber is…네트에서 문화 읽기』, 역사넷.
서규환 역(1992), 『정보화 사회와 문화의 미래』, 디자인하우스.
서유경(2002), 『인터넷 매체와 국어교육』, 역락.
서유경(2003), 「국어과 교육과정과 정보통신기술(ICT)의 통합을 위한 내용 체계 고찰」, 『국어교육학연구』 제17집.
소만섭(2000), 「컴퓨터에 의한 언어적 커뮤니케이션」, 『독일문학』 73, 한국독어독문학회.
소현진(1996), 「컴퓨터 매개 커뮤니케이션을 통한 대인관계 형성에 관한 연구」, 고대 석사학위 논문.
수잔 B. 반즈(2002), 『온라인커넥션』, 이동후·김은미 역, 한나래.
스가야 아키코(2001), 『미디어 리터러시: 미국, 영국, 캐나다의 새로운 미디어교육 현장 보고』, 안해룡·안미라 옮김, 커뮤니케이션북스.
신동흔(1998), 「PC통신 유머방을 통해 본 현대 이야기문화의 단면」, 『민족문학사연구』 13, 민족문화연구소.
신명선(1998), 「독립신문의 텍스트구조적 특성 연구」, 서울대 석사학위 논문.
심상민(2003), 『국어 교과내 미디어 교육 수용 현황 및 수용 방향 연구: 중등학교 국어 교과를 중심으로』, 서강대 언론대학원 석사학위 논문.
신옥순(1996), 「서사와 교사의 지식, 그리고 교사 교육」, 『교육논총』 13집, 인천교육대학교.
심우엽(2001), 『교육연구방법』, 하우.
아카오 고우이치 외(1996), 『게임산업』, AK편집부 역, AK.
안용주(2001), 「디지털 시대의 일본인의 언어 유희」, 『어문학 연구』 11.
안정임(2002a), 「디지털시대 미디어교육 제도화의 필요성과 방향」, 한국언론학회 학술 위원회 세미나, 한국언론학회.

______(2002b), 「디지털 커뮤니케이션과 미디어 리터러시: 의미와 연구방향의 모색」, 『교육정보방송연구』 8(3).
오연주(2002), 「초등학교 학생의 정보통신 윤리 의식에 관한 조사연구」, 서울교대 석사학위 논문.
오연호(2001), 「표준의 파괴 인터넷신문」, 『저널리즘비평』 32, 한국언론학회.
______(2002), 「인터넷 언론과 한국사회: 표준의 약화와 언론권력의 분산」, 『관훈저널』 2002년 여름호, 관훈클럽.
오택섭·김대식·강미선(2000), 「컴퓨터 매개 커뮤니케이션 이용자들의 유형과 이용 특성에 관한 연구」, 『사이버커뮤니케이션학보』 6집.
옥현진(2002), 「국어과 매체 문식성 교육에 관한 연구」, 고려대 석사학위 논문.
우한용 외(2001), 『서사교육론』, 동아시아.
원용진(2001), 「웃음과 광고공학: 유머 광고의 이중적 주체 전형문제를 중심으로」, 『국제어문』 23집.
유인숙(2002), 「국어과 학습 동기 유발을 위한 게임텍스트의 연구」, 신라대 석사학위 논문.
유학수(2001), 「러시아 인터넷상에서 사용되는 컴퓨터 통신어의 언어학적 분석」, 『노어노문학』 13-2.
유현주(2003), 『하이퍼텍스트: 디지털미학의 키워드』, 연세대학교 출판부.
윤상준(1998), 「컴퓨터 매개 커뮤니케이션이 조직구성원들의 커뮤니케이션 행태에 미치는 영향」, 고려대 석사학위 논문.
윤성준·김주호(2002), 「배너광고는 효과적인가?: 광고형태와 광고내용을 중심으로」, 『광고학연구』 13(3), 한국광고학회.
윤준수(2000), 『인터넷과 커뮤니케이션 패러다임의 대전환』, 커뮤니케이션북스.
윤희수 외(2002), 「인터넷 통신언어의 올바른 사용을 위한 웹 기반 프로그램 개발」, 『한국정보교육학회 동계학술발표논문집』 7-1.
은혜정(2001). 「인터넷 시대 수용자연구: 수용자의 능동성을 중심으로」, 『한국방송진흥원 연구보고서』, 연구보고 01-16, 한국방송진흥원.
이도영(1999), 「유머 텍스트의 웃음 유발 장치」, 『텍스트 언어학』 7, 한국텍스트 언어학회.
이명천·백승록(2003), 『인터넷 광고의 이해』, 커뮤니케이션북스.

이석주 외(2002), 『대중매체와 언어』, 역락.
이성영(1995), 『국어교육의 내용 연구』, 서울대학교출판부.
이승영(2001), 「일러스트레이션의 문화적 기호: 인터넷 가상공간에서의 엽기코드를 중심으로」, 『디자인학연구집』 7(1).
이승후(2002), 「통신언어의 특징과 문제점」, 『새국어교육』 64, 한국국어교육학회.
이은미(2003), 「인터넷 신문 이용의 영향에 대한 연구」, 『한국언론정보학보』 21.
이재규 역(1993), 『자본주의이후의 사회』, 한국경제신문사.
이재현(2000), 『인터넷과 사이버사회』, 커뮤니케이션북스.
이재현 편저(2002), 『인터넷과 온라인 게임』, 커뮤니케이션북스.
이정복(2001), 「통신 언어 문장종결법의 특성」, 『우리말 글』 22, 우리말글학회.
이주한(1997), 「컴퓨터 게임의 상호작용성에 관한 연구」, 서강대 석사학위 논문.
이지영(2000), 「게임텍스트의 서사경험 연구」, 인천교대 석사학위 논문.
______(2003), 「독립교과로서의 미디어 교육 효과 연구: 초등학교 5학년 재량활동을 중심으로」, 서강대 언론대학원 석사학위 논문.
이진우(2000), 「다중참여 컴퓨터 게임의 상호작용성에 관한 연구」, 연세대 석사학위 논문.
이채연(2002), 「인터넷을 활용한 국어과 쓰기 지도의 수업모형 구안과 그 효과」, 『국어교육』 107, 한국국어교육연구학회.
이해경(2002), 「청소년들의 음란물, 음란채팅 중독 경험에 있어서 사회심리적 예측변인들의 비교」, 『청소년학 연구』 9-2호.
이현우(1997), 「인터넷의 이용과 국민 의식의 세계화와의 함수 관계에 관한 연구」, 『한국커뮤니케이션학』 5집, 한국커뮤니케이션학회.
______(2001), 『인터넷과 광고』, 한울 아카데미.
임규홍(2000), 「컴퓨터 통신 언어에 대하여」, 『배달말』 27, 배달말학회.
임천택(2002), 「하이퍼텍스트의 특성과 작문교육적 의의 고찰」, 『한국어문교육』 11(1), 한국교원대학교 한국어문교육연구소.
임칠성 역(1995), 『대인관계와 의사 소통』, 집문당.
임칠성(2000), 「컴퓨터 공개 대화방 대화의 매체언어적 성격과 대화 양식고찰」, 『텍스트언어학』 9.
장대련(1998), 「인터넷 광고의 포지셔닝과 효과」, 『방송광고연구총서』 14호, 한국방송

공사.

쟈끄 구아마르(1995), 『대중문학이란 무엇인가』, 대중문학연구회 편, 평민사.

전병용(2002), 「통신 언어의 음운론적 특성에 대한 연구」, 『한국언어문화』 21집.

정근원(1993), 「영상세대의 출현과 인식론의 혁명」, 『세계의 문학』 1993년 여름호.

정병헌(1996), 「전통적 독서관과 그 현대적 의미」, 『독서연구』 창간호, 한국독서학회.

정보통 · 최환진(1999), 『인터넷 광고: 이론과 전략』, 나남출판사.

정지영(1998), 「하이퍼텍스트(Hypertext) 구조의 레토릭적 패턴: 설명형 담론과 서사형 담론의 비교 분석」, 연세대 박사학위 논문.

정진홍(2001), 「디지털 문화의 전개: 센소러지와 감성융합」, 『계간 사상』 제13집.

정현선(2002), 「성찰적 문화교육으로서의 미디어 리터러시 교육」, 『국어교육학연구』 14집.

______(2004), 「문화교육으로서의 미디어 교육」, 오영수 · 김영순 외, 『지식의 사회 문화의 시대: 지식 사회, 문화 시대의 세 가지 시선』, 경북대학교 출판부.

정현선(2004), 「디지털 리터러시의 국어교육적 고찰」, 『국어교육학회 제28회 학술대회 자료집』, 국어교육학회.

조동기 역(2001), 『사이버 공간과 공동체』, 나남.

조소영(2002), 「Cyberspace에서의 Hate Speech의 규제에 관한 연구」, 『연세법학연구』 8(2).

조용환(1999), 『질적 연구: 방법과 사례』, 교육과학사.

조정진(1993), 「독자란의 의미와 현상학: 국민은 자기의 목소리를 담아낼 수 있는 진정한 독자란을 원한다」, 『저널리즘비평』 9, 한국언론학회.

주창윤(2003), 『영상이미지의 구조』, 나남.

진중권(2004), 『미학 오딧세이 3: 피라네시와 함께 탐험하는 아름다움의 세계』, 휴머니스트.

차성란 외(2003), 『가정에서의 인터넷 활용과 생활의 질에 관한 연구』, 한국인터넷정보센터.

川邊一外(1999/2000), 『welcom to 게임 시나리오』, 김태완 역, 시나리오친구들.

청소년보호위원회(2003), 『청소년보호 YP(Youth Patrol) 프로그램 운영교재(심화과정)』, 청소년보호 2003-29.

최낙진(1999), 「인터넷신문의 웹디자인 구성과 정보 전달형식에 관한 연구」, 『한국언어학보』 44-1, 한국언어학회.

최병우 외(2002), 『다매체 문화와 사이버 소설』, 푸른사상사
최영(2001), 「커뮤니케이션 매체로서의 인터넷 이용동기와 사용에 관한 연구」, 『사이버커뮤니케이션학보』 8, 사이버커뮤니케이션학회.
최영환(1996), 「읽기 교육의 목표와 내용 설정을 위한 이론적 탐색」, 『국어교육학 연구』 6집.
최유찬(2002a), 『컴퓨터 게임의 이해』, 문화과학사.
______(2002b),「문학텍스트로서의 컴퓨터 게임」, 『인문과학』 84, 연세대학교 인문과학연구소.
최인자(2002), 「다중문식성과 언어문화교육」, 『국어교육』 109호.
최태룡(2000), 「컴퓨터 통신과 사회적 관계의 형성」, 『지역사회연구』 8-2.
최혜실(2000), 『모든 견고한 것들은 하이퍼텍스트 속으로 사라진다』, 생각의 나무.
최혜실(2001), 『디지털시대의 문화읽기』, 소명출판.
______(2001b), 「디지털서사의 현황과 전망」, 『계간 사상』 2001년 봄호.
______(2003a), 『디지털 시대의 영상문화』, 소명출판.
______(2003b), 「디지털 문화 환경과 서사의 새로운 양상」, 『구비문학연구』, 제16집, 한국구비문학회.
최혜실 역(1999), 『디지털 시대의 문화 예술』, 문학과지성사.
최환진(2001). 『인터넷 광고의 효과 과정』, 커뮤니케이션북스.
통계청(2001), 『정보화실태 조사 보고서』.
파이널 환타지 Ⅷ(Game CD)
한경석 · 정백(1999), 『인터넷신문과 종이신문』, 중앙M&B.
한국교육학술정보원(2000), 「ICT 활용 교수 학습 지도안 자료집」, KERIS.
한국인터넷정보센터(2004), 「2003 한국인터넷통계집」, 한국인터넷정보센터.
한국전산원(2002), 「초고속인터넷의 사회경제적 파급효과」.
한범욱 · 김성경(1998), 「컴퓨터 매개 교육에 있어서의 커뮤니케이션」, 『한국커뮤니케이션학』 6, 한국커뮤니케이션학회.
한상길(1996), 「국내 인터넷 WWW 전자신문 비교 분석」, 『정보관리학회지』 13(2), 한국정보관리학회.
한성인(2001), 「하이퍼텍스트 환경에서 학습자의 메타인지 수준과 구조적 개요제시가 독해에 미치는 효과」, 서울대 박사학위 논문.

한성일(1996), 『서사의 이념』, 현대소설 연구.
______(2001), 「유머 텍스트의 구조와 원리」, 『화법연구』 3, 한국화법학회.
______(2002), 「유머 텍스트의 원리와 언어학적 분석」, 경원대 박사학위 논문.
홍미희(2002), 「플래시 애니메이션의 차별성 및 성공 요인에 관한 연구: 기존 애니메이션과의 차별성을 중심으로」, 『만화애니메이션연구』 6호.
홍완선(2003), 「국어교사들이 펼치는 매체교육: 현장의 인식과 논의, 그 현장 사례를 중심으로」, 『초 · 중 · 고 교육현장 속에서 미디어 교육: 미디어 교육사례발표와 활성화 방안을 중심으로』, 한국언론학회 미디어 교육 위원회 심포지엄 자료집.
황상민(2004), 『대한민국 사이버 신인류』, 21세기북스.
황용석(2000), 「인터넷 뉴스 사이트: 편집과 기사 쓰기」, 『한국언론재단 연구보고서』 2000-15, 한국언론재단.
황용석 외(2002), 『인터넷 뉴스 사이트: 편집과 기사쓰기』, 한국언론재단.
황용석 · 양승찬(2002), 「온라인 저널리즘의 공공이슈보도」, 『한국언론재단 연구보고서』 2001-12, 한국언론재단.
황현탁(1996), 「전자신문과 이미지 차별화 필요: 일본 전자신문 방송 전망과 과제」, 『신문과 방송』 96년 8월호, 한국언론연구원.

Ang, I.(1985), *Watching Dallas: Soap Opera and Melodramatic Imagination,* London: Methuen.
Arens, W. F.(2002), *Contemporary advertising*(8th ed.), Boston: Irwin, McGraw-Hill.
Aristotles(1998), 『시학』, 천병희 역, 문예출판사.
Barthes, R.(1970), *S/Z*,(trans. by Richard Miller, 1974), New York: Hill and Wang.
______(1974), *S/Z*, New York: Hill and Wang.
Baudrillard, J.(1983), *Simulations*, New York: Semiotext Press.
______(1996), 『시뮬라시옹』, 하태완 옮김, 민음사
Bell, D.(1980), *The coming of post-industrail society: A venture in social forecasting*, New York: Basic Books.
Bly, R. W.(2002), *The online copywriter's handbook: everything you need to*

know to write electronic copy that sells, New York: McGraw-Hill.

Bob cotton/Richard Oliver(1997), *Understanding Hypermedia 2.0*, Phaidon.

______(2002), 『하이퍼미디어는 어디로 가는가』, 박해천 외 역, 디자인하우스.

Bolter, J. D.(1990), *Writing space: The computer in the history of literacy*, Hillsdale, NJ: Lawrence Erlbaum Press.

Bolz, N.(2000), 『구텐베르크-은하계 끝에서』, 윤종석 역, 문학과 지성사.

______(1993), *Am Ende der Gutenberg Galaxis: die neuen Kommunikation sverhltnisse*, Münhen, Fink Verlag.

Brown, J. S.(2000), Growing up digital, Change 32(2).

Buckingham, D.(2004), 『미디어교육: 학습, 리터러시, 그리고 현대문화』, 기선정·김아미 옮김, JNBook.

______(2000/2004), 『전자매체 시대의 아이들: 미디어교육과 문화정책에 대한 전망』, 정현선 옮김, 우리교육.

Cobley, P.(1997/2002). 『기호학』, 조성택 · 변진경 옮김, 김영사.

Cohen, L., Manion, L. & Morrison, L.(2000), *Research Methods in Education*(5th ed.), London & New York: Routledge.

Colkin, J.(1988), Hypertext: An introduction and survey, in Greig, I.(ed.), *Computer-supported Cooperative Work: A Book of Readings*, San Mateo, CA: Morgan Kaufmann Publishers.

Daft, R. D. & Lengel, R. H.(1986), Organizational information requirements, media richness, an structural design, *Management Science* 32(5).

December, J.(1997), Notes on defining of computer-mediate-communication, *CMC Magazine, Jan*, http://www.ecember.com/cmc/mag/1997/jan/december.htm.

Deleuze, G. & Guattari, F.(1987), *A thousand Plateaus: Capitalism and schizophrenia*, Minneapolis, MN: University of Minnesota Press.

Derrida, J.(1976), *Of grammatology*, Baltimore: Johns Hopkins University.

Drucker, P. F.(1992), *Post-Capitalist society*, New York: Harper Collins.

Dunlop, C. & Kifling, R(1991), *Computerization and controversy*, Academic press.

Eisenstein, E. L.(1980), *The printing press as an agent of change; communictions and cultural transformations in early-modern Europe*, Cambridge, MA: Cambridge University Press.

Elliot, J.(1991), *Action Research for Educational Change*, Milton Keynes: Open University Press.

Fairclough, N.(1989), *Language and Power*, London; New York.

Ferguson, D. A. & Perse, E. M.(2000), The World Wide Web as a functional alternatives to television, *Journal of Broadcasting and Electronic Media*.

Geertz, C.(1973), *The Interpretation of Cultures: Selected Essays*, New York: Basic Books.

Deleuze G.(1969/2002), 『의미의 논리』, 이정우 역, 한길사.

Glaser, B. & Strauss, A.(1967), *The Discovery of Grounded Theory: Strategies for Qualitative Research*, Chicago: Addine Pub. Co.

Goffman, E.(1959/1987), *The presentation of self in everydaylife*, 김병서 역, 『자아 표현과 인상관리』, 경문사.

Grice, P.(1975), 'Logic and conversation', in Cole, P. & Morgan, J.(eds.), *Syntax and Semantics,* vol.3, New York: Academic Press.

Gunawardena, L., Lowe, C., & Anderson, T.(1997), Interaction Analysis of a Global On-lineDebate and the Development of a Constructivist Interaction Analysis Model for Computer Conferencing, *Journal of Educational Computing Research* 17(4).

Gurak, L. J(2002), 『거미줄에 걸린 웹: 웹의 권력에서 자유로워지는 법』, 강수아 옮김, 코기토.

Himes, M.(1997), 『가상현실의 철학적 의미』, 여명숙 역, 책세상.

Hopkins, D.(1993), *A Teacher's Guide to Classroom Research*(2nd ed.), Buckingham & Philadelphia: Open University Press.

Huizinga, J.(2003), 『호모루덴스』, 김윤수 역, 까치.

Innis, H.(1950), *Empire and communication*, Oxford: Clarendon Press.

______(1951), *The bias of communication*, Toronto: University of Toronto Press.

Jacobson, R.(2002), 『정보디자인』, 장동훈 · 김미정 역, 안그라픽스.

Jacques Goimard(1974/1995), 「대중소설의 형태상의 구조들」, 대중문학연구회 편, 『대중문학이란 무엇인가』, 평민사.

Jameson, F.(1971). *Marxism and Form: Twentieth Century Dialectical Theories of Literature*, Princeton, NJ: Princeton University Press.

______(1981), *Political Unconsciousness: narrative as socially symbolic act*, Ithaca, NY: Cornell Univ. Press.

Jones, S. G.(1995), *Cybersociety:Computer-mediated communication and Community*, London: Sage.

Joyce, M.(1995), *Of Two Minds: Hypertext Pedagogy and Poetics*, Ann Arbor: University of Michigan Press.

Kathryn Hume(1984/2000), 『환상과 미메시스』, 한창엽 역, 푸른나무.

Kaye, B. K. & Medoff. N. J.(2001), *Just click away-Advertising on internet*, Boston: Allyn and Bacon.

Kress, G. & Van Leeuwen, T.(2001), *Multimodal Discourse: The Modes and Media of Contemporary Communication*, London: Arnold.

Landow, G.(1990), The rhetoric of hypermedia: Some rules for authors, in Delany, P. and Landow, George P.(eds.), *Hypermedia and literary studies*, MIT Press, MA.

______(1997), *Hypertext2.0: The convergence of contemporary critical theory and technology*, Baltimore: Johns Hopkins University Press.

Landow, P.(2001), 『하이퍼텍스트 2.0: 현대 비평이론과 테크놀로지의 수렴』, 이재원 외 옮김, 문화과학사.

Lave, J. & Wenger, E.(1991), *Situated Learning: Legitimate Peripheral Participation*, New York: Cambridge University Press.

Lin, C. A.(1999), Online-service adoption likelihood, *Journal of Advertising Research*.

Littlejohn, S. W.(1996), *Theories of Human Communication*, Wadsworth Publishing Co.(1999), 『커뮤니케이션이론』, 김흥규 역, 나남출판.

May G. G.(2002), 『중독과 은혜』, 이지영 역, IVP.

Mayes, T. Kibby, M. & Anderson, T.(1990), Learning about learning for hypertext, in Jonassen, D. H. & Mandl, H.(eds.), *Designing hypertext/hypermedia for learning*, Heidelberg: Springer-Verlag.

McLuhan, M.(1962), *The Gutenberg Galaxy: The making of typographic man*, London: Routledge.

______(1964), *Understanding media*, New York: Signet Books.

______(1965), *Understanding Media: The extensions of man*, New York, McGraw Hill.

______(1997), 『미디어의 이해』, 박정규 역, 박영출판사.

Mcquail(1987), *Mass Communication Theory: An introduction*, Sage.

McQuail, D. & Windal, S.(1993), *Communication Models: For the study of Mass Communication*, Pearson Education Limited(2001), 『커뮤니케이션 모델』, 임상원·유종원·공역, 나남출판.

Meyrowitz, N.(1991), Hypertext- Does it reduce cholestrol, Too?, in Nyce, J. M. & Kahn, P. D.(eds.), *Vannear Bush and the mind's machine: From Memex to hypertext*, San Diego: Academic Press.

Joyce, M.(1999), Afternoon, a story(CD-Rom edition), Eastgate Systems Inc.

Monaco, J.(1999), *The Dictionary of New Media: The New Digital World of Video, Audio, and Print*, New York & Sag Harbor: Harbor Electronic Publishing.

Moulthrop, S.(1991), *Beyond the electronic book: A critique of hypertext rhetoric*, hypertext '91, New York: Association for Computing Machinery.

Murray, H.(1997/2001), 『인터랙티브 스토리텔링』, 한용환 · 변지연 공역, 안그라픽스.

Negroponte, N.(1995/1996), 『디지털이다』, 백욱인 역, 커뮤니케이션북스.

New London Group(1996), A Pedagogy of Multiliteracies: Designing Social Futures, *Harvard Educational Review*, vol.66. no.1, pp.60-92.

Nielsen, J.(1997), "How users read on the web".

O'Keefe, S.(2002), *Complete guide to Internet publicity:creating and launching successful online campaigns*, New York: John Wiley.

Oldfather, P., et al.(1999), *Learning through Children's Eyes: Social*

Constructivism and the Desire to Learn, Washington, D.C.: American Psychological Association.

Ong, W.(1982), *Orality and literacy: The technologizing fo the word*, London: Methuen.

_____(1997), 『구술문화와 문자문화』, 이기우·임명진 역, 문예출판사.

Papacharashi, Z. & Rubin, A. M.(2000), Predictors of internet use, *Journal of Broadcasting & Electronic Media* 44.

Roerden, P.(2000), 『인터넷 활용 수업의 이론과 실제』, 홍명희·김갑수·전우천 공역, 한빛미디어.

Pew Center(2002), Pubilc's news habits little changed by September.

______(2002), Public's news habits little changed by September.

Poster, M.(1990), *The mode of information: poststructuralism and social context*, Polity Press.

Postman, N.(1992/2001), 『테크노폴리: 기술에 정복당한 오늘의 문화』, 김균 옮김, 민음사.

______(1993), *The Disappearance of childhood*, London: W. H. Allen.

Gilster, P.(1999), 『디지털 리터러시』, 김정래 역, 해냄.

Random House New York(2001), *Random House Websters Intermediate English Dictionary*.

Winter, R.(1989), *Learning from Experience: Principles and Practice in Action-Research*, London, New York and Philadelphia: The Falmer Press.

Robert E. Stake(1994), "Case Studies", in Denzin, N. & Lincoln Y.(eds.), *Handbook of Qualitative Research*, Thousand Oaks, London and New York: Sage.

Caillois, R.(1967/2002), 『놀이와 인간』, 이상률 역, 문예출판사.

Ross, A.(1998), *The Language of Humour*, London & New York: Routledge.

Seyer, P.(1991), *Understanding Hypertext: Concepts and Applications*, Blue Reidge Summit, PA: Windcrest Books.

Jackson, S.(1995), Patchwork Girl(CD-Rom edition), Eastgate Systems Inc.

Short, J., Williams, E. & Christie, B.(1976), *The social Psychology of*

Telecommunication, London:Wiley.

Sproull, L. & Kiesler, S.(1986), Reducing social context cues: electronic mail in organizational communication, *Management science* 32(11).

Stake, R.(2000), Case Studies, in Denzin, N. K. & Lincoln, Y.S.(eds.), *Handbook Of Qualitative Research*(2nd ed.), Thousand Oaks, London & New Delhiisage.

Stempel III, G. H., Hargrove, T., & Brent, J. P.(2000), Relation of growth of use of the internet to change in media use from 1995 to 1999, *Journalism and Mass communication Quarterly* 77.

Stewart, C., Lavelle. M.&kowaltzke, A.(2001), *Media and Meaning: An Introduction*, London: British Film Institute.

Tannen D.(1992), 『내 말은 그게 아니야』, 이용대 역, 사계절.

Tapscott, D.(1998/1999), 『N세대의 무서운 아이들』, 허운나 · 유영만 옮김, 물푸레.

Friedman, T.(1995/2000), 「하이퍼텍스트와 대중문화」,강현두 편, 『현대사회와 대중문화』, 나남출판

_____(2002), 「컴퓨터 게임과 텍스트 상호작용」,이재현 편저, 『인터넷과 온라인 게임』, 커뮤니케이션북스.

The New London Group(1996), A Pedagogy of Multiliteracies: Designing Social Futures, *Harvard Educational Review*, vol. 66.

Thomsen, M. D.(1996), Advertising on internet, Unpublished master thesis, University of Westminster.

Toffler, A.(1980), *The third wave*, New York: Bantam.

Toolan, J.(1988/1995), 『서사론』, 김병욱· 오연희 공역, 형설출판사.

Trevino, L. K. & Webster J.(1992), Flow in Computer-Mediated Communication, *Communication Research* 19(5): 539-73.

Tuckle, S.(1995/2003), 『스크린 위의 삶』, 최유식 옮김, 민음사.

Tyner, K.(1998), *Literacy in a Digital World: Teaching and Learning in the Age of Information*, New Jersey: Lawrence Erlbaum Ass.

UCLA(2003), Surveying the digital future. UCLA Center for Communication Policy. www.ccp.ucla.edu.

UCLA Center for Communication Policy(2004), 'UCLA World Internet Project Report'.

UCLA Communication Policy Center(2003), UCLA World Internet Project: Surveying the Digital Future.(발표일자: 2003. 1. 31./검색일자: 2004. 7. 2.)

Ulmer, G.(1989), *Teletheory: Gramatology in the age video*, London: Routledge.

Volter, D.(1997), 「전자적 글쓰기 공간에서의 문학」, 원철 역, 『오늘의 문예비평』, 세종출판사.

Watters, O.(2001/2003), 『인터넷 중독의 이해』, 이소희 외 공역, 학지사.

Wells, W., Burnett, J. & Moriarty, S.(1995), *Advertising Principle and Practice*, Prentice Hall.

Wood, L. A. & Kroger, R. O.(2000), *Doing Discourse Analysis: Methods for Studying Action in Talk and Text*, London: Sage.

Yankelovich, N.(1991). From electronic books to electronic libraries: revisiting reading and writing the electronic book, in Delany, P. & Landow, G. P.(eds.), *Hypermedia and literary studies*, Cambridge, MA: MIT Press.

Yankelovich, N., Meyrowitz, N., & Drucker, S.(1988), *Intermedia: The Concept and the Construction of a seamless information environment*, IEEE Computer, v21.

Zampoli, A.(1991), Technology and linguistic research, in Katzen, M.(ed.), *Scholarship and technology in humanities*, London: British Library Research, pp. 21-51.

Zeff, R. L.(2001), *Advertising on the Internet*(3rd ed.), New York: Chichester, Wiley.

찾아보기

필자 소개

김대행(서울대 국어교육과 교수)

논저: 「매체언어 교육론 서설」(1998, 국어교육 97집), 「국어 교과학의 지평」(1998, 서울대출판부), 「문학교육원론」(공저, 2000, 서울대출판부), 「문학교육 틀짜기」(2006, 역락) 외 다수

윤여탁(서울대 국어교육과 교수)

논저: 「시교육론」 1(1996, 태학사), 「시교육론」 2(1999, 서울대출판부), 「리얼리즘의 시 정신과 시 교육」(2003, 소명출판), 「다매체 언어를 활용한 현대시 교육 연구」(2000, 문학교육학 6집) 외 다수

권순희(전주교대 국어교육과 교수)

논저: 「국어학과 국어교육」(2004, 한국문화사), 「신문의 언어 문화와 미디어 교육」(공저, 2003, 서울대출판부) 외 다수

정현선(경인교대 국어교육과 교수)

논저: 「다매체 시대의 국어교육과 문화교육」(2004, 역락), 「디지털 리터러시의 국어교육적 고찰」(2004, 국어교육학연구 21집), 「미디어 소통의 관점에서 본 인터넷 공론장의 언어문화」(2006, 국어교육 119집) 외 다수

채새미(서울여자대학교 강사, (사) 한국희곡작가협회 이사)

작품집 및 논저 : 희곡집 「그림자가 흔들릴 때」(1998, 새미출판사), 시집 「꽃빛으로 그대를 그리고」(2005, 푸른사상사), 「한국현대희곡의 샤머니즘 수용 연구」(푸른사상사, 2002) 외 다수

이상철(성균관대 학부대학 조교수)

논저: 「토론의 방법」(2001, 커뮤니케이션북스), 「스피치와 토론」(2006, 성균관대학교출판부) 외 다수

신명선(한국교육과정평가원 부연구위원)

논저: 「국어 사고도구어 교육 연구」(2005, 서울대 박사논문), 「독립 신문의 텍스트 구조적 특성에 관한 연구」(1998, 서울대 석사논문) 외 다수

김현정(춘천교대 강사, 서울대 국어교육연구소 연구원)

논저: 「속담을 통한 한국어 문화교육 연구」(2002, 서울대 석사논문) 외 다수

국어교육연구소 연구총서 29

하이퍼텍스트의 언어문화 이해교육

저자 김대행, 윤여탁, 권순희, 정현선, 채새미, 이상철, 신명선, 김현정

2006년 8월 25일 초판 1쇄 인쇄
2006년 8월 30일 초판 1쇄 발행

발행인 이장무
발행처 서울대학교출판부
151-742 서울 관악구 신림동 산 56-1
판매과 02-889-4424, 02-880-7995
Fax 02-888-4148
E-mail snubook@snu.ac.kr
Home-page http://www.snupress.com

출판등록 제15-3호

ISBN 89-521-0666-0 93370

이 책은 한국학술진흥재단의 2000년도 중점연구소 2단계(KRF-2002-005-B20013) 지원 받아 간행되었음.

값 19,000원

국어교육연구소 연구총서

▸ 국어교육의 반성과 개혁
이용주

▸ 소설감상방법론 연구
김중신

▸ 국어교육의 내용 연구
이성영

▸ 국어교과학의 지평
김대행

▸ 한국 고전문학의 비평적 이해
김병국

▸ 시교육과 텍스트 해석
김창원

▸ 소설교육의 방법 연구
김상욱

▸ 문학교육과정의 구조와 이론
박인기

▸ 국어지식 교육론
김광해

▸ 문학교육과 문화론
우한용

▸ 시 교육론 · II
—방법론 성찰과 전통의 문제
윤여탁

▸ 문학교육원론
김대행 외

▸ 텍스트언어학과 국어교육
이은희

▸ 국어교육을 위한 응용국어학연구
민현식

▸ 읽기 지도의 이해
박수자

▸ 글쓰기와 글쓰기교육
이지호

▸ 국어교육과 텍스트구조
김봉순

▸ 신문의 언어문화와 미디어 교육
우한용 외

▸ 방송의 언어문화와 미디어 교육
김대행 외

▸ 국어교육과 한국어교육의 성찰
박갑수

▸ 인터넷 시대의 글쓰기와 표현 교육
우한용 외

▸ 국어교육 100년사 I, II
윤여탁 외